汉字应用水平测试与训练

（第二版）

主　编　孙益民　黄林非
副主编　彭志平　秦　蕾

湖南大学出版社
·长　沙·

内容简介

本书分四章系统介绍了汉字使用政策、汉字测试规则、汉字基础知识和汉字应用水平提升策略，精心设计了测试汉字应用水平的模拟题和提高汉字应用水平的训练题，并附有详细的参考答案，科学编制了以方便读者检索的相关字表与词表。

本书融知识介绍和能力训练于一体，知识介绍深入浅出，能力训练循序渐进。本书既可充当汉字应用水平测试培训教材和高等学校通识课程教材，又可作为教师、学生、文员、公务员、编辑、记者、校对人员、广告从业人员、文字录入人员和中文字幕机操作人员的工作参考书，还可供想要了解和提高自己汉字应用水平的其他人员使用。

图书在版编目（CIP）数据

汉字应用水平测试与训练/孙益民，黄林非主编. —2版. —长沙：湖南大学出版社，2021.2（2022.1重印）

ISBN 978-7-5667-1825-9

Ⅰ. ①汉…　Ⅱ. ①孙…　②黄…　Ⅲ. ①汉字—水平考试—自学参考资料　Ⅳ. ①H12

中国版本图书馆CIP数据核字（2021）第030462号

汉字应用水平测试与训练（第二版）

HANZI YINGYONG SHUIPING CESHI YU XUNLIAN（DI-ER BAN）

主　　编：孙益民　黄林非

责任编辑：祝世英

印　　装：长沙鸿和印务有限公司

开　　本：787 mm×1092 mm　1/16　**印　张：**14.75　**字　数：**378千字

版　　次：2021年2月第2版　**印　次：**2022年1月第2次印刷

书　　号：ISBN 978-7-5667-1825-9

定　　价：45.00元

出 版 人：李文邦

出版发行：湖南大学出版社

社　　址：湖南·长沙·岳麓山　**邮　编：**410082

电　　话：0731-88822559(营销部),88821174(编辑室),88821006(出版部)

传　　真：0731-88822264(总编室)

网　　址：http://www.hnupress.com

电子邮箱：presszhusy@hnu.edu.cn

前 言

汉字是汉族祖先为满足日益复杂的交际需要而在长期的社会实践中创造的用来记录汉语的视觉符号系统。汉字的产生，使汉语突破了时间和空间的限制，大大地促进了汉文化的传播与传承，有力地推动了我国社会生产力的发展。然而，汉字数量众多，结构复杂，音形义发展不平衡，相应地，人们掌握汉字的难度大，错别字出现的概率高。如果不采取相应的措施，汉字的交际功能难以有效发挥，汉字促进我国社会发展的力度将会被严重削弱。近几十年来，随着电子计算机的普及以及电子计算机与现代通信技术的有机结合，人们书写汉字的机会逐渐减少，提笔忘字的概率逐渐增大。如果不采取有效措施，汉字本身的传承与发展也将受到严重挑战。

新中国成立以来，国家相关部门陆续推出了一系列旨在促进汉字交际功能有效发挥的举措。例如，《第一批异体字整理表》（1955）、《汉字简化方案》（1956）、《简化字总表》（1964、1986）；《印刷通用汉字字形表》（1965）、《普通话异读词审音表》（1985）、《现代汉语常用字表》（1988）、《现代汉语通用字表》（1988）、《国家通用语言文字法》（2000）、《第一批异形词整理表》（2001）、《通用规范汉字表》（2013）。2006 年，教育部、国家语委研制颁布了《汉字应用水平等级及测试大纲》（2015 年修订）。2007 年以来，全国 14 个省（自治区、直辖市）先后开展了汉字应用水平测试试点工作，这在提高国民汉字应用水平和改善社会用字环境等方面发挥了积极的作用，引起了社会各界的广泛关注。

一个人汉字应用水平的高低，不仅仅在于其识字量的多少，也不仅仅在于其所掌握的汉字知识的多寡，而在于他在日常工作和生活中准确运用汉字的能力。一个人如果要切实提高自己准确运用汉字的能力，除了注意平时积累之外，还必须科学地、有针对性地进行适当的训练。为了帮助读者在较短的时间内大幅提高汉字应用水平，我们联合汉字研究专家和汉字应用水平测试培训专家编撰了《汉字应用水平测试与训练》一书。该书共有四章，系统介绍了汉字使用政策、汉字测试规则、汉字基础知识和汉字应用水平提升策略，精心设计了测试汉字应用水平的模拟题和提高汉字应用水平的训练题，并附有详细的参考答案，科学编制了以方便读者检索的相关字表与词表。本书的突出特色在于融理论指导和能力训练于一体，理论指导做到深入浅出，循循善诱，能力训练做到有的放矢，循序渐进。本书既可充当汉字应用水平测试培训教材和高等学校通识课程教材，又可作为教师、学生、文员、公务员、编辑、记者、校对人员、广告从业人员、文字录入人员和中文字幕机操作人员的工作参考书，还可供想要了解和提高自己汉字应用水平的其他人员使用。

本书编写团队分工如下：孙益民拟定全书框架，编写第四章和模拟题四，负责统稿和定稿；黄林非编写第一章和模拟题一，通校全稿；彭志平编写第二章和模拟题二；秦蕾编写第三章和模拟题三，协助校对部分章节。

在编写本书的过程中，我们融入了汉字研究及汉字应用水平测试研究的最新成果，吸收了汉字应用水平培训工作的实践经验，借鉴了同类书籍的长处，弥补了同类书籍的缺陷。不过，由于时间仓促，书中错漏之处难以避免，恳请读者提出宝贵的意见。另外，责任编辑祝世英提出了很好的改进意见，我们对此表示衷心的感谢。

目　次

第一章　汉字及汉字应用水平测试…… 1
第一节　汉字概述…… 1
一、汉字的形成…… 1
二、汉字的造字方法…… 1
三、汉字形体的演变…… 2
四、汉字的特点…… 3
五、汉字的规范化和标准化…… 4
第二节　汉字应用水平测试概述…… 7
一、汉字应用水平测试的性质、意义和对象…… 7
二、汉字应用水平测试的范围、内容和等级…… 7
三、汉字应用水平测试的分数体系…… 9
四、汉字应用水平测试的题型和答题要求…… 9
第三节　汉字应用水平测试字词检索表…… 11
一、汉字应用水平测试字表（甲）…… 11
二、汉字应用水平测试字表（乙）…… 35
三、汉字应用水平测试字表（丙）…… 39
四、汉字应用水平测试四字词表…… 46

第二章　汉字字音测试指导与训练…… 57
第一节　汉字字音测试指导…… 57
一、避免按声旁类推而读错…… 57
二、避免因形近干扰而读错…… 59
三、避免因一字多音而读错…… 59
四、避免因姓氏用字生僻而读错…… 61
五、避免因地名用字生僻而读错…… 62
六、避免因汉字冷僻而读错…… 63
七、避免因不谙规范而读错…… 64
第二节　汉字字音训练…… 64
一、声旁不表音的形声字字音训练…… 64
二、形近字字音训练…… 66
三、多音字字音训练…… 67
四、生僻姓氏用字字音训练…… 70
五、生僻地名用字字音训练…… 70

六、冷僻字字音训练 …… 71
七、异读词字音训练 …… 73
第三节　汉字字音相关表格 …… 74
一、部分声旁不表音的形声字字音比照表 …… 74
二、易错形近字字音比照表 …… 75
三、易错多音字字音表 …… 77
四、易错姓氏用字字音表 …… 81
五、易错地名用字字音表 …… 81
六、易考冷僻汉字字音表 …… 82
七、普通话异读词审音表 …… 84

第三章　汉字字形测试指导与训练 …… 93
第一节　汉字字形测试指导 …… 93
一、避免写错汉字的笔画 …… 93
二、避免写错汉字的笔顺 …… 96
三、避免写错汉字的偏旁 …… 96
四、避免写错汉字的结构 …… 99
五、避免因不谙相关文件而写不规范字 …… 99
六、避免因汉字繁难而写不出字 …… 100
七、避免因书写不工整而被判为错字 …… 100
第二节　汉字字形训练 …… 101
一、笔画训练 …… 101
二、笔顺训练 …… 102
三、偏旁训练 …… 102
四、整字训练 …… 103
五、繁难字形训练 …… 107
六、规范字形训练 …… 108
七、汉字书写训练 …… 109
第三节　汉字字形相关表格 …… 110
一、常见的容易写错笔画的汉字表 …… 110
二、容易写错笔顺的汉字表 …… 113
三、容易写错偏旁的汉字表 …… 114
四、容易写错结构的汉字表 …… 115
五、简化字总表 …… 116
六、第一批异形词整理表 …… 122
七、常用的繁难汉字表 …… 127

第四章　汉字字义测试指导与训练 …… 129
第一节　汉字字义测试指导 …… 129
一、避免因形旁误导而用错 …… 129

二、避免因形近干扰而用错…… 130
三、避免因音近干扰而用错…… 131
四、避免因义近干扰而用错…… 132
五、避免因多义不分而用错…… 133
六、避免因意义特殊而用错…… 134
七、避免因汉字不常用而用错…… 134
第二节 汉字字义训练…… 135
一、形旁不表义汉字训练…… 135
二、形近字字义训练…… 136
三、音近字字义训练…… 136
四、义近字字义训练…… 140
五、多义字字义训练…… 142
六、特殊意义字训练…… 143
七、不常用汉字训练…… 146
第三节 汉字字义相关表格…… 147
一、易错形旁不表义汉字字义表…… 147
二、易错形近字字义比照表…… 151
三、易错音近字字义比照表…… 158
四、易错近义字字义比照表…… 163
五、易错多义字字义表…… 169
六、易错特殊意义字字义表…… 179
七、不常用字的意义及用法表…… 183

附 录…… 189
汉字应用水平测试模拟题（一） …… 189
汉字应用水平测试模拟题（二） …… 193
汉字应用水平测试模拟题（三） …… 197
汉字应用水平测试模拟题（四） …… 201
2014 年汉字应用水平测试全真试题 …… 205

训练题及测试题参考答案…… 210
参考文献…… 225

第一章 汉字及汉字应用水平测试

第一节 汉字概述

一、汉字的形成

文字是在语言的基础上产生的用来记录语言的视觉符号系统，是人类最重要的辅助性的交际工具。文字产生以后，语言的交际功能便突破了空间和时间的限制，信息得以传播到遥远的地方，祖辈的生产生活经验得以有效地传承，人类文明得以有效地积累、保存和延续。

语言是随着人类社会的形成而产生的，文字则是人类文化发展到一定阶段才出现的。汉族是世界上具有悠久文明历史的民族，汉字也是世界上起源最早的文字之一。从考古研究的资料来看，汉字的历史可以远溯到五六千年前。陕西原始社会晚期的仰韶文化的西安半坡遗址里（距今五六千年），发现了刻在同一种陶器的同一部位的刻划记号，它们可能是具有文字性质的符号。山东莒县原始社会晚期的大汶口文化的陵阳河遗址里（距今五千多年），发现了一些刻在陶器同一部位的象形符号，它们和商代金文中表示族名的一些字十分相似，带有表意文字性质。殷商的甲骨文（距今三千多年）有3500个左右，从形体和造字法来看，它可算是基本成熟的文字。

历史上流传着“仓颉造字”的说法，即认为汉字是仓颉一个人造出来的。这种传说与实际不符，因为汉字和世界上的其他文字一样，是人民大众为满足日益复杂的交际的需要而在长期的社会实践中创造并慢慢丰富和发展起来的，正如鲁迅先生在《且介亭杂文·门外文谈》中所说的“文字在人民间萌芽”。如果仓颉确有其人，他只不过是原始社会晚期负责收集和整理汉字的史官之一而已。

二、汉字的造字方法

许慎在《说文解字·叙》中说：“周礼八岁入小学，保氏教国子，先以六书。一曰指事，指事者，视而可识，察而见意，上、下是也；二曰象形，象形者，画成其物，随体诘诎，日、月是也；三曰形声，形声者，以事为名，取譬相成，江、河是也；四曰会意，会意者，比类合谊，以见指㧑，武、信是也；五曰转注，转注者，建类一首，同意相受，考、老是也；六曰假借，假借者，本无其字，依声托事，令、长是也。”一般认为，假借和转注只是用字方法，象形、指事、会意和形声才是汉字的造字方法。

（一）象形

象形是通过比照事物的形体来描画事物的形状的造字方法，用这一方法造出来的字就是象形字。象形字用线条描绘事物的典型的形态特征，让人一看就能明白它表示的是什么。例如，“禾（）”像一株水稻或小麦，上面是谷穗或麦穗；“燕（）”像燕子在飞的时候从背面看去的整体形象。当然，随着汉字字体的演变，大部分象形字现在都因为已经符号化而看不出原物的样子了。

（二）指事

指事是采用象征性符号或者通过在象形符号上添加指示性符号来表示语言中某一语素的造字方法，用这一方法造出来的字就是指事字。这种造字方法一般用于表示无形可象或较为抽象的事物。例如，“上（）”用一根弧线作基准，弧线上面加一短横，表示相对位置；“至（）”在箭头下面画条线，象征地面，表示降落到地。

（三）会意

会意是用两个或两个以上的图形会合成字的造字方法，用这一方法造出来的字就是会意字。这种造字方法将几个象形符号组合在一起，让人有会于心，联想到一个新的意义。例如，“兵（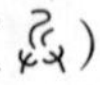）”的上面是“斤”（一种斧子），下面是两只手，三个符号会合在一起表示兵器；“烦（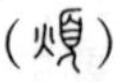）”的左边是“火（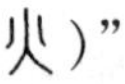）”，右边是“页（）”（人头的形状），两个符号会合在一起表示发热头痛。

（四）形声

形声是用一个表示字义类属的部件和一个表示字音的部件组合成一个新字的造字方法，用这一方法造的字就是形声字。形声字的表示字义类属的部件叫作形旁，表示字音的部件叫作声旁。例如，“翅”的形旁是“羽”，声旁是“支”；“江”（古音的声母是“g”）的形旁是“氵（水）”，声旁是“工”。由于形声字有表音成分，同语言的声音有一定的联系，因此，其造字能力非常强。同一个形旁加上不同的声旁，可以造出意义有关而读音不同的一批形声字；同一个声旁加上不同的形旁，也可以造出一批读音有关而意义不同的形声字。在汉代许慎编的《说文解字》里，形声字就已占了70%以上；在现代汉字里，形声字已经占到了百分之八九十。

三、汉字形体的演变

字体是文字符号的体式。由于书写工具和承载材料不同等原因，一种文字往往有多种不同的符号体式。这些不同的符号体式随着时代的发展而更迭，有时候几种符号体式在同一时代并存，以一种为主要通行文字。汉字的字体演变主要经历了八个发展阶段。

（一）甲骨文

甲骨文主要是商代王室刻在卜问用过的龟甲兽骨上的记录，是公元前一千三百多年到公元前一千一百多年间的通行字体。这些文字由于刻划在龟甲兽骨上而被称为甲骨文。甲骨文的主要特点是：字的大小不一，线条纤细，直笔居多，棱角分明，字形瘦削挺拔，排列参差不齐。

（二）金文

金文是浇铸或镌刻在青铜器上的文字，主要通行于西周时期。由于古人用钟鼎来作为铜器的总称，因此金文又称为钟鼎文。金文的主要特点是：笔画肥大厚实，字形丰满圆润，结构更趋于整齐、匀称、方正，图画特征减少，文字的符号性增强。金文的形体与甲骨文相近，形体结构还不够稳定。

（三）大篆

大篆是通行于春秋、战国时期的一种字体。相传大篆为周宣王时太史籀所造，所以大篆也叫籀文。这种字体由金文演变而来，其主要特点是：结构工整，笔画均匀，圆曲伸展，体现了据物绘形的特点，具有强烈的象形性质，近于图画，字形变为长方形，奠定了“方块汉字”的基础。

（四）小篆

小篆是秦始皇统一六国后通行全国的标准字体。这种字体由大篆演变而来，但比大篆简化了许多。其主要特点是：笔画匀圆整齐，线条粗细有致，结构简化统一，字形略带椭圆，排列极其整齐。小篆不但把原来没有固定形式的各种偏旁统一起来，而且确定了每个偏旁在汉字形体中的位置，基本上做到了定型化。汉字到了小篆阶段，其符号性和规范性得到了很大的提高。

（五）隶书

隶书有秦隶和汉隶之分。秦隶又叫古隶，是秦代下级人员用于日常书写的辅助性字体（秦代官方使用的标准字体是小篆），它是汉字从具备象形特点的古文字演变为不太象形的今文字的转折点，在汉字发展史上具有划时代的意义。汉隶又叫今隶，通行于汉代，是一种结构更为简单、书写更为便利的字体。隶书的主要特点是：文字点画化，笔画变曲为直，变圆为方，笔势舒展，结构工整，带有棱角。字形也由小篆的长方形变为扁方形。隶书大大降低了汉字的繁难程度，奠定了楷书的基础。

（六）楷书

楷书是从隶书发展演变而来的一种字体，萌芽于西汉，成熟于东汉末年，魏晋以后大大流行，直到今天，楷书仍然是汉字的标准字体。楷书的主要特点是：字体端正，笔画清楚易辨，笔势平直工整，字形由隶书的扁方形变为正方形。

（七）草书

广义地说，自有汉字以来，各种字体都有草率的写法。到了汉代，“草书”才成为一种字体的专称，才发展成一种具有特色的字体。草书有章草、今草和狂草之分，章草是隶书的快写体，始于汉代；今草是楷书的快写体，从东汉末年流传至今；狂草是在今草的基础上任意增减笔画、恣意连写的一种草书。草书的主要特点是：笔画简捷，线条活泼，纵任奔逸，变化多姿，能表现作者的情趣和意境，具有很高的艺术性。

（八）行书

行书是介于草书和楷书之间的一种字体，始于汉末、魏晋，流传至今。其主要特点是：克服了楷书的刻板和草书的潦草，姿态灵活，笔画连绵，字字独立，清晰易认，书写便利。

四、汉字的特点

跟世界上的其他文字相比较，汉字具有以下三个特点。

（一）汉字是表意文字

根据单字所记录的语言单位的性质的不同，世界上的文字可以分为表音文字和表意文字。表音文字是用字母直接记录语言的音素或音节的文字，表意文字是用单字直接记录语言的词或语素的文字。

汉字的字形和汉语中的词或语素的意义有比较直接的联系。例如，“木”的字形像一棵树，其本义是“树木”，后来引申出“木头”“棺材”等意义；“本”的字形像一株根部做了标记的树木，其本义是“树木的根或茎”，后来引申出“事物的根本、根源”“主要的、中心的”等意义；“休”的字形像一个人依靠在树木上，其本义为“歇息”，后来引申出

“停止”“禁止”等意义。因此，汉字是一种表意性质的文字。

（二）汉字字形记录的语音单位是音节

根据音节数量的不同，语素可以分为单音节语素和多音节语素。单音节语素的语音形式体现为单个音节，多音节语素的语音形式体现为两个或两个以上的音节。

汉字的字形基本上和汉语中的单音节语素相对应，也就是说，一个汉字记录汉语中的一个语素，其语音形式体现为一个音节。例如，上文列举的“木”“本”“休”三个汉字记录的便是三个单音节语素。

（三）汉字是平面型文字

世界上许多表音文字记录一个词时用一组线性排列的字母串，汉字则用一个平面型方块。线性文字的字母之间像线条一样排列，从左往右或从右往左横向展开，或者从上往下纵向展开；汉字的构成成分（笔画或偏旁）则是横向和纵向同时展开，形成平面。汉字部件和字形的复杂多样与数量繁多就是由其平面型特点而造成的。

五、汉字的规范化和标准化

（一）汉字规范化、标准化的内容

汉字规范化，就是制定有关标准，对汉字的数量、形体、读音和排列顺序等方面进行规范，以利于汉字的使用。具体地讲就是对汉字进行“四定”。

1. 定量

定量是指规定现代汉语用字的数量，以便汉字的学习和运用，便于汉字信息处理。从历代权威的字书辞书收字的情况看，汉字的数量呈现日益增多的状况。汉代编纂的《说文解字》收字 9353 个，清代编纂的《康熙字典》收字 47035 个，20 世纪 80 年代编纂的《汉语大字典》收字 56000 多个，《中华字海》的收字量则达到 80000 多个。汉字规范化、标准化工作首先要做的就是“定量”，也就是确定现代汉语常用、通用汉字的数量，并使之合法化。1988 年 1 月，国家语委（国家语言文字工作委员会）和国家教育委员会联合发布了《现代汉语常用字表》，该表第一表收常用字 2500 个，第二表收次常用字 1000 个。这个字表为语文教学、辞书编纂、汉字机械处理和信息处理等树立了常用字的依据和标准。1988 年 3 月，国家语委和新闻出版署联合发布了《现代汉语通用字表》，共收通用字 7000 个，主要是为了适应出版印刷、信息处理以及其他方面的用字需要而研制发布的。这使汉字使用有了一个明确的范围，避免了学习大量汉字的麻烦。

2. 定形

定形就是规范汉字的字形。定形工作主要包括异体字的整理和旧字形的整理两方面。要对现行通用汉字中的每一个字定形，做到一字一形，不能一字多形。要使用规范的简化字，不用已废除的异体字，不用旧印刷字形。1965 年 1 月 30 日，文化部和中国文字改革委员会联合发布了《印刷通用汉字字形表》，为现代印刷通用汉字提供了字形规范。《现代汉语通用字表》依据《印刷通用汉字字形表》确定的字形标准，规定了 7000 个通用字的字形结构、笔画数和笔顺。此后，印刷通用汉字字形即以此表为准。

3. 定音

定音就是规定每个现行汉字规范化的标准读音。普通话确定以北京语音为标准音。早在 20 世纪 20 年代，审定国音的工作就已经进行，现代通行汉字的读音基本上在那时就已审定。不过，在北京语音的实际使用中，还存在一字多音的现象。比如“呆板”的“呆”字就有 dāi 和 ái 两种读音，“同胞”的“胞”字就有 bāo 和 pāo 两种读音。这种现象不利于交流，因此，要选定异读字的一种读法作为标准读音。普通话审音委员会曾在 1957 年到 1962 年分三次发表了《普通话异读词审音表初稿》，又在 1963 年辑录了《普通话异读词三次审音总表初稿》，交由文字改革出版社出版。为了进一步做好现代汉语读音规范化和推广普通话工作，普通话审音委员会从 1982 年下半年开始对《普通话异读词三次审音总表初稿》进行了长达三年多的修订工作。1985 年 12 月，国家语言文字工作委员会、国家教育委员会和广播电视部联合公布了修订后的《普通话异读词审音表》，并要求全国文教、出版、广播及其他部门、行业所涉及的普通话异读词的读音、标音，均以新的审音表为准。这样，现行汉字的读音便有了更为明确的规范。

4. 定序

定序就是确定现行汉字的排列顺序，规定标准的检字法。各种字典、词典的编写，目录、索引的编制，书籍资料的存档检索，都希望有一个统一的排列顺序标准。目前，常用的检字法有音序法、部首法、笔画法、笔形法、号码法五种。定序的目的是使汉字容易查检，方便群众使用。

（二）汉字规范化、标准化的意义

汉字规范化、标准化具有以下三个方面的意义。

第一，是实现汉字交际功能的必要保证。文字是表达思想、传递信息的辅助性交际工具，是供全社会使用的，因此必须有一个为社会成员所共同遵守的标准。规范化正是提高文字交际作用的一种手段。用字规范，可以使思想交流、信息传递不致产生人为的障碍，加强交流质量，提高工作效率；用字混乱，则会削弱文字的交际功能，妨碍工作及人际关系的正常发展。

第二，是实现社会现代化的必要前提。随着现代信息技术的突飞猛进，社会现代化正朝着信息化方向发展。因此，迫切要求文字必须规范，要有一个全社会共同遵循的标准。有了统一的标准，文字所负载的信息才会为人们共同认知，才能为普及教育、扫除文盲、排版印刷、汉字的机械处理和信息处理创造便利条件，才能提高社会效益和经济效益。

第三，是加强社会主义精神文明建设的重要方面。文字的运用是否符合规范，往往反映一个国家、一个民族或一个地区的文明程度。社会用字混乱，是文化素质不高、文明程度低下的表现，有损于国家、民族的形象。因此，必须把推行汉字规范化、消除社会用字混乱现象的工作提高到加强精神文明建设和维护祖国声誉的高度来认识。

汉字实现规范化、标准化，既是汉字自身发展的需要，也是社会发展和科技进步的必然要求。做好这项工作，对优化文字的社会功能，提高全社会文明形象，构建和谐社会都具有重要意义。

（三）规范汉字与现行规范汉字的标准

规范汉字包括两个部分：一是经过整理简化的字，二是历史上流传下来沿用至今、不需要整理简化的字。经过整理简化的字是指由国务院或国家有关主管部门以字表等形式正式公布的字，这部分字在规范汉字中只占少数；从历史上流传下来沿用至今、不需要整理简化的字成为“传承字”，例如“山”“水”“走”“高”“美”“和”“在”“的”“而”等等。规范汉字最大的特点是字形的法定化，简化是其主要的特点，这符合汉字自身发展的总趋势。规范汉字在扫除文盲、普及教育等方面发挥了重要作用，目前已在全国普及，成为我国法定的通用文字。

规范汉字是客观存在的，不同时代有不同的规范。如秦统一六国后，实行“书同文”，基本消除了战国时期各地文字异形的现象，小篆就是当时的规范汉字。新中国成立以前，以繁体字为代表的正体字是当时的规范汉字。新中国成立以后，国家投入很大力量进行汉字的整理和简化工作，淘汰了一部分异体字，同时把群众长期以来在社会实践中创造的俗字加以整理，确定其正体字的地位，成了现行规范汉字的一部分。在规范汉字中，整体简化或利用简化偏旁类推出来的简化字只占少数，多数还是历史上流传下来沿用至今的汉字。

现行规范汉字的标准以下列字表为依据：

（1）简化字以 1986 年 10 月经国务院批准重新发表的《简化字总表》为准；

（2）异体字中的选用字以 1955 年 12 月文化部和文字改革委员会联合发布的《第一批异体字整理表》为准，但需注意后来陆续恢复使用的异体字；

（3）更改的地名生僻字以 1955 年至 1964 年国务院陆续公布的为准；

（4）更改的部分计量单位名称用字以 1977 年 7 月中国文字改革委员会和国家标准计量局联合发布的《关于部分计量单位名称统一用字的通知》为准；

（5）通用字字形以 1988 年 3 月由国家语委和新闻出版署联合发布的《现代汉语通用字表》为准。

（四）关于繁体字和异体字

繁体字与简化字相对应，就是未经简化的笔画繁难的字。繁体字作为汉字发展演变过程中的一种形体，曾为传承中华文化作出了重要贡献，但因其笔画结构复杂，也给人们学习汉字带来难记、难认、难写的困难。随着时代的发展，繁体字的交际功能和独有的文化信息，逐渐被简化字所替代。《中华人民共和国国家通用语言文字法》颁布后，简化字取得了规范汉字的法定地位，繁体字被限定在特定情形下使用。

异体字是未经整理的，与国家规定的正体字同音、同义而写法不同的字。异体字的存在徒然增加汉字字数，增加人们学习和使用汉字的难度。1955 年，文化部和文字改革委员会联合发布《第一批异体字整理表》，废除了 1055 个异体字，减轻了人们学习和使用汉字的负担，深受社会各界的欢迎。《中华人民共和国国家通用语言文字法》颁布后，正体字取得了规范汉字的法定地位，异体字被限定在特定情况下使用。

（五）关于异形词

异形词是指普通话书面语中并存并用的同音（声、韵、调完全相同）、同义（理性意义、色彩意义和语法意义完全相同）而书写形式不同词语。例如，“按语—案语”便是一组异形词。

2001 年，教育部、国家语委颁布的《第一批异形词整理表》，根据通用性、理据性和系统性原则，选取了普通话书面语中经常使用、公众的取舍倾向比较明显的异形词（包括词和固定短语）进行整理，给出了每组异形词的推荐使用词形。例如，在“笔画—笔划”“参与—参预”中，分别选取了“笔画”“参与”为推荐词形。

《第一批异形词整理表》的颁布，有利于促进词语用法的统一，对汉语语言文字的规范化起到了积极作用。

第二节　汉字应用水平测试概述

一、汉字应用水平测试的性质、意义和对象

汉字应用水平测试是贯彻“国家推行规范汉字”的方针政策，执行《中华人民共和国国家通用语言文字法》，加强我国国民的语言文字规范意识，弘扬中华民族文化的重要举措。它旨在通过培训和测试的良性互动，明确相关人群汉字应用水平的等级要求，促进我国国民使用规范汉字水平的提高，从而使我们的社会用字环境得到进一步改善，最终取得标本兼治的效果。同时，汉字应用水平测试还可以为政府部门、新闻出版单位、各级各类学校和教育机构，以及有关企事业单位在录用和考核从业人员时提供资质依据。

与普通话水平测试是标准参照型考试不同，汉字应用水平测试是一项标准化测试。因此，它不仅可以测查以汉语为母语的人群的汉字应用水平，而且可以测查母语非汉语人群的汉字应用水平。这对少数民族地区的汉语教学、对外汉语教学将发挥积极的促进作用，将成为“汉语水平考试（HSK）”的有益补充。

汉字应用水平测试不是简单地测查应试人的识字量，而是一种有限的汉字和无限的使用环境相结合的客观性测试。由于它针对的是人们在现实环境中应用汉字的真实水平，因此，用作考查内容的汉字是有一定限度的。这个限度所依据的标准主要有二：一是接受过中等以上程度教育的人群识字情况的调查数据分析；二是汉语大规模平衡语料库真实文本中汉字的字频和覆盖率。冷僻字、罕用字等基本上没有进入考查范围。

汉字应用水平测试也不局限于错别字问题，而是全面衡量应试人掌握汉字字形、字音、字义及用法的情况，通过书写、辨别等方式考查应试人使用汉字的综合能力。汉字的音、形、义等所依据的标准主要有二：一是国家颁布的有关规范汉字的字形、字音等标准；二是权威工具书中汉字的普通话读音和现代汉语义项。因此，这项测试不针对任何特定的教学大纲和教科书。

汉字应用水平测试适用于公务员，编辑、记者、校对和文字录入人员，各级各类学校教师和学生，文秘及办公室工作人员，广告业从业人员，中文字幕机操作人员，以及日常工作与汉字应用紧密相关的其他人员；同时也适用于想要了解自己汉字应用水平和能力的其他人员。

二、汉字应用水平测试的范围、内容和等级

（一）范围与内容

汉字应用水平测试的命题范围是《汉字应用水平测试字表》。该表提供了测试用字的具体数量和范围，也是汉字应用水平等级划分的基础和依据。该表还是汉字应用水平测试大纲及测试试卷的重要基础，为汉字应用水平等级标准的确定、相应的测试题库的建设划定了基本内容和大致范围。

该表共收 5500 个汉字，这意味着汉字应用水平测试的试题全部针对表中的这 5500 个汉字进行编制，测试要考查的是应试人对这 5500 个汉字的规范字形、普通话读音、常用意义、基本用法和特殊用法的掌握程度。该表以 3500 个常用汉字为基础，以社会上经常使用文字的人群实际使用汉字的平均水准为重要参照（除个别字之外，都在 7000 通用字的范围之内），根据海量现代汉语语料的字频统计数据，经过必要的增删调整，最终确定了 5500 字的

测试用字数量。该表不同于已有的常用字表和通用字表，它面向社会，比较真实地反映了使用文字较多的行业和人群汉字应用的实际情况，针对汉字使用中的各种实际问题，具有很强的应用性。

该表分为三个级别，包含三个子表，分别是甲表4000字，乙表500字，丙表1000字。甲表包含了全部3500个常用汉字，另外增加了500字。这是由于3500个常用汉字是目前初中教育阶段应掌握的汉字量，理论上讲这代表了具有中等文化水平人群的识字量；而实际测查显示，具有中等程度人群的平均识字量要大于3500字，一般为4000字。根据对这类人群的实测结果，结合字频统计，字表研制者又筛选出500字，形成了测试字表的第二级字表，即乙表。丙表所收的1000字包含了使用频率不太高、高等以上文化程度并具有较高汉字应用水平者应掌握的汉字。实际测量显示，具有大学以上文化程度、从事文字工作的人群，往往具有较高的汉字应用水平，这类人群的平均识字量大于4500字，一般要达到5500字左右。根据对这类人群的实际测查，结合字频统计，字表研制者在甲表4000字、乙表500字之外，又筛选出1000字，形成了测试字表的第三级字表，即丙表。

需要说明的是，甲表、乙表和丙表的收字同时体现在汉字应用水平测试试题的四个部分当中。测试试题的每个部分的测试内容（考点）所指向的汉字，有70%来源于甲表，20%来源于乙表，另外10%来源于丙表。这样的选取原则和比例，表明汉字应用水平测试关注的重点，是应试人对常用汉字的掌握和使用情况，因此涉及测试字表甲表范围的字占了较大的比例，乙表所占的比例较小，丙表所占比例最小（尽管其收字量要大于乙表）。这样的比例体现了三个字表所收汉字总体上在常用程度上的差别。从某种意义上说，汉字应用水平最起码的达标要求是能够基本掌握《汉字应用水平测试字表》中甲表范围的汉字，并能够在大多数使用环境中正确使用。只要做到了这一点，就能够在占试题容量70%的试题中有良好的作答表现，从而也就具备了进入汉字应用水平等级的条件。至于涉及乙表和丙表所收汉字的测试内容，则主要用来衡量较高等级的汉字应用水平，对这些内容的掌握是较高水平应试人掌握汉字、使用汉字的特征之一。明确了这一点，应试人就可以根据自身的实际情况和需要，决定自己备考的方向和重点。

（二）等级特征

汉字应用水平等级共有三级，由高到低依次为一级、二级和三级。

一级是较高的汉字应用水平，具体表现在：能够在使用环境中掌握和使用的汉字在4500至5500个；能够正确地掌握和使用汉字的规范字形、普通话读音、常用意义、基本用法和一些特殊用法；偶有汉字形、音、义方面的错误，但只是零星失误，不具有系统性特征；在日常生活和工作中，能够阅读以规范汉字为媒介的现代文献资料，能够用规范汉字进行书面表达，流利顺畅，没有文字障碍；能够胜任对汉字应用能力有很高要求的工作或以使用汉字为主要任务的各种类型的工作，承担的工作任务范围极广，从一般的事务性工作到书刊的编辑、校对等。

二级是中等的汉字应用水平，具体表现在：能够在使用环境中掌握和使用的汉字在4000至4500个；能够比较正确地掌握和使用汉字的规范字形、普通话读音、常用意义、基本用法和个别特殊用法；间或出现汉字形、音、义方面的错误，但集中在使用频率很低或很容易发生错误的汉字；在日常生活和工作中，能够阅读以规范汉字为媒介的现代文献资料，能够用规范汉字进行书面表达，比较流利顺畅，少有文字障碍；能够胜任对汉字应用能力有较高要求的工作或以使用汉字为主要任务的部分工作，承担的工作任务范围较广，如中小学教师、文秘、公务人员等。

三级是一般的汉字应用水平，具体表现在：能够在使用环境中掌握和使用的汉字在3500至4000个；能够基本正确地掌握和使用汉字的规范字形、普通话读音、常用意义和基本用法；有时出现汉字形、音、义方面的错误，但集中在使用频率较低或较容易发生错误的汉字；在日常生活和工作中，能够阅读以规范汉字为媒介的现代文献资料，能够用规范汉字进行书面表达，虽有文字障碍，但基本流利顺畅；能够胜任对汉字应用能力有基本要求的工作或涉及汉字应用的部分工作，承担的工作任务范围有限，如一般性的管理或事务性工作等。

水平表现低于三级的，为“不入级”。

（三）判定标准

汉字应用水平测试根据应试人对试题的作答结果，判定其达到哪个水平等级。具体如下：

一级水平：对占试题容量70%的测试字表甲表的测试内容，作答正确率在80%（含）以上；整套试题作答得分在600分（含）以上。

二级水平：对占试题容量70%的测试字表甲表的测试内容，作答正确率在80%（含）以上；整套试题作答得分在500分（含）至600分（不含）之间。

三级水平：对占试题容量70%的测试字表甲表的测试内容，作答正确率在80%（含）以上；整套试题作答得分在200分（含）至500分（不含）之间。

如果对占试题容量70%的测试字表甲表的测试内容，作答正确率低于80%；或者，整套试题作答得分低于200分，则判定为“不入级”。

三、汉字应用水平测试的分数体系

汉字应用水平测试整套试题作答得分的计算，是一个相当复杂的系统，称之为HZC分数（又叫“导出分数”）。HZC分数是一种统一的、稳定的和具有可比性的考试结果分数，以500分为平均分，以800分为满分。传统的百分制考试，主要是考查知识点的掌握情况，不承担水平区分和认定的任务，所以预设了不同题型的权重和该题型中每一试题的分值，答错一题扣除相应的分值。这种考试分数（我们可以称之为“原始分数”），由于应试人有时会采取猜测策略，以及同一试题对不同应试人难度不一等情况的存在，带有难以避免的偶然性，并不能反映应试人常态下的真实水平。而较大规模的标准化测试，一般都有一个分数导出系统，将“原始分数”转换为能够反映应试人常态下真实水平的、具有可比性的“导出分数”。这主要是为了保证同一试题对不同应试人的难度的相对均衡，以及避免因猜题策略等因素而导致的偶然性。这样在HZC分数体系下，同一个应试人在汉字应用水平稳定的情况下，参加多次测试得到的HZC分数基本是稳定的；相反，不同应试人在对同一份试卷的作答中，答对试题数量一样，而具体试题不一样，他们获得的HZC分数可能不相同，有些情况下甚至会出现等级上的差别。

四、汉字应用水平测试的题型和答题要求

（一）题型

汉字应用水平测试的试题数量共120题，分4个部分。

第一部分共有30道单项选择题，考查的内容主要是能否掌握汉字的普通话读音以及准

确分辨同音字、形近字读音的异同。这部分有两种题型：

一是在下列各题中找出注音错误的一项。例如

A. 渎（dú） B. 钗（chāi） C. 潺（chán） D. 漱（sù）（ ）

二是在下列各题中找出读音不同的一项。例如

A. 殍—孵 B. 茶—茬 C. 策—恻 D. 槽—漕（ ）

一般说来，第一道题中会有一两道题涉及姓氏用字和地名用字。

第二部分共有 30 道单项选择题，考查的内容主要是在特定的使用环境中，判断所使用的汉字是否正确。这部分只有一种题型，即在下列各题中找出用字错误的一项。例如

A. 编缉 B. 麦秆 C. 更迭 D. 厮杀（ ）

一般说来，30 道题中会有一两道题涉及三字惯用语的用字问题。在其他题目中，涉及双字词和四字短语用字问题的各占一半。

第三部分共有 30 道单项选择题，考查的内容主要是在特定的使用环境中，能否选出正确的汉字。这部分有三种题型：

一是在下列各题的选项中找出能够正确填入词语括号中的一项。例如

编（ ）

A. 算 B. 撰 C. 篡 D. 纂

二是在下列各题的选项中找出能够正确填入句子括号中的一项。例如

美国总统对国会议案扣（ ）不批。

A. 研 B. 轧 C. 押 D. 压

三是在下列各题的选项中找出能够正确填入句子括号中的一项。例如

市长化（ ）成普通老百姓，下乡考（ ）防洪工程的进展。

A. 妆 查 B. 妆 察 C. 装 查 D. 装 察

第四部分共有 30 道书写题，考查的内容主要是在特定的使用环境中，掌握汉字字形及书写汉字是否正确。这部分有两种题型：

一是根据注音填写正确的汉字。例如

________（shà）血为盟

这一题型共 20 道题目，最后三四道题以句子的形式呈现，其余题目中，多数是四字短语，少数是两字词。

二是填写正确的汉字，把成语等固定结构补充完整。例如

沆________一气

（二）答题要求

全卷 120 道题必须在 80 分钟内作答完毕。这种大规模的标准化测试，试题数量及答题时间一般都是通过多次试测之后确定的，80 分钟内回答完所有试题，在时间上有足够保证。只要按照正常方式答题，一般不会出现在规定时间内做不完试题的情况。

汉字应用水平测试的试题卷和答题卡是分开的，答案一律填写在答题纸上。试题卷上印有试题和答题要求；试题卷只用来呈现试题，不得在试题卷上作答，否则答案视为无效，也不得在试题卷上作任何标记。答题卡包括两部分：一是用来作答第一至三部分的单项选择题，印有各题的选项，应试人需要用 2B 铅笔在认为正确的选项上填涂。填答题卡的时候要特别注意填涂要求，严格按照试卷所提示的正确方式填涂，这部分将由计算机阅卷。二是用来作答第四部分书写填空题，各题均有对应的米字格。应试人需要将答案用正楷书写在答题

纸的米字格内。书写的时候要特别注意字的大小、结构、笔画数以及笔画之间的关系，既不要写得太大，超出米字格，也不要写得太小，不易辨认。这部分试题先由人工阅卷，即阅卷人员根据规范汉字的字形标准，对应试人的汉字书写作出正误判断，再由计算机阅卷。

第三节　汉字应用水平测试字词检索表

一、汉字应用水平测试字表（甲）

说明：1. 首先按笔画由少到多的顺序排列，笔画相同的字按音序排列；2. 多音字排在一起，并在右下角标注序号，仅第一个字音参与音序排序；3. 本表共4000字。

1 画

yī	yǐ
一	乙

2 画

bā	bǐ	bo	bǔ	chǎng	dāo	diāo	dīng	zhēng	ér
八	匕	卜$_1$	卜$_2$	厂	刀	刁	丁$_1$	丁$_2$	儿
èr	jī	jǐ	jiǔ	le	liǎo	lì	nǎi	qī	rén
二	几$_1$	几$_2$	九	了$_1$	了$_2$	力	乃	七	人
rù	shí	yòu							
入	十	又							

3 画

cái	chā	chǎ	chà	chuān	cùn	dà	dài	fán	fēi
才	叉$_1$	叉$_2$	叉$_3$	川	寸	大$_1$	大$_2$	凡	飞
gān	gàn	gè	gōng	gōng	guǎng	jí	jǐ	jīn	jiǔ
干$_1$	干$_2$	个	工	弓	广	及	己	巾	久
kǒu	kuī	mǎ	me	yāo	mén	mò	wàn	nǚ	qǐ
口	亏	马	么$_1$	么$_2$	门	万$_1$	万$_2$	女	乞
qiān	rèn	sān	shān	shǎng	shàng	sháo	shī	shì	sì
千	刃	三	山	上$_1$	上$_2$	勺	尸	士	巳
tǔ	wán	wáng	wèi	xià	xiāng	xiǎo	xī	xí	yā
土	丸	亡	卫	下	乡	小	夕	习	丫
yāo	yě	yǐ	yì	yì	yú	yǔ	yù	zhàng	zhī
幺	也	已	义	亿	于	与$_1$	与$_2$	丈	之
zǐ	zi								
子$_1$	子$_2$								

4 画

bā	bàn	bèi	bǐ	bì	bù	cāng	cháng	zhǎng	chē
巴	办	贝	比	币	不	仓	长$_1$	长$_2$	车$_1$

jū	chǐ	chóu	qiú	chǒu	cóng	dǎi	dèng	dìng	dǒu
车$_2$	尺	仇$_1$	仇$_2$	丑	从	歹	邓	订	斗$_1$
dòu	duì	è	fá	fǎn	fāng	fēn	fèn	fēng	fēng
斗$_2$	队	厄	乏	反	方	分$_1$	分$_2$	风	丰
fèng	fū	fù	fù	gài	gāng	gē	gōng	gōu	gòu
凤	夫	父	讣	丐	冈	戈	公	勾$_1$	勾$_2$
hù	hù	huà	huàn	huǒ	jī	jì	jiàn	xiàn	jiè
户	互	化	幻	火	讥	计	见$_1$	见$_2$	介
jīn	jīn	jǐn	jǐng	jù	kāi	kàng	kǒng	lì	liù
今	斤	仅	井	巨	开	亢	孔	历	六$_1$
lù	lún	máo	mó	wú	mù	nèi	niàn	niú	ōu
六$_2$	仑	毛	无$_1$	无$_2$	木	内	廿	牛	区$_1$
qū	pǐ	piān	piàn	pū	pú	qì	qiàn	qiē	qiè
区$_2$	匹	片$_1$	片$_2$	仆$_1$	仆$_2$	气	欠	切$_1$	切$_2$
quǎn	quàn	rén	rèn	réng	rì	rǒng	sà	shǎo	shào
犬	劝	仁	认	仍	日	冗	卅	少$_1$	少$_2$
shén	shí	shì	zhī	shēng	shǒu	shū	shuāng	shuǐ	tài
什$_1$	什$_2$	氏$_1$	氏$_2$	升	手	书	双	水	太
tiān	tīng	tún	wǎ	wà	wáng	wàng	wéi	wéi	wèi
天	厅	屯	瓦$_1$	瓦$_2$	王$_1$	王$_2$	韦	为$_1$	为$_2$
wén	wū	wù	wú	wǔ	wǔ	wù	xīn	xiōng	yá
文	乌$_1$	乌$_2$	毋	五	午	勿	心	凶	牙
yāo	yǐ	yì	yì	yǐn	yǐn	yóu	yǒu	yú	yǔ
夭	以	艺	忆	引	尹	尤	友	予$_1$	予$_2$
yuán	yuē	yuè	yún	yún	yǔn	zā	zhā	zhá	zhǎo
元	曰	月	云	匀	允	扎$_1$	扎$_2$	扎$_3$	爪$_1$
zhuǎ	zhī	zhǐ	zhōng	zhòng	zhuān				
爪$_2$	支	止	中$_1$	中$_2$	专				

5 画

ài	yì	āo	bā	bā	pá	bái	bàn	bāo	běi
艾$_1$	艾$_2$	凹	叭	扒$_1$	扒$_2$	白	半	包	北
běn	bì	biān	bǐng	bù	cè	chì	chì	chū	chǔ
本	必	边	丙	布	册	叱	斥	出	处$_1$
chù	cōng	cóng	dá	dǎ	dài	dàn	dàn	shí	dāo
处$_2$	匆	丛	打$_1$	打$_2$	代	旦	石$_1$	石$_2$	叨$_1$
tāo	diàn	diāo	dīng	dōng	dōng	duì	ěr	fā	fà
叨$_2$	电	叼	叮	冬	东	对	尔	发$_1$	发$_2$
fàn	féng	píng	fù	gān	gōng	gǔ	guā	guī	hàn
犯	冯$_1$	冯$_2$	付	甘	功	古	瓜	归	汉

hāng	háo	hào	hé	hóng	hū	huì	huì	jī	jī
夯	号$_1$	号$_2$	禾	弘	乎	汇	卉	击	叽
jī	jì	jiā	jiǎ	jiào	jiē	jié	jiū	jiù	jù
饥	记	加	甲	叫	节$_1$	节$_2$	纠	旧	句
kǎ	qiǎ	kān	kě	kè	kòu	lán	lè	yuè	lǐ
卡$_1$	卡$_2$	刊	可$_1$	可$_2$	叩	兰	乐$_1$	乐$_2$	礼
lì	lì	liáo	líng	lǐng	lìng	lìng	lóng	lú	máo
立	厉	辽	令$_1$	令$_2$	令$_3$	另	龙	卢	矛
mǎo	mén	men	miè	mín	mǐn	mò	mǔ	mù	nǎi
卯	们$_1$	们$_2$	灭	民	皿	末	母	目	奶
ní	niǎo	níng	nìng	nú	pí	píng	pū	qiān	qiān
尼	鸟	宁$_1$	宁$_2$	奴	皮	平	扑	阡	仟
qiǎo	qiě	qiū	qiú	qù	rǎn	ràng	rēng	sā	shǎn
巧	且	丘	囚	去	冉	让	扔	仨	闪
shàn	shēn	shēng	shèng	shī	shǐ	shǐ	shì	shì	shì
讪	申	生	圣	失	史	矢	市	仕	示
shì	shù	zhú	shuǎi	shuài	sī	sī	sì	tā	tā
世	术$_1$	术$_2$	甩	帅	丝	司	四	他	它
tāi	tái	tàn	tǎo	tián	tīng	tóu	tou	tū	wài
台$_1$	台$_2$	叹	讨	田	汀	头$_1$	头$_2$	凸	外
wèi	wù	wù	xiān	xié	yè	xiě	xiōng	xuán	xué
未	务	戊	仙	叶$_1$	叶$_2$	写	兄	玄	穴
xùn	xùn	yà	zhá	yāng	yè	yí	yì	yìn	yǒng
训	讯	轧$_1$	轧$_2$	央	业	仪	议	印	永
yòng	yóu	yòu	yòu	yù	yù	yùn	zǎi	zǐ	zhá
用	由	右	幼	玉	驭	孕	仔$_1$	仔$_2$	札
zhà	zhān	zhàn	zhàng	zhào	zhēng	zhèng	zhī	zhī	zhǐ
乍	占$_1$	占$_2$	仗	召	正$_1$	正$_2$	汁	只$_1$	只$_2$
zhǔ	zuǒ								
主	左								

6 画

ān	bǎi	bǎn	bāng	bì	bì	bīng	bìng	chǎn	chàn
安	百	阪	邦	毕	闭	冰	并	产	忏
cháng	chǎng	chén	chén	chéng	chéng	chī	chí	chí	chí
场$_1$	场$_2$	尘	臣	成	丞	吃	驰	弛	池
chōng	chōng	chòng	chóng	chuán	zhuàn	chuāng	chuàng	chuǎng	cǐ
充	冲$_1$	冲$_2$	虫	传$_1$	传$_2$	创$_1$	创$_2$	闯	此
cì	cún	dá	dāng	dàng	dǎo	dēng	dì	de	diào
次	存	达	当$_1$	当$_2$	导	灯	地$_1$	地$_2$	吊

diū	dòng	duō	duó	duǒ	duò	tuó	é	ér	ěr
丢	动	多	夺	朵	驮$_1$	驮$_2$	讹	而	耳
fá	fān	fáng	fǎng	fǎng	fēi	fèn	fěng	fú	fú
伐	帆	防	仿	访	妃	份	讽	伏	凫
fù	fù	gā	gā	jiā	jiá	gāng	gāng	káng	gè
负	妇	旮	夹$_1$	夹$_2$	夹$_3$	刚	扛$_1$	扛$_2$	各
gèn	gōng	hóng	gǒng	gòng	guān	guān	guàn	guāng	guǎng
亘	红$_1$	红$_2$	巩	共	关	观$_1$	观$_2$	光	犷
guō	guò	guǐ	hài	hán	hàn	háng	hàng	héng	xíng
过$_1$	过$_2$	轨	亥	汗$_1$	汗$_2$	行$_1$	行$_2$	行$_3$	行$_4$
hǎo	hào	hé	hè	xià	hòu	huá	huà	huá	huà
好$_1$	好$_2$	合	吓$_1$	吓$_2$	后	华$_1$	华$_2$	划$_1$	划$_2$
huān	huī	huí	huì	huì	kuài	huǒ	jī	jī	jī
欢	灰	回	讳	会$_1$	会$_2$	伙	机	圾	肌
jí	jí	jí	jǐ	jì	jì	jià	jiān	jiān	jiàn
吉	级	汲	纪$_1$	纪$_2$	伎	价	尖	奸	件
jiāng	jiǎng	jiàng	jiāo	jiē	jǐn	jìn	jǐng	jiù	jué
江	讲	匠	交	阶	尽$_1$	尽$_2$	阱	臼	决
jué	jūn	kǎo	kòu	kuā	kuāng	kuò	lá	lǎo	lèi
诀	军	考	扣	夸	匡	扩	旯	老	肋
liè	liè	lì	liú	lún	lún	lùn	lǚ	mā	má
列	劣	吏	刘	伦	论$_1$	论$_2$	吕	妈	吗$_1$
mǎ	ma	mǎi	mài	máng	máng	mén	mǐ	míng	móu
吗$_2$	吗$_3$	买	迈	忙	芒	扪	米	名	牟$_1$
mù	nā	nà	nè	nián	nóng	ōu	pāng	piáo	pō
牟$_2$	那$_1$	那$_2$	讷	年	农	讴	乓	朴$_1$	朴$_2$
pò	pǔ	pīng	qí	qí	qǐ	qǐ	qì	qiān	qiàn
朴$_3$	朴$_4$	乒	齐	祁	企	岂	讫	迁	纤$_1$
xiān	qiáo	qìng	qū	qǔ	quán	quán	rén	rèn	rèn
纤$_2$	乔	庆	曲$_1$	曲$_2$	全	权	任$_1$	任$_2$	纫
róng	ròu	rú	rǔ	ruǎn	sǎn	sǎo	sào	sè	shǎi
戎	肉	如	汝	阮	伞	扫$_1$	扫$_2$	色$_1$	色$_2$
shā	shàn	shāng	shāng	tāng	sháo	shé	shè	shī	shì
杀	汕	伤	汤$_1$	汤$_2$	芍	舌	设	师	式
shì	sì	shōu	shǒu	shù	sǐ	sì	sòng	suì	sūn
似$_1$	似$_2$	收	守	戍	死	寺	讼	岁	孙
tā	tíng	tóng	tòng	tǔ	tù	tuán	tuō	wǎng	wàng
她	廷	同$_1$	同$_2$	吐$_1$	吐$_2$	团	托	网	妄

wēi	wěi	wěi	wèn	wū	wǔ	xī	xī	xī	xì
危	伟	伪	问	污	伍	吸	西	汐	戏
xiān	xiàng	xié	xié	xiě	xuè	xīng	xìng	xíng	xíng
先	向	协	邪	血$_1$	血$_2$	兴$_1$	兴$_2$	刑	邢
xiōng	xiū	xiǔ	xū	xū	yū	yù	xǔ	xù	xún
匈	休	朽	戌	吁$_1$	吁$_2$	吁$_3$	许	旭	旬
xún	xún	xùn	xùn	xùn	yā	yà	yà	yà	yán
寻	巡	迅	汛	驯	压$_1$	压$_2$	亚	讶	延
yàn	yáng	yáng	yáng	yǎng	yāo	yāo	yuē	yáo	yé
厌	羊	扬	阳	仰	吆	约$_1$	约$_2$	尧	爷
yè	yè	yī	yī	yì	yí	yì	yì	yì	yīn
曳	页	伊	衣$_1$	衣$_2$	夷	亦	屹	异	因
yīn	yōu	yǒu	yū	yǔ	yǔ	yǔ	yù	zá	zài
阴	优	有	迂	宇	羽	屿	芋	杂	在
zài	zǎo	zé	zì	zì	zhái	zhào	zhēn	zhèn	zhèn
再	早	则	自	字	宅	兆	贞	阵	圳
zhēng	zhī	zhí	zhǐ	zhì	zhòng	zhòng	zhōu	zhōu	zhū
争	芝	执	旨	至	仲	众	州	舟	朱
zhú	zhuāng	zhuāng	zhuàng						
竹	庄	妆	壮						

7 画

ā	ē	bā	bā	ba	bǎ	bà	bà	bǎi	bó
阿$_1$	阿$_2$	芭	吧$_1$	吧$_2$	把$_1$	把$_2$	坝	伯$_1$	伯$_2$
bān	bàn	bàn	bào	bào	páo	bèi	bì	bié	biè
扳	伴	扮	报	刨$_1$	刨$_2$	狈	庇	别$_1$	别$_2$
bīng	bó	bǔ	bù	cái	cái	càn	cāng	cāng	céng
兵	驳	补	步	财	材	灿	苍	沧	层
chā	chà	chà	cháng	chàng	chāo	chǎo	chě	chè	chén
杈$_1$	杈$_2$	岔	肠	怅	抄	吵	扯	彻	沉
chén	chén	chén	chéng	chí	chì	chōng	chū	chuàn	chuáng
忱	陈	辰	呈	迟	赤	忡	初	串	床
chuī	chún	cí	cì	sì	cōng	cūn	dāi	dàn	dǎo
吹	纯	词	伺$_1$	伺$_2$	囱	村	呆	但	岛
dī	dí	dì	diàn	diàn	dīng	dīng	dìng	dòng	dǒu
低	狄	弟	甸	佃	盯	钉$_1$	钉$_2$	冻	抖
dòu	dǔ	dù	dù	dù	duì	dūn	dùn	tún	è
豆	肚$_1$	肚$_2$	妒	杜	兑	吨	囤$_1$	囤$_2$	扼
fǎn	fàn	fàn	fāng	fāng	fáng	fáng	fǎng	fèi	fēn
返	饭	泛	芳	坊$_1$	坊$_2$	妨	纺	吠	吩

fēn	fēn	fén	fén	fó	fú	fǒu	pǐ	fú	fú
芬	纷	汾	坟	佛$_{1}$	佛$_{2}$	否$_{1}$	否$_{2}$	扶	芙
fǔ	fǔ	fù	gà	gǎi	gài	jiè	gān	gān	gǎn
抚	甫	附	尬	改	芥$_{1}$	芥$_{2}$	肝	杆$_{1}$	杆$_{2}$
gāng	gāng	gāng	gǎng	gàng	gào	gēng	gèng	gōng	gǒng
肛	纲	岗$_{1}$	岗$_{2}$	杠	告	更$_{1}$	更$_{2}$	攻	汞
gòng	gōu	gū	gù	gǔ	guān	lún	guī	jūn	qiū
贡	沟	估$_{1}$	估$_{2}$	谷	纶$_{1}$	纶$_{2}$	龟$_{1}$	龟$_{2}$	龟$_{3}$
hái	huán	hán	hán	hǎn	hàn	háng	kēng	hé	hēng
还$_{1}$	还$_{2}$	含	邯	罕	旱	吭$_{1}$	吭$_{2}$	何	亨
hóng	hǒu	hú	hù	hù	huā	huái	huài	jī	jī
宏	吼	囫	沪	护	花	怀	坏	叽	鸡
jí	jí	jì	jì	jì	jì	jì	xì	jiān	jiān
即	极	忌	际	妓	技	系$_{1}$	系$_{2}$	坚	歼
jiān	jiàn	jiǎo	jué	jié	jiè	jìn	jìn	jìn	jìng
间$_{1}$	间$_{2}$	角$_{1}$	角$_{2}$	劫	戒	进	近	劲$_{1}$	劲$_{2}$
jiū	jiū	jiǔ	jiǔ	jú	jù	jué	jūn	jūn	kǎn
究	鸠	灸	玖	局	拒	抉	君	均	坎
kàng	ké	qiào	kè	kēng	kōu	kù	kuài	kuài	kuáng
抗	壳$_{1}$	壳$_{2}$	克	坑	抠	库	块	快	狂
kuàng	kuàng	kùn	lái	lán	láo	láo	lěng	lí	lì
况	旷	困	来	岚	劳	牢	冷	丽$_{1}$	丽$_{2}$
lǐ	lǐ	lì	lì	lì	lián	liáng	liǎng	liáo	lín
李	里	利	励	沥	连	良	两	疗	邻
lìn	líng	líng	liù	lù	lǒng	lòng	nòng	lú	lú
吝	灵	伶	陆$_{1}$	陆$_{2}$	陇	弄$_{1}$	弄$_{2}$	庐	芦$_{1}$
lǔ	lǔ	luǎn	luàn	lún	lún	lún	lǘ	mǎ	mài
芦$_{2}$	卤	卵	乱	抡	囵	沦	驴	玛	麦
méi	mò	měi	mēn	mèn	miào	miǎn	mǔ	mù	mù
没$_{1}$	没$_{2}$	每	闷$_{1}$	闷$_{2}$	妙	免	亩	沐	牧
nà	nà	nán	nǐ	nǐ	niào	suī	niū	niǔ	niǔ
呐	纳	男	拟	你	尿$_{1}$	尿$_{2}$	妞	扭	纽
ǒu	pàn	páng	pāo	pèi	pī	pì	píng	qī	qǐ
呕	判	彷	抛	沛	批	屁	评	沏	启
qǐ	qì	qì	qiāng	qiāng	qiǎng	qiāng	qiàng	qín	qìn
杞	汽	弃	羌	抢$_{1}$	抢$_{2}$	呛$_{1}$	呛$_{2}$	芹	沁
qióng	qiū	qiú	qū	qū	què	rǎo	rěn	rèn	rèn
穷	邱	求	岖	驱	却	扰	忍	妊	韧

rèn	rùn	shā	shā	shā	shān	shān	shào	shé	zhē
妊	闰	纱	沙	杉$_1$	杉$_2$	删	邵	折$_1$	折$_2$
zhé	shè	shēn	shēn	shěn	shēng	shí	shí	zhì	shòu
折$_3$	社	伸	身	沈	声	时	识$_1$	识$_2$	寿
shū	shù	shǔn	sī	sòng	sū	sù	tài	tán	tǎn
抒	束	吮	私	宋	苏	诉	汰	坛	忐
tè	tǐ	tiáo	tīng	tóng	tóu	tū	tūn	tún	tuǒ
忑	体	条	听	彤	投	秃	吞	饨	妥
wán	wāng	wàng	wéi	wéi	wěi	wěi	wěi	yǐ	wèi
完	汪	忘	围	违	纬	苇	尾$_1$	尾$_2$	位
wěn	wén	wǒ	wò	wū	wū	wú	wú	wú	wǔ
吻	纹	我	沃	巫	呜	芜	吾	吴	妩
wù	xī	xiá	xián	xiàn	xiāo	xiào	xiào	xīn	xīn
坞	希	匣	闲	县	肖$_1$	肖$_2$	孝	辛	芯$_1$
xìn	xíng	xìng	xiōng	xiù	xù	xuān	yā	ya	yá
芯$_2$	形	杏	汹	秀	序	轩	呀$_1$	呀$_2$	芽
yán	yán	yáng	yāo	yě	yī	yí	yǐ	yì	yì
言	严	杨	妖	冶	医	沂	矣	抑	邑
yì	yì	yín	yǐn	yìn	yīng	yìng	yíng	yōng	yòng
役	译	吟	饮$_1$	饮$_2$	应$_1$	应$_2$	迎	佣$_1$	佣$_2$
yōu	yóu	yóu	yòu	yú	yuán	yuán	yún	yùn	yuǎn
忧	犹	邮	佑	余	园	员$_1$	员$_2$	员$_3$	远
yún	yún	yùn	zāi	zào	zào	zhà	zhāng	zhàng	zhàng
纭	芸	运	灾	灶	皂	诈	张	帐	杖
zhāo	zhǎo	zhào	zhè	zhēn	zhěn	zhèng	zhī	zī	zhǐ
钊	找	诏	这	针	诊	证	吱$_1$	吱$_2$	纸
zhǐ	zhì	zhǒu	zhù	zhù	zhuā	zhuàng	zhuì	zhuó	zī
址	志	肘	住	助	抓	状	坠	灼	孜
zǐ	zòng	zōu	zǒu	zú	zǔ	zǔ	zuō	zuò	zuǒ
姊	纵	邹	走	足	诅	阻	作$_1$	作$_2$	佐
zuò									
坐									

8 画

āi	àn	āng	áng	ào	ào	niù	bá	bà	bǎi
哎	岸	肮	昂	坳	拗$_1$	拗$_2$	拔	爸	佰
bài	bǎn	bǎn	bàn	bàn	bāo	bǎo	bǎo	bào	bēi
败	板	版	拌	绊	苞	宝	饱	抱	杯
bēi	bèi	bēn	bèn	běn	bǐ	bì	mì	biǎn	biàn
卑	备	奔$_1$	奔$_2$	苯	彼	泌$_1$	泌$_2$	贬	变

biǎo	bǐng	bō	bō	bó	pō	bó	bù	cǎi	cān
表	秉	拨	波	泊$_1$	泊$_2$	帛	怖	采	参$_1$
cēn	shēn	cè	cè	chà	chǎ	chà	chà	shā	chāi
参$_2$	参$_3$	侧	厕	诧	衩$_1$	衩$_2$	刹$_1$	刹$_2$	拆
chán	dān	shàn	chāng	chàng	chǎo	chēn	chèn	chéng	chéng
单$_1$	单$_2$	单$_3$	昌	畅	炒	抻	衬	诚	承
chǐ	chǐ	chǒng	chōu	chù	chuī	chuí	cī	cì	cù
齿	侈	宠	抽	怵	炊	垂	刺$_1$	刺$_2$	卒$_1$
zú	dān	dàn	dàn	dào	de	dí	dì	dí	dǐ
卒$_2$	担$_1$	担$_2$	诞	到	的$_1$	的$_2$	的$_3$	迪	抵
dǐ	diǎn	diàn	diào	dié	dǐng	dìng	dōng	dùn	duō
底	典	店	钓	迭	顶	定	咚	炖	咄
duò	fǎ	fán	fàn	fàn	fáng	fáng	fàng	fēi	féi
剁	法	矾	范	贩	房	肪	放	非	肥
fèi	fèi	fèi	fēn	fèn	fèn	fēng	fèng	fū	fú
沸	肺	废	氛	奋	忿	枫	奉	肤	拂
fú	fù	fǔ	fǔ	fù	gā	kā	gāi	gǎn	gē
服$_1$	服$_2$	府	斧	咐	咖$_1$	咖$_2$	该	秆	疙
gēng	gōng	gòng	gǒu	gǒu	gòu	gòu	gū	gū	gū
庚	供$_1$	供$_2$	苟	狗	构	购	孤	姑	沽
gū	gū	guā	gǔ	gù	guā	guà	guāi	guǎi	guài
咕	呱$_1$	呱$_2$	股	固	刮	卦	乖	拐	怪
guān	guàn	guī	guǐ	guì	guì	guó	guǒ	hán	háng
官	贯	规	诡	柜	刽	国	果	函	杭
hē	hé	hé	hè	hú	huó	huò	hōng	hóng	hū
呵	河	和$_1$	和$_2$	和$_3$	和$_4$	和$_5$	轰	泓	忽
hū	hú	hú	hǔ	huà	huà	huán	huī	hūn	huò
呼	弧	狐	虎	话	画	环	恢	昏	或
huò	jī	qí	jī	qí	jì	jì	jiā	jiā	qié
货	其$_1$	其$_2$	奇$_1$	奇$_2$	剂	季	佳	茄$_1$	茄$_2$
jià	jiān	jiān	jiǎn	jiàn	jiàn	jiàng	xiáng	jiāo	jiǎo
驾	肩	艰	拣	饯	建	降$_1$	降$_2$	郊	佼
jiǎo	jié	jiě	jiè	jīn	jīng	jīng	jīng	jìng	jìng
侥	杰	姐	届	金	京	经	茎	净	径
jiǒng	jiù	jiù	jū	jū	jū	jǔ	jù	jù	juǎn
迥	咎	疚	拘	居	驹	沮	炬	具	卷$_1$
juàn	kǎi	kǎn	kàng	kē	kē	kè	kěn	kōng	kòng
卷$_2$	凯	侃	炕	苛	坷	刻	肯	空$_1$	空$_2$

kǔ	kuàng	kūn	kūn	lā	lā	lá	lán	láng	lǎo
苦	矿	坤	昆	垃	拉$_1$	拉$_2$	拦	郎	佬
lèi	lì	lì	lián	lián	liàn	liè	lín	līng	líng
泪	隶	例	怜	帘	练	冽	林	拎	苓
lǐng	lóng	lǒng	lǒng	lòu	lú	lǔ	lù	lún	luó
岭	咙	拢	垄	陋	炉	虏	录	轮	罗
lǚ	mā	mǒ	mò	mǎ	mài	máng	máng	méng	máo
侣	抹$_1$	抹$_2$	抹$_3$	码	卖	盲	氓$_1$	氓$_2$	茅
máo	mào	méi	méi	mèi	mèng	mí	mì	miáo	miào
牦	茂	玫	枚	妹	孟	弥	觅	苗	庙
mín	mǐn	míng	míng	mìng	mò	mò	mò	mǔ	mǔ
岷	抿	明	鸣	命	茉	沫	陌	拇	姆
mù	nài	nào	ne	ní	ní	nì	niān	niàn	níng
牧	奈	闹	呢$_1$	呢$_2$	泥$_1$	泥$_2$	拈	念	狞
níng	níng	nǐng	nìng	nüè	yào	ōu	pá	pá	pà
咛	拧$_1$	拧$_2$	泞	疟$_1$	疟$_2$	欧	杷	爬	帕
pà	pāi	pǎi	pò	páng	pāo	pào	páo	pēi	pèi
怕	拍	迫$_1$	迫$_2$	庞	泡$_1$	泡$_2$	咆	呸	佩
pēng	pēng	péng	pī	pī	pí	pín	píng	píng	píng
抨	怦	朋	坯	披	枇	贫	坪	苹	凭
pō	pō	qī	qì	qí	qí	qì	qiǎn	qiāng	qiáo
坡	泼	妻$_1$	妻$_2$	歧	祈	泣	浅	枪	侨
qiè	qiè	qīng	qǐng	qióng	qū	qǔ	quàn	xuàn	rě
妾	怯	青	顷	穹	屈	取	券$_1$	券$_2$	若$_1$
ruò	rǔ	ruǎn	sān	sāng	sàng	shān	shàn	shān	shān
若$_2$	乳	软	叁	丧$_1$	丧$_2$	苫$_1$	苫$_2$	衫	姗
shǎn	shàng	shào	shě	shè	shēn	shēn	shěn	shèn	shī
陕	尚	绍	舍$_1$	舍$_2$	呻	绅	审	肾	诗
shī	shí	shǐ	shǐ	shǐ	shì	shì	shì	shì	shì
虱	实	使	始	驶	势	事	侍	饰	试
shì	shòu	shū	shū	shù	sì	sōng	sǒng	sù	suǒ
视	受	枢	叔	述	饲	松	怂	肃	所
tà	tuò	tāi	tái	tái	tài	tān	tán	tǎn	tì
拓$_1$	拓$_2$	苔	苔	抬	态	贪	昙	坦	屉
tiáo	tiē	tiě	tiè	tú	tù	tuō	tuó	wán	wǎn
迢	帖$_1$	帖$_2$	帖$_3$	图	兔	拖	驼	玩	宛
wǎng	wǎng	wàng	wēi	wěi	wèi	wèng	wò	wǔ	wù
枉	往	旺	委$_1$	委$_2$	味	瓮	卧	武	物

xī	xī	xiá	xián	xián	xiàn	xiàn	xiáng	xiǎng	xiē
昔	析	侠	贤	弦	现	限	详	享	些
xié	xiè	xiè	xīn	xìng	xìng	xìng	xué	xún	yā
胁	泄	泻	欣	幸	性	姓	学	询	押
yán	yán	yán	yǎn	yáng	yáng	yáo	yǎo	yè	yī
岩	炎	沿	奄	佯	疡	肴	杳	夜	依
yí	yí	yì	yì	yì	yì	yīng	yō	yù	yōng
怡	宜	易	驿	绎	诣	英	育$_1$	育$_2$	拥
yǒng	yǒng	yóu	yú	yú	yǔ	yù	yù	yuàn	yuè
咏	泳	油	盂	鱼	雨$_1$	雨$_2$	郁	苑	岳
zā	zǎo	zé	zé	zhái	zé	zhá	zhān	zhǎn	zhàng
咂	枣	责	择$_1$	择$_2$	泽	闸	沾	斩	账
zhàng	zhāo	zhǎo	zhě	zhēn	zhěn	zhēng	zhēng	zhèng	zhèng
胀	招	沼	者	侦	枕	征	怔	郑	诤
zhī	zhī	zhī	zhī	zhí	zhí	zhì	zhì	zhì	zhì
枝	知	肢	织	直	侄	帜	制	质	炙
zhì	zhōng	zhōng	zhǒng	zhōu	zhǒu	zhòu	zhòu	zhū	zhǔ
治	忠	终	肿	周	帚	咒	宙	诛	拄
zhù	zhù	zhù	zhuǎi	zhuǎn	zhuàn	zhuō	zhuó	zhuó	zōng
贮	注	驻	转$_1$	转$_2$	转$_3$	拙	茁	卓	宗
zǔ	zuǐ								
组	咀								

9 画

āi	àn	ǎo	bā	bǎi	bó	bài	bāng	bǎng	bāo
哀	按	袄	疤	柏$_1$	柏$_2$	拜	帮	绑	胞
bāo	páo	pào	bǎo	bēi	bèi	bèng	bèng	bǐ	bì
炮$_1$	炮$_2$	炮$_3$	保	背$_1$	背$_2$	迸	泵	秕	毖
bì	biǎn	piān	biàn	pián	biāo	bǐng	bǐng	bǐng	bǐng
陛	扁$_1$	扁$_2$	便$_1$	便$_2$	标	柄	饼	炳	屏$_1$
píng	bō	bó	cán	cǎo	cè	chā	chà	chāi	cī
屏$_2$	玻	勃	残	草	测	差$_1$	差$_2$	差$_3$	差$_4$
chá	chá	zhā	chá	cháng	chāo	chéng	chí	chì	chóng
茬	查$_1$	查$_2$	茶	尝	钞	城	持	炽	重$_1$
zhòng	chóng	zhǒng	zhòng	chú	chuān	chuāng	chūn	cí	cí
重$_2$	种$_1$	种$_2$	种$_3$	除	穿	疮	春	祠	兹$_1$
zī	cù	dā	dāi	dài	dài	dài	dài	dài	dǎn
兹$_2$	促	耷	待$_1$	待$_2$	带	殆	贷	怠	胆
dǎng	dàng	dàng	dì	diǎn	diàn	diàn	dǒu	dú	dú
挡$_1$	挡$_2$	荡	帝	点	玷	垫	陡	独	毒

dǔ	dù	duó	dǔn	dùn	dùn	duǒ	duò	dòng	dòng
笃	度$_1$	度$_2$	盹	钝	盾	垛$_1$	垛$_2$	栋	洞
duàn	duō	é	ěr	èr	fá	fá	fèi	fēng	fēng
段	哆	俄	饵	贰	罚	阀	费	封	疯
fú	fú	fú	fù	fù	gài	gān	gān	gāng	gàng
茯	氟	俘	赴	复	钙	柑	竿	钢$_1$	钢$_2$
gāng	gé	gé	gěi	gǐ	gōng	gǒng	gōu	gòu	gū
缸	革	阁	给$_1$	给$_2$	宫	拱	钩	垢	轱
gū	gǔ	gù	guā	guà	guān	guàn	guī	guǐ	guì
骨$_1$	骨$_2$	故	括	挂	冠$_1$	冠$_2$	闺	鬼	贵
hā	hǎ	hà	hāi	ké	hái	hài	hàng	xiàng	hǎo
哈$_1$	哈$_2$	哈$_3$	咳$_1$	咳$_2$	孩	骇	巷$_1$	巷$_2$	郝
hè	hěn	hěn	hèn	héng	hōng	hǒng	hòng	hóng	hóng
贺	很	狠	恨	恒	哄$_1$	哄$_2$	哄$_3$	虹	洪
hóu	hòu	hòu	hú	hǔ	huā	huá	huái	huàn	huāng
侯$_1$	侯$_2$	厚	胡	浒	哗$_1$	哗$_2$	徊	宦	荒
huáng	huǎng	huī	huī	huí	huì	huì	huì	hūn	hún
皇	恍	挥	恢	茴	荟	诲	绘	荤	浑
huò	jí	jǐ	jǐ	jì	jì	jì	jì	qí	jiā
或	急	挤	济$_1$	济$_2$	迹	既	荠$_1$	荠$_2$	挟
jiā	jiá	jià	jiǎn	jiǎn	jiǎn	jiàn	jiàn	jiàn	jiāng
枷	荚	架	茧	柬	俭	剑	荐	贱	将$_1$
jiàng	qiāng	jiāng	jiǎng	jiàng	jiāo	jiāo	jiāo	jiāo	jiǎo
将$_2$	将$_3$	姜	奖	绛	浇	娇	姣	骄	狡
jiǎo	jiǎo	jiào	jué	jiē	jiē	jié	jié	jiè	jiè
饺	绞	觉$_1$	觉$_2$	皆	结$_1$	结$_2$	洁	界	诫
jīn	jīn	jīng	jiǒng	jiū	jiǔ	jǔ	jǔ	jué	jūn
津	矜	荆	炯	赳	韭	矩	举	绝	钧
jùn	jùn	kān	kàn	kǎn	kǎo	kē	kē	kè	kěn
俊	郡	看$_1$	看$_2$	砍	拷	柯	科	客	垦
kū	kuǎ	kuà	kuí	lán	lǎn	làn	lǎo	lèi	lěi
枯	垮	挎	奎	栏	览	烂	姥	类	垒
lí	lì	lì	liǎ	liǎng	liàn	liàng	liē	liě	lie
厘	荔	俐	俩$_1$	俩$_2$	炼	亮	咧$_1$	咧$_2$	咧$_3$
lín	líng	liú	liǔ	lóng	lóng	lóu	lú	lǜ	luán
临	玲	浏	柳	珑	胧	娄	轳	律	峦
luán	luò	luò	luò	mǎ	mà	mài	mò	máng	mào
孪	洛	骆	络	蚂	骂	脉$_1$	脉$_2$	茫	冒

mào	méi	měi	mèi	mī	mí	miǎn	miàn	miǎo	miē
贸	眉	美	昧	咪	迷	勉	面	秒	咩
mǐn	mǒu	nā	nán	nǎ	na	nà	nà	nuó	nài
闽	某	南$_1$	南$_2$	哪$_1$	哪$_2$	钠	娜$_1$	娜$_2$	耐
náo	nǎo	nì	nì	níng	niǔ	nóng	nù	nuó	nüè
挠	恼	昵	逆	柠	钮	浓	怒	挪	虐
ōu	pā	pài	pán	pàng	pàn	pàn	pēi	pén	pīn
鸥	趴	派	胖$_1$	胖$_2$	盼	叛	胚	盆	拼
pīn	pǐn	pò	pú	qī	qì	xiè	qì	qià	qià
姘	品	珀	匍	柒	契$_1$	契$_2$	砌	洽	恰
qiān	qián	qiàn	xī	qiáo	qiào	qiè	qīn	qīn	qīn
牵	前	茜$_1$	茜$_2$	荞	俏	窃	钦	侵	亲$_1$
qìng	qīng	qīng	qiū	qiú	quán	rǎn	ráo	rào	róng
亲$_2$	轻	氢	秋	酋	泉	染	饶	绕	茸
róng	róng	róu	rú	sǎ	sà	shā	shān	shān	zhà
荣	绒	柔	茹	洒	飒	砂	珊	栅$_1$	栅$_2$
shè	shí	shén	shèn	shēng	shěng	xǐng	shèng	shī	shī
拾$_1$	拾$_2$	神	甚	牲	省$_1$	省$_2$	胜	狮	施
shí	shí	sì	yì	shǐ	shì	shì	shì	shì	shì
蚀	食$_1$	食$_2$	食$_3$	屎	拭	柿	是	适	恃
shì	shì	zhì	shǒu	shòu	shù	shù	shuǎ	shuān	shuì
室	峙$_1$	峙$_2$	首	狩	树	竖	耍	拴	说$_1$
shuō	shùn	shuò	sī	sòng	sòng	sú	suī	tāi	tàn
说$_2$	顺	烁	思	送	诵	俗	虽	胎	炭
táo	tì	tián	tiāo	tiǎo	tiē	tíng	tíng	tǐng	tǒng
逃	剃	恬	挑$_1$	挑$_2$	贴	亭	庭	挺	统
tòng	tū	tuì	wā	wa	wā	wā	wá	wāi	wān
恸	突	退	哇$_1$	哇$_2$	挖	洼	娃	歪	弯
wēi	wèi	wèi	wén	wū	wū	wǔ	wù	xǐ	xiǎn
威	畏	胃	闻	诬	屋	侮	误	洗$_1$	洗$_2$
xiā	xiá	xiá	xián	xián	xiǎn	xiǎn	xiàn	xiāng	xiàng
虾	峡	狭	咸	涎	显	险	宪	相$_1$	相$_2$
xiāng	xiǎng	xiǎng	xiàng	xiāo	xuē	xiè	xìn	xīng	xíng
香	响	饷	项	削$_1$	削$_2$	卸	信	星	型
xiū	xū	xù	xù	xuān	xuǎn	xuàn	xuàn	xūn	xùn
修	须	叙	恤	宣	选	炫	绚	勋	逊
yā	yā	yǎ	yān	yàn	yè	yán	yǎn	yàn	yàn
鸦	哑$_1$	哑$_2$	咽$_1$	咽$_2$	咽$_3$	研	衍	砚	彦

yāng	yáng	yǎng	yāo	yào	yáo	yǎo	yào	yào	yuè
殃	洋	养	要$_1$	要$_2$	姚	咬	药	钥$_1$	钥$_2$
yí	yí	yǐ	yì	yì	yì	yīn	yīn	yīn	yīn
贻	姨	蚁	轶	奕	疫	茵	荫	音	姻
yín	yíng	yíng	yìng	yō	yo	yǒng	yǒng	yōu	yóu
垠	荧	盈	映	哟$_1$	哟$_2$	俑	勇	幽	柚$_1$
yòu	yòu	yú	yǔ	yǔ	yù	yuàn	yuàn	yǔn	zāi
柚$_2$	诱	俞	禹	语	狱	怨	院	陨	哉
zán	zǎo	zěn	zhá	zhà	zhǎ	zhà	zhān	zhàn	zhàn
咱	蚤	怎	炸$_1$	炸$_2$	眨	咤	毡	栈	战
zhāo	zhào	zhēn	zhēng	zhēng	zhēng	zhèng	zhěng	zhèng	zhǐ
昭	赵	珍	峥	狰	挣$_1$	挣$_2$	拯	政	指
zhǐ	zhōng	zhōng	zhōu	zhóu	zhòu	zhòu	zhù	zhù	zhuài
咫	盅	钟	洲	轴$_1$	轴$_2$	昼	柱	祝	拽
zhuān	zhuī	zhuó	zī	zī	zǐ	zǒng	zòu	zǔ	zuó
砖	追	浊	咨	姿	籽	总	奏	祖	昨

10 画

ā	á	ǎ	à	a	āi	ài	āi	āi	ái
啊$_1$	啊$_2$	啊$_3$	啊$_4$	啊$_5$	唉$_1$	唉$_2$	埃	挨$_1$	挨$_2$
ài	ān	ǎn	àn	àng	bā	bā	bà	ba	bà
爱	氨	俺	案	盎	捌	笆	罢$_1$	罢$_2$	耙$_1$
pá	bān	bān	bō	bān	bāng	bàng	bèng	bāo	bō
耙$_2$	班	般$_1$	般$_2$	颁	梆	蚌$_1$	蚌$_2$	剥$_1$	剥$_2$
bào	bèi	bèi	bèi	bí	bǐ	bì	mì	bì	bīn
豹	倍	悖	被	荸	笔	秘$_1$	秘$_2$	毙	宾
bìng	bō	bó	bǔ	bǔ	bù	bù	pǔ	cán	cāng
病	钵	铂	捕	哺	部	埔$_1$	埔$_2$	蚕	舱
chái	chái	chàng	chèn	chēng	chéng	shèng	chěng	chěng	chèng
柴	豺	倡	称$_1$	称$_2$	乘$_1$	乘$_2$	逞	骋	秤
chǐ	chì	chòu	xiù	chǔ	chù	xù	chún	cí	cuì
耻	翅	臭$_1$	臭$_2$	础	畜$_1$	畜$_2$	唇	瓷	脆
cuò	dān	dān	dǎng	dàng	dǎo	dǎo	dào	dí	dí
挫	耽	郸	党	档	捣	倒$_1$	倒$_2$	敌	涤
dì	diāo	diào	tiáo	diē	dōu	dū	dǒu	dòu	dòu
递	凋	调$_1$	调$_2$	爹	都$_1$	都$_2$	蚪	逗	读$_1$
dú	dūn	é	é	é	ó	ò	ě	è	wù
读$_2$	吨	峨	娥	哦$_1$	哦$_2$	哦$_3$	恶$_1$	恶$_2$	恶$_3$
è	ēn	fán	fěi	fěi	fěn	fēng	féng	fú	fǔ
饿	恩	烦	匪	诽	粉	峰	逢	浮	俯

fǔ	gǎn	gāo	gāo	gē	gē	gē	gé	gēn	gēng
釜	赶	高	羔	哥	胳	格$_1$	格$_2$	根	耕
gěng	gěng	gōng	gōng	gōng	gǔ	jiǎ	gù	guāng	guàng
埂	耿	恭	蚣	躬	贾$_1$	贾$_2$	顾	胱	逛
guì	guō	guō	wō	hǎi	hài	hài	hàn	hàn	háng
桂	郭	涡$_1$	涡$_2$	海	氦	害	捍	悍	航
hào	hào	hé	hè	hé	hēng	hng	hōng	hòu	hú
耗	浩	荷$_1$	荷$_2$	核	哼$_1$	哼$_2$	烘	候	壶
huà	huàn	huàn	huàn	huǎng	huàng	huī	huǐ	huì	huò
桦	换	唤	涣	晃$_1$	晃$_2$	晖	悔	贿	获
jī	jī	jī	jí	jǐ	jì	jiā	jiǎ	jiān	jiàn
唧	积	姬	疾	脊	继	家	钾	监$_1$	监$_2$
jiān	jiǎn	jiàn	jiàn	jiàn	jiāng	jiǎng	jiāo	jiào	xiào
兼	捡	健	舰	涧	浆	桨	胶	校$_1$	校$_2$
jiào	jiào	jiè	jǐn	jìn	jìn	jìng	jìng	jiǔ	jū
轿	较	借	紧	晋	浸	痉	竞	酒	俱$_1$
jù	jú	jù	juān	juān	juān	juàn	juàn	jué	juè
俱$_2$	桔	剧	捐	涓	娟	倦	绢	倔$_1$	倔$_2$
jùn	jùn	kǎo	kè	kěn	kǒng	kū	kuà	kuài	kuān
峻	骏	烤	课	恳	恐	哭	胯	脍	宽
kuàng	kǔn	lái	láng	lǎng	làng	lāo	lào	lào	luò
框	捆	莱	狼	朗	浪	捞	唠	烙$_1$	烙$_2$
lào	lí	lí	lǐ	lì	lì	lì	lián	lián	liàn
涝	狸	离	哩	莉	栗	砾	莲	涟	恋
liáng	liàng	liàng	liào	liè	lìn	líng	líng	líng	liú
凉$_1$	凉$_2$	谅	料	烈	赁	铃	凌	陵	留
liú	lù	luán	lǚ	luō	lǚ	lǜ	mái	mán	mǎng
流	赂	挛	捋$_1$	捋$_2$	旅	虑	埋$_1$	埋$_2$	莽
mǎo	méi	mián	miǎn	mǐn	míng	mò	ná	nán	nàn
铆	莓	眠	娩	悯	冥	莫	拿	难$_1$	难$_2$
nǎo	něi	néng	ní	nì	niáng	niǎo	niē	niè	nóng
脑	馁	能	倪	匿	娘	袅	捏	聂	脓
nuò	pàn	páng	páo	péi	pèi	pēng	pí	píng	pò
诺	畔	旁	袍	陪	配	砰	疲	瓶	破
pōu	pǔ	pǔ	qī	xī	qī	qí	qǐ	qiān	yán
剖	圃	浦	栖$_1$	栖$_2$	凄	脐	起	铅$_1$	铅$_2$
qián	qián	qián	qiàn	qiāo	qiǎo	qiáo	qiào	qiào	qiè
虔	钱	钳	倩	悄$_1$	悄$_2$	桥	峭	窍	窃

qín	qīng	qīng	qǐng	quán	quē	rè	róng	rǔ	rùn
秦	倾	卿	请	拳	缺	热	容	辱	润
ruò	sāng	sè	shā	suō	shài	shān	shàn	shǎng	shāo
弱	桑	涩	莎$_1$	莎$_2$	晒	扇$_1$	扇$_2$	晌	捎$_1$
shào	shāo	shào	shè	shè	shéi	shuí	shēn	shì	shì
捎$_2$	烧	哨	射	涉	谁$_1$	谁$_2$	娠	逝	轼
shū	shú	shù	shuāi	shuān	shuò	sǒng	sòng	sù	sù
殊	秫	恕	衰	栓	朔	耸	颂	素	速
suì	sǔn	sǔn	suō	suō	suǒ	tài	tán	tǎn	táng
祟	损	笋	唆	娑	索	泰	谈	袒	唐
tǎng	tàng	tāo	táo	táo	tào	tè	téng	tī	tì
倘	烫	涛	桃	陶	套	特	疼	剔	涕
tiě	tōng	tòng	tóng	tǒng	tòu	tú	tú	tú	tuó
铁	通$_1$	通$_2$	桐	捅	透	徒	途	涂	鸵
wà	wān	wán	wǎn	wéi	wěi	wén	wěn	wēng	wǔ
袜	剜	顽	挽	桅	娓	蚊	紊	翁	捂
wù	xī	xī	xí	xǐ	xià	xián	xiàn	xiáng	xiāo
悟	牺	息	席	玺	夏	娴	陷	祥	逍
xiāo	xiāo	xiāo	xiǎo	xiào	xiào	xiè	xiōng	xiū	xiù
哮	消	宵	晓	笑	效	屑	胸	羞	袖
xiù	xú	xuàn	xùn	yā	yá	yān	yān	yān	yīn
绣	徐	眩	殉	鸭	蚜	咽	烟	殷$_1$	殷$_2$
yǐn	yán	yàn	yàn	yàn	yàn	yàn	yāng	yāng	yǎng
殷$_3$	盐	艳	唁	晏	宴	验	鸯	秧	氧
yàng	yàng	yǎo	yí	yǐ	yì	yì	yǐn	yīng	yíng
样	恙	舀	胰	倚	益	谊	蚓	莺	莹
yǒng	yóu	yú	yù	yù	yuān	yuān	yuán	yuán	yuán
涌	铀	娱	浴	预	鸳	冤	袁	原	圆
yuè	yuè	yūn	yùn	yún	zá	zāi	zǎi	zài	zǎi
阅	悦	晕$_1$	晕$_2$	耘	砸	栽	载$_1$	载$_2$	宰
zāng	zàng	zǎo	zéi	zhāi	zhǎi	zhài	zhǎn	zhǎn	zhàn
脏$_1$	脏$_2$	早	贼	斋	窄	债	盏	展	站
zhǎng	zhàng	zhé	zhè	zhēn	zhěn	zhèn	zhèn	zhēng	zhèng
涨$_1$	涨$_2$	哲	浙	真	疹	振	朕	症$_1$	症$_2$
zhī	zhí	zhì	zhì	zhì	zhōng	zhòu	zhū	zhū	zhū
脂	值	挚	致	秩	衷	皱	珠	株	诸
zhú	zhú	zhuāng	zhūn	zhǔn	zhuō	zhuō	zhuó	zī	zū
逐	烛	桩	谆	准	捉	桌	酌	资	租

zuān	zuàn	zuò							
钻$_1$	钻$_2$	座							

11 画

ái	ān	bèn	bēng	bēng	běng	bèng	bì	biǎn	biāo
皑	庵	笨	崩	绷$_1$	绷$_2$	绷$_3$	婢	匾	彪
biǎo	bīn	bō	bó	bó	bù	cāi	cǎi	cài	cán
婊	彬	菠	舶	脖	埠	猜	彩	菜	惭
cǎn	cáo	chān	chán	chǎn	chǎn	chāng	chāng	cháng	cháng
惨	曹	掺	谗	铲	阐	猖	娼	常	偿
chàng	chāo	chuò	cháo	chén	chēng	dāng	chéng	shèng	chí
唱	绰$_1$	绰$_2$	巢	晨	铛$_1$	铛$_2$	盛$_1$	盛$_2$	匙$_1$
shi	chóng	chóu	chóu	chuán	chuí	chún	còu	cū	cù
匙$_2$	崇	绸	惆	船	捶	淳	凑	粗	猝
cuī	cuì	cuì	cuò	dǎi	dài	dài	dǎn	dàn	dàn
崔	萃	悴	措	逮$_1$	逮$_2$	袋	掸	淡	弹$_1$
tán	dàn	dāng	dǎo	dào	dào	dé	de	děi	dí
弹$_2$	蛋	裆	祷	盗	悼	得$_1$	得$_2$	得$_3$	笛
dì	diān	diàn	diàn	diào	dié	dōu	dǔ	duàn	duī
第	掂	淀	惦	掉	谍	兜	堵	断	堆
duò	duò	è	fàn	fēi	fěi	fēi	fēng	fū	fú
舵	堕	鄂	梵	菲$_1$	菲$_2$	啡	烽	麸	符
fú	fú	fǔ	fǔ	pú	fù	gài	gě	gǎn	gē
匐	袱	辅	脯$_1$	脯$_2$	副	盖$_1$	盖$_2$	敢	鸽
gè	gěng	gěng	jǐng	gōng	gòu	gū	guǎn	guàn	guī
硌	梗	颈$_1$	颈$_2$	龚	够	菇	馆	惯	硅
guī	guó	hán	hàn	háo	hé	hén	hóng	hǔ	hù
傀	帼	涵	焊	毫	盒	痕	鸿	唬	扈
huái	huàn	huàn	huáng	huáng	huǎng	huì	huì	huì	hūn
淮	患	焕	黄	凰	谎	晦	彗	秽	婚
hún	hún	hùn	huò	jī	jì	jì	jì	jì	jì
馄	混$_1$	混$_2$	祸	基	祭	悸	寄	寂	绩
jiǎ	jià	jiān	jiān	jiàn	jiǎn	jiǎn	jiǎn	jiàn	jiāo
假$_1$	假$_2$	菅	渐$_1$	渐$_2$	检	减	剪	谏	教$_1$
jiào	jiǎo	jiǎo	jiǎo	jiào	jiē	jiē	jié	jīng	jīng
教$_2$	矫	皎	脚	窖	接	秸	捷	旌	惊
jìng	jiù	jū	jù	jú	jù	jù	juān	juàn	quān
竟	救	据$_1$	据$_2$	菊	距	惧	圈$_1$	圈$_2$	圈$_3$
juàn	jué	jūn	jùn	kān	kāng	kào	kěn	kòng	kòu
眷	掘	菌$_1$	菌$_2$	勘	康	铐	啃	控	寇

kuàng	kuī	lā	la	lán	láng	láng	lè	lēi	léi
眶	盔	啦$_1$	啦$_2$	婪	琅	廊	勒$_1$	勒$_2$	累$_1$
lěi	lèi	lí	lí	lǐ	lì	lì	liǎn	liǎn	liáng
累$_2$	累$_3$	梨	犁	理	笠	粒	敛	脸	梁
liàng	liáo	liè	lín	lìn	líng	líng	líng	líng	líng
辆	聊	猎	淋$_1$	淋$_2$	聆	菱	蛉	翎	羚
lǐng	liú	lōng	lóng	lóng	lóng	lǒng	lú	lù	lù
领	琉	隆$_1$	隆$_2$	聋	笼$_1$	笼$_2$	颅	鹿	绿$_1$
lù	lǚ	lǜ	shuài	lüě	lüè	luō	luó	luó	má
绿$_2$	铝	率$_1$	率$_2$	掠	略	啰	萝	逻	麻
màn	māo	méi	mèn	méng	měng	mèng	mī	mí	mí
曼	猫	梅	焖	萌	猛	梦	眯$_1$	眯$_2$	猕
mí	mì	mián	miǎn	miáo	mǐn	míng	móu	móu	nà
谜	密	绵	冕	描	敏	铭	眸	谋	捺
niǎn	nín	ǒu	pā	pái	pái	pán	péi	pēng	pěng
捻	您	偶	啪	排	徘	盘	培	烹	捧
pí	piān	piào	píng	pō	pó	pò	pú	qī	qí
啤	偏	票	萍	颇	婆	粕	菩	戚	畦
qí	qí	qiā	qián	qiàn	qiàng	qiāo	qiǎo	què	qīng
崎	骑	掐	乾	堑	跄	雀$_1$	雀$_2$	雀$_3$	清
qíng	qiū	qiú	qū	qū	qú	qǔ	quán	sà	sè
情	蚯	球	蛆	躯	渠	娶	痊	萨	啬
shá	shāng	shāo	shē	shē	shé	yí	shè	shēn	shěn
啥	商	梢	奢	赊	蛇$_1$	蛇$_2$	赦	深	婶
shèn	shēng	shéng	shòu	shòu	shòu	shū	shū	shú	shù
渗	笙	绳	授	售	兽	梳	淑	孰	庶
shuàn	shuǎng	shuò	sù	xiǔ	xiù	suí	suí	suō	suǒ
涮	爽	硕	宿$_1$	宿$_2$	宿$_3$	隋	随	梭	琐
tàn	táng	tǎng	tāo	táo	táo	táo	tī	tì	tiān
探	堂	淌	掏	萄	啕	淘	梯	惕	添
tián	tiáo	tiǎo	tiào	tíng	tóng	tǒng	tōu	tú	tuī
甜	笤	窕	眺	停	铜	桶	偷	屠	推
tún	tuō	tuò	wǎn	wǎn	wǎn	wǎng	wàng	wēi	wéi
豚	脱	唾	晚	惋	婉	惘	望	偎	唯
wéi	wéi	wěi	wèi	wèi	yù	wú	wù	xī	xī
惟	维	萎	谓	尉$_1$	尉$_2$	梧	晤	悉	淅
xī	xí	xǐ	xiǎn	xǐ	xiān	xián	xián	xiàn	xiāng
惜	袭	铣$_1$	铣$_2$	徙	掀	衔	舷	馅	厢

xiàng	xiāo	xiáo	xiào	xié	xié	xié	xiè	xìn	xū
象	萧	淆	啸	偕	斜	谐	械	衅	虚
xù	xù	xù	xuán	xuán	xuàn	xuě	xuè	yá	yá
酗	绪	续	悬	旋$_{1}$	旋$_{2}$	雪	谑	崖	涯
yān	yān	yān	yán	yǎn	yǎn	yàn	yǎng	yē	yè
焉	阉	淹	阎	掩	眼	谚	痒	掖$_{1}$	掖$_{2}$
yě	yè	yè	yí	yì	yì	yín	yín	yín	yǐn
野	液	谒	移	逸	翌	银	淫	寅	隐
yīng	yíng	yíng	yōng	yǒng	yōu	yū	yú	yú	yù
婴	萤	营	庸	恿	悠	淤	渔	隅	域
yù	yuān	yuè	yùn	zhá	zhà	zhān	zhǎn	zhàn	zhāng
欲	渊	跃	酝	铡	蚱	粘	崭	绽	章
zhāo	zháo	zhe	zhuó	zhèn	zhēng	zhēng	zhí	zhǐ	zhì
着$_{1}$	着$_{2}$	着$_{3}$	着$_{4}$	赈	睁	铮	职	趾	掷
zhì	zhì	zhū	zhù	zhù	zhuì	zhuó	zōng	zú	zuò
痔	窒	猪	著	蛀	缀	啄	综	族	做

12 画

ài	ào	ào	bá	bāi	bān	bàng	bàng	bàng	bǎo
隘	傲	奥	跋	掰	斑	棒	傍	谤	堡$_{1}$
bǔ	pù	bēi	bèi	bèi	bèi	bī	biān	biàn	bīn
堡$_{2}$	堡$_{3}$	悲	辈	惫	焙	逼	编	遍	斌
bó	bó	bǒ	cái	cè	céng	zēng	chā	chā	zhā
博	渤	跛	裁	策	曾$_{1}$	曾$_{2}$	插	喳$_{1}$	喳$_{2}$
chān	chán	chán	shàn	chǎng	chāo	cháo	zhāo	chè	chèn
搀	馋	禅$_{1}$	禅$_{2}$	敞	超	朝$_{1}$	朝$_{2}$	掣	趁
chéng	chéng	chóu	chú	chú	chǔ	chuāi	chuǎi	chuài	chuǎn
程	惩	畴	厨	锄	储	揣$_{1}$	揣$_{2}$	揣$_{3}$	喘
chuāng	chuí	zhuī	chuò	cì	cōng	cuàn	cuō	cuò	dā
窗	椎$_{1}$	椎$_{2}$	辍	赐	葱	窜	搓	锉	搭
dā	dá	dǎi	dàn	dào	dēng	děng	dī	dī	tí
答$_{1}$	答$_{2}$	傣	氮	道	登	等	堤	提$_{1}$	提$_{2}$
dì	dì	diàn	diāo	diē	dǐng	dǒng	dòu	dú	dú
蒂	缔	奠	貂	跌	鼎	董	痘	犊	牍
dǔ	dù	duǎn	duàn	dūn	dùn	duò	é	è	è
赌	渡	短	缎	敦	遁	惰	鹅	遏	愕
fá	fān	pān	fēi	fén	fèn	fèn	fēng	fú	fǔ
筏	番$_{1}$	番$_{2}$	扉	焚	粪	愤	锋	幅	腑
fù	fù	fù	gài	gǎng	gē	gé	gē	gé	gé
赋	傅	富	溉	港	搁$_{1}$	搁$_{2}$	割	隔	蛤$_{1}$

há	gé	gě	gū	gù	guān	gùn	guō	hān	hán
蛤$_2$	葛$_1$	葛$_2$	辜	雇	棺	棍	锅	酣	韩
hán	hǎn	hào	hē	hè	hēi	hóu	hóu	hú	hú
寒	喊	皓	喝$_1$	喝$_2$	黑	喉	猴	葫	湖
hǔ	huá	huá	huǎn	huàn	huāng	huáng	huáng	huī	huí
琥	猾	滑	缓	痪	慌	徨	惶	辉	蛔
huì	huò	jī	qī	jí	jí	jiá	jiàn	jiàn	jiàn
惠	惑	缉$_1$	缉$_2$	棘	集	颊	践	毽	溅
jiǎng	jiàng	qiáng	qiǎng	jiāo	jiāo	jiāo	jiǎo	jiào	jiē
蒋	强$_1$	强$_2$	强$_3$	椒	蛟	焦	搅	窖	揭
jiē	jīn	jīng	jīng	jǐng	jìng	jiǒng	jiū	jiù	jù
街	筋	晶	腈	景	敬	窘	揪	就	飓
juān	jùn	kāi	kǎi	kān	kē	kě	kēng	kù	kuǎn
鹃	竣	揩	慨	堪	棵	渴	铿	裤	款
kuāng	kuí	kuì	kuì	kuò	lǎ	là	là	lào	luò
筐	葵	溃	愧	阔	喇	腊	落$_1$	落$_2$	落$_3$
lài	lán	lǎn	lǎn	láng	lēng	léng	lèng	lí	lì
睐	阑	揽	缆	榔	棱$_1$	棱$_2$	愣	喱	栗
lì	lì	lián	liàn	liáng	liàng	liàng	liàng	liè	lín
雳	痢	联	链	量$_1$	量$_2$	靓	晾	裂	琳
liú	lōu	lǒu	lǔ	lù	lǚ	lǚ	lù	mán	mào
硫	搂$_1$	搂$_2$	鲁	禄	屡	缕	氯	蛮	帽
méi	mèi	mèi	mián	miǎn	miǎo	mù	pá	pái	pài
媒	寐	媚	棉	腼	渺	募	琶	牌	湃
páo	pǎo	péi	pēn	pèn	péng	péng	pí	pí	pǐ
跑$_1$	跑$_2$	赔	喷$_1$	喷$_2$	彭	棚	琵	脾	痞
piàn	pū	pù	pú	pǔ	qī	qī	qí	qí	qí
骗	铺$_1$	铺$_2$	葡	普	期	欺	琪	琦	棋
qiān	qiàn	qiāng	qiáo	qiào	qín	qín	qíng	qióng	qū
谦	嵌	腔	翘$_1$	翘$_2$	琴	禽	晴	琼	趋
qū	què	qún	rán	rě	róng	róu	ruì	sǎn	sàn
蛐	确	裙	然	惹	嵘	揉	锐	散$_1$	散$_2$
sāo	sāo	sǎo	sēn	shà	xià	shāi	shān	shàn	shǎng
搔	骚	嫂	森	厦$_1$	厦$_2$	筛	跚	善	赏
shāo	shào	shēng	shèng	shī	shì	shi	zhí	shū	shū
稍$_1$	稍$_2$	甥	剩	湿	释	殖$_1$	殖$_2$	舒	疏
shú	shǔ	shǔ	shǔ	zhǔ	shuì	shùn	sī	sōu	sū
赎	黍	暑	属$_1$	属$_2$	税	舜	斯	搜	酥

suí	suì	suǒ	tǎ	tǎn	táng	tí	tì	tiǎn	tíng
遂$_1$	遂$_2$	锁	塔	毯	棠	啼	替	腆	蜓
tíng	tǐng	tóng	tǒng	tòng	tuān	tuǒ	wā	wān	wǎn
婷	艇	童	筒	痛	湍	椭	蛙	湾	皖
wàn	wèi	wèi	wèi	yí	wēn	wén	wō	wò	xī
腕	喂	猬	遗$_1$	遗$_2$	温	雯	窝	握	晰
xī	xī	xǐ	xì	xiá	xiàn	xiāng	xiáng	xiāo	xiāo
稀	犀	喜	隙	遐	羡	湘	翔	硝	销
xiè	xīn	xīng	xīng	xióng	xiù	xù	xù	xuān	xún
谢	锌	猩	惺	雄	锈	婿	絮	喧	循
yǎ	yān	yán	yán	yàn	yàn	yàn	yáo	yē	yè
雅	腌	蜒	筵	堰	雁	焰	谣	椰	腋
yī	yī	yǐ	yīng	yìng	yóu	yú	yú	yú	yù
揖	壹	椅	瑛	硬	游	逾	渝	愉	喻
yù	yù	yù	yù	yuán	yuán	yuán	yuàn	yuè	yuè
遇	寓	御	裕	援	缘	媛$_1$	媛$_2$	越	粤
zàn	zàng	záo	zhā	zhàn	zhǎng	zhēng	zhí	zhì	zhì
暂	葬	凿	渣	湛	掌	筝	植	智	痣
zhì	zhōu	zhū	zhǔ	zhù	zhù	zhuāng	zhuì	zhuó	zuó
滞	粥	蛛	煮	铸	筑	装	惴	琢$_1$	琢$_2$
zī	zǐ	zōng	zòu	zuì	zūn				
滋	紫	棕	揍	最	尊				

13 画

ǎi	ài	ān	àn	áo	bǎ	bǎi	bān	báo	bēi
矮	碍	鹌	暗	遨	靶	摆	搬	雹	碑
bèi	bǐ	bì	bì	bì	pì	biǎo	bīn	bīn	bǐng
蓓	鄙	蓖	痹	辟$_1$	辟$_2$	裱	滨	缤	禀
bó	cǎi	chá	zhā	chán	chī	chī	chóu	chóu	chóu
搏	睬	楂$_1$	楂$_2$	缠	嗤	痴	酬	稠	愁
chóu	chú	chǔ	chù	chuán	chuí	chuí	chūn	chún	cí
筹	雏	楚	触	椽	槌	锤	椿	鹑	辞
cuī	cuò	diǎn	diàn	diāo	dié	dìng	dū	dū	dǔ
催	错	碘	殿	碉	叠	锭	督	嘟	睹
duò	é	èn	fèi	fēng	féng	fèng	fú	fú	fù
跺	蛾	摁	痱	蜂	缝$_1$	缝$_2$	辐	福	腹
fù	gài	gān	gǎn	gǎo	gēn	gǔ	guà	guī	guì
缚	概	尴	感	搞	跟	鼓	褂	瑰	跪
gǔn	hāi	hāo	huái	huǎng	huǐ	hún	jī	jí	jí
滚	嗨	蒿	槐	幌	毁	魂	畸	嫉	辑

jì	jià	jiān	jiǎn	jiàn	jiàn	jiàng	jiāo	jiǎo	jié
蓟	嫁	煎	简	鉴	键	酱	跤	剿	睫
jiě	jiè	xiè	jīn	jìn	jǐn	jǐn	jīng	jìng	jiù
解$_1$	解$_2$	解$_3$	禁$_1$	禁$_2$	锦	谨	睛	靖	舅
jù	kǎi	kē	kē	kè	kū	kuà	kuài	kuī	kuò
锯	楷	稞	嗑$_1$	嗑$_2$	窟	跨	筷	窥	廓
lài	lán	lǎn	lào	léi	léng	lí	lián	liáng	liáng
赖	蓝	榄	酪	雷	楞	漓	廉	粮	梁
líng	líng	liū	liù	liú	liù	liù	liù	lù	lóu
零	龄	溜$_1$	溜$_2$	馏$_1$	馏$_2$	遛	碌$_1$	碌$_2$	楼
lù	luó	luǒ	máo	méi	mēng	méng	měng	méng	měng
路	锣	裸	锚	楣	蒙$_1$	蒙$_2$	蒙$_3$	盟	锰
miǎn	miáo	miù	mō	mó	mò	mù	mù	mù	ń
腼	瞄	谬	摸	馍	寞	墓	幕	睦	嗯$_1$
ň	ǹ	ńg	ňg	ǹg	nán	nǎo	nì	nuǎn	péng
嗯$_2$	嗯$_3$	嗯$_4$	嗯$_5$	嗯$_6$	楠	瑙	溺	暖	蓬
péng	péng	pèng	pín	pìn	pú	qì	qiān	qiǎn	qiāo
硼	鹏	碰	频	聘	蒲	契	签	遣	跷
qín	qǐn	qiú	quē	què	què	qún	róng	róng	ruì
勤	寝	裘	阙$_1$	阙$_2$	鹊	群	溶	蓉	瑞
sāi	sāi	sài	sè	sǎng	sè	shā	shà	shè	shè
腮	塞$_1$	塞$_2$	塞$_3$	嗓	瑟	煞$_1$	煞$_2$	摄	慑
shèn	shì	shū	shǔ	shǔ	shǔ	shǔ	shù	shuò	shuì
慎	嗜	输	署	蜀	鼠	数$_1$	数$_2$	数$_3$	睡
sì	sì	sōng	sōu	sù	suàn	suì	suō	suō	tā
肆	嗣	嵩	飕	溯	蒜	碎	蓑	唆	塌
tān	tān	tán	táng	táng	tāo	téng	téng	tián	tiào
摊	滩	痰	塘	搪	滔	腾	誊	填	跳
tuí	tuǐ	tuì	wǎn	wēng	wō	wú	wǔ	wù	xī
颓	腿	蜕	碗	嗡	蜗	蜈	鹉	雾	锡
xī	xí	xiá	xiá	xiān	xián	xiàn	xiàn	xiǎng	xiē
溪	媳	瑕	暇	锨	嫌	献	腺	想	歇
xié	xīn	xīng	xiù	xù	xù	xuē	yáo	yí	yì
携	新	腥	嗅	蓄	煦	靴	摇	颐	肄
yì	yì	yì	yǐng	yōng	yǒng	yú	yú	yú	yù
裔	意	溢	颖	雍	蛹	瑜	榆	愚	誉
yuán	yùn	zhàng	zhào	zhào	zhē	zhé	zhēn	zhēn	zhēng
猿	韵	障	照	罩	蜇$_1$	蜇$_2$	斟	甄	蒸

zhì	zhì	zhuī	zǐ	zuì					
稚	置	锥	滓	罪					

14 画

ǎi	āo	áo	bǎng	bǎng	pāng	páng	bí	bì	bì
蔼	熬$_1$	熬$_2$	榜	膀$_1$	膀$_2$	膀$_3$	鼻	碧	蔽
bì	bìn	bó	cài	cáo	chā	chá	chá	chán	cháng
弊	殡	膊	蔡	嘈	碴$_1$	碴$_2$	察	蝉	裳$_1$
shang	cháng	cí	cí	cuī	cuì	cuì	dá	dèng	dī
裳$_2$	嫦	磁	雌	摧	粹	翠	瘩	凳	嘀$_1$
dí	dī	dí	dí	zhái	dié	dù	duān	duàn	fěi
嘀$_2$	滴	嫡	翟$_1$	翟$_2$	碟	镀	端	锻	翡
fū	fǔ	gā	gá	gāo	gào	gē	gū	guǎ	guǎn
孵	腐	嘎$_1$	嘎$_2$	膏$_1$	膏$_2$	歌	箍	寡	管
guō	guǒ	háo	hè	hè	jī	jiā	jiǎn	jiàn	kǎn
蝈	裹	豪	赫	褐	箕	嘉	碱	槛$_1$	槛$_2$
jiào	jiē	jié	jié	jīng	jīng	jìng	jìng	jù	kāng
酵	嗟	截	竭	兢	精	静	境	聚	慷
kē	kū	kù	là	là	láng	lí	liàng	liáo	liào
颗	骷	酷	蜡	辣	螂	璃	踉	僚	撂
liào	liào	lín	liú	lòu	luó	luó	luò	ma	mán
廖	廖	粼	榴	漏	箩	骡	摞	嘛	馒
mán	màn	wàn	màn	màn	màn	máo	mào	mèi	měng
蔓$_1$	蔓$_2$	蔓$_3$	幔	漫	慢	髦	貌	魅	蜢
mì	miè	mó	mó	mú	mó	mù	mù	nèn	niān
蜜	蔑	摹	模$_1$	模$_2$	膜	慕	暮	嫩	蔫
niǎn	niàng	piāo	piǎo	piào	piáo	piē	piě	pò	pǔ
辗	酿	漂$_1$	漂$_2$	漂$_3$	嫖	撇$_1$	撇$_2$	魄	谱
qī	qī	qí	qiàn	qiāng	qiáng	qiáng	qiāo	qiāo	qīng
嘁	漆	旗	歉	锵	墙	蔷	锹	敲	蜻
róng	róng	ruì	sài	sēng	shān	sháo	shī	xū	shì
榕	熔	睿	赛	僧	煽	韶	嘘$_1$	嘘$_2$	誓
shòu	shú	shù	shù	shuāi	sī	sòu	suān	suì	suō
瘦	塾	墅	漱	摔	厮	嗽	酸	隧	缩
tā	tán	tàn	tāo	tiǎn	tíng	tùi	tùn	wèi	yù
塌	谭	碳	韬	舔	霆	褪$_1$	褪$_2$	蔚$_1$	蔚$_2$
wēn	wěn	wǔ	xī	xī	xiá	xiān	xiǎn	xiāo	xiāo
瘟	稳	舞	熄	熙	辖	鲜$_1$	鲜$_2$	箫	潇
xiè	xióng	xū	xū	xuán	xūn	yǎn	yàng	yáo	yí
榭	熊	墟	需	漩	熏	演	漾	瑶	疑

yín	yīng	yíng	yǒng	yú	yù	yuán	yuàn	zāng	zāo
龈	缨	蝇	踊	舆	毓	辕	愿	臧	遭
zhà	zhāi	zhài	zhāng	zhē	zhè	zhēn	zhī	zhuàn	zuàn
榨	摘	寨	彰	遮	蔗	榛	蜘	赚$_1$	赚$_2$
zhuì	zòng								
赘	粽								

15 画

ān	ào	ào	bàng	páng	bāo	bào	biān	biāo	biē
鞍	澳	懊	磅$_1$	磅$_2$	褒	暴	蝙	膘	憋
biē	biě	bō	cǎi	cáo	chán	cháo	cháo	chè	chè
瘪$_1$	瘪$_2$	播	踩	槽	潺	潮	嘲	撤	澈
chēng	chéng	dèng	chōng	chuáng	zhuàng	chún	cōng	cù	cuō
撑	澄$_1$	澄$_2$	憧	幢$_1$	幢$_2$	醇	聪	醋	撮$_1$
zuǒ	dào	dé	diǎn	dié	dǒng	dūn	é	fán	fū
撮$_2$	稻	德	踮	蝶	懂	墩	额	樊	敷
fú	gǎn	gǎo	gǎo	hào	gé	hái	hān	hè	hēi
蝠	橄	稿	镐$_1$	镐$_2$	骼	骸	憨	鹤	嘿
héng	hèng	hū	hú	hú	hù	huáng	huì	jī	qǐ
横$_1$	横$_2$	糊$_1$	糊$_2$	蝴	糊	蝗	慧	稽$_1$	稽$_2$
jì	jià	jiàn	jiāng	jiāo	jǐng	juē	kào	kē	kē
鲫	稼	箭	僵	蕉	憬	撅	靠	磕	瞌
kē	lán	lěi	lí	lǐ	lián	liāo	liáo	liáo	liáo
蝌	澜	磊	黎	鲤	鲢	撩$_1$	撩$_2$	嘹	潦
liáo	lǐn	liú	lǒu	lū	lù	lǚ	mā	mó	mán
缭	凛	瘤	篓	噜	辘	履	摩$_1$	摩$_2$	瞒
méi	míng	mò	niǎn	niǎn	niè	ō	pān	pán	péng
霉	瞑	墨	撵	碾	镊	噢	潘	磐	澎
pī	pǐ	pì	piān	piān	piāo	pū	qián	qiǎn	qiáo
劈$_1$	劈$_2$	僻	篇	翩	飘	噗	潜	谴	憔
qiào	qín	qù	rù	ruǐ	sā	sǎ	shā	shóu	shú
撬	擒	趣	褥	蕊	撒$_1$	撒$_2$	鲨	熟$_1$	熟$_2$
shū	sī	sī	sōu	tā	tà	tān	tán	tāng	tàng
蔬	撕	嘶	艘	踏$_1$	踏$_2$	瘫	潭	趟$_1$	趟$_2$
táng	tǎng	tī	tí	wān	xī	xī	xī	xiā	xiāng
膛	躺	踢	题	豌	膝	嘻	嬉	瞎	箱
xiàng	xiāo	xiē	xié	yán	yào	yē	yì	yīng	yǐng
橡	宵	蝎	鞋	颜	鹞	噎	毅	樱	影
yù	yù	yùn	yùn	zēng	zēng	zhāng	zhèn	zhèn	zhǔ
豫	熨$_1$	熨$_2$	蕴	增	憎	樟	震	镇	嘱

zhuàn	zhuàn	zhuàng	zōng	zuì	zūn				
撰	篆	撞	踪	醉	遵				

16 画

áo	báo	bó	bò	bì	bì	biàn	biàn	bīn	cān
翱	薄$_1$	薄$_2$	薄$_3$	壁	避	辨	辩	濒	餐
cāo	cāo	chēng	chéng	chú	chuài	cuàn	diān	diāo	duó
操	糙	瞠	橙	橱	踹	篡	颠	雕	踱
è	fēi	gāo	gāo	hàn	hàn	hàn	héng	huáng	huò
噩	霏	篙	糕	撼	瀚	憾	衡	磺	霍
jī	jì	jiāng	jiàng	jiǎo	jīng	jìng	jú	kàn	lán
激	冀	缰	犟	缴	鲸	镜	橘	瞰	篮
lǎn	léi	lèi	lěi	lí	liáo	liǎo	lín	lóng	má
懒	擂$_1$	擂$_2$	蕾	篱	燎$_1$	燎$_2$	霖	窿	蟆
mǎng	míng	mó	mò	mò	mù	ní	níng	páng	péng
蟒	螟	磨$_1$	磨$_2$	默	穆	霓	凝	螃	篷
péng	piáo	piǎo	piē	pú	qì	qì	qián	qíng	qué
膨	瓢	瞟	瞥	璞	器	憩	黔	擎	瘸
rán	róng	róu	rú	shà	shàn	shàn	shǔ	táng	tí
燃	融	蹂	儒	霎	擅	膳	薯	糖	蹄
wēi	xǐ	xiè	xīn	xǐng	xuē	yān	yàn	yāo	yǐn
薇	禧	懈	薪	醒	薛	燕$_1$	燕$_2$	邀	瘾
yīng	zàn	zǎo	zào	zèng	zhé	zhěng	zuǐ		
鹦	赞	澡	噪	赠	辙	整	嘴		

17 画

ái	bei	bì	biàn	cā	cáng	zàng	cù	dài	dài
癌	臂$_1$	臂$_2$	辫	擦	藏$_1$	藏$_2$	簇	戴	黛
dǎo	dèng	è	fán	hān	háo	háo	hè	huáng	huī
蹈	瞪	鳄	繁	鼾	壕	嚎	壑	簧	徽
huō	huò	jī	jí	jiè	jiāo	jū	jué	kāng	lěi
豁$_1$	豁$_2$	羁	藉$_1$	藉$_2$	礁	鞠	爵	糠	儡
liǎo	liào	lín	lǐn	luó	méi	mí	méng	méng	miǎo
瞭	镣	磷	檩	螺	糜$_1$	糜$_2$	檬	朦	藐
nián	niè	nuò	pán	qiáo	qǔ	sāi	sāo	sào	shān
黏	蹑	懦	蹒	瞧	龋	鳃	臊$_1$	臊$_2$	膻
shàn	shǔ	shuài	shuāng	shùn	suì	tà	tán	táng	tì
赡	曙	蟀	霜	瞬	穗	蹋	檀	螳	嚏
tóng	tún	wèi	xī	xiá	xūn	yán	yì	yíng	yōng
瞳	臀	魏	蟋	霞	薰	檐	翼	赢	臃

zāo	zào	zhāng	zhòu	zhǔ
糟	燥	蟑	骤	瞩

18 画

bào	bèng	bì	biān	chuō	fān	fù	fù	jīn	lài
瀑	蹦	璧	鞭	戳	翻	覆	馥	襟	癞
léi	lián	lóu	ǒu	qí	téng	xiāo	yí	yīng	zhān
镭	镰	髅	藕	鳍	藤	嚣	彝	鹰	瞻

19 画

bàn	bào	bào	pù	biē	bǒ	bò	bù	cèng	chàn
瓣	爆	曝$_1$	曝$_2$	鳖	簸$_1$	簸$_2$	簿	蹭	颤
cuān	cuán	zǎn	dēng	dèng	diān	dūn	gēng	hàn	jì
蹿	攒$_1$	攒$_2$	蹬$_1$	蹬$_2$	巅	蹲	羹	瀚	骥
jiāng	jǐng	mí	mǐ	mó	niè	pān	xiè	xuǎn	zǎo
疆	警	靡$_1$	靡$_2$	蘑	孽	攀	蟹	癣	藻

20 画

bìn	guàn	jí	jiáo	jiào	jué	lín	mó	nuò	pì
鬓	灌	籍	嚼$_1$	嚼$_2$	嚼$_3$	鳞	魔	糯	譬
rāng	rǎng	rǎng	rǎng	rú	shàn	wēi	xīn	yào	zào
嚷$_1$	嚷$_2$	壤	攘	蠕	鳝	巍	馨	耀	躁

21 画

bà	chǔn	diān	gàn	lìn	lòu	lù	pī	shè	suǐ
霸	蠢	癫	赣	躏	露$_1$	露$_2$	霹	麝	髓

22 画

nāng	náng	ráng	xiāng	zhàn
囊$_1$	囊$_2$	瓤	镶	蘸

23 画

guàn
罐

24 画

chù
矗

二、汉字应用水平测试字表（乙）

说明：1. 首先按笔画由少到多的顺序排列，笔画相同的字按音序排列；2. 多音字排在一起，并在右下角标注序号，仅第一个字音参与音序排序；3. 本表共 500 字。

3 画

jié	yì
孑	弋

4 画

dīng									
仃									

5 画

chú	hòng	pǒ	qì						
刍	讧	叵	讫						

6 画

cǔn	jí	shuò	sù	tǔn	wǎ	wán	wěn	zhù	
忖	岌	妁	夙	氽	佤	纨	刎	伫	

7 画

bei	biàn	dǐ	dǐ	è	e	fú	gā	jiā	qié
呗	汴	邸	诋	呃$_1$	呃$_2$	孚	伽$_1$	伽$_2$	伽$_3$
gōu	gǔ	hàng	huāng	jiē	jù	kài	nìng	ōu	òu
佝	诂	沆	肓	疖	苣	忾	佞	沤$_1$	沤$_2$
òu	qí	qí	qín	sì	sōng	zhōng	tān	tuó	wéi
怄	芪	岐	芩	祀	忪$_1$	忪$_2$	坍	陀	帏
xiàn	yì	yì	yǒng	yōu	yǒu	zhōu			
苋	呓	佚	甬	攸	酉	诌			

8 画

bāo	chāi	chǔ	chù	dá	tà	dài	dòng	tóng	ěr
孢	钗	杵	绌	沓$_1$	沓$_2$	岱	侗$_1$	侗$_2$	迩
fèi	fù	fù	gān	hé	jiā	jū	kā	kǎ	kuài
狒	阜	驸	泔	劾	迦	狙	咔$_1$	咔$_2$	侩
kuī	líng	náo	nǔ	qiàng	qiú	shàn	sì	tiāo	tuó
岿	囹	呶	弩	炝	泅	疝	驷	佻	坨
wǎng	xiǎn	xiāo	yāng	yē	yé	yí	yí	yǐ	yú
罔	冼	枭	泱	耶$_1$	耶$_2$	饴	迤$_1$	迤$_2$	臾
zhóu	zhū	zhú							
妯	侏	竺							

9 画

bǎo	bèi	chà	cè	dài	dān	bì	dīng	dǐng	dòng
鸨	钡	姹	恻	玳	眈	哔	酊$_1$	酊$_2$	恫
gē	kǎ	lo	gǒu	guǎ	guī	hé	hòu	jiā	jiāo
咯$_1$	咯$_2$	咯$_3$	枸	剐	皈	阂	逅	浃	茭
jiù	kē	kè	kù	lǐ	liè	mèi	míng	nóng	pí
柩	轲	恪	绔	俚	洌	袂	茗	哝	毗
pián	qū	shān	shāng	sǒu	tà	tài	wū	xiāo	xùn
骈	祛	舢	殇	叟	挞	钛	钨	骁	徇

yǎn	yáng	yī	yí	yì	yì	yú	yuán	zhēn	zhù
俨	徉	咿	咦	弈	羿	竽	垣	帧	炷

10 画

áo	chǎn	chī	chuí	dǎn	dǐ	dòng	ē	fǎ	fǎng
敖	谄	哧	陲	疸	砥	胴	婀	砝	舫
fèng	gāi	gěng	gǔ	guān	guǎn	wǎn	guì	huì	huán
俸	赅	哽	钴	倌	莞$_1$	莞$_2$	桧$_1$	桧$_2$	桓
huì	jì	jiā	jiāng	jìn	jùn	láo	lì	lǐ	lì
烩	觊	痂	豇	烬	隽	崂	莅	娌	砺
pào	qí	ruò	shēn	xīn	shì	shū	sǒng	suí	suǒ
疱	颀	偌	莘$_1$	莘$_2$	舐	倏	悚	绥	唢
tú	tuó	wō	wō	xī	xī	xǔ	yōng	yǒu	yú
荼	砣	莴	倭	唏	奚	栩	邕	莠	谀
yǔ	yù	zhì	zì						
圄	峪	桎	恣						

11 画

bì	chán	cháng	chī	chǐ	chì	chuò	cī	cóng	dàn
敝	婵	徜	笞	豉	敕	啜	疵	淙	惮
dì	dú	duō	fēi	fěi	fēn	gè	gǔ	gù	hān
谛	渎	掇	绯	悱	酚	铬	蛊	梏	蚶
hé	hé	hū	hū	jiā	jiá	jiān	jiù	jū	jué
菏	涸	唿	惚	袈	戛	笺	厩	掬	崛
kān	kuí	kuì	lì	líng	lóu	lǚ	lǔ	mào	miāo
龛	逵	匮	蛎	绫	偻$_1$	偻$_2$	掳	袤	喵
qī	qǐ	qián	qiè	sā	suō	shòu	sōng	tài	tǐng
萋	绮	掮	惬	挲$_1$	挲$_2$	绶	淞	酞	铤
wēi	wéi	xìng	yǎn	yé	yíng	zé	zī	zǐ	zì
逶	帷	悻	偃	揶	萦	啧	淄	梓	渍

12 画

bǎo	bì	bìng	chá	cuó	dié	fěi	hàn	jǐ	jiān
葆	愎	摒	搽	痤	喋	斐	颔	戟	缄
jiàn	jiū	jū	qiè	jué	kuì	láo	lí	lǐ	lóu
腱	啾	趄$_1$	趄$_2$	厥	馈	痨	鹂	锂	喽$_1$
lou	méi	mì	miǎo	nán	pā	shì	sōu	sōu	tuó
喽$_2$	嵋	幂	缈	喃	葩	弑	嗖	馊	跎
wǎi	wēi	wěi	wèi	wō	wò	wù	xián	xiè	xuān
崴$_1$	崴$_2$	猥	渭	喔	幄	痦	痫	亵	萱
xuàn	yóu	yòu	yú	zǎi	zhé	zī	zī		
渲	鱿	釉	揄	崽	蛰	辎	孳		

13 画

ǎi	ài	áo	bài	bào	bēn	bì	pí	biān	chēn
嗳$_1$	嗳$_2$	嗷	稗	鲍	锛	裨$_1$	裨$_2$	煸	嗔
chù	dá	dié	dòu	è	gé	gù	gù	hàn	háo
搐	跶	牒	窦	腭	嗝	锢	痼	颔	貉$_1$
hé	hē	hú	jīng	liè	lú	luán	màn	mào	mǐng
貉$_2$	嗬	瑚	粳	趔	鲈	滦	谩	瑁	酩
nián	pāng	pì	piāo	shā	shèn	sū	tōng	wēi	wěi
鲇	滂	媲	剽	裟	蜃	稣	嗵	煨	痿
xuān	xuān	yì	yú	yú	zhěn				
暄	煊	缢	虞	觎	缜				

14 画

ài	bǎo	bēng	bīn	bīng	bó	chóu	fēi	gāo	gé
暧	褓	嘣	槟$_1$	槟$_2$	箔	踌	蜚	睾	膈
hóu	huáng	jì	jǐn	kào	kòu	kuí	liū	lòu	lòu
瘊	潢	暨	馑	犒	蔻	暌	熘	镂	瘘
lǚ	méi	měi	péi	piǎo	qiè	quán	shāng	wān	wò
褛	酶	镁	裴	缥	锲	蜷	墒	豌	斡
yān	yī	yīng	yōng	zhāng	zhàng	zhàng	zhào	zī	
嫣	漪	罂	慵	獐	嶂	幛	肇	龇	

15 画

bàng	chuò	cí	cuān	cuǐ	è	fān	fán	bō	gǔn
镑	龊	糍	撺	璀	颚	幡	蕃$_1$	蕃$_2$	磙
huái	huàn	huī	jí	jù	jué	jué	lán	liáo	lín
踝	鲩	麾	瘠	踞	蕨	獗	褴	獠	遴
lù	pēng	qín	qū	qù	shàn	tóng	xié	zhě	zhēn
戮	嘭	噙	觑$_1$	觑$_2$	缮	潼	撷	赭	箴
zhuàn									
馔									

16 画

bì	biāo	biāo	chāng	chǎng	chuài	cuō	diàn	gǎn	gōu
篦	飙	镖	鲳	氅	膪	蹉	靛	擀	篝
guàn	hóng	huán	kūn	lán	lí	líng	lǔ	mǎn	mí
盥	蕻	寰	鲲	斓	罹	鲮	橹	螨	醚
pī	qiāo	qiáo	sòu	tǎ	xī	xiè	xiè	yàn	zhàng
噼	橇	樵	擞	獭	熹	邂	澥	赝	瘴
zhě	zhēn	zhǒng							
褶	臻	踵							

17 画

cā	chā	càn	chù	dèng	liū	liù	lù	mèn	mí
嚓$_{1}$	嚓$_{2}$	璨	黜	镫	蹓$_{1}$	蹓$_{2}$	璐	懑	縻
miè	qī	xī	qiǎng	qìng	qiū	rú	wò	xiāng	xǐng
篾	蹊$_{1}$	蹊$_{2}$	襁	罄	鳅	孺	龌	襄	擤
yì	yīng	yǒu							
臆	膺	黝							

18 画

áo	chú	diàn	fān	guān	pán	pǐ	xiá	yì	zhuó
鳌	躇	癜	藩	鳏	蟠	癖	黠	癔	镯
zōng									
鬃									

19 画

ǎi	áo	biào	chán	cù	huò	jué	juě	lài	lù
霭	鏖	鳔	蟾	蹴	藿	蹶$_{1}$	蹶$_{2}$	籁	麓
mán	pǔ	qí	xiè	xuě					
鳗	蹼	麒	瀣	鳕					

20 画

biāo	jué	shuāng	xī	zuǎn	zūn
镳	鳜	孀	曦	纂	鳟

21 画

àn	bó	xūn
黯	礴	醺

22 画

guàn
鹳

23 画

jué	lín	quán	zuàn
攫	麟	颧	攥

24 画

nāng
囔

三、汉字应用水平测试字表（丙）

说明：1. 首先按笔画由少到多的顺序排列，笔画相同的字按音序排列；2. 多音字排在一起，并在右下角标注序号，仅第一个字音参与音序排序；3. 本表共 1000 字。

2 画

miē
乜

3 画

chì	chù	jué	wū
彳	亍	孓	兀

4 画

biàn	rén	shū	shuān	xī	yáo	yì	zè
卞	壬	殳	闩	兮	爻	刈	仄

5 画

biàn	dī	dǐ	fú	gē	yì	hán	jié	kuàng	máng
弁	氐$_1$	氐$_2$	弗	仡$_1$	仡$_2$	邗	讦	邝	邙
mù	nǎi	pī	qióng	rèn	zā				
仫	艿	丕	邛	仞	匝				

6 画

cāng	chà	chāng	chuǎn	fāng	fǒu	gèn	guī	hé	jī
伧	汊	伥	舛	邡	缶	艮	圭	纥	玑
jī	jī	kàng	lěi	nǎi	pìn	qiān	qiān	shuò	wéi
芨	乩	伉	耒	氖	牝	扦	芊	妁	圩$_1$
xū	wū	xiāng	xìn	xíng	xiōng	yǔ	yù	zhòu	
圩$_2$	邬	芗	囟	饧	芎	伛	聿	纣	

7 画

bǎn	bēi	pí	pō	bǐ	cén	chì	chuān	chuàng	dīng
坂	陂$_1$	陂$_2$	陂$_3$	妣	岑	饬	氚	怆	疔
dùn	zhuàn	fèi	fú	gǔ	hē	hóng	huàn	lián	máng
沌$_1$	沌$_2$	芾$_1$	芾$_2$	汩	诃	闳	奂	奁	杧
mì	mǐn	niǔ	pī	pī	pō	póu	qiān	qiàn	qìn
汨	闵	忸	邳	纰	钋	抔	佥	芡	吣
qiú	rèn	ruì	shān	shào	shé	shǐ	sì	tóng	tuán
虬	轫	芮	芟	劭	佘	豕	姒	佟	抟
tuó	wéi	wèn	wǔ	wǔ	xiān	xīn	xíng	yà	yán
佗	闱	汶	怃	忤	氙	忻	陉	迓	妍
yán	yuán	yáng	yè	yǐ	yù	yuán	zhǐ	zhì	zhù
芫$_1$	芫$_2$	炀	邺	苡	妪	沅	芷	豸	苎

8 画

bì	chái	chè	chí	chí	dǐ	cōng	zōng	dá	dàng
畀	侪	坼	茌	坻$_1$	坻$_2$	枞$_1$	枞$_2$	妲	砀
dí	è	fán	fú	fǔ	gān	gàn	gǎo	gōng	gòu
籴	轭	钒	怫	拊	坩	绀	杲	肱	诟
hào	hù	hù	hùn	jí	jí	qì	jiá	jiǎ	kě
昊	怙	戽	诨	佶	亟$_1$	亟$_2$	郏	岬	岢

lì	lóng	lú	mǎo	mò	mù	ní	nú	ōu	páo
枥	茏	泸	峁	殁	苜	怩	驽	瓯	狍
páo	piě	qiān	qiāng	qiàng	qiāng	qǐng	qióng	quē	rǎn
庖	苤	钎	戗$_1$	戗$_2$	戕	苘	茕	炔	苒
ruì	shù	sī	tiǎn	tiáo	xī	xiá	xiù	xū	xuàn
枘	沭	咝	忝	苕	矽	狎	岫	盱	泫
yǎn	yàng	yì	yíng	yōu	yuān	yùn	zǎ	zhà	zhǐ
兖	怏	峄	茔	呦	鸢	郓	咋	拃	祉
zhì	zhòu	zhūn	zuò						
帙	绉	肫	怍						

9 画

bǎn	bēn	bì	biān	bù	chī	xī	chóu	cī	cí
钣	贲	荜	砭	钚	郗$_1$	郗$_2$	俦	呲	茨
dōng	duì	è	ěr	fà	fāng	fú	gāi	gào	gén
氡	怼	垩	洱	珐	钫	罘	垓	诰	哏
gǔ	guāng	guǐ	háng	hé	hōng	hù	huá	huí	jí
牯	咣	癸	绗	曷	訇	祜	骅	洄	笈
jiā	jiǎ	jié	jiè	jìng	jǔ	kǎi	kē	kōu	kuài
珈	胛	拮	疥	胫	莒	恺	珂	眍	狯
kuāng	kuáng	le	lì	yuè	lì	líng	lú	luò	lǘ
哐	诳	饹	栎$_1$	栎$_2$	俪	瓴	栌	荦	闾
méng	mǐ	mōu	nà	pī	píng	qí	sì	qián	xún
虻	弭	哞	衲	砒	枰	俟$_1$	俟$_2$	荨$_1$	荨$_2$
qiào	qú	quán	ráo	rěn	rèn	shǎng	shěn	shī	shū
诮	朐	荃	娆	荏	衽	垧	哂	浉	姝
sūn	táo	tiǎn	tóng	tuó	wō	xiān	xiāo	xiāo	xíng
狲	洮	殄	茼	柁	挝	籼	枵	哓	荥$_1$
yíng	xiū	xū	xún	xún	xún	yà	yān	yí	yīn
荥$_2$	咻	胥	荀	峋	浔	娅	恹	饴	洇
yìn	yóu	yòu	yòu	yú	yún	zhà	zuò	zhè	zhēn
胤	疣	囿	宥	禺	郧	柞$_1$	柞$_2$	柘	胗
zhēn	zhèn	zhī	zhī	zhǐ	zhì	zhì	zhòu	zhū	zǐ
浈	鸩	栀	胝	枳	栉	陟	胄	茱	姊
zǔ	zuò								
俎	祚								

10 画

ān	àn	bā	bǎn	bó	bù	cén	cháo	chēn	chī
桉	胺	粑	舨	亳	埗	涔	晁	郴	鸱

chī	chún	cuò	dí	dǔn	duó	gān	gāo	gé	gǒng
蚩	莼	厝	荻	趸	铎	疳	皋	鬲	珙
gū	guāng	guàng	gǔn	guō	hé	huàn	hún	jī	jié
鸪	桄$_{1}$	桄$_{2}$	衮	埚	盍	浣	珲	屐	桀
jiū	jū	jù	juàn	jùn	xùn	kǎo	kē	kōng	kǒng
阄	疽	倨	狷	浚$_{1}$	浚$_{2}$	栲	疴	倥$_{1}$	倥$_{2}$
lái	lái	láng	lǎo	lí	lǐ	lì	lóng	lú	luán
徕	涞	阆	栳	骊	逦	猁	眬	鸬	栾
luò	mào	měng	mò	mù	ń	niè	niè	nǜ	pái
珞	耄	勐	秣	钼	唔	臬	涅	衄	俳
pàn	pí	pián	pīng	pú	qí	qiān	qiè	qīn	qiú
袢	郫	胼	娉	莆	耆	悭	挈	衾	逑
qūn	quān	shēn	shí	shì	shuò	sī	sōng	suī	sǔn
逡	悛	砷	莳$_{1}$	莳$_{2}$	铄	鸶	淞	荽	隼
tán	tāo	tí	tì	tì	tì	wā	wěi	xī	xiāo
郯	绦	绨$_{1}$	绨$_{2}$	倜	悌	娲	诿	浠	鸮
xū	xūn	yá	yà	yè	yí	yì	yīn	yín	yōng
顼	埙	琊	氩	烨	眙	悒	氤	狺	痈
yǒng	yóu	yú	zàng	zhà	zhào	zhēn	zhēn	zhì	zhì
埇	莜	馀	奘	痄	笊	砧	祯	贽	轾
zhǒng									
冢									

11 画

ǎi	ê̄	ế	ê̌	ề	ān	bǎi	chāng	chāng	chén
欸$_{1}$	欸$_{2}$	欸$_{3}$	欸$_{4}$	欸$_{5}$	谙	捭	菖	阊	谌
chēng	chī	chōng	cuì	cuì	dān	dàn	dàn	è	yān
蛏	眵	舂	啐	淬	聃	萏	啖	阏$_{1}$	阏$_{2}$
féi	fú	gě	gū	gǔ	guāi	guó	guǒ	hàn	hú
淝	涪	舸	蛄$_{1}$	蛄$_{2}$	掴$_{1}$	掴$_{2}$	馃	菡	斛
hù	huá	huáng	jì	jiā	jiǎn	jiǎo	jǐn	jīng	juàn
瓠	铧	隍	偈	笳	趼	铰	堇	菁	鄄
jūn	kǎi	kè	kuí	lài	lāng	lì	liàn	liè	líng
皲	铠	氪	馗	赉	啷	唳	殓	捩	棂
liǔ	luán	máng	miǎn	nài	nǎn	náo	nào	nǐ	niè
绺	鸾	硭	渑	萘	赧	铙	淖	旎	啮
piǎo	pǒ	qí	qiáo	quán	quǎn	shā	shē	shū	tāo
殍	笸	淇	硚	铨	绻	铩	猞	菽	焘
tiàn	tiào	tú	wán	wǎn	wǔ	wù	xī	xī	xiāo
掭	粜	菟	烷	绾	牾	焐	硒	烯	猇

xù	yǎn	yī	yī	yí	yō	yóu	yòu	yú	yǔ
勖	郾	铱	猗	痍	唷	蚰	蚴	萸	庾
yù	yù	yǔn	zhé	zhì	zhōu	zhū	zhǔ	zhuàn	zhuō
阈	谕	殒	辄	鸷	啁	铢	渚	啭	涿
zì	zǒng								
眦	偬								

12 画

ǎo	bì	bì	bīn	bó	bù	chán	chāo	chì	chú
媪	筚	弼	傧	鹁	瓿	孱	焯	啻	滁
chuí	cù	cūn	cuó	dā	tà	dān	dì	dié	dié
棰	酢	皴	嵯	嗒$_1$	嗒$_2$	殚	棣	堞	喋
dié	dú	è	fáng	féi	gǔ	hú	guǐ	gǔn	guō
耋	椟	萼	鲂	腓	鹄$_1$	鹄$_2$	晷	辊	聒
guǒ	hú	huáng	huáng	huì	jī	jiā	jiān	qián	jiǎn
椁	猢	遑	湟	喙	嵇	葭	犍$_1$	犍$_2$	睑
jiǎn	jiē	jié	xié	kā	kē	ké	kè	kuì	láng
锏	嗟	颉$_1$	颉$_2$	喀	颏$_1$	颏$_2$	缂	喟	锒
lì	lì	lián	lóu	méi	mì	miǎn	mó	náo	nuó
詈	傈	裢	蒌	湄	谧	湎	谟	蛲	傩
qí	qì	qiǎo	qín	tán	qíng	qiú	qù	quán	què
祺	葺	愀	覃$_1$	覃$_2$	氰	遒	阒	筌	阕
rèn	shèn	shā	shāng	shē	shì	sī	sōu	sù	tái
葚$_1$	葚$_2$	痧	觞	畲	谥	蛳	溲	谡	骀
tǎng	tī	tí	tuó	wēi	wéi	wò	wù	wù	xī
傥	锑	鹈	酡	葳	嵬	渥	婺	骛	翕
xǐ	xián	xiǎng	xù	xuān	xùn	yà	yān	yīn	yǐng
葸	鹇	飨	溆	揎	巽	揠	湮	喑	颍
yóng	yú	yú	yuán	yùn	zèng	zī	zhí	zhì	zhì
喁$_1$	喁$_2$	腴	鼋	愠	锃	嗞	跖	蛭	彘

13 画

ào	bà	bāo	bèi	bì	bìn	càn	chěn	chú	chǔ
骜	鲅	龅	碚	滗	摈	粲	碜	蜍	褚$_1$
zhǔ	chuāi	còu	còu	cuì	děng	dìng	duàn	duàn	fú
褚$_2$	搋	辏	腠	瘁	戥	碇	椴	煅	蜉
fù	gǎo	gōng	gòu	gū	háo	hé	hú	huàn	jī
鲋	缟	觥	媾	毂	嗥	阖	煳	豢	跻
jí	jí	jǐ	jiān	jiān	jìn	jìn	jū	jū	jǔ
蒺	楫	麂	搛	蒹	靳	缙	雎	裾	龃

jǔ	jūn	yún	kān	kē	kè	kuǎi	kuí	kuǐ	kūn
榉	筠$_1$	筠$_2$	戡	窠	溘	蒯	睽	跬	髡
làng	lí	lí	lì	liàn	lǘ	mò	míng	nǎn	nì
莨	蜊	缡	溧	楝	榈	蓦	溟	腩	睨
niè	pèi	pì	pín	pǔ	qiān	qiān	qiū	rěn	rù
嗫	辔	睥	嫔	溥	愆	骞	楸	稔	溽
rù	shà	shàn	shāo	shèn	shèng	shū	sū	sù	sù
缛	歃	骟	艄	瘆	嵊	毹	窣	嗉	愫
suī	tà	táng	tóng	tuì	wěi	xiān	xiān	xiǎn	xiǎo
睢	遢	溏	酮	煺	韪	酰	跹	跣	筱
xiū	xuàn	yá	yān	yàn	yáo	yín	yíng	yíng	yù
馐	楦	睚	鄢	滟	徭	鄞	蓥	楹	煜
yuán	yūn	zhān	zhǎn	zhé	zhǐ	zhì	zī	zī	zǐ
塬	氲	詹	搌	谪	酯	雉	趑	訾$_1$	訾$_2$
zī									
锱									

14 画

áo	bá	bèi	bì	biǎn	biāo	biào	biāo	piào	bìn
獒	魃	褙	箅	褊	摽$_1$	摽$_2$	骠$_1$	骠$_2$	膑
cáo	cí	dā	dá	dān	dǐ	fěi	gǎo	guī	hú
漕	鹚	褡	靼	箪	骶	榧	槁	鲑	鹕
jì	jiàn	jié	jǐng	jué	kōng	lán	lǎn	léi	lèi
霁	僭	碣	儆	谲	箜	谰	漤	嫘	酹
liàn	liǎo	lìn	lù	luán	luò	tà	lǚ	miào	miù
潋	蓼	蔺	漉	銮	漯$_1$	漯$_2$	膂	缪$_1$	缪$_2$
móu	pí	pó	qí	qiáng	qiāo	qiáo	qiè	què	sāo
缪$_3$	罴	鄱	綦	嫱	劁	谯	箧	榷	缫
sào	shàn	shēn	sī	sù	sǔn	tāng	wéi	wù	xī
瘙	鄯	糁	锶	僳	榫	嘡	潍	鹜	蜥
xǐ	xu	xū	xué	xūn	yìn	xún	yàn	yāng	yàng
屣	蓿	魆	踅	窨$_1$	窨$_2$	鲟	酽	鞅$_1$	鞅$_2$
yǐ	yì	yīng	yíng	yù	zhāng	zhū			
旖	蜴	嘤	潆	蜮	漳	潴			

15 画

bān	cēng	chí	chǐ	dá	dān	dēng	fù	gá	gé
瘢	噌	踟	褫	鞑	儋	噔	蝮	噶	镉
gěng	gǔn	hóu	huáng	huì	huō	jī	jī	jì	jiǎn
鲠	鲧	篌	篁	蕙	劐	齑	畿	稷	翦

jiàn	jiào	jié	jǐn	jìn	juān	kuì	kuì	lín	liú
踺	噍	羯	槿	觐	镌	聩	篑	嶙	镏
lóu	lóu	niè	ǒu	pèi	qí	qiáng	rán	róng	róu
耧	蝼	镍	耦	霈	蕲	樯	髯	蝾	糅
ruí	sǎn	shān	shāng	shào	shí	téng	tiáo	xiān	xié
蕤	馓	潸	熵	潲	鲥	螣	髫	暹	勰
xùn	yǎn	yàn	yè	yì	yīng	yóu	yǔ	zān	zhān
蕈	魇	餍	靥	熠	璎	蝣	龉	糌	谵
zhāng	zhí	zhǐ	zhuān	zuō					
璋	踯	徵	颛	嘬					

16 画

áo	áo	bèng	chù	dàn	dī	dí	diāo	fēi	hāo
聱	螯	镚	憷	澹	镝$_1$	镝$_2$	鲷	鲱	薅
hōng	hú	huán	jì	jiǎng	jìn	jǔ	jù	jué	jué
薨	醐	圜	髻	耩	噤	踽	遽	噱	橛
lǐ	liǎng	lǐn	lù	luó	ní	niè	pǎng	pǔ	qiǎn
澧	魉	廪	潞	氇	鲵	颞	耪	氆	缱
qiào	shāo	qìng	quán	sè	shàn	shì	sǒu	suī	suì
鞘$_1$	鞘$_2$	罄	醛	穑	嬗	噬	薮	濉	燧
táng	tí	wèng	xī	xī	xī	xī	xī	xí	xiāo
镗	醍	蕹	樨	螅	歙	羲	窸	隰	魈
yì	yíng	yōng	yuán	zàn	zèng	zhè	zī	zú	zūn
薏	嬴	壅	螈	錾	甑	鹧	髭	镞	樽

17 画

bān	bì	bò	dèng	dūn	gǎo	háo	huáng	jiǎn	jiù
瘢	濞	擘	磴	礅	藁	濠	蟥	謇	鹫
máo	mào	miǎo	pú	qiǎng	rú	rú	shì	sù	suì
蟊	懋	邈	濮	镪	嚅	濡	螫	簌	邃
tái	wǎng	xí	xià	xiǎn	yì	yù	zhuó	zhuó	
薹	魍	檄	罅	藓	翳	鹬	擢	濯	

18 画

chán	chóu	cù	gǔ	huán	jiàng	jiào	lā	láo	lí
瀍	雠	蹙	瞽	鹮	糨	藠	邋	醪	藜
liú	lù	měng	qià	qú	quán	róu	shàn	tiè	xiǎn
鎏	鹭	懵	髂	瞿	鬈	鞣	蟮	餮	燹
yī	yòu	zān							
黟	鼬	簪							

19 画

bìn	bú	chǎ	chèn	chī	chú	hōu	huò	huò	jiào
髌	醭	镲	谶	魑	蹰	齁	嚯	蠖	醮
jiū	kuān	léi	měng	qū	yín	yíng	zhòu		
鬏	髋	羸	蠓	黢	霪	瀛	籀		

20 画

dú	huān	jué	lí	lǐ	niè	rú	xiàn	zhú
黩	獾	矍	黧	醴	蘖	颥	霰	躅

21 画

chàn	lí	lǐ	pín
羼	蠡$_1$	蠡$_2$	颦

22 画

mái	qú	tāo	yì	yù
霾	氍	饕	懿	鬻

23 画

huán	qú	yǎn
鬟	癯	鼹

24 画

bà	dù	pàn	qú	xīn
灞	蠹	襻	衢	鑫

25 画

liè	náng	nǎng	nǎng
鬣	馕$_1$	馕$_2$	攮

30 画

cuàn
爨

36 画

nàng
齉

四、汉字应用水平测试四字词表

说明：1. 首先按首字音序排列，首字音序相同者，则按次字音序排列，依此类推；2. 本表共收录四字词 2739 个。

以 A 开头的四字词

阿鼻地狱 哀鸿遍野 唉声叹气 爱不释手 爱莫能助 爱屋及乌 安步当车 安分守己 安贫乐道 安然无恙 安身立命 安土重迁 安营扎寨 安之若素 鞍马劳顿 鞍前马后 按兵不动 按部就班 按图索骥 暗度陈仓 昂首阔步

以 B 开头的四字词

杯弓蛇影 杯盘狼藉 杯水车薪 卑不足道 卑躬屈膝 悲欢离合 悲天悯人 悲痛欲绝

悲喜交集 悲喜交加 背城借一 背道而驰 背井离乡 背水一战 背信弃义 悖入悖出
奔走呼号 奔走相告 本固枝荣 本末倒置 本乡本土 笨口拙舌 笨鸟先飞 笨手笨脚
笨头笨脑 逼良为娼 逼上梁山 鼻青脸肿 比比皆是 比翼齐飞 笔底生花 笔管条直
笔墨官司 笔走龙蛇 毕恭毕敬 闭关锁国 闭关自守 闭路电视 闭门思过 闭门造车
闭目塞听 闭月羞花 碧血丹心 弊绝风清 壁垒森严 避坑落井 避重就轻 鞭长莫及
鞭辟入里 变本加厉 变幻莫测 变生肘腋 便宜行事 遍地开花 遍体鳞伤 辨证论治
标新立异 彪炳千古 表里如一 别出心裁 别具匠心 别具一格 别具只眼 别开生面
别树一帜 别无长物 别无二致 别有洞天 别有风味 别有天地 别有用心 宾至如归
彬彬有礼 冰清玉洁 冰糖葫芦 冰天雪地 冰消瓦解 兵不血刃 兵不厌诈 兵贵神速
兵荒马乱 兵强马壮 兵戎相见 秉烛夜游 并驾齐驱 并行不悖 病病歪歪 拨乱反正
波澜壮阔 伯仲叔季 勃勃生机 博采众长 博大精深 博古通今 博闻强记 博闻强识
博闻强志 薄利多销 薄物细故 跛鳖千里 补偏救弊 捕风捉影 不白之冤 不卑不亢
不辨菽麦 不差累黍 不成体统 不成文法 不耻下问 不出所料 不辞而别 不打自招
不得而知 不动声色 不二法门 不乏其人 不服水土 不尴不尬 不甘寂寞 不共戴天
不苟言笑 不管不顾 不过尔尔 不寒而栗 不好意思 不哼不哈 不惑之年 不即不离
不计其数 不计前嫌 不假思索 不见经传 不解之缘 不近人情 不经之谈 不胫而走
不拘小节 不拘一格 不绝如缕 不绝于耳 不堪回首 不堪设想 不刊之论 不可告人
不可或缺 不可救药 不可开交 不可理喻 不可名状 不可胜数 不可收拾 不可思议
不可一世 不可知论 不可终日 不劳而获 不了了之 不伦不类 不落窠臼 不蔓不枝
不毛之地 不谋而合 不能自已 不偏不倚 不平则鸣 不期而遇 不情之请 不求甚解
不屈不挠 不容分说 不容置疑 不辱使命 不三不四 不甚了了 不胜枚举 不识时务
不识抬举 不速之客 不同凡响 不为已甚 不闻不问 不相上下 不屑一顾 不省人事
不修边幅 不学无术 不言而喻 不一而足 不遗余力 不以为然 不以为意 不义之财
不亦乐乎 不易之论 不翼而飞 不由自主 不约而同 不在话下 不赞一词 不择手段
不怎么样 不正之风 不知凡几 不知进退 不知死活 不知所措 不知所云 不知所终
不值一哂 不治之症 不置可否 不着边际 不自量力 不足挂齿 不足为凭 不足为奇
不足为训 步步为营 步履维艰 步人后尘

以 C 开头的四字词

才高八斗 才疏学浅 才子佳人 财大气粗 残杯冷炙 残兵败将 残羹剩饭 残渣余孽
惨不忍睹 惨无人道 沧海桑田 沧海一粟 藏垢纳污 藏龙卧虎 藏头露尾 操之过急
草菅人命 草木皆兵 草台班子 侧目而视 参差不齐 层出不穷 层见叠出 曾几何时
曾经沧海 车水马龙 车载斗量 彻头彻尾 沉鱼落雁 陈陈相因 陈词滥调 陈规陋习
称心如意 趁火打劫 趁热打铁 称孤道寡 称兄道弟 瞠乎其后 瞠目结舌 成家立业
成龙配套 成年累月 成千上万 成人之美 成竹在胸 诚惶诚恐 承上启下 承上起下
承先启后 城市贫民 城下之盟 乘风破浪 乘人之危 程门立雪 惩前毖后 吃闭门羹
吃大锅饭 吃粉笔灰 吃里扒外 吃里爬外 吃哑巴亏 嗤之以鼻 痴男怨女 痴人说梦
痴心妄想 池鱼之殃 持之以恒 持之有故 尺短寸长 叱咤风云 赤膊上阵 赤胆忠心
赤脚医生 赤手空拳 冲锋陷阵 充耳不闻 重蹈覆辙 重见天日 重峦叠嶂 重修旧好
重整旗鼓 重足而立 崇论闳议 崇山峻岭 崇洋媚外 宠辱不惊 抽肥补瘦 稠人广众
愁眉苦脸 愁眉锁眼 愁云惨雾 臭名昭著 臭味相投 出尔反尔 出乎意料 出将入相

出口成章 出口伤人 出类拔萃 出谋划策 出其不意 出奇制胜 出人头地 出人意料
出神入化 出生入死 出头露面 出言不逊 初出茅庐 初来乍到 初露锋芒 初露头角
初生牛犊 除暴安良 除恶务尽 除旧布新 锄强扶弱 处变不惊 处心积虑 处之泰然
楚楚动人 触景生情 触类旁通 触目惊心 川流不息 穿靴戴帽 穿云裂石 穿针引线
传宗接代 窗明几净 吹灰之力 垂手可得 垂首帖耳 垂死挣扎 垂头丧气 垂涎三尺
垂涎欲滴 捶胸顿足 椎心泣血 春风得意 春风拂面 春风化雨 春华秋实 春兰秋菊
春秋笔法 春蚓秋蛇 唇齿相依 唇红齿白 唇枪舌剑 唇亡齿寒 蠢蠢欲动 戳脊梁骨
绰绰有余 词不达意 慈眉善目 此起彼伏 此起彼落 刺刺不休 从长计议 从井救人
从容不迫 从善如流 从一而终 粗茶淡饭 粗手笨脚 粗枝大叶 粗制滥造 猝不及防
蹿房越脊 攒三聚五 摧枯拉朽 摧眉折腰 摧心剖肝 村夫俗子 存而不论 寸步不离
寸步难行 寸草不留 寸草春晖 寸土必争 措手不及 错落有致 错综复杂

以 D 开头的四字词

达官贵人 答非所问 打抱不平 打草惊蛇 打成一片 打躬作揖 打家劫舍 打落水狗
打马虎眼 打情骂俏 打退堂鼓 大包大揽 大步流星 大材小用 大彻大悟 大处落墨
大吹大擂 大错特错 大打出手 大大咧咧 大刀阔斧 大动干戈 大而无当 大发雷霆
大腹便便 大功告成 大公无私 大惑不解 大街小巷 大惊失色 大惊小怪 大快人心
大名鼎鼎 大谬不然 大模大样 大逆不道 大起大落 大气磅礴 大器晚成 大千世界
大势所趋 大是大非 大天白日 大庭广众 大同小异 大喜过望 大显身手 大相径庭
大兴土木 大雅之堂 大摇大摆 大义凛然 大义灭亲 大有可为 大有作为 大张旗鼓
大智若愚 得不偿失 得寸进尺 得道多助 得过且过 得陇望蜀 得其所哉 得天独厚
得心应手 得意忘形 德才兼备 德高望重 灯红酒绿 登峰造极 等而下之 等量齐观
等闲视之 等因奉此 东奔西走 东窗事发 东倒西歪 东郭先生 东拉西扯 东鳞西爪
东拼西凑 东山再起 东张西望 冬虫夏草 动人心弦 洞房花烛 洞若观火 洞天福地
洞烛其奸 兜头盖脸 斗方名士 斗转星移 斗鸡走狗 独出心裁 独当一面 独断专行
独具慧眼 独具匠心 独具只眼 独领风骚 独木难支 独辟蹊径 独善其身 独擅胜场
独树一帜 独一无二 睹物思人 度日如年 短兵相接 短小精悍 断编残简 断断续续
断线风筝 断章取义 断子绝孙 对簿公堂 对答如流 对号入座 对牛弹琴 对症下药
多愁善感 多此一举 多多益善 多谋善断 多难兴邦 多如牛毛 多事之秋 多姿多彩
咄咄逼人 咄咄怪事 度德量力 躲躲闪闪

以 E 开头的四字词

峨冠博带 鹅行鸭步 额手称庆 厄尔尼诺 恶贯满盈 恶声恶气 鳄鱼眼泪 恩断义绝
恩将仇报 恩同再造 恩重如山 而立之年 耳鬓厮磨 耳聪目明 耳目一新 耳濡目染
耳软心活 耳熟能详 耳提面命 耳闻目睹 二氧化碳

以 F 开头的四字词

飞车走壁 飞短流长 飞蛾扑火 飞黄腾达 飞来横祸 飞禽走兽 飞沙走石 飞檐走壁
飞扬跋扈 飞针走线 非此即彼 非驴非马 非亲非故 非同小可 匪夷所思 肺腑之言
废寝忘食 沸反盈天 沸沸扬扬 分崩离析 分而治之 分门别类 分秒必争 分庭抗礼
分文不取 纷纷扬扬 焚书坑儒 粉墨登场 粉身碎骨 奋不顾身 奋发图强 愤愤不平
愤世嫉俗 丰功伟绩 丰衣足食 风餐露宿 风尘仆仆 风驰电掣 风吹草动 风刀霜剑
风风火火 风风雨雨 风和日丽 风花雪月 风华正茂 风卷残云 风口浪尖 风流云散

风平浪静 风起云涌 风调雨顺 风言风语 风雨飘摇 风雨同舟 风云变幻 风云人物
风云突变 风中之烛 风烛残年 封官许愿 封建社会 封妻荫子 封山育林 疯疯癫癫
峰回路转 锋芒毕露 逢场作戏 逢凶化吉 缝缝补补 奉公守法 奉若神明

以 g 开头的四字词

改朝换代 改换门庭 改天换地 改头换面 改弦更张 改弦易辙 改邪归正 盖棺论定
盖世无双 盖世太保 概莫能外 干柴烈火 甘拜下风 肝肠寸断 肝胆相照 肝脑涂地
赶尽杀绝 敢为人先 敢作敢为 感恩戴德 感恩图报 感激涕零 感慨万千 感慨系之
感情用事 感人肺腑 感同身受 刚柔相济 刚正不阿 纲举目张 钢筋铁骨 高不可攀
高风亮节 高高在上 高官厚禄 高楼大厦 高朋满座 高人一等 高山流水 高视阔步
高抬贵手 高谈阔论 高瞻远瞩 高枕无忧 膏粱子弟 告老还乡 疙疙瘩瘩 歌功颂德
歌舞升平 革故鼎新 格格不入 格杀勿论 格物致知 隔岸观火 隔墙有耳 隔三岔五
隔靴搔痒 各得其所 各个击破 各就各位 各抒己见 各显神通 各行其是 各有千秋
各执一词 各自为政 根深蒂固 根深叶茂 亘古未有 更新换代 耕云播雨 耿耿于怀
瓜熟蒂落 瓜田李下 刮目相看 寡不敌众 寡廉鲜耻 挂一漏万 怪里怪气 怪模怪样
关门大吉 官官相护 官样文章 冠冕堂皇 管中窥豹 光彩照人 光怪陆离 光可鉴人
光明磊落 光明正大 光前裕后 光天化日 光宗耀祖 广开言路 广土众民 广种薄收

以 H 开头的四字词

喝西北风 合情合理 何乐不为 何去何从 何罪之有 和风细雨 和光同尘 和盘托出
和颜悦色 和衷共济 河清海晏 核反应堆 荷枪实弹 鹤发童颜 鹤立鸡群 黑灯瞎火
黑咕隆咚 恨入骨髓 恨之入骨 哼哈二将 恒河沙数 横冲直撞 横倒竖歪 横眉怒目
横七竖八 横生枝节 横行霸道 横征暴敛 轰动一时 轰轰烈烈 哄堂大笑 烘云托月
红白喜事 红光满面 红男绿女 红头文件 洪水猛兽 鸿篇巨制 后发制人 后顾之忧
后会有期 后继乏人 后来居上 后起之秀 后生可畏 厚此薄彼 厚古薄今 厚颜无耻
欢蹦乱跳 欢声雷动 欢天喜地 欢欣鼓舞 环环相扣 缓兵之计 缓不济急 患得患失
患难与共 焕然一新 荒诞不经 荒谬绝伦 荒时暴月 慌手慌脚 皇亲国戚 皇天后土
黄道吉日 黄金分割 黄金时代 黄粱美梦 黄袍加身 恍然大悟 恍如隔世 活灵活现
火急火燎 火冒三丈 火烧火燎 火烧眉毛 火树银花 火眼金睛 货真价实 获益匪浅
祸不单行 祸从天降 祸国殃民 祸起萧墙

以 J 开头的四字词

叽叽嘎嘎 叽叽喳喳 叽里咕噜 叽里呱啦 饥肠辘辘 饥寒交迫 机不可失 鸡飞蛋打
鸡飞狗跳 鸡零狗碎 鸡毛蒜皮 鸡鸣狗盗 鸡皮疙瘩 鸡犬不宁 鸡犬升天 鸡犬相闻
积不相能 积非成是 积极分子 积劳成疾 积重难返 吉卜赛人 吉光片羽 吉人天相
极乐世界 即景生情 急不可待 急公好义 急功近利 急起直追 急如星火 急于求成
急中生智 急转直下 疾恶如仇 疾言厉色 集思广益 集腋成裘 积少成多 嫉贤妒能
几次三番 挤眉弄眼 济济一堂 既往不咎 继往开来 寄人篱下 加官进爵 加官晋爵
家常便饭 家给人足 家家户户 家破人亡 家徒四壁 家喻户晓 假公济私 假冒伪劣
假模假式 假仁假义 假戏真做 价廉物美 价值连城 驾轻就熟 嫁祸于人 嫁鸡随鸡
江河日下 江湖骗子 江郎才尽 江洋大盗 将错就错 将功补过 将计就计 将心比心
将信将疑 匠心独运 交头接耳 交相辉映 娇生惯养 骄奢淫逸 胶柱鼓瑟 焦头烂额
狡兔三窟 矫枉过正 脚踏实地 叫苦不迭 叫苦连天 教学相长 阶级斗争 皆大欢喜

接二连三 揭不开锅 揭竿而起 街谈巷议 节外生枝 节衣缩食 劫后余生 洁身自好
结党营私 结发夫妻 捷足先登 截长补短 竭泽而渔 解甲归田 解铃系铃 戒骄戒躁
借刀杀人 借古讽今 借花献佛 借酒浇愁 借尸还魂 借题发挥 九九归一 九牛一毛
九死一生 九霄云外 久而久之 久负盛名 久经沙场 酒逢知己 酒酣耳热 酒囊饭袋
酒肉朋友 咎由自取 救苦救难 救命稻草 救死扶伤 就地取材 就事论事 居安思危
居高临下 居心叵测 举案齐眉 举步维艰 举国上下 举棋不定 举世瞩目 举手投足
举手之劳 举一反三 举足轻重 拒谏饰非 拒人千里 拒之门外 具体而微 据理力争
据为己有 聚精会神 聚沙成塔 捐弃前嫌 卷土重来 决一死战 绝处逢生 绝无仅有
倔头倔脑 君主立宪

以 K 开头的四字词

开诚布公 开门见山 开门揖盗 开山祖师 开天辟地 开源节流 开宗明义 看风使舵
看破红尘 康庄大道 慷慨激昂 苛捐杂税 可乘之机 可歌可泣 可口可乐 可怜巴巴
可想而知 可有可无 克敌制胜 克己奉公 克勤克俭 刻不容缓 刻骨铭心 坑蒙拐骗
空谷足音 空空如也 空口无凭 空前绝后 空头支票 空穴来风 空中楼阁 空中小姐
孔孟之道 口出狂言 口干舌燥 口口声声 口蜜腹剑 口若悬河 口是心非 口诛笔伐
扣人心弦 枯木逢春 哭哭啼啼 苦不堪言 苦大仇深 苦尽甘来 苦口婆心 苦思冥想
苦心孤诣 夸大其词 夸夸其谈 快马加鞭 快人快语 脍炙人口 宽宏大量 宽以待人
旷日持久 窥豹一斑 溃不成军 困兽犹斗

以 L 开头的四字词

拉帮结伙 拉家带口 拉拉扯扯 来龙去脉 来日方长 来者不拒 来之不易 郎才女貌
狼狈不堪 狼狈为奸 狼奔豕突 狼吞虎咽 狼心狗肺 狼烟四起 狼子野心 乐不可支
乐不思蜀 乐此不疲 乐极生悲 乐天知命 雷打不动 雷厉风行 雷霆万钧 冷若冰霜
冷血动物 冷言冷语 林林总总 临渴掘井 临危不惧 临危受命 临危授命 临渊羡鱼
临阵磨枪 临阵脱逃 淋漓尽致 琳琅满目 伶牙俐齿 灵丹妙药 灵机一动 玲珑剔透
零七八碎 零敲碎打 另当别论 另辟蹊径 另起炉灶 另眼相看 令出法随 令人发指
令人咋舌 令行禁止 溜须拍马 溜之大吉 流连忘返 流星赶月 流言蜚语 柳暗花明
六亲不认 六神无主 龙飞凤舞 龙潭虎穴 龙腾虎跃 龙争虎斗 搂头盖脸 庐山真面
炉火纯青 鹿死谁手 路不拾遗 驴年马月 屡次三番 屡教不改 屡禁不止 屡试不爽
屡战屡胜 绿草如茵 乱七八糟 略胜一筹 略知一二 论功行赏 论资排辈 罗曼蒂克
洛阳纸贵 络绎不绝 落花流水 落荒而逃 落井下石 落落大方 落落寡合

以 M 开头的四字词

麻木不仁 马不停蹄 马到成功 马革裹尸 马马虎虎 马失前蹄 骂骂咧咧 卖身投靠
瞒上欺下 瞒天过海 满不在乎 满城风雨 满打满算 满腹经纶 满满当当 满面春风
满目疮痍 满山遍野 满载而归 漫不经心 漫山遍野 漫无边际 慢慢腾腾 慢慢悠悠
慢条斯理 芒刺在背 忙里偷闲 盲人瞎马 茫然若失 茫无头绪 毛手毛脚 毛遂自荐
茅塞顿开 冒名顶替 貌合神离 没大没小 没精打采 没日没夜 没头没脑 没心没肺
眉飞色舞 眉开眼笑 眉来眼去 眉清目秀 每况愈下 美不胜收 美轮美奂 美中不足
门当户对 门户之见 门可罗雀 门庭若市 扪心自问 闷闷不乐 闷声闷气 蒙头转向
梦寐以求 弥天大谎 弥天大罪 迷途知返 米珠薪桂 靡靡之音 秘而不宣 密密层层
密密丛丛 密密麻麻 绵里藏针 面红耳赤 面黄肌瘦 面面俱到 面目全非 面目一新

面如土色 面无人色 渺无人烟 妙笔生花 妙不可言 妙趣横生 妙手回春 摸爬滚打
模棱两可 摩拳擦掌 没齿不忘 莫测高深 莫可指数 莫名其妙 莫逆之交 莫衷一是
墨守成规 默不作声 默默无闻 谋财害命 木已成舟 目不识丁 目不暇接 目不转睛
目瞪口呆 目光如豆 目光如炬 目空一切 目无余子 目中无人 沐猴而冠

以 N 开头的四字词

拿腔拿调 拿手好戏 奶声奶气 奶油小生 耐人寻味 男盗女娼 男男女女 男尊女卑
南柯一梦 南来北往 南腔北调 南辕北辙 南征北战 难分难解 难能可贵 难舍难分
难兄难弟 难言之隐 难以启齿 难以置信 难兄难弟 囊空如洗 囊中羞涩 恼羞成怒
脑满肠肥 内外交困 内忧外患 能歌善舞 能工巧匠 能掐会算 能屈能伸 能说会道
能言善辩 浓墨重彩 浓妆艳抹 弄巧成拙 弄虚作假 奴颜婢膝 奴颜媚骨 怒发冲冠
怒目而视

以 O 开头的四字词

呕心沥血 藕断丝连

以 P 开头的四字词

拍案而起 拍案叫绝 拍手称快 排难解纷 排山倒海 排忧解难 攀高枝儿 攀龙附凤
盘根错节 盘根问底 判若鸿沟 判若两人 判若云泥 庞然大物 旁观者清 旁敲侧击
旁若无人 旁系亲属 旁征博引 抛砖引玉 怦然心动 朋比为奸 蓬头垢面 鹏程万里
披肝沥胆 披挂上阵 披坚执锐 披荆斩棘 披麻戴孝 披沙拣金 披头散发 披星戴月
劈波斩浪 劈头盖脸 皮包公司 皮开肉绽 疲于奔命 匹夫之勇 否极泰来 屁滚尿流
偏心眼儿 片甲不存 片纸只字 拼死拼活 贫嘴薄舌 品学兼优 平白无故 平步青云
平地风波 平分秋色 平铺直叙 平起平坐 平头百姓 平心而论 平心静气 平易近人
评头论足 瓶瓶罐罐 萍水相逢 婆婆妈妈 迫不得已 迫不及待 迫在眉睫 破釜沉舟
破罐破摔 破镜重圆 破旧立新 破口大骂 破门而入 破涕为笑 扑朔迷离 铺天盖地
璞玉浑金 普天同庆

以 Q 开头的四字词

七老八十 七零八落 七窍生烟 七情六欲 七上八下 七手八脚 七嘴八舌 妻儿老小
妻离子散 凄风苦雨 期期艾艾 欺行霸市 欺软怕硬 欺世盗名 嘁嘁喳喳 嘁嘁嚓嚓
齐头并进 其乐无穷 其貌不扬 奇耻大辱 奇光异彩 奇花异草 奇货可居 奇形怪状
骑虎难下 骑马找马 棋逢对手 旗鼓相当 旗开得胜 岂有此理 企足而待 杞人忧天
起承转合 起死回生 起早贪黑 气冲牛斗 气冲霄汉 气喘吁吁 气贯长虹 气急败坏
气势汹汹 气吞山河 气息奄奄 气象万千 气壮山河 弃暗投明 泣不成声 掐头去尾
恰如其分 千变万化 千差万别 千锤百炼 千儿八百 千方百计 千夫所指 千家万户
千军万马 千里迢迢 千虑一得 千虑一失 千难万苦 千难万险 千篇一律 千奇百怪
千千万万 千头万绪 千辛万苦 千言万语 千载难逢 千真万确 千姿百态 牵肠挂肚
谦谦君子 前车之鉴 前俯后仰 前赴后继 前功尽弃 前呼后拥 前仆后继 前所未有
前无古人 前仰后合 前因后果 钳口结舌 潜移默化 黔驴技穷 黔驴之技 遣词造句
枪林弹雨 强弩之末 强词夺理 强人所难 强颜欢笑 敲骨吸髓 敲山震虎 乔迁之喜
翘首以待 巧夺天工 巧立名目 巧取豪夺 巧舌如簧 巧言令色 窃窃私语 亲痛仇快
秦晋之好 秦楼楚馆 勤工俭学 沁人心脾 青黄不接 青梅竹马 青天白日 青云直上
轻车简从 轻车熟路 轻而易举 轻歌曼舞 轻举妄动 轻描淡写 轻于鸿毛 轻重缓急

倾城倾国 倾家荡产 清水衙门 蜻蜓点水 情不自禁 情同手足 情投意合 情有独钟 情有可原 情真意切 晴空霹雳 请君入瓮 穷极无聊 穷山恶水 穷奢极侈 穷途末路 穷乡僻壤 穷凶极恶 穷原竟委 穷源溯流 琼浆玉液 琼楼玉宇 秋高气爽 秋毫无犯 求全责备 求同存异 求之不得 曲径通幽 曲里拐弯 曲曲弯弯 曲突徙薪 屈打成招 屈指可数 趋利避害 趋炎附势 曲高和寡 曲终人散 取长补短 取而代之 去粗存精 去伪存真 权宜之计 全力以赴 全神贯注 全始全终 全心全意 全知全能 拳打脚踢 犬牙交错 缺心眼儿 缺一不可 群策群力 群龙无首 群魔乱舞

以 R 开头的四字词

燃眉之急 惹是生非 热火朝天 热泪盈眶 热血沸腾 热胀冷缩 人才辈出 人才济济 人地生疏 人定胜天 人多势众 人多嘴杂 人浮于事 人各有志 人工呼吸 人工智能 人杰地灵 人尽其才 人老珠黄 人面兽心 人命关天 人模狗样 人情世故 人山人海 人声鼎沸 人头攒动 人微言轻 人心惶惶 人心所向 人心向背 人言可畏 人仰马翻 人云亦云 人之常情 仁人君子 仁人志士 仁至义尽 忍饥挨饿 忍俊不禁 忍气吞声 忍辱负重 忍辱含垢 忍无可忍 认贼作父 任劳任怨 任人唯亲 任人唯贤 任重道远 日薄西山 日积月累 日理万机 日暮途穷 日新月异 日月如梭 荣辱与共 容光焕发 融会贯通 软硬兼施 锐不可当 若即若离 若明若暗 若无其事 若隐若现 若有所失 弱不禁风 弱肉强食

以 S 开头的四字词

丧魂落魄 丧家之犬 丧权辱国 丧心病狂 搔首弄姿 骚人墨客 扫地出门 僧多粥少 杀富济贫 杀鸡取卵 杀鸡吓猴 杀气腾腾 杀人灭口 杀人越货 杀身成仁 杀身之祸 沙里淘金 傻大黑粗 傻头傻脑 煞费苦心 山清水秀 山穷水尽 山珍海味 删繁就简 姗姗来迟 煽风点火 闪烁其词 善罢甘休 善男信女 善始善终 伤风败俗 伤筋动骨 伤天害理 赏心悦目 上蹿下跳 尚方宝剑 上吐下泻 上下其手 上行下效 少见多怪 少数民族 少言寡语 少不更事 少年老成 舍本逐末 舍己为公 舍己为人 舍近求远 舍生取义 舍生忘死 设身处地 尸横遍野 尸位素餐 失道寡助 失魂落魄 失之交臂 师出无名 师道尊严 诗情画意 狮子搏兔 十恶不赦 十拿九稳 十年寒窗 十全十美 十室九空 十万火急 十有八九 十指连心 十字街头 十字路口 石沉大海 石破天惊 时不我待 时过境迁 时来运转 时隐时现 识文断字 实报实销 实事求是 实心实意 实心眼儿 拾金不昧 拾人牙慧 拾遗补阙 食不甘味 食不果腹 食古不化 史无前例 矢口否认 矢志不渝 始终如一 始作俑者 世风日下 世世代代 世态炎凉 世外桃源 势不可挡 势不两立 势均力敌 势利小人 势在必行 事半功倍 事倍功半 事必躬亲 事不宜迟 事出有因 事到临头 事过境迁 事无巨细 事与愿违 事在人为 视而不见 视若无睹 视死如归 拭目以待 是非曲直 适得其反 适逢其会 适可而止 恃才傲物 恃强凌弱 手不释卷 手到擒来 手忙脚乱 手无寸铁 手舞足蹈 手足无措 手足之情 守口如瓶 守株待兔 首当其冲 首屈一指 首善之区 首鼠两端 寿终正寝 受宠若惊 瘦骨嶙峋 书香门第 殊途同归 熟门熟路 熟能生巧 熟视无睹 鼠目寸光 数不胜数 数典忘祖 数九寒天 数一数二 束手就擒 束手无策 束之高阁 述而不作 树碑立传 树大招风

以 T 开头的四字词

他山之石 太平盛世 太平天国 泰然自若 泰山北斗 泰山压顶 贪得无厌 贪官污吏

贪生怕死 贪天之功 贪赃枉法 坛坛罐罐 昙花一现 谈虎色变 谈天说地 谈笑风生
谈笑自若 弹冠相庆 忐忑不安 叹为观止 探本求源 探囊取物 探头探脑 堂而皇之
堂堂正正 糖衣炮弹 螳臂当车 滔滔不绝 韬光养晦 逃之夭夭 讨价还价 腾云驾雾
提心吊胆 啼饥号寒 啼笑皆非 体贴入微 体无完肤 天兵天将 天长地久 天长日久
天打雷轰 天翻地覆 天方夜谭 天府之国 天高地厚 天各一方 天寒地冻 天花乱坠
天荒地老 天昏地暗 天经地义 天伦之乐 天罗地网 天马行空 天怒人怨 天壤之别
天塌地陷 天外有天 天网恢恢 天香国色 天旋地转 天涯海角 天衣无缝 天灾人祸
天造地设 天之骄子 天诛地灭 天姿国色 天作之合 添油加醋 添枝加叶 添砖加瓦
恬不知耻 甜言蜜语 挑肥拣瘦 条条框框 挑拨离间 跳蚤市场 铁案如山 铁板钉钉
铁板一块 铁面无私 铁石心肠 铁树开花 铁证如山 听天由命 听之任之 亭亭玉立
挺身而出 突飞猛进 突如其来 图谋不轨 图文并茂 徒劳无功 徒有其表 徒有虚名
徒子徒孙 涂脂抹粉 土崩瓦解 土里土气 土生土长 吐故纳新 兔死狗烹 兔死狐悲
推本溯源 推波助澜 推陈出新 推而广之 推己及人 推心置腹 退避三舍 吞吞吐吐
吞云吐雾 囤积居奇 拖儿带女 拖泥带水 拖拖拉拉 脱口而出 脱胎换骨 脱颖而出
鸵鸟政策 唾手可得

以 W 开头的四字词

亡羊补牢 网开一面 妄自菲薄 妄自尊大 忘恩负义 忘乎所以 望尘莫及 望穿秋水
望而却步 望而生畏 望风捕影 望风而逃 望风披靡 望梅止渴 望其项背 望文生义
望闻问切 望眼欲穿 望洋兴叹 望子成龙 危如累卵 危言耸听 危在旦夕 威风凛凛
威风扫地 威武不屈 威震四方 微不足道 微乎其微 韦编三绝 为非作歹 为富不仁
为人师表 为所欲为 违法乱纪 唯利是图 唯美主义 唯命是从 唯命是听 唯我独尊
唯物主义 唯心主义 尾大不掉 委决不下 委曲求全 萎靡不振 娓娓动听 唯唯诺诺
为民请命 为人作嫁 未老先衰 味同嚼蜡 畏首畏尾 蔚然成风 蔚为大观 温故知新
温情脉脉 温室效应 温文尔雅 文不对题 文从字顺 文房四宝 文过饰非 文人相轻
文如其人 文恬武嬉 文艺复兴 文质彬彬 纹丝不动 闻风而动 闻风丧胆 闻过则喜
闻鸡起舞 闻所未闻 稳操胜券 稳扎稳打 问长问短 问道于盲 问寒问暖 问心无愧
瓮声瓮气 瓮中之鳖 瓮中捉鳖 我行我素 卧薪尝胆 握手言欢 乌合之众 乌七八糟
污泥浊水 污言秽语 无边无际 无病呻吟 无耻之尤 无地自容 无的放矢 无动于衷
无独有偶 无恶不作 无法无天 无功受禄 无关宏旨 无关紧要 无关痛痒 无稽之谈
无计可施 无济于事 无家可归 无价之宝 无坚不摧 无拘无束 无可非议 无可奉告
无可厚非 无可奈何 无孔不入 无理取闹 无米之炊 无冕之王 无名小卒 无名英雄
无能为力 无期徒刑 无奇不有 无牵无挂 无亲无故 无穷无尽 无人问津 无伤大雅
无声无臭 无师自通 无时无刻 无事生非 无所不为 无所不在 无所不知 无所不至
无所顾忌 无所事事 无所适从 无所畏惧 无所用心 无所作为 无往不利 无往不胜
无微不至 无为而治 无隙可乘 无懈可击 无依无靠 无以复加 无影无踪 无忧无虑
无与伦比 无缘无故 无中生有 无足轻重 五彩缤纷 五大三粗 五短身材 五方杂处
五行八作 五光十色 五湖四海 五花八门 五花大绑 五角大楼 五劳七伤 五雷轰顶
五马分尸 五内如焚 五四运动 五体投地 五星红旗 五颜六色 舞文弄墨 戊戌变法
物换星移 物极必反 物尽其用 物伤其类 物以类聚 雾里看花

以 X 开头的四字词

西风东渐 希望工程 息事宁人 惜墨如金 稀里糊涂 稀里哗啦 稀奇古怪 稀稀拉拉
熙来攘往 熙熙攘攘 嘻嘻哈哈 嬉皮笑脸 习非成是 习以为常 席不暇暖 洗耳恭听
洗洗涮涮 洗心革面 喜出望外 喜从天降 喜怒哀乐 喜怒无常 喜气洋洋 喜闻乐见
喜笑颜开 喜新厌旧 喜形于色 喜忧参半 细皮嫩肉 细水长流 细枝末节 虾兵蟹将
侠肝义胆 狭路相逢 瑕不掩瑜 瑕瑜互见 下不为例 下里巴人 下马看花 仙风道骨
先睹为快 先发制人 先见之明 先来后到 先礼后兵 先入为主 先声夺人 先斩后奏
纤尘不染 闲情逸致 闲言碎语 贤妻良母 弦外之音 涎皮赖脸 显而易见 险象环生
鲜为人知 现身说法 销声匿迹 小打小闹 小道消息 小肚鸡肠 小恩小惠 小家碧玉
小家子气 小农经济 小巧玲珑 小试锋芒 小题大做 小偷小摸 小心眼儿 小心翼翼
孝子贤孙 笑里藏刀 笑脸相迎 笑逐颜开 歇斯底里 胁肩谄笑 谢天谢地 心安理得
心不在焉 心驰神往 心慈手软 心荡神驰 心烦意乱 心腹之患 心甘情愿 心广体胖
心狠手辣 心花怒放 心怀鬼胎 心慌意乱 心灰意懒 心肌梗死 心急火燎 心惊胆战
心惊肉跳 心口如一 心旷神怡 心灵手巧 心领神会 心乱如麻 心满意足 心明眼亮
心平气和 心如刀绞 心事重重 心心相印 心血来潮 心有余悸 心猿意马 心悦诚服
心照不宣 心直口快 辛亥革命 欣喜若狂 欣欣向荣 新陈代谢 薪尽火传 信而有征
信口雌黄 信口开河 信马由缰 信誓旦旦 信手拈来 信以为真 胸无城府 胸无大志
胸无点墨 胸有成竹 雄才大略 休戚相关 休戚与共 休养生息 修旧利废 修身养性
羞与为伍 秀色可餐 秀外慧中 袖手旁观 绣花枕头 虚怀若谷 虚情假意 虚位以待
虚与委蛇 虚张声势 嘘寒问暖 徐娘半老 轩然大波 喧宾夺主 玄之又玄 悬而未决
悬梁刺股 悬崖勒马 选贤任能

以 Y 开头的四字词

鸦片战争 鸦雀无声 牙牙学语 哑口无言 哑然失笑 雅俗共赏 烟波浩渺 烟消云散
烟熏火燎 延年益寿 严惩不贷 严丝合缝 严于律己 严阵以待 言不及义 言不尽意
言不由衷 言传身教 言而无信 言归于好 言归正传 言过其实 言近旨远 言人人殊
言听计从 言外之意 言为心声 言之无物 言之有理 炎黄子孙 奄奄一息 掩耳盗铃
掩人耳目 眼高手低 眼花缭乱 眼明手快 眼皮底下 雁过拔毛 殃及池鱼 扬长避短
扬眉吐气 扬汤止沸 羊肠小道 阳春白雪 阳奉阴违 洋洋大观 洋洋洒洒 仰人鼻息
养虎遗患 养尊处优 业精于勤 叶公好龙 叶落归根 夜不闭户 夜长梦多 夜郎自大
夜深人静 夜以继日 一败涂地 一般见识 一板一眼 一本万利 一本正经 一笔带过
一笔勾销 一笔抹杀 一臂之力 一表人才 一病不起 一波三折 一差二错 一唱一和
一尘不染 一成不变 一筹莫展 一触即发 一触即溃 一锤定音 一刀两断 一点一滴
一动不动 一帆风顺 一分为二 一概而论 一干二净 一鼓作气 一国两制 一哄而散
一哄而上 一呼百应 一挥而就 一技之长 一家之言 一见如故 一见钟情 一箭双雕
一举成名 一举两得 一来二去 一览无余 一劳永逸 一了百了 一鳞半爪 一路顺风
一落千丈 一马当先 一马平川 一脉相承 一毛不拔 一门心思 一面之词 一面之交
一鸣惊人 一命呜呼 一模一样 一目了然 一目十行 一年到头 一念之差 一诺千金
一拍即合 一盘散沙 一炮打响 一贫如洗 一曝十寒 一气呵成 一窍不通 一清二白
一清二楚 一穷二白 一仍旧贯 一日千里 一日三秋 一日之雅 一如既往 一扫而光
一声不响 一时一刻 一事无成 一视同仁 一手遮天 一丝不苟 一丝不挂 一丝一毫

一塌糊涂 一潭死水 一天到晚 一统天下 一头雾水 一吐为快 一团和气 一网打尽
一往情深 一往无前 一望无际 一文不名 一无是处 一无所获 一无所有 一无所知
一五一十 一息尚存 一席之地 一厢情愿 一笑置之 一泻千里 一心一意 一言九鼎
一言为定 一言一行 一氧化碳 一叶蔽目 一叶知秋 一衣带水 一意孤行 一应俱全
一语破的 一朝一夕 一针见血 一枕黄粱 一知半解 一纸空文 一掷千金 一字千金
衣不蔽体 衣不解带 衣冠楚楚 衣冠禽兽 衣锦还乡 衣食无虞 衣食住行 依然故我
依然如故 依山傍水 依样葫芦 应有尽有 莺歌燕舞 鹦鹉学舌 迎来送往 迎刃而解
迎头赶上 盈千累万 蝇营狗苟 影影绰绰 应接不暇 应运而生 拥政爱民 庸人自扰
永垂不朽 永志不忘 勇往直前 用心良苦 优柔寡断 优胜劣汰 忧心忡忡 忧心如焚
悠然自得 由表及里 由此及彼 由来已久 邮政编码 犹豫不决 油光水滑 油腔滑调
油头粉面 油头滑脑 油嘴滑舌 游刃有余 游山玩水 游手好闲 有案可稽 有板有眼
有备无患 有的放矢 有机可乘 有教无类 有口皆碑 有口无心 有两下子 有名无实
有目共睹 有期徒刑 有气无力 有求必应 有色眼镜 有生以来 有生之年 有声有色
有识之士 有史以来 有始无终 有始有终 有恃无恐 有条不紊 有头无尾 有头有脸
有头有尾 有隙可乘 有血有肉 有言在先 有眼无珠 有增无减 有朝一日 于事无补
于心不忍 予取予求 余音绕梁 余勇可贾 盂兰盆会 鱼贯而入 鱼龙混杂 鱼米之乡
鱼目混珠 鱼死网破 鱼游釜中 渔人之利 愚不可及 愚公移山 愚昧无知 愚民政策
与虎谋皮 与人为善 与日俱增 与世长辞 与世隔绝 与世无争 与众不同 宇宙飞船
羽扇纶巾 语无伦次 语焉不详 语重心长 玉皇大帝 玉石俱焚 郁郁葱葱 郁郁寡欢
浴血奋战 欲罢不能 欲盖弥彰 欲壑难填 欲擒故纵 欲言又止 愈演愈烈 冤家路窄
原形毕露 原原本本 圆桌会议 缘木求鱼 源远流长 远见卓识 远走高飞 怨声载道
怨天尤人 约定俗成 约法三章 月白风清 月下老人 跃然纸上 跃跃欲试 晕头晕脑
晕头转向 云泥之别 云消雾散 云遮雾罩 云蒸霞蔚 芸芸众生

以 Z 开头的四字词

杂乱无章 杂七杂八 砸锅卖铁 再接再厉 再生父母 在劫难逃 在所不辞 在所不惜
在所难免 在天之灵 载歌载舞 赞不绝口 责任编辑 责无旁贷 贼喊捉贼 贼眉鼠眼
贼头贼脑 贼走关门 招兵买马 招降纳叛 招摇过市 招摇撞骗 昭然若揭 朝不保夕
朝发夕至 朝令夕改 朝气蓬勃 朝乾夕惕 朝秦暮楚 朝三暮四 朝思暮想 召之即来
照本宣科 遮天蔽日 针锋相对 针头线脑 珍禽异兽 真才实学 真凭实据 真心实意
真知灼见 枕戈待旦 振振有词 震耳欲聋 震古烁今 镇定自若 之乎者也 支离破碎
只言片语 枝繁叶茂 知法犯法 知根知底 知己知彼 知难而进 知难而退 知人善任
知识产权 知识分子 知书达理 知遇之恩 执法犯法 执迷不悟 执行主席 直截了当
直来直去 直系亲属 直心眼儿 直言不讳 只争朝夕 纸上谈兵 纸醉金迷 指腹为婚
指甲盖儿 指鹿为马 指名道姓 指日可待 指桑骂槐 指手画脚 咫尺天涯 趾高气扬
至高无上 至理名言 志大才疏 志得意满 志同道合 炙手可热 治病救人 治外法权
掷地有声 智勇双全 置若罔闻 置身事外 置于死地 置之不理 置之度外 置之脑后
中饱私囊 中华民族 中西合璧 忠心耿耿 忠言逆耳 忠贞不贰 忠贞不渝 终南捷径
钟灵毓秀 钟鸣鼎食 众口难调 众口一词 众目昭彰 众怒难犯 众叛亲离 众擎易举
众矢之的 众说纷纭 众所周知 众望所归 众星拱月 众志成城 周而复始 肘腋之患
诛心之论 珠光宝气 珠联璧合 珠圆玉润 诸如此类 诸子百家 蛛丝马迹 逐字逐句

煮鹤焚琴 著书立说 筑室道谋 抓耳挠腮 专心致志 转弯抹角 转危为安 装疯卖傻
装聋作哑 装模作样 装腔作势 装神弄鬼 追奔逐北 追本溯源 追根究底 追根溯源
追悔莫及 锥处囊中 惴惴不安 捉襟见肘 桌椅板凳 卓尔不群 孜孜不倦 孜孜以求
子虚乌有 自暴自弃 自不待言 自不量力 自惭形秽 自成一家 自吹自擂 自负盈亏
自高自大 自告奋勇 自给自足 自觉自愿 自愧弗如 自力更生 自卖自夸 自鸣得意
自命不凡 自欺欺人 自强不息 自轻自贱 自取其咎 自然而然 自生自灭 自食其果
自食其力 自始至终 自私自利 自投罗网 自相残杀 自相矛盾 自行其是 自言自语
自以为是 自由自在 自圆其说 自怨自艾 自知之明 自作聪明 自作自受 字里行间
字斟句酌 字正腔圆 总而言之 纵横交错 走街串巷 走马观花 走马换将 走马上任
走南闯北 走投无路 足智多谋 祖祖辈辈 钻牛角尖 罪不容诛 罪大恶极 罪魁祸首
罪有应得 醉生梦死 尊师重教 遵纪守法

第二章　汉字字音测试指导与训练

汉字应用水平测试在字音方面的要求是：应试人在测试用字的范围内，能够正确掌握并运用汉字在现代汉语普通话中的正确读音，在使用环境中正确辨别汉字读音的正误和规范与否，正确辨别汉字的多音字、同音字和容易读错的字。

第一节　汉字字音测试指导

汉字本身无所谓字音，作为记录汉语单音节语素的平面型视觉符号，它的读音实际上是其所记录的汉语单音节语素的读音。

汉字与汉语音节并非一一对应，有些汉字对应多个音节，有些音节对应多个汉字。如果一个汉字同时记录多个读音不同的语素，那么它就对应着多个不同的音节。例如，“车”同时记录了两个语素，一个读“chē”，主要表示陆地上有轮子的交通运输工具，另一个读“jū”，专门用来表示象棋棋子的名称；又如，“数”同时记录了三个语素，一个读“shǔ”，是动词，主要表示查点数目，一个读“shù”，是名词，主要表示数目，还有一个读“shuò”，是副词，表示一次又一次。这类汉字实际上就是我们平时所说的多音字。如果几个汉字所记录的语素的读音相同，那么这几个汉字就对应着同一个音节。例如，“窜、篡、爨”三个字所记录的三个语素的读音都是“cuàn”；又如，在现代汉语普通话中，读音为“yī”的语素有十多个，相应地，字音为“yī”的汉字也有十余个。这类汉字实际上就是我们平时所谓的同音字。

汉字的总量有七八万，现代通用规范汉字的数量也有七八千。例如，《中华字海》（1994 年）收录汉字 87019 个，《通用规范汉字表》（2013 年）收录汉字 8105 个。如此庞大的字量，直接导致了沉重的识字负担，大量的多音字和同音字的存在，更是增加了人们识字的难度。因此，人们在日常生活中经常会出现读不出字音或者读错字音的情况。要正确掌握字音，除了平时多加积累，勤查工具书之外，还应当有意识地避免出现以下几种情况。

一、避免按声旁类推而读错

形声字由形旁和声旁两部分构成，形旁表义，声旁表音。根据声旁表音作用的大小，形声字可以分为三类：一是声旁单独成字时的读音与形声字的读音完全相同，例如，“凰、隍、徨、惶、煌、蝗”等字均读“皇”，“换、唤、焕、涣、痪”等字均读“奂”。二是声旁单独成字时的读音与形声字的读音相近，例如，“谎、饭、词、审、菜”等形声字字音与各自声旁读音的声韵母都相同，声调不同；“砧、钗、嫂、废、绿”等形声字字音与各自声旁读音的声母相同，韵母不同；“稠、冲、耻、殊、橙”等形声字字音与各自声旁读音的韵母相同，声母不同。三是声旁单独成字时的读音与形声字的读音完全不同，例如“绽、波、茁、便、骆”等形声字字音与各自声旁读音的声韵母都不相同。

上述三类形声字中，第一类完全可以依据声旁识记字音，第二类勉强可以依托声旁推断字音，第三类则完全不能依据声旁掌握字音。后面两类形声字的声旁不能准确表音甚至不能表音的原因主要有二：一是声旁的形状由古至今发生了变化，例如，“颖、佞、载”等形声字的声旁分别是“顷、仁、𢦏”。二是汉字字音由古至今发生了变化，例如，“反、饭、贩、奉、蜂、峰”等字的古音声母是“b”或者“p”，与现代汉语普通话的“板、版、扳、篷、蓬、捧”等字的声母相同，原因在于现代汉语普通话的声母“f”是从古代汉语的声母“b、p”演变来的；“未、味、晚、挽、亡、忘”等字的古音声母是“m”，与现代汉语普通话的“妹、昧、免、娩、忙、芒”等字的声母相同，原因在于现代汉语普通话的合口呼零声母字的古音声母是“m”；“隹、椎、锥、真、嗔、慎、占、粘、战”等字的古音声母是“d”或者“t”，与现代汉语普通话的“堆、碓、推、颠、滇、填、点、店、贴”等字的声母相同，原因在于现代汉语普通话的声母“zh、ch、sh”是从古代汉语的声母“d、t”演变来的；“瞎、辖、碣、揭、咸、减、敲”等字的古音声母是“g”“k”或者“h”，与现代汉语普通话的“害、割、葛、喝、感、憾、高、犒、蒿”等字的声母相同，原因在于现代汉语普通话的声母“j、q、x”有一部分是从古代汉语的声母“g、k、h”演变来的。

我们可以通过以下三种方法避免按声旁类推而读错形声字的字音。

第一，掌握基本的汉语语音演变规律。声母方面可以记住以下三条演变规律：一是“古无轻唇音”，即上古汉语（秦汉以前的汉语）没有唇齿音声母“f”，现代汉语的“f”在上古汉语时期读重唇音（双唇音）“b、p”，例如“阿房宫”的“房”读“páng”。二是“古无舌上音”，即上古汉语没有舌尖后音声母“zh、ch、sh”，现代汉语的“zh、ch、sh”在上古时期读舌头音（舌尖中音）“d、t”，例如“翟（zhái）”的另一读音“dí”实际上是古音的留存。三是“古无舌面音（即保留尖团音）”，即中古汉语（唐宋时期）没舌面中音声母“j、q、x”，现代汉语的“j、q、x”在中古时期的音值是舌尖前音“z、c、s”或者舌面后音“g、k、h”，例如“夹肢窝”的“夹 gá”实际上是古音的留存。

声调方面可以记住以下两条演变规律：一是“平分阴阳”，即近代汉语（明清时期）的平声分化为阴平和阳平两类，即使是声旁相同的形声字，也有可能分化为阴平和阳平（阴平字的声母多为不送气音“b、d、g、j、z、zh”，阳平字的声母多为送气音“p、t、k、q、c、ch”），例如，“疤（巴）—爬”“菠（波）—婆”“精（青）—晴”“蕉（焦）—瞧”“增（曾）—層（层）”“肪（方）—防”等。二是“浊上归去”，即近代汉语全浊上声字的调值变得与去声一样，非全浊上声字仍旧读上声，即使是声旁相同的形声字，也可能有上声和去声之别，例如，“纸—舐”“诡—跪”“粉—忿”“检—剑”“饱—鲍”等。

第二，掌握一定的汉字字形演变知识。就声旁而言，存在以下四种难以识别的情况：形体变异而难以识别，例如，“在、贸、黎、疑”等形声字的声旁分别是“才、卯、利、矣”；部件省略而难以识别，例如，“毫”的声旁“高”省略了中间的“口”，“疫”的声旁“役”省略了左边的“彳”，“炊”的声旁“吹”省略了左边的“口”；声旁偏于一隅而难以识别，例如，“旗、病、房”等字的声旁均居于右下部；声旁被替换而难以识别，例如，“层（層）、际（際）、邓（鄧）、旧（舊）、爷（爺）、导（導）、敌（敵）、动（動）”等字的声旁原本分别是“曾、祭、登、臼、耶、道、啇、重”。

第三，集中熟记那些不能依据声旁掌握字音的形声字的字音。例如，我们可以熟记本章第三节《声旁不表音的形声字字音比照表》中收集的形声字的字音。

二、避免因形近干扰而读错

形近字指字形接近的汉字。根据字形接近方式的不同，形近字可以分为三种类型：一是字形接近的独体字，如“戍、戌、戊、戎”四个字；二是形旁相同、声旁不同的形声字，如“拨、拔”两个字；三是声旁相同、形旁不同的形声字，如“桐、筒”两个字。

形近字容易导致读错字音。我们可以采用以下四种方法予以避免。

第一，依托字形差异熟记非形声字的字音。有的形近字虽然笔画相同，但是笔画的组合方式不同，例如，“人、八”虽然均由撇和捺两画构成，但前者是相接关系，后者是相离关系；“力、刀”虽然均由横折钩和撇两画构成，但前者是相交关系，后者是相接关系。有的形近字笔画数量不同，例如，“乌、鸟”“免、兔”两组字的差别在于每一组的后一字多一点。有的形近字虽然偏旁相同，但是偏旁的位置不同，例如，“旮、旯”均由“九”和“日”上下组配而成，“日”在下面读“gā”，“日”在上面读“lá”。

第二，依托声旁差异辨别形旁相同但声旁不同的形声字的字音。例如，“皴、皲”“苓、芩”“籁、簌”“鸠、鸩”“桅、栀”“舐、舔”等各组形近字各自的形旁相同，声旁不同，我们可以根据各自的声旁辨别并熟记字音。

第三，依据语音演变规律辨别声旁相同但字音不同的形声字的字音。从理论上说，声旁相同的形声字的读音应当相同，否则就不会选用相同的声旁。例如，“扉、绯、霏、啡、蜚”均读“非 fēi”，“瞳、潼、橦”均读“童 tóng”，“铜、桐、酮、烔、茼”均读“同 tóng”，“返”读“反 fǎn”。不过，如上文所述，汉语语音曾经发生过并且正在缓慢地发生着变化，原本同音的形声字有可能变得不再相同，例如，“俳、排、徘”读“pái”，“撞、幢”读“zhuàng”，“洞、胴”读“dòng”，“饭、贩”读“fàn”。对于这些声旁相同但字音不同的形声字，如果我们按照语音演变规律来掌握，就会事半功倍。例如，“绯、排”不同音，合乎“古无轻唇音”的规律；“瞳、撞”不同音，合乎“古无舌上音”的规律；“铜、洞”不同音，合乎“平分阴阳”的规律；“返、饭”不同音，合乎“浊上归去”的规律。

第四，成组熟记常见的形近字字音。例如，我们可以熟记本章第三节《易错形近字字音比照表》和第四章第三节《易错形近字字义比照表》中收集的形近字的读音。

三、避免因一字多音而读错

多音字是有两个或两个以上读音的汉字。一字多音现象在现代汉语中非常普遍。《现代汉语常用字表》的3500个汉字中，多音字有480多个，约占13.7%。《汉字应用水平测试字表》的5500个汉字中，多音字有500余个，占9.2%。大部分多音字是一字二音，极少数多音字多达四五个读音，例如，“和”有五个读音，分别是：hé（和平）、hè（和诗）、hú（和牌）、huó（和面）、huò（和芝麻酱）。

根据所记录的语素数量的多寡，多音字可以粗略地分为两类：一是记录了一个具有多种读音的多义语素的多音字。例如，“血”字所记录的是一个具有两种读音的单音节语素，其意义是人或高等动物体内流动的红色液体。该语素用于口语或者单用时读“xiě”，如“流了很多血”“献血”等语言结构中的“血”均读“xiě”；用于书面语或者合成词（包括成语）时读“xuè”，如“血液”“血统”“呕心沥血”等语言结构中的“血”均读“xuè”。二是同时记录了多个读音不同的语素的多音字。例如，“艾”字所记录的是两个读音完全不同的单音节语素，一个读“ài”，主要表示停止或者表示一种叶子有香气的草本植物，如“方兴未艾”“艾草”“香艾”“艾窝窝”等语言结构中的“艾”均读“ài”；另一个读“yì”，主要表示惩治或悔恨，如“惩艾”“怨艾”“自怨自艾”等语言结构中的“艾”均读“yì”。上述两类多音字的主要区别在于：前者的多个读音所表示的多个意义之间存在一定的联系，实际上是多义词（或语素），后者的多个读音所表示的多个意义之间没有什么联系，实际上是异音同形词（或语素）。

我们可以通过以下四种办法避免读错多音字的字音。

第一，依托字义掌握字音。不管是哪一类多音字，其字音都依字义而定，而字义又依其所处的语境（语言结构）而定。例如，“薄命、薄幸、绵薄、日薄西山、如履薄冰、妄自菲薄”等书面语结构中的“薄”读“bó”，“薄饼、薄脆、书很薄、对她不薄”等口语结构中的“薄”读“báo”；又如，“熟练、熟稔、娴熟、耳熟能详、驾轻就熟”等书面语结构中的“熟”读“shú”，“饭熟了、熟得很”等口语结构中的“熟”读“shóu”。因此，我们切不可孤立地背诵多音字的字音，而要结合多音字所处的语境（词语、句子等结构）来掌握其多个字音。

第二，依据语音演变规律掌握字音。上述第一类多音字中，有些不光是字义之间有联系，字音之间也因遵循了相同的语音演变规律而存在一定的联系。例如，“澄（dèng—chéng）”的两个读音体现了“古无舌上音”的规律；“给（gěi—jǐ）”“芥（gài—jiè）”“颈（gěng—jǐng）”“龟（guī—jūn/qiū）”“巷（hàng—xiàng）”“虹（hóng—jiàng）”“壳（ké—qiào）”“夹（gā—jiā/jiá）”等字的多个读音体现了“古无舌面音（保留尖团音）”的规律；“解（jiě—jiè）”“量（liáng—liàng）”“苫（shān—shàn）”“瓦（wǎ—wà）”“应（yīng—yìng）”“冠（guān—guàn）”“衣（yī—yì）”“雨（yǔ—yù）”“作（zuō—zuò）”等字的多个读音体现了“四声别义”的规律，即通过变读声调来区别词性词义变化（多数汉字通过去声表动作义）。对于这类多音字，我们如果按照语音演变规律来掌握字音，就会事半功倍，否则会事倍功半。

第三，采用记少不记多的办法掌握字音。有些多音字的某一个读音只出现在少数语境中，其他语境均读另外的读音。例如，“臂”只在“胳臂”一词中读“bei”，在其余语境中均读“bì”；“芥”只在“芥蓝”一词中读“gài”，在其余语境中均读“jiè”。对于这种性质的多音字，我们可以采用记少不记多的办法，着重记住其特殊读音及语境。类似的多音字见下表。

具有特殊读音及语境的多音字表

汉字	特殊读音及语境	一般读音	汉字	特殊读音及语境	一般读音
簸	簸箕（bò）	bǒ	奇	奇数/奇零（jī）	qí
提	提防（dī）	tí	靓	靓妆（jìng）	liàng
读	句读（dòu）	dú	据	拮据（jū）	jù
佛	仿佛/佛戾（fú）	fó	可	可汗（kè）	kě
扛	力能扛鼎（gāng）	káng	烙	炮烙（luò）	lào
颈	脖颈（gěng）	jǐng	埋	埋怨（mán）	mái
勾	勾当（gòu）	gōu	氓	流氓（máng）	méng
纶	纶巾（guān）	lún	脉	脉脉（mò）	mài
吭	引吭高歌（háng）	kēng	沤	浮沤（ōu，水泡）	òu
巷	巷道（hàng）	xiàng	迫	迫击炮（pǎi）	pò

续表

汉字	特殊读音及语境	一般读音	汉字	特殊读音及语境	一般读音
胖	心广体胖（pán）	pàng	莳	莳萝（shí）	shì
扁	扁舟（piān）	biǎn	似	似的（shì）	sì
冯	暴虎冯河（píng）	féng	遂	半身不遂（suí）	suì
仆	颠仆/前仆后继（pū）	pú	踏	踏实（tā）	tà
缉	缉边儿（qī）	jī	苔	舌苔（tāi）	tái
蹊	蹊跷（qī）	xī	同	胡同（tòng）	tóng
稽	稽首（qǐ）	jī	厦	噶厦/厦门（xià）	shà
悄	悄悄（qiāo）	qiǎo	叶	叶韵（xié）	yè
雀	雀子（qiāo）	què	圩	赶圩/圩市（xū）	wéi
亲	亲家（qìng）	qīn	殷	殷红（yān）	yīn
汤	汤汤（shāng）	tāng		殷殷其雷（yǐn）	
上	上声（shǎng）	shàng	正	正月/正旦（zhēng）	zhèng
鞘	鞭鞘（shāo）	qiào	症	症结（zhēng）	zhèng
拾	拾级而上（shè）	shí	氏	阏氏/月氏（zhī）	shì

第四，集中记熟多音字的各字音及语境。例如，我们可以熟记本章第三节《易错多音字字音表》中收集的多音字的字音及语境（例词）。

四、避免因姓氏用字生僻而读错

《中华姓氏大辞典》是迄今为止收录中国姓氏最多的辞书。该书收录中国姓氏 11969 个，其中单字姓 5327 个，双字姓 4329 个，三字姓 1615 个，四字姓 569 个，五字姓 96 个，六字姓 22 个，七字姓 7 个，八字姓 3 个，九字姓 1 个。如此多的姓氏，我们难以全部掌握。就算是比较常见的《百家姓》，我们也不一定能够全部读出来，更不用说不太常见的姓氏了。

根据字音数量及性质的不同，姓氏用字可以粗略地分为三类：一是一音一姓氏型汉字，即一个汉字只有一个读音，而且只用于表示姓氏。例如，嵇（jī）、靳（jìn）、邝（kuàng）、闵（mǐn）、冼（xiǎn）、筱（xiǎo）、胥（xū）、郓（yùn）、臧（zāng）、竺（zhú）等。二是多音一姓氏型汉字，即一个汉字虽有多个读音，但只有一个读音用于表示姓氏。这类姓氏用字非常多，例如，牟（móu—mù）、那（nā—nà）、宁（níng—nìng）、邳（pī—pēi）、朴（piáo—pǔ）、莆（pú—bú）、尉迟（yù—wèi）、区（ōu—qū）、查（zhā—chá）、訾（zī—zǐ）等字均有两个或两个以上的读音，不过，只有前一读音用于表示姓氏。三是多音多姓氏型汉字，即一个汉字有多个读音，而且多个读音均可用于表示姓氏。这类姓氏用字并不太多，例如，盖（gài—gě）、乐（lè—yuè）、郗（chī—xī）等字均有两个读音，且都用于表示姓氏。

读错姓氏用字的现象主要体现在三个方面：一是笼统地按照字形推断姓氏用字的字音。人们在日常生活中遇到不熟悉的姓氏时，往往采取“念字念半边”的办法推断其字音，即把声旁单独成字时的读音等同于形声字的字音。由上文可知，部分形声字的字音与其声旁单独成字时的读音并不一致，我们切不可一味地采用依声旁读音推断形声字字音的办法来认读自己不认识的姓氏用字，否则就会读错别人的姓氏。例如，“晁（cháo）”不可以读作“zhào”，“褚（chǔ）”不可以读作“zhě”，“郝（hǎo）”不可以读作“chì”，“扈（hù）”不可以读作“yì”，“谯（qiáo）”不可以读作“jiāo”，“芮（ruì）”不可以读作“nèi”，“阮

（ruǎn）”不可以读作“yuán”，“佟（tóng）”不可以读作“dōng”，“郓（yùn）”不可以读作“jūn”，“訾（zī）”不可以读作“cǐ”。二是将多音一姓氏型汉字的普通读音当成姓氏读音。大部分多音一姓氏型汉字的表姓氏的读音的使用频率远远低于其他读音，以致人们只熟悉其他读音。对于这类汉字，我们切不可用其普通读音代替姓氏读音，否则会导致读错别人的姓氏。例如，表示姓氏的过（guō）、华（huà）、令狐（líng）、仇（qiú）、任（rén）、单（shàn）、冼（xiǎn）、解（xiè）、蔚（yù）等姓氏用字不可分别读作“guò、huá、lìng、chóu、rèn、dān、xǐ、jiě、wèi”。三是将多音多姓氏型汉字当成一音一姓氏型汉字或者多音一姓氏型汉字。对于这类姓氏用字，我们要仔细分辨，熟记于心，否则也会读错别人的姓氏。例如，遇到“翟（dí—zhái）”姓不可一概读作“zhái”，遇到“覃（qín—tán）”姓不可一概读作“tán”。

我们可以通过以下三种办法避免读错姓氏用字的字音：一是强记一音一姓氏型汉字的字音，二是采用记少不记多的办法掌握多音字的表示姓氏的字音，三是集中记熟那些不太常见的姓氏用字的字音，尤其是那些多音多姓氏型汉字的字音。例如，我们可以熟记本章第三节《易错姓氏用字字音表》中的姓氏字音。

五、避免因地名用字生僻而读错

地名是语言中的专有名词，记录地名的汉字便是地名用字。与其他领域的用字相比较，地名用字体现出两个方面的特点：一是易于保留古音。作为专有名词的地名，在受语言发展规律制约的同时，还会受社会性因素的影响而体现出一定的滞后性，从而保留一定的古代语言的成分，尤其是保留古代语言的读音。例如，广东省广州市番禺区的“番”仍旧读“pān”，便是“古无轻唇音”的残留；又如，江苏省苏州市姑苏区（苏州古称姑苏）的“姑”没有实际意义，相当于“阿～”一类的词头，这其实是古代越族语言的残留，类似的词头还有“勾（句）践”的“勾（句）”。二是使用频率偏低。地名的使用主体是住在该地域内的人。地域越大，地名使用范围就越广，读错地名的概率也越小，例如，人们都知道“厦门”一词，不但不会将“厦门（xiàmen）”读作“shàmen”，反而会有人将“大厦（dàshà）”读作“dàxià”。相反，地域越小，地名使用范围就越窄，读不出或者读错地名的概率也就越大，例如，“隰（xí）县”是山西省一个县的名称，非山西籍的人恐怕难以读出其字音。

根据字音数量及性质的不同，地名用字也可以粗略地分为四类：一是一音一地名型汉字，即一个汉字只有一个读音，专门用于表示某一特定的地名。例如，“碚（bèi）”专用于重庆市北碚区，“濞（bì）”专用于云南省漾濞县，“亳（bó）”专用于安徽省亳州市，“郴（chēn）”专用于湖南省郴州市，“茌（chí）”专用于山东省茌平县，“儋（dān）”专用于海南省儋州市，“砀（dàng）”专用于安徽省砀山县，“藁（gǎo）”专用于河北省藁城市，“歙（shè）”专用于安徽省歙县，“猇（xiāo）”专用于湖北宜昌猇亭区。二是一音多地名型汉字，即一个汉字只有一个读音，用于表示多个地名。例如，“汾（fén）”用于山西省临汾、汾阳两市，“涪（fú）”用于重庆市涪陵区和四川省绵阳市涪城区，“莒（jǔ）”用于山东省莒县和莒南县，“嵊（shèng）”用于浙江省嵊州市和嵊泗县。三是多音一地名型汉字，即一个汉字虽有多个读音，但只有一个读音用于表示地名。例如，安徽省蚌埠市（蚌 bèng—bàng）、河南省泌阳县（泌 bì—mì）、广东省东莞市（莞 guǎn—wǎn）、四川省筠连县（筠 jūn—yún）等字均有两个或两个以上的读音，不过，只有前一读音用于表示地名。四是多音多地名型汉字，即一个汉字有多个读音，而且多个读音均可用于表示地名。侯（hóu 山西省侯马市—hòu 福建省闽侯县）、荥（xíng 河南省荥阳市—yíng 四川省荥经县）等字均有两个读音，且都用于表示地名。

读错地名用字的现象主要体现三个方面：一是盲目按照字形推断地名用字的字音。与不熟悉的姓氏一样，人们遇到不认识的地名用字时，同样不可以笼统地采取“念字念半边”的办法推断其字音，否则也会导致读错地名。例如，山东省鄄城县的“鄄（juàn）”不可以读作“yān”，四川省郫都区的“郫（pí）”不可以读作“bēi”，四川省邛崃市的“邛（qióng）”不可以读作“gōng”，山东省临朐县的“朐（qú）”不可以读作“jù”，山东省郯城县的“郯（tán）”不可以读作“yán”，河北省井陉县的“陉（xíng）”不可以读作“jìng”，浙江省鄞州区的“鄞（yín）”不可以读作“qín”。二是将多音一地名型汉字的普通读音当成地名读音。与姓氏用字一样，对于这类地名用字，我们同样不可用其普通读音代替地名读音，否则会导致读错地名。例如，四川省犍为县的“犍（qián）”不可以读作“jiàn”，山西省繁峙县的“峙（shì）”不可以读作“zhì”，河南省浚县的“浚（xùn）”不可以读作“jùn”，山西省柞水县的“柞（zhà）”不可以读作“zuò”。三是将多音多地名型汉字当成一音一地名型汉字或者多音一地名型汉字。与姓氏用字一样，对于这类地名用字，我们要分辨清楚，否则也会读错地名。例如，河南省漯河市的“漯（luò）”不可以读作“tà”，山东省漯河（水名）的“漯（tà）”不可以读作“luò”，云南省牟定县的“牟（móu）”不可以读作“mù”，河南省中牟县的“牟（mù）”不可以读作“móu”。

我们可以通过以下三种办法避免读错地名用字的字音：一是强记一音一地名型汉字的字音，二是采用记少不记多的办法掌握多音字的表示地名的字音，三是集中记熟那些不太常见的地名用字的字音，尤其是那些多音多地名型汉字的字音。例如，我们可以熟记本章第三节《易错地名用字字音表》中的地名字音。

六、避免因汉字冷僻而读错

冷僻字是指使用频率极低的汉字。上文述及的生僻姓氏用字和地名用字其实也是冷僻字，为避免重复，本部分不涉及生僻姓氏用字和地名用字。

与通用汉字相比较，冷僻字体现出两个特点：一是字义单纯。通用字多为多义字，除了本义之外，它们在广泛的使用过程中衍生出引申义和比喻义。例如，“井”的本义是从地面向下凿成的取水深穴，另外还有像井的东西（如矿井）、人口聚居的地方（如市井）、整齐（如井井有条）等意义；“衡”的本义是绑在牛角上的横木，另外还有秤、称重量（如衡器）、斟酌（如权衡）、平（如均衡）等意义。冷僻字与之相反，多为单义字，它们因使用面窄而难以获得衍生引申义和比喻义的机会，往往只有本义。例如，“魃”专用于“旱魃”一词，指古代传说中的一种能招致旱灾的鬼怪；“暹”专用于“暹罗”一词，是泰国的旧称。二是字形复杂。通用字结构比较简单，笔画一般在十画以内，易写易记。例如，国家标准 GB2312—80《信息交换用汉字编码字符集·基本集》（1981 年）收录汉字 6763 个，其中使用频率排名前 20 的汉字分别是：的、一、是、了、我、不、人、在、他、有、这、个、上、们、来、到、时、大、地、为，平均笔画为 5.15 画。冷僻字与之相反，结构比较复杂，笔画一般在十画以上，难写难记。例如，《汉字应用水平测试字表·丙表》中字形极为复杂的爨（30）、鬣（25）、蠹（24）、齉（36）和鬟（23）五个字的平均笔画达到 26.7 画。冷僻字的这两个特点，实际上也是造成其使用频率偏低的主要原因。

要想扩大识字量，认识更多的非常用字乃至冷僻字，我们就得扩大自己的阅读量，在不断的阅读过程中顺便掌握更多汉字的音形义。另外，还要集中记熟一批非常用汉字。例如，我们可以熟记本章第三节《易考冷僻汉字字音表》、第三章第三节《容易写错结构的汉字表》和第四章第三节《不常用字的意义及用法表》中的汉字的字音。

七、避免因不谙规范而读错

在现代汉语普通话中，有些词有多种读音，且多种读音并不表示多个意义。这种词就是所谓的异读词，记录异读词（实际上是单音节异读语素）的汉字可以相应地称为异读字。例如，“指”曾有三种读音，在“指甲、指甲花”等词语中读“zhī”，在“指头、指头肚儿”等词语中读“zhí”，在其他词语中读“zhǐ”；“从”曾有两种读音，在“从容（不慌不忙）、时间很从（宽裕）”等词语中读“cōng”，在其他词语中读“cóng”。

产生异读的原因主要有三：一是文白异读。文读指书面语读音，白读指口语读音。有些异读是由文读音和白读音的共存造成的，例如，“凿”的文读音是“zuò”，白读音是“záo”。二是方音影响。如果普通话吸收有特色的方言词时将方音一并吸收，就会导致普通话读音和方言读音共存。例如，“揩油”一词来源于吴方言，其“揩”字曾有“kāi”和“kā”（方言读音）两种读音。三是背离规律。有些字音按语音发展规律应读某音，但又出现不合规律的特殊读法，以至两种读法共存，形成异读。例如，“帆”曾有“fān、fán”两种读音，其实，只有后一读音才合乎“平分阴阳”的语音发展规律，因为“帆”是古浊声母平声字。

大量异读现象的存在，不但会徒然增加学习的负担，而且会导致用语混乱，影响人们的交际活动。因此，有必要对异读词的读音加以规范。国家相关部门于 1985 年公布的《普通话异读词审音表》，正是关于异读词读音规范的法定标准，是我们规范异读字读音的主要依据。我们应当熟练掌握该字表（详见本章第三节），以避免因不谙规范而读错字音。

第二节 汉字字音训练

一、声旁不表音的形声字字音训练

1. 下列词语中加点字读音全都相同的一组是（ ）

A. 缉拿 辑录 修葺 开门揖盗

B. 逡巡 梭镖 唆使 怙恶不悛

C. 砧板 玷污 粘连 沾沾自喜

D. 诋毁 官邸 抵牾 中流砥柱

2. 下列词语中加点字读音全都不相同的一组是（ ）

A. 俊俏 捎带 讥诮 峭壁 悄然泪下

B. 寥落 悖谬 屠戮 蓼蓝 未雨绸缪

C. 黯然 窨井 幽暗 喑哑 不谙水性

D. 诽谤 绯红 徘徊 芳菲 妄自菲薄

3. 下列词语中加点字读音全都不相同的一组是（ ）

A. 纯粹 淬火 翠绿 鞠躬尽瘁 出类拔萃

B. 沮丧　　诅咒　　龃龉　　含英咀华　　减租减息
C. 抠搜　　讴歌　　怄气　　呕心沥血　　并驾齐驱
D. 茎叶　　径庭　　痉挛　　经年累月　　泾渭分明

4. 下列词语中加点字注音有误的一项是（　　）
A. 雎鸠（jū）　　炭疽（jū）　　樽俎（zǔ）　　狙击（zǔ）
B. 琦行（qí）　　畸形（jī）　　绮丽（qǐ）　　涟漪（yī）
C. 呐喊（nà）　　木讷（nè）　　纳闷（nà）　　凿枘（ruì）
D. 谦虚（qiān）　　歉收（qiàn）　　嫌弃（xián）　　赚头（zhuàn）

5. 下列词语中加点字读音全都不相同的一组是（　　）
A. 佝偻　　枸杞　　拘役　　白驹过隙　　蝇营狗苟
B. 端详　　揣测　　湍急　　苟延残喘　　惴惴不安
C. 估价　　枯槁　　训诂　　怙恶不悛　　沽名钓誉
D. 嗔怪　　谨慎　　瞋视　　文思缜密　　镇定自若

6. 下列词语中加点字注音有误的一组是（　　）
A. 牛虻（méng）　　群氓（méng）　　魍魉（wǎng）　　罔替（wǎng）
B. 草菅人命（jiān）　　绾结（wǎn）　　堂倌（guān）　　管理（guǎn）
C. 枢纽（shū）　　老妪（yù）　　沤肥（òu）　　伛偻（gōu）
D. 慑服（shè）　　蹑手蹑脚（niè）　　镊子（niè）　　嗫嚅（niè）

7. 下列词语中加点字读音全都不相同的一组是（　　）
A. 点缀　辍笔　啜泣　拾掇　　B. 绷脸　蹦跳　鲲鹏　绷带
C. 作坊　愧怍　柞蚕　昨天　　D. 蹉跎　磋商　嗟叹　参差

8. 下列词语中加点字读音全都相同的一组是（　　）
A. 蹭蹬　瞪眼　马镫　凳子　　B. 杂碎　卒中　猝死　憔悴
C. 竹竿　旗杆　干支　麦秆　　D. 老媪　日晕　氤氲　愠色

9. 下列词语中加点字读音全都不相同的一组是（　　）
A. 亵渎　　句读　　买椟还珠　　舐犊情深
B. 请求　　倩影　　精疲力尽　　画龙点睛
C. 银行　　痕迹　　一望无垠　　根深蒂固
D. 机缘　　篆书　　不容置喙　　管窥蠡测

10. 找出下列各题中注音错误的一项。
（1）A. 砾（lè）　B. 稗（bài）　C. 愤（fèn）　D. 阆（làng）　（　　）
（2）A. 牦（máo）　B. 懑（mèn）　C. 牝（pìn）　D. 纰（pī）　（　　）
（3）A. 浜（bāng）　B. 胼（bìng）　C. 锚（máo）　D. 萌（méng）　（　　）
（4）A. 讣（fù）　B. 陟（zhì）　C. 傩（tān）　D. 稔（rěn）　（　　）
（5）A. 缫（sāo）　B. 呶（náo）　C. 啮（niè）　D. 谑（nüè）　（　　）
（6）A. 畸（qí）　B. 擘（bò）　C. 绽（zhàn）　D. 圳（zhèn）　（　　）
（7）A. 觊（qǐ）　B. 侪（chái）　C. 蟠（pán）　D. 斛（hú）　（　　）
（8）A. 皈（guī）　B. 菁（qīng）　C. 俳（pái）　D. 狙（jū）　（　　）
（9）A. 蚌（bàng）　B. 伛（yǔ）　C. 赁（rèn）　D. 埠（bù）　（　　）
（10）A. 妁（shuò）　B. 霰（xiàn）　C. 瞰（kàn）　D. 讦（jiān）　（　　）

(11) A. 嗥（gāo）　B. 聒（guō）　C. 犒（kào）　D. 跖（zhí）　(　　)

(12) A. 葸（sī）　B. 鹄（hú）　C. 恪（kè）　D. 峙（zhì）　(　　)

(13) A. 粳（jīng）　B. 蕈（qín）　C. 芎（xiōng）　D. 瞠（chēng）　(　　)

(14) A. 怙（hù）　B. 涸（hé）　C. 虻（máng）　D. 崴（wǎi）　(　　)

(15) A. 绾（wǎn）　B. 喟（kuì）　C. 觥（gōng）　D. 莅（wèi）　(　　)

(16) A. 岿（guī）　B. 哂（shěn）　C. 阄（jiū）　D. 鲧（gǔn）　(　　)

(17) A. 跬（guǐ）　B. 箴（zhēn）　C. 踝（huái）　D. 酵（jiào）　(　　)

(18) A. 赅（gāi）　B. 酗（xiōng）　C. 颏（kē）　D. 荨（qián）　(　　)

(19) A. 偈（jì）　B. 愆（qiān）　C. 枵（háo）　D. 盎（àng）　(　　)

(20) A. 诟（gòu）　B. 拽（zhuài）　C. 隘（ài）　D. 岌（jí）　(　　)

(21) A. 黠（xié）　B. 谙（ān）　C. 佝（gōu）　D. 筱（xiǎo）　(　　)

(22) A. 踽（yǔ）　B. 坳（ào）　C. 栉（zhì）　D. 悭（qiān）　(　　)

(23) A. 鳜（guì）　B. 擢（zhái）　C. 诨（hùn）　D. 鲶（nián）　(　　)

(24) A. 趼（jiǎn）　B. 踅（xué）　C. 舸（kě）　D. 垫（diàn）　(　　)

(25) A. 瘁（cuì）　B. 淖（nào）　C. 绔（kù）　D. 髂（kè）　(　　)

二、形近字字音训练

1. 给下列各组形近字注音。

偈（　　）	籁（　　）	稷（　　）	舔（　　）	揠（　　）
谒（　　）	簌（　　）	谡（　　）	舐（　　）	堰（　　）
醮（　　）	褫（　　）	筱（　　）	苓（　　）	豢（　　）
蘸（　　）	搋（　　）	莜（　　）	芩（　　）	拳（　　）
缴（　　）	诀（　　）	皴（　　）	蛊（　　）	殄（　　）
檄（　　）	袂（　　）	皲（　　）	盅（　　）	珍（　　）

2. 下列词语中加点字读音全都相同的一组是（　　）

A. 匮乏　振聋发聩　溃不成军　功亏一篑

B. 揪心　愀然不悦　一颗楸树　一把铁锹

C. 蠕动　相濡以沫　生性懦弱　孺子可教

D. 寒暄　喧宾夺主　煊赫一时　大肆渲染

3. 下列词语中加点字读音全都不相同的一组是（　　）

A. 纤维　歼灭　见异思迁　阡陌纵横

B. 笨拙　茁壮　相形见绌　咄咄逼人

C. 哄抬　烘托　供不应求　众星拱月

D. 菁华　靓妆　技艺精湛　晴天霹雳

4. 下列词语中加点字读音全都相同的一组是（　　）

A. 拮据　秸秆　反诘　仓颉造字

B. 籍贯　学籍　慰藉　杯盘狼藉

C. 糟蹋　卧榻　邋遢　死心塌地

D. 逍遥　硝烟　宵禁　形销骨立

5. 下列词语中加点字注音有误的一组是（　　）

A. 裨将（pí）　睥睨（pì）　纵横捭阖（bǎi）　稗官野史（bài）
B. 估计（gū）　训诂（gǔ）　怙恶不悛（hù）　待价而沽（gū）
C. 诰封（gào）　桎梏（kù）　烟波浩渺（hào）　皓首穷经（hào）
D. 敕封（chì）　赧颜（nǎn）　百无聊赖（lài）　十恶不赦（shè）

6. 下列词语中加点字注音有误的一组是（　　）
A. 盘诘（jié）　轶事（yì）　佶屈聱牙（jié）　卷帙浩繁（zhì）
B. 缉拿（jī）　辑录（jí）　璞玉浑金（hún）　插科打诨（hùn）
C. 粳稻（jīng）　盘桓（huán）　属垣有耳（yuán）　心肌梗塞（gěng）
D. 讪笑（shàn）　籼稻（xiān）　心余力绌（chù）　心劳日拙（zhuō）

7. 下列词语中加点字注音有误的一组是（　　）
A. 女娲（wā）　涡流（wō）　桅灯（wéi）　栀子（zhī）
B. 颔首（hàn）　上颌（hé）　歇晌（shǎng）　薪饷（xiǎng）
C. 碛砾（qì）　汗渍（zì）　怯场（qiè）　祛病（qù）
D. 抬杠（gàng）　内讧（hòng）　缟衣（gǎo）　犒赏（kào）

8. 下列词语中加点字注音有误的一组是（　　）
A. 讣文（fù）　畦灌（qí）　前仆后继（pù）　睢然能视（suī）
B. 皈依（guī）　贩运（fàn）　向隅而泣（yú）　无独有偶（ǒu）
C. 冻馁（něi）　绥靖（suí）　伤亡殆尽（dài）　甘之如饴（yí）
D. 偌大（ruò）　撺掇（duō）　勤而不辍（chuò）　轻诺寡信（nuò）

9. 下列词语中加点字注音有误的一组是（　　）
A. 眼睑（jiǎn）　殡殓（liàn）　蜜饯（jiàn）　栈桥（zhàn）
B. 谨饬（chì）　伤疤（shāng）　吾侪（chái）　跻身（jī）
C. 关隘（ài）　谥号（shì）　鸡肋（lèi）　裹胁（xié）
D. 拆迁（chāi）　金柝（tuò）　骋目（chěng）　竞聘（pìng）

三、多音字字音训练

（一）给下列词语的加点字注音

1. 堡｛堡垒（　　）　瓦窑堡（　　）　十里堡（　　）
2. 累｛累赘（　　）　连篇累牍（　　）　劳累（　　）
3. 炮｛炮花生（　　）　如法炮制（　　）　火炮（　　）
4. 拗｛违拗（　　）　执拗（　　）
5. 馏｛干馏（　　）　馏饭（　　）
6. 偻｛佝偻（　　）　伛偻（　　）
7. 露｛出头露面（　　）　原形毕露（　　）
8. 臂｛手臂（　　）　胳臂（　　）
9. 绿｛绿林好汉（　　）　桃红柳绿（　　）
10. 便｛便宜行事（　　）　价格便宜（　　）
11. 捋｛捋胡子（　　）　捋袖子（　　）
12. 骠｛黄骠马（　　）　骠勇（　　）
13. 禅｛参禅（　　）　禅让（　　）
14. 泯｛流泯（　　）　愚泯（　　）
15. 场｛场合（　　）　场院（　　）

16. 蒙　蒙骗（　）蒙昧（　）蒙文（　）

17. 朴　朴刀（　）朴硝（　）俭朴（　）

18. 单　单独（　）单于（　）单县（　）

19. 车　闭门造车（　）丢卒保车（　）

20. 澄　澄清问题（　）澄清浑水（　）

21. 匙　汤匙（　）钥匙（　）

22. 靡　侈靡（　）萎靡（　）

23. 拧　拧手巾（　）拧瓶盖（　）

24. 疟　疟疾（　）发疟子（　）

25. 迫　迫击炮（　）迫不及待（　）

26. 胖　心广体胖（　）肥胖（　）

27. 撮　一撮儿盐（　）一撮毛（　）

28. 当　螳臂当车（　）安步当车（　）

29. 囤　粮囤（　）囤粮（　）

30. 坊　书坊（　）磨坊（　）

31. 荨　荨麻（　）荨麻疹（　）

32. 芥　芥蓝（　）芥菜（　）

33. 杆　旗杆（　）枪杆（　）

34. 煞　煞尾（　）煞费苦心（　）

35. 颈　脖颈（　）颈椎（　）

36. 杉　杉木（　）水杉（　）

37. 估　估量（　）估衣（　）

38. 识　见多识广（　）博闻强识（　）

39. 哈　哈密瓜（　）哈巴狗（　）

40. 熟　饭熟了（　）熟菜（　）

41. 属　属性（　）属意（　）

42. 遂　诸事不遂（　）毛遂自荐（　）

43. 帖　熨帖（　）庚帖（　）碑帖（　）

44. 行　欺行霸市（　）树行子（　）道行（　）

45. 嚼　味同嚼蜡（　）倒(dǎo)嚼（　）咀嚼（　）

46. 血　一针见血（　）茹毛饮血（　）

47. 艾　方兴未艾（　）自怨自艾（　）

48. 轴　群轻折轴（　）压轴戏（　）

49. 劲　干劲（　）强劲（　）

50. 涨　水涨船高（　）头昏脑涨（　）

51. 晕　头晕目眩（　）晕车（　）

（二）在下列各题中找出加点字注音错误的一项

1. A. 缉边（jí）　B. 簸箕（bò）　C. 提防（dī）　D. 暴虎冯河（píng）　（　）
2. A. 稽首（jī）　B. 句读（dòu）　C. 佛戾（fú）　D. 前仆后继（pū）　（　）
3. A. 雀子（qiāo）　B. 亲家（qìn）　C. 汤汤（shāng）　D. 脖颈（gěng）　（　）
4. A. 奇零（jī）　B. 踏实（tā）　C. 拮据（jù）　D. 力能扛鼎（gāng）　（　）
5. A. 勾当（gòu）　B. 纶巾（guān）　C. 上声（shǎng）　D. 鞭鞘（qiào）　（　）
6. A. 浮沤（òu）　B. 可汗（kè）　C. 圩市（xū）　D. 引吭高歌（háng）　（　）
7. A. 脉脉（mò）　B. 莳萝（shí）　C. 舌苔（tāi）　D. 拾级而上（shí）　（　）
8. A. 炮烙（luò）　B. 胡同（dòng）　C. 埋怨（mán）　D. 殷殷其雷（yǐn）　（　）
9. A. 扁舟（piān）　B. 叶韵（xié）　C. 症结（zhèng）　D. 迫击炮（pǎi）　（　）
10. A. 悄悄（qiāo）　B. 蹊跷（qī）　C. 殷红（yān）　D. 心广体胖（pàng）　（　）

（三）在下列各题中，找出句子中加点字注音正确的一项

1. 在雨后的阳光下，平静的江面笼（　　）罩着一层蒙蒙的薄（　　）雾。

A. lǒng　bó　B. lǒng　báo　C. lóng　bó　D. lóng　báo

2. 远处传来隆隆的响声，好像闷（　　）雷滚动；江面依旧风号（　　）浪吼。

A. mèn　háo　　B. mèn　hào　　C. mēn　háo　　D. mēn　hào

3. 江水已经涨（　　）了两丈来高。浓密的绿叶不留一点儿缝（　　）隙。

A. zhǎng　féng　　B. zhǎng　fèng　　C. zhàng　féng　　D. zhàng　fèng

4. 真是一株大树，枝干（　　）的数目不可计数（　　）。

A. gān　shǔ　　B. gān　shù　　C. gàn　shǔ　　D. gàn　shù

5. 这头大狮子跟庙门前的石头狮子一模（　　）一样。那匹马变模（　　）糊了。

A. mó　mú　　B. mó　mó　　C. mú　mú　　D. mú　mó

6. 叶尖一顺儿朝下，在墙上铺（　　）得均匀，不留空（　　）隙。

A. pū　kòng　　B. pū　kōng　　C. pù　kòng　　D. pù　kōng

7. 爬山虎的脚没触着（　　）墙，不几天就萎了。养鹅等于养狗，它也能看（　　）守门户。

A. zhe　kān　　B. zhe　kàn　　C. zháo　kān　　D. zháo　kàn

8. 蟋蟀用前足朝（　　）外面扒（　　）土，还用钳子搬掉较大的土块。

A. cháo　pá　　B. cháo　bā　　C. zhāo　pá　　D. zhāo　bā

9. 鹅的吃相（　　）高傲，音调严肃郑重，似（　　）厉声呵斥。

A. xiāng　sì　　B. xiāng　shì　　C. xiàng　sì　　D. xiàng　shì

10. 鹅的步调从容，大模大样的，颇像京剧里刚出场的净角（　　）似（　　）的。

A. jiǎo　sì　　B. jiǎo　shì　　C. jué　sì　　D. jué　shì

11. 这只白公鹅理当（　　）荣膺海军上将（　　）衔了。

A. dāng　jiàng　　B. dāng　jiāng　　C. dàng　jiàng　　D. dàng　jiāng

12. 白公鹅踏（　　）着方步，昂首大叫，似乎责备人们供（　　）养不周。

A. tà　gōng　　B. tà　gòng　　C. tā　gōng　　D. tā　gòng

13. 它率（　　）领一伙公鹅横成一排，直奔（　　）鱼竿，赖在那里不走。

A. shuài　bèn　　B. shuài　bēn　　C. lǜ　bèn　　D. lǜ　bēn

14. 它径直把鱼饵咽（　　）进了肚里，干这种勾当（　　）它从不偷偷摸摸。

A. yè　dàng　　B. yè　dāng　　C. yàn　dàng　　D. yàn　dāng

15. 小猫屏（　　）息凝视，非把老鼠等出来不可。它所过之处，枝折（　　）花落。

A. píng　zhé　　B. píng　shé　　C. bǐng　zhé　　D. bǐng　shé

16. 一根鸡毛，一个线团，都是它的（　　）好玩具，要个没完没了（　　）。

A. de　liǎo　　B. de　le　　C. dì　liǎo　　D. dì　le

17. 它的白毛像雪似的，中间夹（　　）着数块黑白相间（　　）的细毛。

A. jiā　jiàn　　B. jiā　jiān　　C. jiá　jiàn　　D. jiá　jiān

18. 更可恶（　　）的是遇到另一只母鸡时，它会下毒手，咬下一撮（　　）儿毛来。

A. wù　cuō　　B. wù　zuǒ　　C. è　cuō　　D. è　zuǒ

19. 它下蛋时差（　　）不多是发了狂。打仗时城台之间可以互相呼应（　　）。

A. chā　yìng　　B. chā　yīng　　C. chà　yìng　　D. chà　yīng

20. 多少劳动人民的血（　　）汗和智慧，才凝结成万里长城。游船、画舫在湖面慢慢地滑过，几（　　）乎不留一点儿痕迹。

A. xiě　jǐ　　B. xiě　jī　　C. xuè　jǐ　　D. xuè　jī

21. 武士俑体格健壮，体型匀称（ ）；将军俑身材魁梧，头戴鹖冠（ ）。
A. chèn guān B. chèn guàn C. chēng guān D. chēng guàn

22. 它生动地再现了秦军雄兵百万、战车千乘（ ）的宏伟气势。好像一声令下，就会撒（ ）开四蹄，腾空而起，踏上征程。
A. shèng sā B. shèng sǎ C. chéng sā D. chéng sǎ

23. 渭城朝（ ）雨浥轻尘，客舍（ ）青青柳色新。
A. zhāo shě B. zhāo shè C. cháo shě D. cháo shè

24. 看不出他是教几（ ）何的，倒像《新儿女英雄传（ ）》里的“黑老蔡”。
A. jī zhuàn B. jī chuán C. jǐ zhuàn D. jǐ chuán

25. 血脉（ ）亲情，如同生命的火种，必将（ ）一代一代传下去。
A. mò jiàng B. mò jiāng C. mài jiàng D. mài jiāng

26. 给（ ）予是令人快乐的。给（ ），永远比拿愉快。
A. jǐ gěi B. jǐ jǐ C. gěi gěi D. gěi jǐ

27. 一个星期天，周恩来背（ ）着大伯（ ），偷偷地闯进了租借地。
A. bèi bó B. bèi bǎi C. bē bó D. bēi bǎi

28. 周恩来铿锵有力的话语，博得（ ）了魏校长的喝（ ）彩。
A. dé hē B. dé hè C. děi hē D. děi hè

29. 我一时语塞（ ），没有说话。盛年不重（ ）来，一日难再晨。
A. sāi chóng B. sāi zhòng C. sè chóng D. sè zhòng

30. 莫以善小而不为（ ），莫以恶（ ）小而为之。
A. wèi wù B. wèi è C. wéi wù D. wéi è

四、生僻姓氏用字字音训练

（一）在下列各题中找出姓氏用字注音错误的一项

1. A. 濮（pǔ） B. 晁（cháo） C. 岐（qí） D. 谯（qiáo） （ ）
2. A. 褚（zhě） B. 罡（gāng） C. 阮（ruǎn） D. 芮（ruì） （ ）
3. A. 郝（hǎo） B. 嵇（jì） C. 扈（hù） D. 佟（tóng） （ ）
4. A. 冼（xiǎn） B. 靳（jìn） C. 筱（yōu） D. 邝（kuàng） （ ）
5. A. 忻（xīn） B. 闵（mǐn） C. 胥（xū） D. 邳（pǐ） （ ）
6. A. 郓（yùn） B. 臧（zāng） C. 竺（zhú） D. 那（nà） （ ）

（二）给下列姓氏用字注音

1. 柏（ ）	2. 卜（ ）	3. 种（ ）	4. 仇（ ）	5. 曲（ ）
6. 过（ ）	7. 单（ ）	8. 冼（ ）	9. 相（ ）	10. 纪（ ）
11. 颉（ ）	12. 解（ ）	13. 令狐（ ）	14. 缪（ ）	15. 万俟（ ）
16. 牟（ ）	17. 应（ ）	18. 尉迟（ ）	19. 蔚（ ）	20. 宁（ ）
21. 区（ ）	22. 朴（ ）	23. 查（ ）	24. 莆（ ）	25. 訾（ ）

五、生僻地名用字字音训练

（一）在下列各题中找出地名用字注音错误的一项

1. A. 北碚（péi） B. 郫（pí）县 C. 鄱（pó）阳 D. 莆（pú）田 （ ）

2. A. 茌（shì）平 B. 濮（pú）阳 C. 亳（bó）州 D. 岐（qí）山 （ ）
3. A. 郴（chēn）州 B. 邛（gōng）崃 C. 漾濞（bì） D. 綦（qí）江 （ ）
4. A. 儋（dān）州 B. 砀（dàng）山 C. 临朐（jū） D. 临汾（fén） （ ）
5. A. 芮（ruì）城 B. 芝罘（fú） C. 涪（fú）陵 D. 嵊（chéng）泗（ ）
6. A. 歙（xī）县 B. 贡嘎（gá） C. 如皋（gāo） D. 藁（gǎo）城 （ ）
7. A. 邗（gàn）江 B. 郯（tán）城 C. 临洮（táo） D. 珙（gǒng）县（ ）
8. A. 长汀（tīng） B. 珲（huī）春 C. 隰（xí）县 D. 汶（wèn）川 （ ）
9. A. 伽（jiā）师 B. 忻（xīn）州 C. 猇（hǔ）亭 D. 井陉（xíng） （ ）
10. A. 郏（jiá）县 B. 莒（jǔ）南 C. 鄄（juàn）城 D. 岫（yòu）岩 （ ）
11. A. 丽（lì）水 B. 琅琊（yá） C. 盱（xū）眙 D. 兖（yǎn）州 （ ）
12. A. 临猗（qí） B. 六（lù）安 C. 邙（máng）山 D. 黟（yī）县 （ ）
13. A. 华蓥（yíng） B. 鄞（qín）县 C. 邳（pī）州 D. 郧（yún）县 （ ）
14. A. 邕(yōng)宁 B. 郓（yùn）城 C. 枞（cóng）阳 D. 番（pān）禺 （ ）
15. A. 渑(miǎn)池 B. 黄陂（pí） C. 郾（yǎn）城 D. 堡（bǎo）镇 （ ）

（二）给下列地名中的加点字注音

1. 山西省柞（ ）水县
2. 河北省蔚（ ）县
3. 河南省中牟（ ）县
4. 云南省牟（ ）定县
5. 新疆尉（ ）犁县
6. 山东漯（ ）河（水名）
7. 河南省漯（ ）河市
8. 黑龙江省穆棱（ ）市
9. 江西省铅（ ）山县
10. 浙江省会（ ）稽山
11. 四川省筠（ ）连县
12. 河南省浚（ ）县
13. 四川省荥（ ）经县
14. 河南省荥（ ）阳市
15. 福建省闽侯（ ）县
16. 山西省侯（ ）马市
17. 山东省济（ ）宁市
18. 广东省东莞（ ）市
19. 浙江省台（ ）州市
20. 安徽省蚌（ ）埠市
21. 河南省泌（ ）阳县
22. 四川省犍（ ）为县
23. 广西贵港市覃（ ）塘区
24. 河北省任（ ）丘市
25. 山东省单（ ）县
26. 山西省繁峙（ ）县
27. 河北省大（ ）城县
28. 山东省东阿（ ）县
29. 四川省阆（ ）中市
30. 湖南省耒（ ）阳市

六、冷僻字字音训练

找出下列各题中加点字注音错误的一项

1. A. 鸱（dǐ）鸮 B. 眍（kōu）瞜 C. 老鸨（bǎo） D. 旱魃（bá） （ ）
2. A. 蒯（péng）草 B. 羸（léi）顿 C. 锛（bēn）子 D. 倥（kōng）侗 （ ）
3. A. 荸（bí）荠 B. 醪（liáo）糟 C. 箅（bì）子 D. 髡（kūn）首 （ ）
4. A. 羼（chàn）杂 B. 嫘（léi）祖 C. 安瓿（bèi） D. 虎贲（bēn） （ ）
5. A. 倥（kǒng）偬 B. 酹（lèi）祝 C. 魑（chī）魅 D. 岔詈（lí） （ ）
6. A. 踟（zhī）蹰 B. 蓼（liǎo）蓝 C. 蚩（chī）尤 D. 乜（miē）斜 （ ）
7. A. 憷（chǔ）场 B. 老衲（nà） C. 搋（chuāi）子 D. 镍（niè）币 （ ）

8. A. 囊膪（chuài）　B. 鼻衄（niǔ）　C. 辏（còu）集　D. 傩（nuó）戏　（　）

9. A. 腠（còu）理　B. 熊罴（pí）　C. 苤（pǐ）蓝　D. 皴（cūn）法　（　）

10. A. 褡（dā）裢　B. 笸（pǒ）箩　C. 鞑（dá）靼　D. 棣（lì）棠　（　）

11. A. 劁（jiāo）猪　B. 耆（qí）老　C. 蕲（qí）求　D. 黄芪（qí）　（　）

12. A. 愆（yǎn）尤　B. 耄耋（dié）　C. 戗（qiāng）风　D. 堞（dié）墙　（　）

13. A. 怨怼（duì）　B. 鞑靼（dàn）　C. 菡萏（dàn）　D. 白垩（è）　（　）

14. A. 胡吣（qìn）　B. 谯（qiáo）楼　C. 怫（fèi）然　D. 涸辙之鲋（fù）　（　）

15. A. 乙炔（quē）　B. 戗（qiàng）面　C. 坩（gān）埚　D. 鬈（juǎn）发　（　）

16. A. 绀（gān）青　B. 榷（què）税　C. 猞（shē）猁　D. 葳蕤（ruí）　（　）

17. A. 芟（yì）秋　B. 罡（gāng）风　C. 儒艮（gèn）　D. 疳（gān）积　（　）

18. A. 畲（shē）族　B. 辊（kūn）轴　C. 饸（hé）饹　D. 骨鲠（gěng）在喉　（　）

19. A. 肱（gōng）股　B. 瘆（shèn）人　C. 门闩（shān）　D. 绗（háng）被子　（　）

20. A. 夏鲧（gǔn）　B. 玉米糁（shēn）　C. 馃（guǒ）子　D. 螫（zhē）针　（　）

21. A. 趿（jí）拉　B. 棺椁（guǒ）　C. 舞殳（shū）　D. 跆（tái）拳道　（　）

22. A. 暹（tà）罗　B. 阿訇（hōng）　C. 崔嵬（wéi）　D. 朱鹮（huán）　（　）

23. A. 山魈（xiāo）　B. 风戽（dǒu）　C. 修篁（huáng）　D. 割刈（yì）　（　）

24. A. 劐（huō）开　B. 黑魆魆（xū）　C. 吹埙（yún）　D. 麂（jǐ）皮　（　）

25. A. 胡笳（jiā）　B. 窨（xūn）茶叶　C. 蒹葭（jiā）　D. 糖饧（yáng）了　（　）

26. A. 戛（gá）击　B. 岬（jiǎ）角　C. 羯（jié）羊　D. 熠（yì）熠生辉　（　）

27. A. 窨（àn）井　B. 耩（jiǎng）地　C. 旖（yǐ）旎　D. 糨（jiàng）糊　（　）

28. A. 睾（gāo）丸　B. 氍毹（yú）　C. 鳏（guān）夫　D. 喷嚏（tì）　（　）

29. A. 邕（yōng）剧　B. 藠（jiào）头　C. 狺（xìn）狺　D. 鼋（yuán）鱼　（　）

30. A. 打醮（jiào）　B. 柘（zhè）木　C. 堇（jǐn）菜　D. 胼手胝（dǐ）足　（　）

31. A. 仓颉（xié）　B. 饥馑（jǐn）　C. 帝祚（zuò）　D. 鸢（yuān）飞鱼跃　（　）

32. A. 抓鬏（qiū）　B. 祯（zhēn）祥　C. 颛（zhuān）顼　D. 朱槿（jǐn）　（　）

33. A. 朝觐（jìn）　B. 靛颏（hé）　C. 愧怍（zuò）　D. 鸩（zhèn）毒　（　）

34. A. 踯（zhí）躅　B. 缙（jìn）绅　C. 何啻（dì）　D. 蓬荜（bì）增辉　（　）

35. A. 倥偬（zǒng）　B. 校雠（chóu）　C. 安厝（cuò）　D. 舛（jié）驰　（　）

36. A. 针砭（biǎn）　B. 捭（bǎi）阖　C. 鳌（áo）山　D. 下巴颏（kē）　（　）

37. A. 考妣（pǐ）　B. 弁（biàn）言　C. 鏖（áo）战　D. 畀（bì）以重任　（　）

38. A. 巨擘（bò）　B. 裨（pí）益　C. 炳（bǐng）蔚　D. 桀骜（ào）不驯　（　）

39. A. 白醭（bú）　B. 凄恻（cè）　C. 裙钗（chā）　D. 侪（chái）辈　（　）

40. A. 伥（chāng）鬼　B. 坼（chè）裂　C. 寒碜（chen）　D. 抻（shēn）面　（　）

41. A. 歃（chà）血　B. 笞（chī）刑　C. 谶（chèn）语　D. 彳（chì）亍　（　）

42. A. 戥（xīng）子　B. 平籴（dí）　C. 镜奁（lián）　D. 禄蠹（dù）　（　）

43. A. 趸（dǔn）货　B. 拊（fù）膺　C. 缟（gǎo）素　D. 绵亘（gèn）　（　）

44. A. 媾（gòu）和　B. 轮毂（gǔ）　C. 饕（háo）餮　D. 雪里蕻（hóng）　（　）

45. A. 怙（hù）恃　B. 衮（gǔn）服　C. 薅（hāo）锄　D. 日晷（jiù）　（　）

46. A. 锦笺（qiān）　B. 潸（shān）然　C. 扶乩（jī）　D. 蹇（jiǎn）涩　（　）

47. A. 僭（qián）越　B. 篆籀（zhòu）　C. 齑（jī）粉　D. 令人发噱（jué）　（　）

48. A. 戡（kān）乱　B. 闾（lǚ）巷　C. 砥（dǐ）砺　D. 转捩（liè）点　(　　)

49. A. 畿（jī）辅　B. 兵燹（xiǎn）　C. 迎迓（yá）　D. 抵牾（wǔ）　(　　)

50. A. 懵（měng）懂　B. 蟊（máo）贼　C. 粮秣（mò）　D. 图穷匕见（jiàn）　(　　)

51. A. 饿殍（fú）　B. 肇（zhào）祸　C. 般若（rě）　D. 将（qiāng）进酒　(　　)

52. A. 于思（sī）　B. 茕（qióng）茕　C. 凿枘（ruì）　D. 苘（qǐng）麻　(　　)

53. A. 褫（chǐ）革　B. 落色（sè）　C. 屐（jī）履　D. 年高德劭（shào）　(　　)

54. A. 哂（shěn）纳　B. 蒜薹（tái）　C. 碑拓（tuò）　D. 牛溲（sōu）马勃　(　　)

55. A. 优渥（wò）　B. 叨（tāo）教　C. 盥（guàn）漱　D. 趟（tàng）地　(　　)

56. A. 畏葸（sāi）　B. 忤（wǔ）逆　C. 爻（yáo）辞　D. 龌（wò）龊　(　　)

57. A. 南（nán）无　B. 跣（xiǎn）足　C. 卓荦（luò）　D. 罅（xià）漏　(　　)

58. A. 飨（xiǎng）客　B. 勖（mào）勉　C. 沆瀣（xiè）　D. 懋（mào）典　(　　)

59. A. 睚（yá）眦　B. 消弭（mí）　C. 拱券（quàn）　D. 懿（yì）德　(　　)

60. A. 锱（zī）铢　B. 牝（pìn）牛　C. 诡谲（jué）　D. 锃（chěng）亮　(　　)

七、异读词字音训练

给各词语中的加点字注音

1. 暮霭（　　）　2. 关隘（　　）　3. 谙（　　）熟
4. 蚌（　　）埠　5. 尖嘴薄（　　）舌　6. 十里堡（　　）
7. 一曝（　　）十寒　8. 烘焙（　　）　9. 鄙（　　）视
10. 髀（　　）骨　11. 复辟（　　）　12. 裨（　　）益
13. 濒（　　）临　14. 漂泊（　　）　15. 湖泊（　　）
16. 锡箔（　　）　17. 颠簸（　　）　18. 哺（　　）育
19. 商埠（　　）　20. 宝藏（　　）　21. 差（　　）强人意
22. 从（　　）容　23. 阐（　　）明　24. 颤（　　）栗
25. 为虎作伥（　　）　26. 豆豉（　　）　27. 炽热（　　）
28. 铜臭（　　）　29. 储蓄（　　）　30. 家畜（　　）
31. 畜（　　）牧　32. 抽搐（　　）　33. 罢黜（　　）
34. 重创（　　）　35. 绰（　　）绰有余　36. 瑕疵（　　）
37. 伺（　　）机　38. 伺（　　）候　39. 傣（　　）族
40. 人头攒（　　）动　41. 档（　　）案　42. 堤（　　）坝
43. 提（　　）防　44. 的（　　）确　45. 订（　　）正
46. 拾掇（　　）　47. 度（　　）德量力　48. 梵（　　）文
49. 拂（　　）晓　50. 惊魂甫（　　）定　51. 束缚（　　）
52. 准噶（　　）尔　53. 亘（　　）古未有　54. 翻供（　　）
55. 禁锢（　　）　56. 聒（　　）噪　57. 沐猴而冠（　　）
58. 巷（　　）道　59. 褐（　　）色　60. 蛮横（　　）
61. 内讧（　　）　62. 脚踝（　　）　63. 浣（　　）洗
64. 教诲（　　）　65. 通缉（　　）　66. 垃圾（　　）
67. 汲（　　）水　68. 趿（　　）拉　69. 嫉（　　）妒
70. 脊（　　）梁　71. 节俭（　　）　72. 剿（　　）袭

第三节 汉字字音相关表格

一、部分声旁不表音的形声字字音比照表

说明：1. 本字表所收形声字按其声旁的汉语拼音音序排列；2. “等级”一列中标“/”者表示该字是汉字应用水平测试字表之外的字。

声旁	等级	读音	形声字	等级	读音	声旁	等级	读音	形声字	等级	读音
卑	甲	bēi	稗	乙	bài	号	甲	hào	枵	丙	xiāo
贲	丙	bēn	愤	甲	fèn	曷	丙	hé	偈	丙	jì
比	甲	bǐ	纰	丙	pī	后	甲	hòu	诟	诟	gòu
匕	甲	bǐ	牝	丙	pìn	及	甲	jí	趿	丙	tā
兵	甲	bīng	浜	/	bāng	吉	甲	jí	黠	乙	xiá
并	甲	bìng	骈	丙	pián	句	甲	jù	佝	乙	gōu
卜	甲	bǔ	讣	甲	fù	坚	甲	jiān	悭	丙	qiān
步	甲	bù	陟	丙	zhì	节	甲	jié	栉	丙	zhì
巢	甲	cháo	缫	丙	sāo	厥	乙	jué	鳜	乙	guì
齿	甲	chǐ	啮	丙	niè	军	甲	jūn	诨	丙	hùn
川	甲	chuān	圳	甲	zhèn	开	甲	kāi	趼	丙	jiǎn
定	甲	dìng	绽	甲	zhàn	可	甲	kě	舸	丙	gě
斗	甲	dòu	斛	丙	hú	客	甲	kè	髂	丙	qià
番	甲	fān	蟠	乙	pán	夸	甲	kuā	绔	乙	kù
反	甲	fǎn	皈	乙	guī	乐	甲	lè	砾	甲	lì
非	甲	fēi	俳	丙	pái	良	甲	liáng	阆	丙	làng
丰	甲	fēng	蚌	甲	bàng	满	甲	mǎn	懑	乙	mèn
阜	乙	fù	埠	甲	bù	毛	甲	máo	蚝	丙	háo
干	甲	gān	讦	丙	jié	苗	甲	miáo	锚	甲	máo
敢	甲	gǎn	瞰	甲	kàn	明	甲	míng	萌	甲	méng
皋	丙	gāo	嗥	丙	háo	难	甲	nán	傩	丙	nuó
高	甲	gāo	犒	乙	kào	念	甲	niàn	稔	丙	rěn
告	甲	gào	鹄	丙	hú	奴	甲	nú	呶	乙	náo
各	甲	gè	恪	乙	kè	虐	甲	nüè	谑	甲	xuè
更	甲	gèng	粳	乙	jīng	辟	甲	pì	擘	丙	bò
弓	甲	gōng	芎	丙	xiōng	奇	甲	qí	畸	甲	jī
古	甲	gǔ	怙	丙	hù	齐	甲	qí	侪	丙	chái
固	甲	gù	涸	乙	hé	岂	甲	qǐ	觊	乙	jì
官	甲	guān	绾	丙	wǎn	且	甲	qiě	狙	乙	jū
光	甲	guāng	觥	丙	gōng	青	甲	qīng	菁	丙	jīng
龟	甲	guī	阄	丙	jiū	区	甲	qū	伛	丙	yǔ
归	甲	guī	岿	乙	kuī	任	甲	rèn	赁	甲	lìn
圭	丙	guī	跬	丙	kuǐ	散	甲	sǎn	霰	丙	xiàn
果	甲	guǒ	踝	乙	huái	勺	甲	sháo	妁	丙	shuò
亥	甲	hài	赅	乙	gāi	舌	甲	shé	聒	丙	guō
			颏	丙	kē	石	甲	shí	跖	丙	zhí

续表

声旁	等级	读音	形声字	等级	读音	声旁	等级	读音	形声字	等级	读音
思	甲	sī	葸	丙	xǐ	衍	甲	yǎn	愆	丙	qiān
寺	甲	sì	峙	甲	zhì	央	甲	yāng	盎	甲	àng
覃	丙	tán	蕈	丙	xùn	曳	甲	yè	拽	甲	zhuài
堂	甲	táng	瞠	甲	chēng	益	甲	yì	隘	甲	ài
亡	甲	wáng	虻	乙	méng	音	甲	yīn	谙	丙	ān
威	甲	wēi	崴	乙	wǎi	攸	乙	yōu	筱	丙	xiǎo
胃	甲	wèi	喟	丙	kuì	幼	甲	yòu	坳	甲	ào
位	甲	wèi	莅	乙	lì	禹	甲	yǔ	踽	丙	jǔ
西	甲	xī	哂	丙	shěn	翟	甲	zhái	擢	丙	zhuó
系	甲	xì	鲧	丙	gǔn	占	甲	zhàn	鲇	乙	nián
咸	甲	xián	箴	乙	zhēn	折	甲	zhé	踅	丙	xué
孝	甲	xiào	酵	甲	jiào	执	甲	zhí	垫	甲	diàn
凶	甲	xiōng	酗	甲	xù	卓	甲	zhuó	淖	丙	nào
寻	甲	xún	荨	丙	qián	卒	甲	zú	瘁	丙	cuì

二、易错形近字字音比照表

说明：1. 表中各组形近字均按汉语拼音音序排列，整个字表又依各组形近字中的第一个字的汉语拼音音序排列；2. “等级”一列中标“/”者，表示该字为汉字应用水平测试字表之外的汉字。

汉字	等级	读音	例词	汉字	等级	读音	例词
隘谥缢	甲	ài	隘口，关隘，狭隘	饬伤	丙	chì	饬令，谨饬，整饬
	丙	shì	谥号		甲	shāng	伤疤，感伤，造谣中伤
	乙	yì	自缢	敕赧赦	乙	chì	敕令，敕封，敕书
捭稗裨睥	丙	bǎi	捭阖，纵横捭阖		丙	nǎn	赧然，赧颜，羞赧
	乙	bài	稗子，稗官野史		甲	shè	赦免，宽赦，十恶不赦
	乙	bì	裨益，无裨于事	绌拙	乙	chù	支绌，心余力绌
	丙	pí	裨将（副将）		甲	zhuō	弄巧成拙，心劳日拙
		pì	睥睨（斜眼看，高傲貌）	揣惴	甲	chuǎi	揣测，不揣冒昧
拆柝	甲	chāi	拆除，拆迁，拆台		甲	zhuì	惴栗，惴惴不安
	/	tuò	柝击，金柝	椽喙	甲	chuán	椽笔，椽子
侪跻	丙	chái	侪辈，同侪，吾侪		丙	huì	长喙，不容置喙
	丙	jī	跻身	辍掇	甲	chuò	辍笔，勤而不辍
忏歼扦	甲	chàn	忏悔，拜忏		乙	duō	掇拾，撺掇，掂掇
	甲	jiān	歼击，歼灭，围歼	绰悼淖棹	甲	chuò	绰号，阔绰，影影绰绰
	丙	qiān	扦插，竹扦，蜡扦		甲	dào	悼唁，哀悼，追悼
瞋缜	/	chēn	瞋目而视		丙	nào	淖尔，泥淖
	乙	zhěn	缜密		/	zhào	棹夫，棹郎，棹船
骋聘	甲	chěng	骋怀，骋目，驰骋	皴皲	丙	cūn	皴法，皴裂，皴手
	甲	pìn	聘礼，竞聘，招聘		丙	jūn	皲裂
褫搋	丙	chǐ	褫夺，褫革	殆饴	甲	dài	危殆，伤亡殆尽
	丙	chuāi	搋子，搋面		乙	yí	含饴弄孙，甘之如饴

续表 1

汉字	等级	读音	例词
贩皈	甲	fàn	贩运，摊贩，二道贩子
	乙	guī	皈依
讣仆	甲	fù	讣告，讣闻
	甲	pū	颠仆，前仆后继
杠讧	甲	gàng	杠铃，抬杠，敲竹杠
	乙	hòng	内讧
缟犒	丙	gǎo	缟素，缟衣
	乙	kào	犒劳，犒赏
诰梏皓	丙	gào	诰封，诰命
	乙	gù	桎梏
	甲	hào	皓首穷经，明眸皓齿
舸轲	丙	gě	百舸争流
	乙	kē	（一种古代的车），荆轲
梗粳	甲	gěng	梗概，桔梗，心肌梗死
	乙	jīng	粳稻，粳米
沽诂怙	甲	gū	沽名钓誉，待价而沽
	乙	gǔ	训诂，字诂
	丙	hù	怙恃，怙恶不悛
蛊盅	乙	gǔ	蛊惑
	甲	zhōng	盅子，酒盅，茶盅
颔颌	乙	hàn	颔联，颔首
	乙	hé	上颌，下颌
桓垣	乙	huán	盘桓
	乙	yuán	属垣有耳，断井颓垣
豢拳	丙	huàn	豢养
	甲	quán	拳击，握拳，摩拳擦掌
诨浑	丙	hùn	诨号，诨名，插科打诨
	甲	hún	浑噩，搅浑，璞玉浑金
缉辑	甲	jī	缉捕，缉拿，查缉
	甲	jí	辑录，剪辑，逻辑
犄绮	/	jī	犄角（棱角，角落）
	乙	qǐ	绮丽
佶诘	丙	jí	佶屈聱牙
	乙	jié	诘难，反诘，盘诘
偈谒	丙	jì	偈语（佛经唱词）
	甲	yè	谒见，参谒，拜谒
稷谡	丙	jì	社稷，黍稷
	丙	sù	谡谡苍松（挺拔貌）
睑殓	丙	jiǎn	眼睑
	丙	liàn	殡殓，入殓，装殓
饯栈	甲	jiàn	饯别，饯行，蜜饯
	甲	zhàn	栈道，栈桥，客栈
缴檄	甲	jiǎo	缴获，缴械，追缴
	丙	xí	檄书，檄文，传檄
醮蘸	丙	jiào	打醮，改醮，斋醮
	甲	zhàn	蘸火，蘸酱，蘸墨
鸠鸩	甲	jiū	鸠形鹄面，鹊巢鸠占
	丙	zhèn	宴安鸩毒，饮鸩止渴
揪愀楸	甲	jiū	揪痧，揪心，揪辫子
	丙	qiǎo	愀然不悦，愀然作色
	丙	qiū	楸树（一种落叶乔木）
狙俎	乙	jū	狙击
	丙	zǔ	越俎代庖，折冲樽俎
诀袂	甲	jué	诀别，秘诀，永诀
	乙	mèi	分袂，奋袂，联袂
浚悛逡	丙	jùn	疏浚，修浚
	丙	quān	怙恶不悛
	丙	qūn	逡巡（退让）
籁簌	乙	lài	天籁，万籁俱寂
	丙	sù	簌簌，扑簌
肋胁	甲	lèi	肋骨，鸡肋，两肋插刀
	甲	xié	胁迫，裹胁，胁肩谄笑
栗粟	甲	lì	不寒而栗，火中取栗
	甲	sù	菽粟，罂粟，沧海一粟
苓芩	甲	líng	茯苓
	乙	qín	黄芩
裸踝	甲	luǒ	裸露，裸眼，赤裸裸
	乙	huái	踝骨，脚踝，内踝
衲讷	丙	nà	老衲，百衲本，百衲衣
	甲	nè	口讷，木讷，讷言敏行
挠桡骁	甲	náo	抓耳挠腮，百折不挠
	/	ráo	桡骨，桡动脉
	乙	xiāo	骁将，骁骑，骁勇善战
馁绥	甲	něi	冻馁，气馁，自馁
	乙	suí	绥靖，绥宁县
黏粘	甲	nián	黏附，黏土，黏液
	甲	zhān	粘连，粘贴
诺偌	甲	nuò	轻诺寡信，唯唯诺诺
	乙	ruò	偌大
讴伛妪	甲	ōu	讴歌，讴吟，吴讴
	丙	yǔ	伛偻，伛着脊背
	丙	yù	老妪（老年妇女）
偶隅	甲	ǒu	偶尔，排偶，无独有偶
	甲	yú	负隅顽抗，向隅而泣

续表 2

汉字	等级	读音	例词	汉字	等级	读音	例词
畦眭	甲	qí	畦灌，菜畦，阳畦	殄珍	丙	tiǎn	暴殄天物
	/	suī	眭然能视，（作姓氏）		甲	zhēn	敝帚自珍，如数家珍
契挈	甲	qì	契合，田契，文契	娲涡	丙	wā	女娲
	丙	qiè	扶老挈幼，提纲挈领		甲	wō	涡流，漩涡，涡轮机
碛渍	/	qì	沙碛，碛砾	桅栀	甲	wéi	桅灯，桅顶，桅杆
	乙	zì	汗渍，污渍，油渍		丙	zhī	栀子
怯祛	甲	qiè	怯场，羞怯，怯声怯气	筱莜	丙	xiǎo	竹筱
	乙	qū	祛病，祛除，扶正祛邪		丙	yóu	莜麦（一种粮食作物）
讪籼	甲	shàn	讪讪，讪笑，搭讪	揠堰	丙	yà	揠苗助长
	丙	xiān	籼稻，籼米		甲	yàn	堤堰，塘堰，都江堰
晌饷	甲	shǎng	歇晌，晌午	冶治	甲	yě	冶金，陶冶，妖冶
	甲	xiǎng	饷银，军饷，薪饷		甲	zhì	治安，医治，励精图治
舐舔	乙	shì	舐痔，舐犊情深	轶帙	甲	yì	轶材，轶事，轶闻
	甲	tiǎn	舔舐，舔食		丙	zhì	卷帙浩繁，文籍三帙

三、易错多音字字音表

说明：1. 本字表所收多音字均按第一个读音进行音序排列；2. “例词”一列中，“口”加圆括号表示该读音为口语读音，“书”加圆括号表示该读音为书面语读音，“名”加圆括号表示该读音语素的语义为名物义，“动”加圆括号表示该读音语素的语义为动作义。

汉字	等级	读音	例词	汉字	等级	读音	例词
阿	甲	ā	阿飞，阿姨	秘	甲	bì	秘鲁
		ē	阿附，阿胶，刚正不阿			mì	秘密，秘诀，秘而不宣
拗	甲	ào	拗口，违拗	便	甲	biàn	便利，便宜行事
		niù	执拗，拗不过			pián	便宜
蚌	甲	bàng	蛤蚌	骠	丙	biāo	黄骠马
		bèng	蚌埠			piào	骠勇（勇猛）
剥	甲	bāo	（口）剥皮，剥花生	伯	甲	bó	伯父，伯仲，伯乐
		bō	（书）剥削（xuē）			bǎi	叔伯，大伯子（夫兄）
炮	甲	bāo	炮牛肉，炮花生	禅	甲	chán	禅师，参禅
		páo	炮炼，炮烙，如法炮制			shàn	禅让，封禅
		pào	炮兵，火炮，炮弹	场	甲	chǎng	场合，场馆，冷场
堡	甲	bǎo	碉堡，堡垒			cháng	场院，扬场，一场（雨）
		bǔ	瓦窑堡，吴堡	绰	甲	chāo	绰起一根木棍
		pù	十里堡			chuò	绰号，宽绰，绰约
曝	甲	bào	曝光	车	甲	chē	车马，闭门造车
		pù	曝露，曝晒，一曝十寒			jū	车马炮，丢卒保车
陂	丙	bēi	陂塘	澄	甲	chéng	澄澈，澄清（问题）
		pō	陂陀			dèng	澄一澄，澄清（使变清）
臂	甲	bì	手臂，臂膀，螳臂当车	匙	甲	chí	汤匙
		bei	胳臂			shi	钥匙

续表1

汉字	等级	读音	例词
冲	甲	chōng	冲锋，冲击
		chòng	冲床，冲子
臭	甲	chòu	遗臭万年
		xiù	乳臭，铜臭
创	甲	chuāng	创口，创伤
		chuàng	创作，创造
幢	甲	chuáng	经幢，持幢
		zhuàng	一幢楼房
撮	甲	cuō	撮合，撮要，一撮儿盐
		zuǒ	一撮毛
沓	乙	dá	沓子，一沓信纸
		tà	疲沓，拖沓，纷至沓来
单	甲	dān	单独，孤单
		chán	单于
		shàn	单县，单姓
当	甲	dāng	当心，螳臂当车
		dàng	典当，安步当车
度	甲	duó	忖度，揣度
		dù	程度，度量
囤	甲	dùn	（名）粮囤
		tún	（动）囤粮，囤积居奇
坊	甲	fāng	牌坊，街坊，书坊
		fáng	磨坊，染坊，作坊
服	甲	fú	服毒，服药
		fù	（量词）一服汤药
夹	甲	gā	夹肢窝
		jiā	画夹，夹克，夹生饭
		jiá	夹裤，夹袄
芥	甲	gài	芥蓝
		jiè	芥菜，芥末，草芥
杆	甲	gān	旗杆，栏杆（粗、长）
		gǎn	枪杆，秤杆（细、短）
葛	甲	gé	葛藤，瓜葛，纠葛
		gě	（姓氏）诸葛
给	甲	gěi	给以，给面子
		jǐ	给予，给养，自给自足
颈	甲	gěng	脖颈
		jǐng	颈项，颈椎，延颈企踵
估	甲	gū	估计，估量，评估
		gù	估衣（售卖的旧衣服）
骨	甲	gū	一骨碌，花骨朵
		gǔ	骨肉，骨干
冠	甲	guān	冠冕堂皇，怒发冲冠
		guàn	夺冠，弱冠，沐猴而冠
龟	甲	guī	乌龟
		jūn	龟裂
		qiū	龟兹（cí，古代西域国名）
哈	甲	hā	哈密瓜，点头哈腰
		hǎ	哈达，哈巴狗
汗	甲	hán	可（kè）汗，大汗
		hàn	汗水，汗颜，汗流浃背
吭	甲	háng	引吭高歌
		kēng	吭气，吭声
行	甲	háng	行辈，行家，欺行霸市
		hàng	树行子（小树林）
		héng	道行（人的涵养或本领）
		xíng	行程，德行，嘉言懿行
巷	甲	hàng	巷道
		xiàng	街巷，闾巷，巷战
和	甲	hé	和睦，和谐，鸾凤和鸣
		hè	应和，和诗，曲高和寡
		hú	和牌（麻将牌用语）
		huó	和面，和泥
		huò	和药，和稀泥
貉	乙	háo	（口）貉绒，貉子
		hé	（书）一丘之貉
虹	甲	hóng	（书）彩虹，气贯长虹
		jiàng	（口）出虹了
豁	甲	huō	豁口，豁嘴，豁出去
		huò	豁亮，豁达，豁然
缉	甲	jī	通缉，缉拿，缉毒
		qī	缉边儿
稽	甲	jī	稽查，滑稽，无稽之谈
		qǐ	稽首
藉	甲	jí	声名狼藉，杯盘狼藉
		jiè	枕藉，慰藉，蕴藉
济	甲	jǐ	人才济济，济济一堂
		jì	救济，共济
系	甲	jì	系鞋带，系红领巾
		xì	维系，系马，感慨系之
嚼	甲	jiáo	（口）嚼舌，味同嚼蜡
		jiào	倒（dǎo）嚼（反刍）
		jué	（书）咀嚼

续表 2

汉字	等级	读音	例词
角	甲	jiǎo	角落，口角（嘴角）
		jué	角色，口角（吵嘴）
解	甲	jiě	解除，解渴，解甲归田
		jiè	解元，解送，押解
		xiè	浑身解数，跑马卖解
劲	甲	jìn	干劲，使劲，劲头
		jìng	强劲，劲敌，疾风劲草
趄	乙	jū	趑（zī）趄（犹豫徘徊）
		qiè	趔趄
菌	甲	jūn	细菌，霉菌，杀菌
		jùn	菌子
壳	甲	ké	（口）贝壳，弹壳
		qiào	（书）地壳，金蝉脱壳
可	甲	kě	可恨，可以
		kè	可汗
落	甲	là	丢三落四
		lào	（口）落枕，落色
		luò	（书）落日，光明磊落
烙	甲	lào	烙印，烙铁，烙饼
		luò	炮（páo）烙（古代酷刑）
勒	甲	lè	（书）勒索，悬崖勒马
		lēi	（口）勒紧点儿
累	甲	léi	累赘，果实累累
		lěi	积累，连篇累牍
		lèi	劳累，受累
蠡	丙	lí	管窥蠡测
		lǐ	蠡县，范蠡
俩	甲	liǎ	（口）咱俩，俩人
		liǎng	伎俩
量	甲	liáng	丈量，计量，量杯
		liàng	量入为出，宽宏大量
馏	甲	liú	分馏，蒸馏，干馏
		liù	（口）馏饭，馏馒头
笼	甲	lóng	樊笼，笼屉，蒸笼
		lǒng	笼络，笼统，笼罩
偻	乙	lóu	佝偻
		lǚ	伛（yǔ）偻
露	甲	lòu	（口）泄露，出头露面
		lù	（书）露营，原形毕露
绿	甲	lù	（书）绿营，绿林好汉
		lǜ	（口）绿茶，桃红柳绿
捋	甲	lǚ	（口）捋直，捋胡子
		luō	捋树叶，捋袖子

汉字	等级	读音	例词
摩	甲	mā	摩挲（sā，轻按并移动）
		mó	摩擦，摩挲（suō，抚摸）
埋	甲	mái	埋伏，埋藏
		mán	埋怨
脉	甲	mài	脉络，山脉，来龙去脉
		mò	含情脉脉
蔓	甲	mán	蔓菁（一种草本植物）
		màn	蔓延，枝蔓，不蔓不枝
		wàn	（口）瓜蔓，藤蔓
氓	甲	máng	流氓
		méng	群氓，愚氓
蒙	甲	mēng	蒙骗，蒙头转向
		méng	蒙冤，蒙昧，启蒙
		měng	蒙文，蒙古族
眯	甲	mī	眯缝，笑眯眯
		mí	沙子眯了眼
靡	甲	mí	靡费，奢靡，侈靡
		mǐ	风靡，披靡，萎靡
模	甲	mó	模范，模仿，楷模
		mú	模具，模板，模样
娜	甲	nà	安娜（女性人名用字）
		nuó	袅娜，婀娜
拧	甲	níng	拧手巾
		nǐng	拧瓶盖，拧螺丝
疟	甲	nüè	（书）疟疾
		yào	（口）发疟子
迫	甲	pǎi	迫击炮
		pò	迫害，逼迫，迫不及待
胖	甲	pán	心广体胖
		pàng	肥胖
片	甲	piān	（口）照片儿
		piàn	芯片，影片，只言片语
撇	甲	piē	撇开，撇弃
		piě	撇嘴，左撇子
朴	甲	pō	朴刀
		pò	朴硝
		pǔ	俭朴，朴素
栖	甲	qī	栖身，栖止，两栖
		xī	栖栖（不安的样子）
蹊	乙	qī	蹊跷
		xī	鼠蹊，独辟蹊径
荨	丙	qián	（书）荨麻（草本植物）
		xún	（口）荨麻疹（皮肤病）

续表 3

汉字	等级	读音	例词
悄	甲	qiāo	悄悄话，静悄悄（叠用）
		qiǎo	（书）悄然，悄寂
翘	甲	qiáo	（书）翘楚，翘首以待
		qiào	（口）翘尾巴，翘辫子
亲	甲	qīn	亲近，亲笔，事必躬亲
		qìng	亲家
雀	甲	qiāo	（口）雀子（雀斑）
		què	雀斑，雀跃，门可罗雀
色	甲	sè	（书）色彩，色情
		shǎi	（口）色子，褪色
煞	甲	shā	煞尾，煞笔，煞车
		shà	煞白，凶煞，煞费苦心
杉	甲	shā	（口）杉篙，杉木
		shān	（书）冷杉，水杉
苫	甲	shān	（名）草苫子
		shàn	（动）苫布，苫背
折	甲	shé	折本，折秤，亏折
		zhē	折腾，折跟头
		zhé	折叠，折扣，摧眉折腰
什	甲	shén	什么
		shí	什物，什锦，家什
识	甲	shí	识别，识字，见多识广
		zhì	附识，款识，博闻强识
熟	甲	shóu	（口，单用）饭熟了
		shú	（书）熟悉，熟菜
属	甲	shǔ	属性，亲属
		zhǔ	属望，属意，属垣有耳
遂	甲	suí	半身不遂，诸事不遂
		suì	遂心，顺遂，毛遂自荐
苔	甲	tāi	（口）舌苔
		tái	（书）苔藓，青苔
帖	甲	tiē	妥帖，熨帖，俯首帖耳
		tiě	帖子，庚帖，请帖
		tiè	碑帖，字帖，临帖
瓦	甲	wǎ	瓦当，瓦特，添砖加瓦
		wà	瓦刀，瓦瓦（wǎ）
圩	丙	wéi	圩子，圩堤，圩田
		xū	圩市，赶圩
委	甲	wēi	虚与委蛇（yí）（周旋）
		wěi	委屈，穷源究委
尾	甲	wěi	尾巴，韵尾，彻头彻尾
		yǐ	（口）马尾串豆腐
乌	甲	wū	乌龟，乌鸦，爱屋及乌
		wù	乌拉草
削	甲	xiāo	（口）切削，刀削面
		xuē	（书）削发，削足适履
血	甲	xiě	（口）献血，一针见血
		xuè	（书）血压，茹毛饮血
吁	甲	xū	长吁短叹，气喘吁吁
		yū	（象形词，吆喝牲口）
		yù	呼吁，吁求，吁请
哑	甲	yā	哑哑（小儿学话声）
		yǎ	哑巴，哑铃，装聋作哑
轧	甲	yà	挤轧，倾轧，轧马路
		zhá	轧钢，轧辊
殷	甲	yān	殷红（黑红色）
		yīn	殷实，殷切，殷勤
		yǐn	殷殷其雷（雷声）
钥	甲	yào	（口）钥匙
		yuè	（书）锁钥
艾	甲	ài	艾草，方兴未艾
		yì	怨艾，自怨自艾
应	甲	yīng	应该，应届，罪有应得
		yìng	应酬，应验，得心应手
佣	甲	yōng	佣工，雇佣，帮佣
		yòng	佣金，佣钱
晕	甲	yūn	晕厥，头晕目眩
		yùn	晕车，晕船，月晕
择	甲	zé	择偶，抉择，饥不择食
		zhái	（口）择菜，择不开
扎	甲	zā	（口）包扎，结扎，
		zhā	扎实，扎啤，安营扎寨
		zhá	挣扎，马扎
涨	甲	zhǎng	涨价，暴涨，水涨船高
		zhàng	头昏脑涨（充血）
殖	甲	shi	骨殖（尸骨）
		zhí	殖民，繁殖，养殖
轴	甲	zhóu	轴承，车轴，群轻折轴
		zhòu	大轴子，压轴戏
作	甲	zuō	作坊，五行八作
		zuò	作弊，杰作，以身作则

四、易错姓氏用字字音表

说明：本字表所收姓氏用字按汉语拼音音序排列。

姓氏用字	等级	正确读音	错误读音	姓氏用字	等级	正确读音	错误读音
柏	甲	bǎi	bó	濮	丙	pú	pù
卜	甲	bǔ	bo	岐	乙	qí	zhī
晁	丙	cháo	yáo	谯	丙	qiáo	jiāo
种	甲	chóng	zhǒng	仇	甲	qiú	chóu
褚	丙	chǔ	zhě	曲	甲	qū	qǔ
都	甲	dū	dōu	任	甲	rén	rèn
罡	丙	gāng	gān	阮	甲	ruǎn	yuǎn
葛	甲	gě	gé	芮	丙	ruì	nèi
过	甲	guō	guò	单	甲	shàn	dān
郝	甲	hǎo	hè	佟	丙	tóng	dōng
扈	甲	hù	yì	洗	甲	xiǎn	xǐ
华	甲	huà	huá	冼	乙	xiǎn	xǐ
嵇	丙	jī	yóu	相	甲	xiāng	xiàng
纪	甲	jǐ	jì	筱	丙	xiǎo	yōu
靳	丙	jìn	jīn	颉	丙	xié	jié
邝	丙	kuàng	guǎng	解	甲	xiè	jiě
令狐	甲	líng	lìng	忻	丙	xīn	jīn
缪	丙	miào	miù	胥	丙	xū	xù
闵	丙	mǐn	wén	燕	甲	yān	yàn
万俟	甲	mò qí	wàn sì	应	甲	yīng	yìng
牟	甲	móu	mù	尉迟	甲	yù	wèi
那	甲	nā	nà	蔚	甲	yù	wèi
宁	甲	níng	nìng	郓	丙	yùn	jūn
区	甲	ōu	qū	臧	甲	zāng	cáng
邳	丙	pī	pēi	查	甲	zhā	chá
朴	甲	piáo	pǔ	竺	甲	zhú	zhòu
莆	丙	pú	bú	訾	丙	zī	zǐ

五、易错地名用字字音表

说明：本字表所收地名用字按汉语拼音音序排列。

汉字	等级	正确读音	错误读音	地名	汉字	等级	正确读音	错误读音	地名
碚	丙	bèi	péi	重庆市北碚区	噶	丙	gá	gě	西藏噶尔县、贡嘎县等
蚌	甲	bèng	bàng	安徽省蚌埠市	皋	丙	gāo	áo	江苏省如皋市
泌	甲	bì	mì	河南省泌阳县	藁	丙	gǎo	hāo	河北省藁城市
濞	丙	bì	bí	云南省漾濞县	珙	丙	gǒng	gòng	四川省珙县
亳	丙	bó	háo	安徽省亳州市	莞	乙	guǎn	wǎn	广东省东莞市
郴	丙	chēn	bīn	湖南省郴州市	邗	丙	hán	gàn	江苏扬州邗江区
茌	丙	chí	shì	山东省茌平县	侯	甲	hóu	hòu	山西省侯马市
大	甲	dài	dà	河北省大城县			hòu	hóu	福建省闽侯县
儋	丙	dān	zhān	海南省儋州市	珲	丙	hún	huī	吉林省珲春市
砀	丙	dàng	tāng	安徽省砀山县	济	甲	jǐ	jì	山东济南市、济宁市等
阿	甲	ē	ā	山东省东阿县	伽	乙	jiā	gā	新疆伽师县
汾	甲	fén	fēn	山西省临汾市、汾阳市	郏	丙	jiá	xiá	河南省郏县
罘	丙	fú	bù	山东烟台芝罘区	莒	丙	jǔ	lǚ	山东莒县、莒南县
涪	丙	fú	péi	重庆市涪陵区	鄄	丙	juàn	yān	山东省鄄城县

续表

汉字	等级	正确读音	错误读音	地名
筠	丙	jūn	yún	四川省筠连县
会	甲	kuài	huì	会稽（浙江山名）
阆	丙	làng	liáng	四川省阆中市
耒	丙	lěi	lái	湖南省耒阳市
丽	甲	lí	lì	高丽；浙江丽水市
棱	甲	líng	léng	黑龙江省穆棱市
六	甲	lù	liù	安徽省六安市
漯	丙	luò	tà	河南省漯河市
		tà	luò	山东漯河（水名）
邙	丙	máng	wáng	河南邙山（山名）
渑	丙	miǎn	shéng	河南省渑池县
牟	甲	móu	mù	云南省牟定县
		mù	móu	河南省中牟县
番	甲	pān	fān	广东广州番禺市
邳	丙	pī	pēi	江苏省邳州市
陂	丙	pí	pō	湖北武汉黄陂区
郫	丙	pí	bēi	四川省郫都区
鄱	丙	pó	bó	江西省鄱阳县
莆	丙	pú	bú	福建省莆田市
濮	丙	pú	pù	河南省濮阳市
岐	乙	qí	zhī	山西省岐山市
綦	丙	qí	jì	重庆市綦江区
犍	丙	qián	jiàn	四川省犍为县
覃	丙	qín	tán	广西贵港覃塘区
邛	丙	qióng	gōng	四川省邛崃市
朐	丙	qú	jū	山东省临朐县
任	甲	rén	rèn	河北任县、任丘市
芮	丙	ruì	nèi	山西省芮城县
单	甲	shàn	dān	山东省单县
歙	丙	shè	xī	安徽省歙县

汉字	等级	正确读音	错误读音	地名
嵊	丙	shèng	chéng	浙江嵊州市、嵊泗县等
峙	甲	shì	zhì	山西省繁峙县
台	甲	tāi	tái	浙江台州市、天台县等
郯	丙	tán	yán	山东省郯城县
洮	丙	táo	zhào	甘肃省临洮县
汀	甲	tīng	dīng	福建省长汀县
汶	丙	wèn	wén	四川省汶川县
隰	丙	xí	shī	山西省隰县
猇	丙	xiāo	hǔ	湖北宜昌猇亭区
忻	丙	xīn	jīn	山西省忻州市
陉	丙	xíng	jìng	河北省井陉县
荥	丙	xíng	yíng	河南省荥阳市
		yíng	xíng	四川省荥经县
岫	丙	xiù	yòu	辽宁省岫岩县
盱	丙	xū	yú	江苏省盱眙（yí）县
浚	丙	xùn	jùn	河南省浚县
琊	丙	yá	xié	安徽滁州琅琊区
铅	甲	yán	qiān	江西省铅山县
兖	丙	yǎn	gǔn	山东省兖州区
猗	丙	yī	qí	山西省临猗县
黟	丙	yī	duō	安徽省黟县
鄞	丙	yín	qín	浙江省鄞州区
蓥	丙	yíng	jīn	四川华蓥（山名）
邕	乙	yōng	yì	广西南宁邕宁区
尉	甲	yù	wèi	新疆尉犁县
蔚	甲	yù	wèi	河北省蔚县
郧	丙	yún	yuán	湖北省郧县
郓	丙	yùn	jūn	山东省郓城县
柞	丙	zhà	zuò	山西省柞水县
枞	丙	zōng	cōng	安徽省枞阳县

六、易考冷僻汉字字音表

说明：1. 本字表所收冷僻汉字按汉语拼音音序排列；2. “例词”一列中，分号以后的词属于另一个义项。

汉字	等级	读音	例词
魃	丙	bá	旱魃（古指致旱灾的鬼怪）
鸨	乙	bǎo	老鸨，鸨母；（一种鸟）
贲	丙	bēn	贲门，虎贲（古指勇士）
锛	丙	bēn	锛子（削平木料的工具）
荸	甲	bí	荸荠（qí）

汉字	等级	读音	例词
箅	丙	bì	箅子（起隔离作用的器具）
瓿	丙	bù	安瓿（一种小瓮状的容器）
羼	丙	chàn	羼杂（掺杂）
鸱	丙	chī	鸱鸮（头大嘴短的益鸟）
魑	丙	chī	魑魅（比喻坏人）

续表 1

汉字	等级	读音	例　词
蚩	丙	chī	蚩尤（古人名，主兵之神）
踟	丙	chí	踟蹰（欲走不走的样子）
憷	丙	chù	憷场，发憷（畏惧）
搋	丙	chuāi	搋子，搋面（揉面）
膪	乙	chuài	囊膪（猪腹部肥而松的肉）
辏	丙	còu	辏集（车轮辐集中到毂上）
腠	丙	còu	腠理（皮肤的文理及空隙）
皴	丙	cūn	皴裂，皴法，皴手
褡	丙	dā	褡裢（一种装钱物的口袋）
鞑	丙	dá	鞑靼（古指北方游牧民族）
靼	丙	dá	鞑靼
萏	丙	dàn	菡（hàn）萏（荷花的别称）
棣	丙	dì	棠棣，棣棠（一落叶灌木）
耋	丙	dié	耄耋（泛指老年）
堞	丙	dié	雉堞，堞墙
怼	丙	duì	怨怼（怨恨）
垩	丙	è	白垩（一种石灰岩）
怫	丙	fú	怫然（忧愁或愤怒的样子）
鲋	丙	fù	涸辙之鲋（鲋，古指鲫鱼）
坩	丙	gān	坩埚（熔化金属的器皿）
疳	丙	gān	疳积（小孩的一种病）
绀	丙	gàn	绀青（黑中透红的颜色）
罡	丙	gāng	罡风（道家指极高处的风）
艮	丙	gèn	儒艮，（艮，八卦之一）
鲠	丙	gěng	骨鲠在喉（鲠，鱼刺）
肱	丙	gōng	肱骨，肱股，股肱
辊	丙	gǔn	辊子，辊轴
鲧	丙	gǔn	夏鲧（古指大禹的父亲）
馃	丙	guǒ	馃子（一种油炸的面食）
椁	丙	guǒ	棺椁（椁，古指外棺材）
绗	丙	háng	绗被子（绗，一种缝纫方法）
饸	丙	hé	饸饹（le；一种北方面食）
訇	丙	hōng	阿訇（主持清真寺教务的人）
薨	丙	hōng	（古指诸侯或高官的死亡）
戽	丙	hù	戽斗，风戽，戽水机
鹮	丙	huán	朱鹮（一种长嘴鸟）
篁	丙	huáng	幽篁，修篁（篁，指竹子）
劐	丙	huō	劐开（劐，相当于剖）
麂	丙	jǐ	麂皮（麂，像鹿的小动物）
笳	丙	jiā	胡笳（古北方民族乐器）
葭	丙	jiā	蒹葭（葭，初生的芦苇）
戛	乙	jiá	戛然，戛击（戛，轻敲）
岬	丙	jiǎ	岬角（向海里突出的尖角）
耩	丙	jiǎng	耩地（用耧播种）
糨	丙	jiàng	糨糊（糨，液体黏稠）
藠	丙	jiào	藠头（一种草本植物）
醮	丙	jiào	改醮，打醮（醮，道场）
颉	丙	jié	仓颉（传说中的造字者）
羯	丙	jié	羯羊（阉割了的羊）
堇	丙	jǐn	堇菜（一种草本植物）
馑	乙	jǐn	饥馑（馑，粮食歉收）
槿	丙	jǐn	朱槿，木槿（槿，落叶灌木）
觐	丙	jìn	朝觐，觐见（觐，朝见）
缙	丙	jìn	缙绅（指官宦）
鬏	丙	jiū	抓鬏（鬏，头发盘成的发髻）
颏	丙	kē	下巴颏（颏，下颌）
		ké	靛颏，红点颏（颏，鸟名）
眍	丙	kōu	眍䁖（眼窝深陷）
倥	丙	kōng	倥侗（形容愚昧无知）
		kǒng	倥偬（形容事务繁忙紧迫）
蒯	丙	kuǎi	蒯草（一种草本植物）
髡	丙	kūn	髡首（髡，一种古代刑罚）
醪	丙	láo	醪糟（江米酒）
嫘	丙	léi	嫘祖（传指黄帝的妻子）
羸	丙	léi	羸顿（疲劳），羸弱（瘦弱）
酹	丙	lèi	酹祝（以酒洒地表示祭奠）
詈	丙	lì	詈骂，詈言，忿詈
蓼	丙	liǎo	蓼蓝（蓼，一种草本植物）
乜	丙	miē	乜斜（眯着眼睛斜视）
衲	丙	nà	老衲，百衲衣（衲，补缀）
镍	丙	niè	镍币（镍，一种金属元素）
衄	丙	nù	鼻衄（鼻出血），败衄
傩	丙	nuó	傩神，傩戏
罴	丙	pí	熊罴（罴，棕熊）
苤	丙	piě	苤蓝（一种甘蓝，蔬菜）
笸	丙	pǒ	笸箩，笸篮
芪	乙	qí	黄芪（草本植物）
耆	丙	qí	耆老（耆，60 岁以上的人）
蕲	丙	qí	蕲求（求）
愆	丙	qiān	愆期（延误），愆尤（罪过）
戗	丙	qiāng	戗风（逆风）
		qiàng	戗面（揉面时加干面粉）
劁	丙	qiāo	劁猪（劁，阉割）
谯	丙	qiáo	谯楼（城门上的瞭望楼）
吣	丙	qìn	满嘴胡吣（吣，骂人）
鬈	丙	quán	鬈发（头发弯曲）

续表 2

汉字	等级	读音	例词	汉字	等级	读音	例词
炔	丙	quē	乙炔	埙	丙	xūn	一种古代吹奏乐器
榷	丙	què	榷税（专卖），商榷（商讨）	窨	丙	xūn	窨茶叶（茶叶中加茉莉花）
蕤	丙	ruí	葳蕤（枝叶繁茂的样子）			yìn	窨井，地窨子（地下室）
芟	丙	shān	芟除（除去），芟秋（锄草）	刈	丙	yì	刈草，割刈（刈，割）
猞	丙	shē	猞猁（一种像猫的动物）	熠	丙	yì	熠熠生辉（闪闪发光）
畲	丙	shē	畲族（少数民族）	狺	丙	yín	狺狺（形容狗的叫声）
糁	丙	shēn	玉米糁儿（谷物磨成的碎粒）	胤	丙	yìn	（指后代）
瘆	丙	shèn	瘆人（瘆，可怕，恐惧）	邕	乙	yōng	邕剧（邕，南宁的别称）
螫	丙	shì	螫针（螫，蜇）	聿	丙	yù	（句首或句中语助词）
殳	丙	shū	执殳（古兵器，有棱无刃）	鸢	丙	yuān	鸢飞鱼跃（鸢，老鹰）
闩	丙	shuān	门闩	鼋	丙	yuán	鼋鱼（像龟的爬行动物）
趿	丙	tā	趿拉（把鞋后帮踩在脚下）	柘	丙	zhè	（一种落叶灌木或乔木）
跆	丙	tái	跆籍（踩）；跆拳道	祯	丙	zhēn	祯祥（吉祥）
嵬	丙	wéi	嵬然，崔嵬（嵬，高大）	鸩	丙	zhèn	鸩毒，饮鸩止渴
氙	丙	xiān	一种气体元素	胝	丙	zhī	胼胝体，胼手胝足
暹	丙	xiān	暹罗（过去指泰国）	颛	丙	zhuān	颛顼（传说中的上古帝王）
魈	丙	xiāo	山魈（一种猕猴；一种怪物）	偬	丙	zǒng	倥偬
饧	丙	xíng	糖饧了（饧，变软）	祚	丙	zuò	帝祚（帝位），非祚惟殃
魆	丙	xū	黑魆魆（形容非常黑暗）	怍	丙	zuò	惭怍，愧怍（怍，惭愧）

七、普通话异读词审音表

说明：1. 本表为 1985 年 12 月修订稿，收入本书时作了一定的调整，例如，将字表整合为表格形式，删减了部分例词，将例词中的“～”改为相应的汉字，将表口语的“语”改为“口”，将表书面语的“文”改为“书”等；2. 本表所收汉字按汉语拼音音序排列；3. 将原审音表前边的“说明”附在表格后边，并标注“注”字。

汉字	读音	备注	汉字	读音	备注	汉字	读音	备注
阿	ā	阿訇，阿姨	坳	ào	（统读）	堡	bǎo	碉堡，堡垒
	ē	阿谀，阿弥陀佛	拔	bá	（统读）		bǔ	堡子，瓦窑堡
挨	āi	挨个，挨近	把	bà	印把子		pù	十里堡
	ái	挨打，挨说	白	bái	（统读）	暴	bào	暴露
癌	ái	（统读）	膀	bǎng	翅膀		pù	一暴十寒
霭	ǎi	（统读）	蚌	bàng	蛤蚌	爆	bào	（统读）
蔼	ǎi	（统读）		bèng	蚌埠	焙	bèi	（统读）
隘	ài	（统读）	傍	bàng	（统读）	惫	bèi	（统读）
谙	ān	（统读）	磅	bàng	过磅	背	bèi	背脊，背静
埯	ǎn	（统读）	龅	bāo	（统读）	鄙	bǐ	（统读）
昂	áng	（统读）	胞	bāo	（统读）	俾	bǐ	（统读）
凹	āo	（统读）	薄	báo	（口）纸很薄	笔	bǐ	（统读）
拗	ào	拗口		bó	（书）薄弱	比	bǐ	（统读）
	niù	执拗，脾气拗						

续表 1

汉字	读音	备　注
臂	bì	手臂，臂膀
	bei	胳臂
庇	bì	（统读）
髀	bì	（统读）
避	bì	（统读）
辟	bì	复辟
裨	bì	裨补，裨益
婢	bì	（统读）
痹	bì	（统读）
壁	bì	（统读）
蝙	biān	（统读）
遍	biàn	（统读）
骠	biāo	黄骠马
	piào	骠骑，骠勇
傧	bīn	（统读）
缤	bīn	（统读）
濒	bīn	（统读）
髌	bìn	（统读）
屏	bǐng	屏除，屏气
	píng	屏藩，屏风
柄	bǐng	（统读）
波	bō	（统读）
播	bō	（统读）
菠	bō	（统读）
剥	bō	（书）剥削
	bāo	（口）
泊	bó	淡泊，漂泊
	pō	湖泊，血泊
帛	bó	（统读）
勃	bó	（统读）
钹	bó	（统读）
伯	bó	伯伯，老伯
	bǎi	大伯子（夫兄）
箔	bó	（统读）
簸	bǒ	颠簸
	bò	簸箕
膊	bo	胳膊
卜	bo	萝卜
醭	bú	（统读）
哺	bǔ	（统读）
捕	bǔ	（统读）
鵏	bǔ	（统读）
埠	bù	（统读）

汉字	读音	备　注
残	cán	（统读）
惭	cán	（统读）
灿	càn	（统读）
藏	cáng	矿藏
	zàng	宝藏
糙	cāo	（统读）
嘈	cáo	（统读）
螬	cáo	（统读）
厕	cè	（统读）
岑	cén	（统读）
差	chā	（书）差强人意
	chà	（口）差不多
	cī	参差
猹	chá	（统读）
搽	chá	（统读）
阐	chǎn	（统读）
羼	chàn	（统读）
颤	chàn	颤动，发颤
	zhàn	颤栗（战栗）
韂	chàn	（统读）
伥	chāng	（统读）
场	chǎng	场合，捧场
	cháng	场院，一场雨
	chang	排场
钞	chāo	（统读）
巢	cháo	（统读）
嘲	cháo	嘲讽，嘲笑
耖	chào	（统读）
车	chē	闭门造车
	jū	（象棋棋子名）
晨	chén	（统读）
称	chèn	称心，对称
撑	chēng	（统读）
乘	chéng	（动）乘风破浪
橙	chéng	（统读）
惩	chéng	（统读）
澄	chéng	（书）澄清问题
	dèng	（口）把水澄清
痴	chī	（统读）
吃	chī	（统读）
弛	chí	（统读）
褫	chǐ	（统读）
尺	chǐ	尺寸，尺头

汉字	读音	备　注
豉	chǐ	（统读）
侈	chǐ	（统读）
炽	chì	（统读）
舂	chōng	（统读）
冲	chòng	冲床，冲模
臭	chòu	遗臭万年
	xiù	乳臭，铜臭
储	chǔ	（统读）
处	chǔ	（动）处女
畜	chù	（名）家畜
	xù	（动）畜牧
触	chù	（统读）
搐	chù	（统读）
绌	chù	（统读）
黜	chù	（统读）
闯	chuǎng	（统读）
创	chuàng	创造，草创
	chuāng	创伤，重创
绰	chuò	绰绰有余
	chuo	宽绰
疵	cī	（统读）
雌	cí	（统读）
赐	cì	（统读）
伺	cì	伺候
枞	cōng	枞树
	zōng	枞阳（地名）
从	cóng	（统读）
丛	cóng	（统读）
攒	cuán	万箭攒心
脆	cuì	（统读）
撮	cuō	一撮儿盐
	zuǒ	一撮儿毛
措	cuò	（统读）
搭	dā	（统读）
答	dá	答复，报答
	dā	答理，答应
打	dá	苏打，一打
大	dà	大地，大夫（官）
	dài	大黄，大夫（医）
呆	dāi	（统读）
傣	dǎi	（统读）
逮	dài	（书）逮捕
	dǎi	（口）逮特务

续表 2

汉字	读音	备注
当	dāng	当地，螳臂当车
	dàng	适当，安步当车
档	dàng	（统读）
蹈	dǎo	（统读）
导	dǎo	（统读）
倒	dǎo	倒戈，倾箱倒箧
	dào	倒粪（使粪碎）
悼	dào	（统读）
纛	dào	（统读）
凳	dèng	（统读）
羝	dī	（统读）
氐	dī	（古民族名）
堤	dī	（统读）
提	dī	提防
的	dí	的当，的确
抵	dǐ	（统读）
蒂	dì	（统读）
缔	dì	（统读）
谛	dì	（统读）
点	dian	打点（贿赂）
跌	diē	（统读）
蝶	dié	（统读）
订	dìng	（统读）
都	dōu	都来了
	dū	大都（大多）
堆	duī	（统读）
吨	dūn	（统读）
盾	dùn	（统读）
多	duō	（统读）
咄	duō	（统读）
掇	duō	（拾取义）
	duo	撺掇，掂掇
裰	duō	（统读）
踱	duó	（统读）
度	duó	忖度，度德量力
婀	ē	（统读）
伐	fá	（统读）
阀	fá	（统读）
砝	fǎ	（统读）
法	fǎ	（统读）
发	fà	理发，结发
帆	fān	（统读）
藩	fān	（统读）

汉字	读音	备注
梵	fān	（统读）
坊	fāng	牌坊，坊巷
	fáng	磨坊，油坊
妨	fáng	（统读）
防	fáng	（统读）
肪	fáng	（统读）
沸	fèi	（统读）
汾	fén	（统读）
讽	fěng	（统读）
肤	fū	（统读）
敷	fū	（统读）
俘	fú	（统读）
浮	fú	（统读）
服	fú	服毒，服药
拂	fú	（统读）
辐	fú	（统读）
幅	fú	（统读）
甫	fǔ	（统读）
复	fù	（统读）
缚	fù	（统读）
噶	gá	（统读）
冈	gāng	（统读）
刚	gāng	（统读）
岗	gǎng	岗哨，山岗子
港	gǎng	（统读）
葛	gé	葛藤，瓜葛
	gě	（单、复姓）
隔	gé	（统读）
革	gé	革命，改革
合	gě	（十分之一升）
给	gěi	（口，单用）
	jǐ	（书）自给自足
亘	gèn	（统读）
更	gēng	五更，更生
颈	gěng	脖颈子
供	gōng	供给，提供
	gòng	口供，上供
佝	gōu	（统读）
枸	gǒu	枸杞
勾	gòu	勾当
估	gū	估衣 gù 除外
骨	gǔ	骨碌/骨朵 gū 除外
谷	gǔ	谷雨

汉字	读音	备注
锢	gù	（统读）
冠	guān	（名）冠心病
	guàn	（动）沐猴而冠
犷	guǎng	（统读）
庋	guǐ	（统读）
桧	guì	（树名）
	huì	（人名）秦桧
刽	guì	（统读）
聒	guō	（统读）
蝈	guō	（统读）
过	guò	姓氏 guō 除外
虾	há	虾蟆
哈	hǎ	哈达
	hà	哈什蚂
汗	hán	可汗
巷	hàng	巷道
号	háo	寒号虫
和	hè	唱和，曲高和寡
	huo	搀和，暖和
貉	hé	（书）一丘之貉
	háo	（口）貉子
壑	hè	（统读）
褐	hè	（统读）
喝	hè	喝彩，呼幺喝六
鹤	hè	（统读）
黑	hēi	（统读）
亨	hēng	（统读）
横	héng	横肉，横行霸道
	hèng	蛮横，横财
訇	hōng	（统读）
虹	hóng	（书）虹吸
	jiàng	（口，单说）
讧	hòng	（统读）
囫	hú	（统读）
瑚	hú	（统读）
蝴	hú	（统读）
桦	huà	（统读）
徊	huái	（统读）
踝	huái	（统读）
浣	huàn	（统读）
黄	huáng	（统读）
荒	huang	饥荒（经济困难）
诲	huì	（统读）

续表 3

汉字	读音	备　注	汉字	读音	备　注	汉字	读音	备　注
贿	huì	（统读）	嚼	jiáo	（口）味同嚼蜡	龟	jūn	龟裂（皲裂）
会	huì	一会儿，会厌		jué	（书）咀嚼	菌	jūn	细菌，霉菌
混	hùn	混合，混血儿		jiào	倒嚼（倒噍）		jùn	香菌，菌子
蠖	huò	（统读）	侥	jiǎo	侥幸	俊	jùn	（统读）
霍	huò	（统读）	角	jiǎo	角落，钩心斗角	卡	kǎ	卡车，卡宾枪
豁	huò	豁亮		jué	角斗，主角儿		qiǎ	卡子，关卡
获	huò	（统读）	脚	jiǎo	根脚	揩	kāi	（统读）
羁	jī	（统读）		jué	脚儿（脚色）	慨	kǎi	（统读）
击	jī	（统读）	剿	jiǎo	围剿	忾	kài	（统读）
奇	jī	奇数		chāo	剿说，剿袭	勘	kān	（统读）
芨	jī	（统读）	校	jiào	校勘，校正	看	kān	看管，看守
缉	jī	通缉，侦缉	较	jiào	（统读）	慷	kāng	（统读）
	qī	缉鞋口	酵	jiào	（统读）	拷	kǎo	（统读）
几	jī	茶几，条几	嗟	jiē	（统读）	坷	kē	坷拉（垃）
圾	jī	（统读）	疖	jiē	（统读）	疴	kē	（统读）
戢	jí	（统读）	结	jié	结巴/结实 jiē 除外	壳	ké	（口）脑壳
疾	jí	（统读）	睫	jié	（统读）		qiào	（书）躯壳
汲	jí	（统读）	芥	jiè	芥菜，芥末	可	kě	可可儿的
棘	jí	（统读）		gài	芥菜，芥蓝菜		kè	可汗
藉	jí	狼藉（籍）	矜	jīn	矜持，自矜	恪	kè	（统读）
嫉	jí	（统读）	仅	jǐn	仅仅，绝无仅有	刻	kè	（统读）
脊	jǐ	（统读）	馑	jǐn	（统读）	克	kè	克扣
纪	jǐ	（姓）	觐	jìn	（统读）	空	kōng	空心砖
	jì	纪念，纪元	浸	jìn	（统读）		kòng	空心吃药
偈	jì	偈语	斤	jin	千斤（起重工具）	眍	kōu	（统读）
绩	jì	（统读）	茎	jīng	（统读）	矻	kū	（统读）
迹	jì	（统读）	粳	jīng	（统读）	酷	kù	（统读）
寂	jì	（统读）	鲸	jīng	（统读）	框	kuàng	（统读）
箕	ji	簸箕	境	jìng	（统读）	矿	kuàng	（统读）
辑	ji	逻辑	痉	jìng	（统读）	傀	kuǐ	（统读）
茄	jiā	雪茄	劲	jìng	刚劲	溃	kuì	溃烂
夹	jiā	夹攻，夹竹桃	窘	jiǒng	（统读）		huì	溃脓
浃	jiā	（统读）	究	jiū	（统读）	篑	kuì	（统读）
甲	jiǎ	（统读）	纠	jiū	（统读）	括	kuò	（统读）
歼	jiān	（统读）	鞠	jū	（统读）	垃	lā	（统读）
鞯	jiān	（统读）	鞫	jū	（统读）	邋	lā	（统读）
间	jiān	中间，间不容发	掬	jū	（统读）	罱	lǎn	（统读）
	jiàn	间或，挑拨离间	苴	jū	（统读）	缆	lǎn	（统读）
趼	jiǎn	（统读）	咀	jǔ	咀嚼	蓝	lan	苤蓝
俭	jiǎn	（统读）	矩	jǔ	矩形	琅	láng	（统读）
缰	jiāng	（统读）		ju	规矩	捞	lāo	（统读）
膙	jiǎng	（统读）	俱	jù	（统读）	劳	láo	（统读）

续表 4

汉字	读音	备注	汉字	读音	备注	汉字	读音	备注
醪	láo	（统读）	露	lù	（书）抛头露面	模	mó	模范，模棱两可
烙	lào	烙印，烙铁		lòu	（口）露头		mú	模具，模样
	luò	炮烙（古酷刑）	榈	lǘ	（统读）	膜	mó	（统读）
勒	lè	（书）悬崖勒马	捋	lǚ	捋胡子	摩	mó	按摩，抚摩
	lēi	（口，多单用）		luō	捋袖子	嬷	mó	（统读）
擂	léi	擂台/打擂 lèi 除外	绿	lǜ	（口）	墨	mò	（统读）
礌	léi	（统读）		lù	（书）鸭绿江	耱	mò	（统读）
羸	léi	（统读）	孪	luán	（统读）	沫	mò	（统读）
蕾	lěi	（统读）	挛	luán	（统读）	缪	móu	绸缪
累	lèi	（辛劳义）受累	掠	lüè	（统读）	难	nán	难兄难弟（贬义）
	léi	累赘	囵	lún	（统读）		nàn	难兄难弟（褒义）
	lěi	（牵连义）受累	络	luò	络腮胡子	蝻	nǎn	（统读）
蠡	lí	管窥蠡测	落	luò	（书）落花生	蛲	náo	（统读）
	lǐ	蠡县，范蠡		lào	（口）落色	讷	nè	（统读）
喱	lí	（统读）		là	（口）丢三落四	馁	něi	（统读）
连	lián	（统读）	脉	mài	脉脉 mòmò 除外	嫩	nèn	（统读）
敛	liǎn	（统读）	漫	màn	（统读）	恁	nèn	（统读）
恋	liàn	（统读）	蔓	màn	（书）不蔓不支	妮	nī	（统读）
量	liàng	忖量，量入为出		wàn	（口）瓜蔓	拈	niān	（统读）
	liang	打量，掂量	牤	māng	（统读）	鲇	nián	（统读）
踉	liàng	踉跄	氓	máng	流氓	酿	niàng	（统读）
潦	liáo	潦草，潦倒	芒	máng	（统读）	尿	niào	糖尿症
劣	liè	（统读）	铆	mǎo	（统读）		suī	（口）尿脬
捩	liè	（统读）	瑁	mào	（统读）	嗫	niè	（统读）
趔	liè	（统读）	虻	méng	（统读）	宁	níng	安宁
拎	līn	（统读）	盟	méng	（统读）		nìng	宁可，无宁
遴	lín	（统读）	祢	mí	（统读）	忸	niǔ	（统读）
淋	lín	淋漓，淋巴	眯	mí	眯了眼	脓	nóng	（统读）
	lìn	淋硝，淋病		mī	眯缝着眼	弄	nòng	玩弄
蛉	líng	（统读）	靡	mí	靡费		lòng	弄堂
榴	liú	（统读）		mǐ	萎靡，披靡	暖	nuǎn	（统读）
馏	liú	（书）干馏	秘	mì	秘鲁 bì 除外	衄	nǜ	（统读）
	liù	（口）馏馒头	泌	mì	（口）分泌	疟	nüè	（书）疟疾
镏	liú	镏金		bì	（书）泌阳（地名）		yào	（口）发疟子
碌	liù	碌碡	娩	miǎn	（统读）	娜	nuó	婀娜，袅娜
笼	lóng	（名）牢笼	缈	miǎo	（统读）		nà	（人名）
	lǒng	（动）笼络	皿	mǐn	（统读）	殴	ōu	（统读）
偻	lóu	佝偻	闽	mǐn	（统读）	呕	ǒu	（统读）
	lǚ	伛偻	茗	míng	（统读）	杷	pá	（统读）
瞜	lou	眍瞜	酩	mǐng	（统读）	琶	pá	（统读）
虏	lǔ	（统读）	谬	miù	（统读）	牌	pái	（统读）
掳	lǔ	（统读）	摸	mō	（统读）	排	pǎi	排子车

续表 5

汉字	读音	备注
迫	pǎi	迫击炮
湃	pài	（统读）
爿	pán	（统读）
蹒	pán	（统读）
胖	pàn	心广体胖
畔	pàn	（统读）
乓	pāng	（统读）
滂	pāng	（统读）
脬	pāo	（统读）
胚	pēi	（统读）
喷	pēn	喷嚏
	pèn	喷香
	pen	嚏喷
澎	péng	（统读）
坯	pī	（统读）
披	pī	（统读）
匹	pǐ	（统读）
僻	pì	（统读）
譬	pì	（统读）
片	piàn	相片，影片
	piān	相片儿，影片儿
剽	piāo	（统读）
缥	piāo	缥缈（飘渺）
撇	piē	撇弃
聘	pìn	（统读）
乒	pīng	（统读）
颇	pō	（统读）
剖	pōu	（统读）
仆	pū	前仆后继
	pú	仆从
扑	pū	（统读）
朴	pǔ	朴素，俭朴
	pō	朴刀
	pò	朴硝，厚朴
蹼	pǔ	（统读）
瀑	pù	瀑布
曝	pù	一曝十寒
	bào	曝光
栖	qī	两栖
戚	qī	（统读）
漆	qī	（统读）
期	qī	（统读）
蹊	qī	蹊跷

汉字	读音	备注
蛴	qí	（统读）
畦	qí	（统读）
萁	qí	（统读）
骑	qí	（统读）
企	qǐ	（统读）
绮	qǐ	（统读）
杞	qǐ	（统读）
槭	qì	（统读）
洽	qià	（统读）
签	qiān	（统读）
潜	qián	（统读）
荨	qián	（书）荨麻
	xún	（口）荨麻疹
嵌	qiàn	（统读）
欠	qian	打哈欠
戕	qiāng	（统读）
镪	qiāng	镪水
强	qiáng	强制，博闻强识
	qiǎng	牵强，强词夺理
	jiàng	倔强
襁	qiǎng	（统读）
跄	qiàng	（统读）
悄	qiāo	悄悄儿的
	qiǎo	悄默声儿的
橇	qiāo	（统读）
翘	qiào	（口）翘尾巴
	qiáo	（书）翘首
怯	qiè	（统读）
挈	qiè	（统读）
趄	qie	趔趄
侵	qīn	（统读）
衾	qīn	（统读）
噙	qín	（统读）
倾	qīng	（统读）
亲	qìng	亲家
穹	qióng	（统读）
黢	qū	（统读）
曲	qū	大曲，神曲
渠	qú	（统读）
瞿	qú	（统读）
蠼	qú	（统读）
苣	qǔ	苣荬菜
龋	qǔ	（统读）

汉字	读音	备注
趣	qù	（统读）
雀	què	雀斑，雀盲症
髯	rán	（统读）
攘	rǎng	（统读）
桡	ráo	（统读）
绕	rào	（统读）
任	rén	（姓氏，地名）
妊	rèn	（统读）
扔	rēng	（统读）
容	róng	（统读）
糅	róu	（统读）
茹	rú	（统读）
孺	rú	（统读）
蠕	rú	（统读）
辱	rǔ	（统读）
挼	ruó	（统读）
靸	sǎ	（统读）
噻	sāi	（统读）
散	sǎn	散漫，懒散
	san	零散
丧	sang	哭丧着脸
扫	sǎo	扫兴
	sào	扫帚
埽	sào	（统读）
色	sè	（书）
	shǎi	（口）
塞	sè	（书，动）
	sāi	（口，名/动）
森	sēn	（统读）
煞	shā	煞尾，收煞
	shà	煞白
啥	shá	（统读）
厦	shà	（口）
	xià	（书）噶厦
杉	shān	（书）水杉
	shā	（口）杉木
衫	shān	（统读）
姗	shān	（统读）
苫	shàn	（动）苫布
	shān	（名）草苫子
墒	shāng	（统读）
猞	shē	（统读）
舍	shè	宿舍，寝舍

续表 6

汉字	读音	备注
慑	shè	（统读）
摄	shè	（统读）
射	shè	（统读）
谁	shéi	（又音 shuí）
娠	shēn	（统读）
什	shén	什（甚）么
蜃	shèn	（统读）
葚	shèn	（书）桑葚
	rèn	（口）桑葚儿
胜	shèng	（统读）
识	shí	识字，常识
似	shì	似的
室	shì	（统读）
螫	shì	（书）
	zhē	（口）
匙	shi	钥匙
殊	shū	（统读）
蔬	shū	（统读）
疏	shū	（统读）
叔	shū	（统读）
淑	shū	（统读）
菽	shū	（统读）
熟	shú	（书）
	shóu	（口）
署	shǔ	（统读）
曙	shǔ	（统读）
漱	shù	（统读）
戍	shù	（统读）
蟀	shuài	（统读）
孀	shuāng	（统读）
说	shuì	游说
数	shuò	数见不鲜
硕	shuò	（统读）
蒴	shuò	（统读）
艘	sōu	（统读）
嗾	sǒu	（统读）
速	sù	（统读）
塑	sù	（统读）
虽	suī	（统读）
绥	suí	（统读）
髓	suǐ	（统读）
遂	suì	不遂，毛遂自荐
	suí	半身不遂

汉字	读音	备注
隧	suì	（统读）
隼	sǔn	（统读）
莎	suō	莎草
缩	suō	收缩
	sù	缩砂密（植物名）
嗍	suō	（统读）
索	suǒ	（统读）
趿	tā	（统读）
鳎	tǎ	（统读）
獭	tǎ	（统读）
沓	tà	重沓
	ta	疲沓
	dá	一沓纸
苔	tái	（书）
	tāi	（口）
探	tàn	（统读）
涛	tāo	（统读）
悌	tì	（统读）
佻	tiāo	（统读）
调	tiáo	调皮
帖	tiē	妥帖，俯首帖耳
	tiě	请帖，字帖儿
	tiè	字帖，碑帖
听	tīng	（统读）
庭	tíng	（统读）
骰	tóu	（统读）
凸	tū	（统读）
突	tū	（统读）
颓	tuí	（统读）
蜕	tuì	（统读）
臀	tún	（统读）
唾	tuò	（统读）
娲	wā	（统读）
挖	wā	（统读）
瓦	wà	瓦刀
喎	wāi	（统读）
蜿	wān	（统读）
玩	wán	（统读）
惋	wǎn	（统读）
脘	wǎn	（统读）
往	wǎng	（统读）
忘	wàng	（统读）
微	wēi	（统读）

汉字	读音	备注
巍	wēi	（统读）
薇	wēi	（统读）
危	wēi	（统读）
韦	wéi	（统读）
违	wéi	（统读）
唯	wéi	（统读）
圩	wéi	圩子
	xū	圩（墟）场
纬	wěi	（统读）
委	wěi	委靡
伪	wěi	（统读）
萎	wěi	（统读）
尾	wěi	尾巴
	yǐ	马尾儿
尉	wèi	尉官
文	wén	（统读）
闻	wén	（统读）
紊	wěn	（统读）
喔	wō	（统读）
蜗	wō	（统读）
硪	wò	（统读）
诬	wū	（统读）
梧	wú	（统读）
牾	wǔ	（统读）
乌	wù	乌拉（靰鞡）
杌	wù	（统读）
鹜	wù	（统读）
夕	xī	（统读）
汐	xī	（统读）
晰	xī	（统读）
析	xī	（统读）
皙	xī	（统读）
昔	xī	（统读）
溪	xī	（统读）
悉	xī	（统读）
熄	xī	（统读）
蜥	xī	（统读）
螅	xī	（统读）
惜	xī	（统读）
锡	xī	（统读）
樨	xī	（统读）
袭	xí	（统读）
檄	xí	（统读）

续表 7

汉字	读音	备　注	汉字	读音	备　注	汉字	读音	备　注
峡	xiá	（统读）	殉	xùn	（统读）	愚	yú	（统读）
暇	xiá	（统读）	蕈	xùn	（统读）	娱	yú	（统读）
吓	xià	杀鸡吓猴	押	yā	（统读）	愉	yú	（统读）
鲜	xiān	屡见不鲜	崖	yá	（统读）	伛	yǔ	（统读）
锨	xiān	（统读）	哑	yǎ	哑然失笑	屿	yǔ	（统读）
纤	xiān	纤维	亚	yà	（统读）	吁	yù	呼吁
涎	xián	（统读）	殷	yān	殷红	跃	yuè	（统读）
弦	xián	（统读）	芫	yán	芫荽	晕	yūn	晕倒，头晕
陷	xiàn	（统读）	筵	yán	（统读）		yùn	月晕，晕车
霰	xiàn	（统读）	沿	yán	（统读）	酝	yùn	（统读）
向	xiàng	（统读）	焰	yàn	（统读）	匝	zā	（统读）
相	xiàng	相机行事	夭	yāo	（统读）	杂	zá	（统读）
淆	xiáo	（统读）	肴	yáo	（统读）	载	zǎi	登载，记载
哮	xiào	（统读）	杳	yǎo	（统读）		zài	装载，怨声载道
些	xiē	（统读）	舀	yǎo	（统读）	簪	zān	（统读）
颉	xié	颉颃	钥	yào	（口）钥匙	咱	zán	（统读）
携	xié	（统读）		yuè	（书）锁钥	暂	zàn	（统读）
偕	xié	（统读）	曜	yào	（统读）	凿	záo	（统读）
挟	xié	（统读）	耀	yào	（统读）	择	zé	选择
械	xiè	（统读）	椰	yē	（统读）		zhái	择席，择菜
馨	xīn	（统读）	噎	yē	（统读）	贼	zéi	（统读）
囟	xìn	（统读）	叶	yè	叶公好龙	憎	zēng	（统读）
行	xíng	操行，品行	曳	yè	摇曳，弃甲曳兵	甑	zèng	（统读）
省	xǐng	内省，不省人事	屹	yì	（统读）	喳	zhā	唧唧喳喳
芎	xiōng	（统读）	轶	yì	（统读）	轧	yà	轧钢 zhá 等除外
朽	xiǔ	（统读）	谊	yì	（统读）	摘	zhāi	（统读）
宿	xiù	星宿，二十八宿	懿	yì	（统读）	粘	zhān	粘贴
煦	xù	（统读）	诣	yì	（统读）	涨	zhǎng	涨落，高涨
蓿	xu	苜蓿	艾	yì	自怨自艾	着	zháo	着急，着迷
癣	xuǎn	（统读）	荫	yìn	（统读）		zhuó	着手，不着边际
削	xuē	（书）剥削	应	yīng	应届，应许		zhāo	失着
	xiāo	（口）削铅笔		yìng	应承，里应外合	沼	zhǎo	（统读）
穴	xué	（统读）	萦	yíng	（统读）	召	zhào	（统读）
学	xué	（统读）	映	yìng	（统读）	遮	zhē	（统读）
雪	xuě	（统读）	佣	yōng	佣工	蛰	zhé	（统读）
血	xuè	（书）狗血喷头	庸	yōng	（统读）	辙	zhé	（统读）
	xiě	（口）鸡血	臃	yōng	（统读）	贞	zhēn	（统读）
谑	xuè	（统读）	壅	yōng	（统读）	侦	zhēn	（统读）
寻	xún	（统读）	拥	yōng	（统读）	帧	zhēn	（统读）
驯	xùn	（统读）	踊	yǒng	（统读）	胗	zhēn	（统读）
逊	xùn	（统读）	咏	yǒng	（统读）	枕	zhěn	（统读）
熏	xùn	煤气熏着了	泳	yǒng	（统读）	诊	zhěn	（统读）
徇	xùn	（统读）	莠	yǒu	（统读）	振	zhèn	（统读）

续表 8

汉字	读音	备　注	汉字	读音	备　注	汉字	读音	备　注
知	zhī	（统读）	诌	zhōu	（统读）	灼	zhuó	（统读）
织	zhī	（统读）	骤	zhòu	（统读）	卓	zhuó	（统读）
脂	zhī	（统读）	轴	zhòu	压轴子	综	zōng	综合
植	zhí	（统读）	碡	zhou	碌碡	纵	zòng	（统读）
殖	zhí	殖民，繁殖	烛	zhú	（统读）	粽	zòng	（统读）
	shi	骨殖	逐	zhú	（统读）	镞	zú	（统读）
指	zhǐ	（统读）	属	zhǔ	属望	组	zǔ	（统读）
掷	zhì	（统读）	筑	zhù	（统读）	钻	zuān	钻探，钻孔
质	zhì	（统读）	著	zhù	土著		zuàn	钻床，钻杆
蛭	zhì	（统读）	转	zhuǎn	运转	佐	zuǒ	（统读）
秩	zhì	（统读）	撞	zhuàng	（统读）	唑	zuò	（统读）
栉	zhì	（统读）	幢	zhuàng	一幢楼房	柞	zuò	柞蚕，柞绸
炙	zhì	（统读）		chuáng	经幢（刻经石柱）		zhà	柞水（在陕西）
中	zhōng	人中（上唇当中）	拙	zhuō	（统读）	做	zuò	（统读）
种	zhòng	点种（播种）	茁	zhuó	（统读）	作	zuò	作坊 zuō 除外

第三章　汉字字形测试指导与训练

汉字应用水平测试在字形方面的要求是：应试人在测试用字的范围内，能够正确掌握并运用现代汉字的规范字形，正确辨别汉字字形的正误和规范与否，用正楷正确书写规范汉字，尤其是常用字和常用字中容易写错的字。

第一节　汉字字形测试指导

汉字是记录汉语的视觉符号系统。单个汉字符号的形式是平面型笔画（或偏旁）组合体，即字形，内容是它所记录的汉语单音节语素。字形和语素就像硬币的两个面一样密不可分，如果某一笔画组合体没有记录任何汉语语素，就不是一个汉字。

字形和语素虽然密不可分，但是它们之间没有必然的联系，只存在一种约定俗成的结合关系。在造字之初，字形和语素的结合是任意的，某一语素既可以造一个字形甲来记录，也可以造一个字形乙来记录，例如，“huāngyě”的“yě”曾有“野、埜、壄”等多个字形；同样，某一字形既可以用来记录语素甲，也可以用来记录语素乙，例如，字形“被”既可以用于“谣俗被服饮食奉生送死之具也”（见《史记·货殖列传·序》），又可以用于“将军被坚执锐”（见《陈涉世家》，前者为该字形最初记录的语素“bèi”（意义是睡眠时用以取暖的覆盖物），后者为被假借以后所记录的语素“pī”（意义是搭盖在肩背上）。不过，一旦汉字被约定俗成为成熟的文字体系，尤其是政府部门颁布了关于规范汉字字形的相关文件以后，字形和语素的结合就不再是任意的，而是强制的。如果我们将被约定了字形甲的某一语素写成了字形乙，实际上就写了别字，例如，将“未来”的“未”写成了“末”，写的就是别字。如果我们将被约定了字形甲的某一语素写成了一个没有记录任何汉语语素的笔画组合体，实际上就写了错字，例如，将“武术”的“武”写成了“武”，写的就是错字。如果我们所写的不是相关文件推荐使用的规范字形，而是相关文件要求废弃的字形，实际上就写了不规范字，例如，将“灶”写成了“竈”，写的就是要求不随意使用的繁体字，将“船”写成了“舩”，写的就是已经废弃了的异体字。

我们在使用汉字的时候，如果写了错字、别字或者不规范字，就会妨碍我们正常的交际交流活动。为了充分发挥汉字的辅助性交际工具作用，我们不但要熟记汉字的字音、字义和字形，还要熟悉那些关于规范汉字字形的相关文件，更要克服不良的用字习惯，避免以下七种情况。

一、避免写错汉字的笔画

汉字的笔画是构成汉字字形的最小连笔单位。写字时笔尖从落笔到起笔所留下的痕迹，叫一笔或一画。笔画是由点和线构成的，点和线的具体形状叫作笔形。

对于现代汉字的笔形种类，各家归纳存在差异。最粗略的归纳分为五类，可以叫作最基本的笔形，即“横、竖（也叫直）、撇、点、折”。此外，还有“提、钩、捺”三种笔形，它们不过是在五种基本笔形的基础上作了一点变形而已。由于书法上用“永”字作为代表来概括“横、竖、撇、点、捺、提、钩、折”八种主要笔形，因此有“永字八法”之说。

在组配成汉字的时候，八种主要笔形会因为受其所处部位和比例的制约而发生变化，形成种种变体。常见的汉字笔画变体见下表。

现行汉字笔画表

笔形名称		笔形	例　字
基本笔形	变化笔形		
横	短横	㇐	未（第一画）；垂（第八画）；目（第三、四、五画）
	长横	㇐	两（第一画）；旦（第五画）；事（第一、六画）
竖	短竖	㇑	贡（第二画）；青（第三画）；臣（第二、五画）
	长竖	㇑	固（第一画）；开（第四画）；相（第二、五画）
	悬针竖	㇑	中（第四画）；甲（第五画）；串（第七画）
撇	斜撇	㇒	人（第一画）；大（第二画）；徐（第一、二、四画）
	竖撇	㇓	月（第一画）；州（第二画）；府（第三画）
	平撇	㇒	千（第一画）；壬（第一画）；重（第一画）
点	短点	㇔	市（第一画）；幼（第三画）；序（第一、五画）
	长点	㇏	双（第二画）；刈（第二画）；赵（第九画）
	俯点	㇒	米（第二画）；学（第三画）；亚（第五画）
	竖点	㇑	忧（第一画）
	仰点	㇀	冰（第二画）；流（第三画）
捺	竖捺	㇏	夫（第四画）；入（第二画）；木（第四画）
	平捺	㇝	之（第三画）；道（第十二画）；建（第八画）
提	长提	㇀	刁（第二画）；打（第三画）；我（第四画）
	短提	㇀	地（第三画）；巩（第三画）
钩	横钩	㇖	皮（第一画）；冠（第二画）；尔（第二画）
	竖钩	㇚	小（第一画）；丁（第二画）；钊（第七画）
	弯钩	㇁	狗（第二画）；家（第六画）
	斜钩	㇂	成（第四画）；戈（第二画）；栈（第七画）
	卧钩	㇃	心（第二画）；必（第二画）
	横折钩	㇆	刀（第一画）；同（第二画）；雨（第三画）
	竖折钩	㇄	毛（第四画）；见（第四画）；儿（第二画）
	横折弯钩	㇈	九（第二画）；几（第二画）
	横折斜钩	㇅	飞（第一画）；风（第二画）
	竖折折钩	㇉	马（第二画）；与（第二画）；鸟（第四画）
	横折折折钩	㇌	乃（第一画）
	横撇弯钩	㇋	陈（第一画）；部（第九画）

续表

笔形名称		笔形	例　字
基本笔形	变化笔形		
折	横折	㇕	丑（第一画）；口（第二画）
	竖折	㇗	区（第四画）；匡（第六画）；山（第二画）
	撇折	㇜	么（第二画）；红（第一、二画）；弘（第四画）
	横撇	㇇	又（第一画）；水（第二画）；经（第四画）
	撇点	㇛	女（第一画）
	竖提	㇙	民（第三画）；比（第二画）；切（第二画）
	横折折	㇅	凹（第二画）
	横折提	㇊	话（第二画）
	竖折折	㇞	鼎（第六画）
	竖折撇	㇙	专（第三画）
	横折折折	㇎	凸（第四画）
	横折折撇	㇋	及（第二画）；廷（第五画）

汉字的字形一般由多个笔画组配而成。通用汉字的笔画数目、笔形以《印刷通用汉字字形表》为标准。例如，“免”字有7画，第六画是斜撇，“鬼”字有9画，第6画是斜撇。据《现代汉语通用字表》的统计，7000个现行汉字的总笔画数是75290画，平均每字10.75画；最多的达36画，如“齉”，最少的仅1画，如“一”和“乙”。一个规范的现代汉字的笔画数是固定的，我们书写某字时如果将其笔画数搞错了，就会写出错别字来。

多个笔画经横向和纵向同时展开而形成一个平面型方块汉字的时候，它们在空间上主要体现为三种关系：一是相离关系，即笔画与笔画之间彼此分离，例如，“二、川、儿、小、习”各字的各笔画之间均为相离关系；二是相接关系，即笔画与笔画相互连接，例如，“人、几、乃、刀、工”各字的各笔画之间均为相接关系；三是相交关系，即笔画和笔画相互交叉，例如，“十、七、九、丰、也”各字的各笔画之间均为相交关系。一个规范的现代汉字的笔画与笔画之间的空间关系也是固定的，我们书写某字时如果将其笔画间的空间关系搞错了，也会写出错别字来。

如果综合考察产生错别字的原因，我们会发现，笔画方面容易出现三个方面的错误：

第一，笔画形状错误。例如，“夭”和“千”的第一画都是平撇，如果将其写成了短横，那么写出来的两个字就是“天”和“干”，所写的就是别字。

第二，笔画数量错误。有的随意添加了笔画，例如，“弋”和“贰”的右下角都没有斜撇，如果添加了斜撇，前一字就成了别字“戈”，后一字就成了错字“贰”；有的随意减少了笔画，例如，“候”的第三画是短竖，“蒙”的第六画是短横，写这两个字时，如果分别少写了这两画，前一字就成了别字“侯”，后一字就成了错字“蒙”；有的随意将一画写成了两画，例如，“片”的第四画是横折，如果将其写成了两画，即写成了长横和悬针竖相接，那么所写的就是错字“片”；有的随意将两画写成了一画，例如，“舀”的第八、九画都是短横，如果用一画即长横将这两画写完，那么所写的就是错字“舀”。

第三，笔画空间关系错误。例如，“刀”的第一画是横折钩，第二画是斜撇，两者在空间上是相接关系，如果写成了相交关系，就写了别字“力”；又如“黄”的第六画是横折，第八画是短竖，两者在空间上是相交关系（中间部件为“由”），如果写成了相接关系（中间部件为“田”），就写了错字“黄”。

我们可以通过以下办法避免因写错笔画而写错别字：一是熟记所有笔画变体的笔形及名称；二是平时多留意相关汉字的笔画数；三是平时多留意各汉字中相关笔画之间的空间关系；四是集中记熟那些容易写错笔画的汉字。

二、避免写错汉字的笔顺

笔顺是人们在长期书写实践中形成的汉字笔画的书写顺序。《现代汉语通用字笔顺规范》对现代汉语通用汉字笔画的书写顺序作了明确的规定，例如，“乃”字有两画，第一画是横折折折钩，第二画是斜撇。

一般说来，笔画的书写顺序建立在运笔方便的基础之上，其基本规则可以概括为七条：一是先横后竖，如“十、干、丰、末”等；二是先撇后捺，如“人、入、八、术”等；三是先上后下，如“二、芳、吕、盒”等；四是先左后右，如“川、明、好、湖”；五是先外后内，如“月、风、同、司”等；六是先中间后两边，如“小、水、承、办”等；七是先外后内再封口，如“四、国、圆、田”等。当然，在书写汉字时往往要综合运用这七项规则，例如，“未”字运用了先横后竖和先撇后捺两条规则，“暴”字运用了先上后下、先外后内再封口、先横后竖、先撇后捺和先中间后两边五条规则。

在七条规则之外，还有七条特殊的书写规则：一是点在左上或正上的字先写点，如“义、主、头、为”等；二是点在右上或里边的字后写点，如“戈、栽、叉、瓦”等；三是下包上结构的字先写上，如“山、凶、幽、函”等；四是上包下结构的字先写上，如“同、周、风、用”等；五是上左下包围结构的字先写上和内，如“区、叵、臣、医”等；六是左下包右上结构的字（辶、廴旁）先写右上，如“边、这、延、建”等；七是左下包右上结构的字（辶、廴旁之外）后写右上，如“毡、赵、魅、题”等。

不过，并非所有字的笔顺都合乎上述规则，少数字的笔顺非常特殊，需要个别掌握。例如，“女”字的第一画是撇点，最后一画是长横；“火、半、坐、臾、爽”等字要先写两边后写中间。

笔顺错误虽然不会直接导致写错别字，但是会影响书写速度和所书汉字的视觉效果，当然也不合乎《汉字应用水平测试大纲》中关于汉字笔顺的相关要求。我们可以通过以下办法避免写错汉字的笔顺：一是熟记并综合运用书写汉字的基本规则和特殊规则；二是集中记熟笔顺特殊的汉字的笔顺。

三、避免写错汉字的偏旁

汉字可以依其结构特点分为独体字和合体字。独体字是由笔画直接组配而成的汉字，其字形具有整体性，从结构上不可再分析，如“人、口、羊、小”等。合体字是由较小的结构单位组配而成的汉字，其字形具有可分析性，即可以从结构上分出结构单位来，如“休、吾、慧、固”等。在现代汉语通用汉字中，绝大多数是合体字，少数是独体字。汉字简化以后，有些原来是合体的繁体字，变成了独体的简化字，例如“丑（醜）、丰（豐）、才（纔）、卫（衛）”等。

合体字的结构单位叫部件，也叫偏旁。偏旁是由笔画组成的具有组配汉字功能的构字单位。常见的汉字偏旁见下表。

常见的汉字偏旁表

偏旁	名　称	例　字	偏旁	名　称	例　字
亠	京字头	亢、亨、京、亩	彐	雪字底	雪、彗、当、寻
冫	两点水	净、冷、凝、准	彳	双人旁	徐、得、衔、徽
冖	秃盖头	写、冠、冗、冤	犭	反犬旁	猪、狗、狱、猛
十	十字儿	支、直、华、阜	饣	食字旁	饱、饼、馈、馒
讠	言字旁	论、讲、诲、识	尸	尸字头	屡、屋、届、展
刂	立刀旁	制、别、剑、刘	弓	弓字旁	张、弘、弦、弩
八	八字旁	分、公、首、典	子	子字旁	孩、孺、孟、孽
人	人字头	仓、全、合、命	女	女字旁	妈、好、妄、姿
厂	厂字旁	原、压、历、厢	纟	绞丝旁	绒、给、缘、缴
力	力字旁	劣、努、勃、劲	马	马字旁	骝、骏、驾、驽
又	又字旁	叠、艰、叔、叟	灬	四点底	热、烹、熟、照
亻	单人旁	化、仇、侵、催	方	方字旁	旅、放、旗、旁
卩	单耳旁	却、印、即、卸	手	手字旁	拜、拳、掰、攀
阝	左耳旁	陈、陆、队、限	欠	欠字旁	欲、欧、歇、歌
? 阝	右耳旁	郊、邻、部、郑	火	火字旁	灭、灯、炉?、炸
廴	建之旁	建、延、廷	歹	歹字旁	列、歼、殊、殚
勹	包字头	甸、匆、匈、匍	戈	戈字边	伐、战、或、戟
厶	私字旁	参、牟、矣、弁	比	比字头	毕、皆、毙、毖
匚	区字框	医、匡、匣、匪	⺗	恭字底	恭、慕、忝
冂	同字框	网、内、罔、周	⺧	告字头	告、先
凵	凶字框	幽、函、凶、击	耂	老字头	老、者、考、孝
氵	三点水	泸、洛、润、浩	气	气字头	氛、氧、氮、氦
彡	三撇儿	彤、彩、彭、影	王	王字旁	琅、球、瑞、珍
忄	竖心旁	悄、忖、憧、慢	木	木字旁	村、杜、极、树
丬	将字旁	壮、妆、状、将	车	车字旁	辆、输、轻、辅
宀	宝盖头	宜、安、家、室	日	日字旁	暇、明、智、旭
广	广字旁	底、庆、庞、庙	止	止字旁	武、歧、此、步
夕	夕字旁	梦、外、多、舛	户	户字旁	扇、房、扉、雇
夂	折文旁	冬、处、备、复	礻	示字旁	祖、福、祀、神
辶	走之旁	邀、过、送、逃	冃	冒字头	冒、冕
寸	寸字旁	封、导、耐、尊	父	父字头	爹、斧、釜、爸
扌	提手旁	拖、担、推、拉	牛	牛字旁	特、物、牵、犟
土	提土旁	地、坝、墅、壁	攵	反文旁	敏、故、敦、敞
艹	草字头	药、苏、苦、苗	斤	斤字旁	新、斯、断、所
廾	弄字底	弄、弈、异、弊	爫	爪字头	爱、舜、爵、爬
尢	尤字旁	尴、尬、尥、龙	月	月字旁	腹、肋、朗、胄
大	大字头	套、夸、奔、樊	穴	穴盖头	窒、空、窟、窃
⺌	小字头	肖、尖、光、尚	心	心字底	意、念、忍、怨
口	口字旁	唱、喝、响、唯	立	立字旁	竖、章、竭、端
囗	国字框	国、困、圆、图	目	目字旁	盲、瞥、瞳、盯
门	门字框	阅、闪、闲、阀	田	田字旁	界、畜、畴、畔
巾	巾字旁	师、帐、帝、带	石	石字旁	研、砂、磊、磐
山	山字旁	峡、峰、岗、峦	矢	矢字旁	矮、矫、矩、短

续表

偏旁	名　称	例　字	偏旁	名　称	例　字
疒	病字头	疼、痛、疲、痒	耒	耒字旁	耕、耘、耙、耗
衤	衣字旁	衬、补、袖、袂	𢦏	栽字框	栽、裁、载、哉
钅	金字旁	锚、铜、银、钟	糸	系字底	紧、素、紫、紊
罒	皿字头	蜀、置、署、罩	走	走字旁	赵、趟、起、赶
皿	皿字底	盔、盒、盂、盛	𧾷	足字旁	距、踞、跳、踮
禾	禾木旁	秧、种、秒、稳	角	角字旁	触、解、觥、觞
白	白字旁	皇、皈、皑、皎	酉	酉字旁	酥、酬、醉、酵
𡗗	春字头	春、奉、奏、舂	豸	豸字旁	貌、豺、豹、貉
戊	戊字框	成、咸、威、戚	言	言字底	誓、警、誉、譬
氺	泰字底	泰、黎、隶、录	辛	辛字旁	辣、辨、辫、辜
⺌	党字头	堂、常、尝、党	身	身字旁	躲、躯、躺、躬
癶	登字头	癸、登	鱼	鱼字旁	鲜、鳄、鳔、鳖
米	米字旁	粒、糕、粟、粪	隹	隹字旁	雀、雄、雅、雕
覀	西字头	栗、要、覆、覃	雨	雨字头	露、霜、零、霭
页	页字旁	颗、颊、顿、额	齿	齿字旁	龄、龈、龅、龃
舌	舌字旁	舐、舔、甜、辞	革	革字旁	靴、鞭、勒、鞍
缶	缶字旁	缸、缺、罂、罄	骨	骨字旁	骼、骸、髋、髓
耳	耳字旁	耽、职、聋、聱	音	音字旁	韶、韵、歆、竟
虍	虎字头	虑、虚、虎、虐	麻	麻字头	摩、磨、魔、麾
⺮	竹字头	管、篮、笨、筷	髟	髦字头	髻、鬈、髦、鬃
舟	舟字旁	船、舰、舱、航	鹿	鹿字旁	麂、麋、麝、麟

有的偏旁现在可以独立成字，如“坐、盆、静、柴”等字中的“人、土、分、皿、青、争、此、木”等；有的偏旁虽然古代可以独立成字，但是现在不能独立成字，如“字”中的“宀”“杉”中的“彡”等。

合体字由两个或两个以上的偏旁组配而成。例如，“感”字的偏旁是“咸”和“心”，“想”字的偏旁是“相”和“心”，其中，“相”又由“木”和“目”两个偏旁组配而成。需要特别留意的是，有些独体字充当偏旁时，为了适应合体字整体字形结构的需要，往往会发生一些变形，例如，“刂”是“刀”的变形，“钅”是“金”的变形，“灬”是“火”的变形，“扌”是“手”的变形，“氵、氺”都是“水”的变形。

偏旁方面容易出现三个方面的错误：一是错用形近偏旁。有一些偏旁在写法上比较接近，如果不注意区分很容易混淆。如“卩”和“阝”，“衤”和“礻”，“市”和“巿”，“爰”和“爱”等。二是弄错偏旁的相对位置或方向。写字时，要把偏旁的相对位置和方向弄清楚，例如，不要把“够”写成“夠”，“虐”字下边的虎爪朝外而不是朝内，“贰”字的两短横在长横下面而不在上面。三是将某些偏旁混同于它充当独体字时的字形。有些独体字充当偏旁时会发生变形，例如，“舟”充当左边偏旁时第五画（长横）的右端不出头，如“船、艘”等字；“羊”充当上边偏旁时第六画（长竖）的下端不出头，如“羔、羡”等字；“手”充当左边偏旁时第四画（竖钩）要变成竖撇，如“拜、掰”等字，不过“拜”字右边的“手”要变成了四横一竖。

我们可以通过以下办法避免因写错偏旁而写错别字：一是成组识别形近偏旁；二是集中记熟那些字形独特的汉字中偏旁的相对位置或方向；三是集中记熟那些不同于它充当独体字

时的字形的偏旁。

四、避免写错汉字的结构

偏旁与偏旁组配成合体字时存在一定的结构关系，例如，“胡”是左右结构，“苦”是上下结构，“固”是内外结构。如果考虑到结构层级的话，合体字的结构更为复杂。例如，“蹦”的第一层是左右结构，由“⻊”和“崩”组配而成；它的右边偏旁“崩”是上下结构，由“山”和“朋”组配而成，这属于第二层结构；“崩”的下边偏旁“朋”又是左右结构，由两个“月”构成，这属于第三层结构。

如果只考虑第一层结构，合体字主要有左右结构、上下结构、内外结构三种结构类型。如果不考虑结构层级，合体字的结构方式则有八种：一是左右结构，如“明、够、数、切”等；二是左中右结构，如“湖、树、辨、锄”等；三是上下结构，如“笔、岩、照、要”等；四是上中下结构，如“葬、裹、慧、冀”等；五是半包围结构，如“廷、厅、司、岛、爬”等；六是三包围结构，如“周、奉、凶、函、匠、匾”等；七是全包围结构，如“围、囚、国、囱”等；八是穿插结构，如“爽、噩、乘、秉”等；九是品字结构，如“磊、淼、森、鑫”等。

我们书写汉字时，不可随便改变合体字的整体结构，否则就会写错别字。例如，“愿”是半包围结构，如果第二画（竖撇）写得太短，将会使该字变为上下结构，从而写出错字“愿”；又如，“含”是上下结构，如果将其偏旁处理为左右结构，就会写成别字“吟”。

我们可以通过以下办法避免因写错汉字的结构而写错别字：一是熟记常用合体字的结构类型；二是理清结构复杂的合体字的结构层级；三是集中记熟那些容易弄错其整体结构的合体字。

五、避免因不谙相关文件而写不规范字

《中华人民共和国通用语言文字法》第三条规定：“国家推广普通话，推行规范汉字。”在中国大陆，规范汉字是指经过整理简化并由国家以《简化字总表》形式正式公布的简化字和未被整理简化的传承字。本书第一章第一节介绍了现行规范汉字的标准，如《简化字总表》（1986 年）、《第一批异体字整理表》（1955 年）、《现代汉语通用字表》（1988 年）、“县以上地名生僻字”（1955—1964 年）、《关于部分计量单位名称统一用字的通知》（1977 年）等。中国大陆使用汉字时，一般以现行的《新华字典》《现代汉语词典》《现代汉语规范词典》为准。

不规范汉字包括已经被简化的繁体字、已经被废除的异体字、已经被废弃的二简字、乱造的不规范的简体字和错别字。我们要做到用字规范，首先要熟悉上述文件，其次要在生活中严格要求自己，尽量做到不随意使用不规范汉字。具体说来，要做到以下五点：

第一，不滥用已被简化的繁体字。繁体字是指汉字简化后被简化字（又称简体字）所代替的原来笔画较多的汉字，例如，“長”是“长”的繁体，“竈”是“灶”的繁体，“龍”是“龙”的繁体。《中华人民共和国通用语言文字法》第十七条规定了可以保留和使用繁体字和异体字的六种情形场合：一是文物古迹；二是姓氏中的异体字；三是书法、篆刻等艺术作品；四是题词和招牌的手书字；五是出版、教学、研究中需要使用的；六是经国务院有关部门批准的特殊情况。除此之外，一律要求使用规范的简化汉字。

第二，不使用二简字。二简字是指《第二次汉字简化方案（草案）》（1977 年）中提出

的简化汉字。例如，将“餐”简化为“歺”，将“停”简化为“仃”，将“酒”简化为“氿”，将“贰”简化为“弍”，将“舞”简化为“午”，将“雪”简化为“彐”，将“信”简化为“仗”，将“街”简化为“亍”等。该草案发布于1977年，所提出的新简化字大多只通行于一种行业或一个地区，不能被广大人民所接受，在社会上造成了汉字使用上的混乱。国务院已于1986年宣布废止。

第三，不使用自造的半简半繁字。半简半繁字是指写字人随意造的部分偏旁保留繁体、部分偏旁简化的错字。例如，将“显（繁体是顯）”写成“顕”，将“购（繁体是購）”写成“贘”，将“钱（繁体是錢）”写成“銭”，将“证（繁体是證）”写成“証”等。

第四，不使用已被淘汰的异体字。异体字是指与《第一批异体字整理表》（1955年）规定的正体字同音、同义但不同形的字。例如，“淚”是“泪”的异体，“貓”是“猫”的异体，“牀”是“床”的异体，“妬”是“妒”的异体，“妳”是“你”的异体。

第五，使用异形词的推荐词形。异形词是指在普通话书面语中并存并用的读音相同、词义相同但词形不同的一组词语。例如，“笔画”和“笔划”、“按语”和“案语”、“唯一”和“惟一”等。《第一批异形词整理表》（2002年）选取了普通话书面语中经常使用、公众的取舍倾向比较明显的382组异形词（含固定短语）作为整理对象，给出了每组异形词的推荐使用词形。例如，上述三组异形词中，“笔画、按语、唯一”就是推荐使用的词形。

六、避免因汉字繁难而写不出字

有些汉字笔画繁多，使用范围小，甚至连字形也不能明显地提示字音和字义，例如，“彝、盥、鳏、谶、蠹”等。这类字似乎难以掌握，尤其是读音。我们采用以下办法掌握那些繁难字：一是强行熟记其读音；二是尽量依据字形探寻字义，例如，“盥”下面的“皿”表示水盆，上面中间的“水”表示水盆里有水，上面两边的偏旁表示一双正在水中搓洗的手，整个字的意义与洗有关；三是借助词语来记忆，例如，掌握上述五个字时，如果结合“彝族、盥洗室、鳏夫、谶语、户枢不蠹”等词语，就会比独立记忆五个字更有效。

七、避免因书写不工整而被判为错字

汉字应用水平测试的书写填空题要求写正楷字，而且要求做到书写工整、字迹清晰、容易识别。具体说来，我们答题时要做到以下几点。

第一，笔画清晰。一个汉字或者偏旁由几画构成就用几画写成，千万不要出现连笔，否则，评卷老师会认为答题者分不清基本笔画。例如，如果把“弓”字写成类似阿拉伯数字“3”，把“具”里面的三横写成一竖或者写成一条纵向的曲线，都会被判断为错字。

第二，结构匀称。合体字的各偏旁不但位置固定，而且所占的空间比例也比较固定，例如，“思、霜、想”虽然都是上下结构，但是上下空间比例不同，“思”上下相等，“霜”上小下大，“想”上大下小。我们不可以随意改变合体字中的偏旁的位置及所占空间，否则，评卷老师会认为答题者没有掌握汉字的基本结构。例如，“嚣”中间的“页”如果写得过小，就会被上下四个“口”遮蔽，该字就很有可能被评卷老师判断为错字。

第三，不出米字格。答题纸的书写填空题部分印有相应的米字格。答题者要将汉字写在米字格的中间，不要使某一笔画延伸到边框的外面，尤其不要在答题纸的边缘自绘米字格作答，否则，一定会被判断为错字，因为评卷老师只关注印制的米字格中的答案。我们最好用

HB铅笔作答书写填空题部分，如果不小心写错了，还可以用橡皮擦拭干净后重新写，不至于自己在答题纸的边缘绘制米字格。

第二节　汉字字形训练

一、笔画训练

指出下列各题中唯一正确的选项

1.“凶”的第二画的名称是（　　）

A. 竖折　B. 撇　C. 竖　D. 点

2.“陷”字的笔画数是（　　）

A. 9　B. 10　C. 11　D. 12

3. 下列各组字中，每个字都是四画的一组是（　　）

A. 区长马　B. 为月凸　C. 鸟世忆　D. 牙丐屯

4.“母”第三画的名称是（　　）

A. 竖折　B. 点　C. 横　D. 横折钩

5.“妈”字的笔画数是（　　）

A. 5　B. 6　C. 7　D. 8

6.“为”第一画的名称是（　　）

A. 撇　B. 点　C. 折　D. 竖折

7.“放”第四画的名称是（　　）

A. 撇　B. 折　C. 点　D. 横

8.“仍”字的笔画数是（　　）

A. 4　B. 5　C. 6　D. 7

9.“途”字的笔画数是（　　）

A. 8　B. 9　C. 10　D. 11

10.“敝”第二画的名称是（　　）

A. 竖　B. 点　C. 横折　D. 撇

11.“颐”字的笔画数是（　　）

A. 11　B. 12　C. 13　D. 14

12.“毋”字的笔画数是（　　）

A. 4　B. 5　C. 6　D. 7

13. 下列十一画的字是（　　）

A. 象　B. 裨　C. 鼎　D. 羞

14.“阿姨”两个字的笔画数分别是（　　）

A. 7　9　B. 8　9　C. 7　10　D. 8　8

15. 书写全部正确的一组词是（　　）

A. 货币　B. 矛盾　C. 等侯　D. 末来

16.“幽”字的第一笔和第二画的名称是（　　）

A. 竖　撇折　B. 竖折　竖　C. 竖折　撇折　D. 竖　竖折

17.“乃”字的笔画数和第一画的名称是（　　）

A. 2　撇　　B. 2 横折折折钩　　C. 3　撇　　D. 3　横折

18. “万”和“力”的第二画分别是（　　）

A. 撇　横折钩　　B. 横折钩　撇　　C. 撇　撇　　D. 横折钩　横折钩

19. “凹”和“凸”分别是几画（　　）

A. 5　6　　B. 5　3　　C. 5　5　　D. 3　4

20. “卑”字的笔画数是（　　）

A. 9　　B. 8　　C. 7　　D. 10

二、笔顺训练

1. “臼”字共（　　）画，第四画是（　　），笔顺是（　　　　　　）。
2. “非”字共（　　）画，第一画是（　　），笔顺是（　　　　　　）。
3. “垂”字共（　　）画，第三画是（　　），笔顺是（　　　　　　）。
4. “脊”字共（　　）画，第一画是（　　），笔顺是（　　　　　　）。
5. “兜”字共（　　）画，第七画是（　　），笔顺是（　　　　　　）。
6. “母”字共（　　）画，第一画是（　　），笔顺是（　　　　　　）。
7. “毋”字共（　　）画，第三画是（　　），笔顺是（　　　　　　）。
8. “北”字共（　　）画，第四画是（　　），笔顺是（　　　　　　）。
9. “与”字共（　　）画，第一画是（　　），笔顺是（　　　　　　）。
10. “敝”字共（　　）画，第四画是（　　），笔顺是（　　　　　　）。

三、偏旁训练

（一）指出下列各题中唯一正确的选项

1. 下列不含“采”字偏旁的是（　　）

A. 菜　　B. 彩　　C. 释　　D. 踩

2. 下列不含“市”字偏旁的是（　　）

A. 闹　　B. 沛　　C. 柿　　D. 铈

3. 下列不含“末”字偏旁的是（　　）

A. 袜　　B. 沫　　C. 茉　　D. 味

4. “尴尬”两字外面的偏旁是（　　）

A. 尢　　B. 九

5. 下列汉字部件之间的关系摆放错误的是（　　）

A. 夠　　B. 拘　　C. 狗　　D. 枸

6. 下列不含“瓜”字偏旁的是（　　）

A. 狐　　B. 弧　　C. 瓢　　D. 爬

7. 下列不含“㔾”字偏旁的是（　　）

A. 范　　B. 巷　　C. 危　　D. 卷

8. 下列不含“朩”字偏旁的是（　　）

A. 茶　　B. 条　　C. 采　　D. 杂

9. 下列不含“匃”字偏旁的是（　　）

A. 胸　　B. 喝　　C. 歇　　D. 揭

10. 下列不含“力”字偏旁的是（　　）

A. 券　B. 募　C. 励　D. 历

（二）找出下列四组词中用字有错误的一组

1. A. 跋涉　B. 拨河　C. 活泼　D. 海拔
2. A. 讽刺　B. 棘手　C. 枣树　D. 辣椒
3. A. 忽然　B. 物体　C. 匆忙　D. 葱茏
4. A. 商店　B. 滴水　C. 摘要　D. 嫡亲
5. A. 官邸　B. 诋毁　C. 神祗　D. 低头
6. A. 干弋　B. 样式　C. 武力　D. 油腻
7. A. 疆土　B. 嚣张　C. 松弛　D. 子弹
8. A. 炯炯有神　B. 胴体　C. 恫吓　D. 洞穴
9. A. 陶醉　B. 酣畅　C. 发酵　D. 潇酒
10. A. 茯苓　B. 沉吟　C. 弹琴　D. 矜持

四、整字训练

（一）找出下列四组词中用字有错误的一组

1. A. 未日　B. 漂亮　C. 覆辙　D. 录取
2. A. 海蜇　B. 粗旷　C. 蓝图　D. 抱负
3. A. 枯燥　B. 汨罗　C. 招聘　D. 肆业
4. A. 谄媚　B. 抵御　C. 纂夺　D. 竞赛
5. A. 疲惫　B. 悲伤　C. 害臊　D. 招骋
6. A. 迁徒　B. 踉跄　C. 龋齿　D. 诟病
7. A. 蛊惑　B. 雇用　C. 隆重　D. 奶酪
8. A. 履带　B. 襄括　C. 寂寞　D. 枢纽
9. A. 挑畔　B. 萎靡　C. 懦弱　D. 徘徊
10. A. 引擎　B. 胆怯　C. 瘸腿　D. 羸弱
11. A. 奔腾　B. 腼腆　C. 瞻养　D. 蟋蟀
12. A. 堕落　B. 戳穿　C. 喷嚏　D. 瘫痪
13. A. 誊写　B. 挟制　C. 嫌弃　D. 携带
14. A. 平庸　B. 毅力　C. 臃肿　D. 气妥
15. A. 犹豫　B. 翌日　C. 确凿　D. 醮水
16. A. 书斋　B. 磬石　C. 箴言　D. 赈灾
17. A. 入赘　B. 刻簿　C. 扫帚　D. 镶嵌
18. A. 陟峭　B. 鸵鸟　C. 鹦鹉　D. 桅杆
19. A. 瘟疫　B. 豌豆　C. 掇学　D. 私塾
20. A. 芍药　B. 别墅　C. 享通　D. 删除
21. A. 被褥　B. 针灸　C. 渠道　D. 飒爽
22. A. 枸杞　B. 霹雳　C. 果脯　D. 修茸
23. A. 耒耜　B. 酩酊　C. 彷徨　D. 折穿
24. A. 魅力　B. 囹圄　C. 戌守　D. 鱼鳞

25. A. 诀别　B. 陶治　C. 斟酌　D. 监督
26. A. 发酵　B. 渲泄　C. 踌躇　D. 栏目
27. A. 鲁莽　B. 胆魄　C. 抵毁　D. 股份
28. A. 余晖　B. 粗旷　C. 蓝图　D. 神采
29. A. 须臾　B. 囊括　C. 延期　D. 寒喧
30. A. 沸腾　B. 按照　C. 经历　D. 盘恒
31. A. 诡异　B. 重迭　C. 黯然　D. 皈依
32. A. 勾画　B. 驾驭　C. 噩梦　D. 松驰
33. A. 赝品　B. 棱角　C. 气慨　D. 禀赋
34. A. 排泄　B. 致富　C. 悖论　D. 鸿流
35. A. 跌宕　B. 分额　C. 攻坚　D. 偏袒
36. A. 亲睐　B. 顽抗　C. 蜕皮　D. 流窜
37. A. 躁动　B. 通牒　C. 愿景　D. 幅射
38. A. 赌搏　B. 奢侈　C. 撮合　D. 呈请
39. A. 挑衅　B. 囊括　C. 延期　D. 寒喧
40. A. 蛰伏　B. 按语　C. 经历　D. 盘桓
41. A. 拙劣　B. 须臾　C. 涡笋　D. 谬误
42. A. 城皇　B. 媒妁　C. 怨艾　D. 倾听
43. A. 含盖　B. 匿名　C. 相片　D. 广袤
44. A. 蒙昧　B. 九洲　C. 残余　D. 鲁莽
45. A. 暴燥　B. 枯萎　C. 隆重　D. 遭遇
46. A. 诡计　B. 振撼　C. 绮丽　D. 户型
47. A. 茁壮　B. 调头　C. 联袂　D. 穿带
48. A. 酒徒　B. 偷窥　C. 搅伴　D. 趋势
49. A. 喧嚣　B. 渲泄　C. 踌躇　D. 栏杆
50. A. 羞涩　B. 拷贝　C. 蕾丝　D. 扭怩
51. A. 抖擞　B. 碘酒　C. 遏腕　D. 参差
52. A. 罢黜　B. 拔除　C. 妖孽　D. 秤陀
53. A. 会晤　B. 暗然　C. 拓片　D. 菲薄
54. A. 祈祷　B. 缤妃　C. 勘察　D. 销毁
55. A. 缠绵　B. 隐讳　C. 塞责　D. 脏款

（二）找出下列成语中用字有错误的一组

1. A. 翘首以待　B. 倒打一靶　C. 戛然而止　D. 飞扬跋扈
2. A. 病入膏肓　B. 笨口绌舌　C. 不胫而走　D. 惨绝人寰
3. A. 以偏概全　B. 鼎力相助　C. 殚精竭虑　D. 义愤填膺
4. A. 赴汤蹈火　B. 动辄得咎　C. 肝脑涂地　D. 开门缉盗
5. A. 饮鸩止渴　B. 废寝忘食　C. 饱经沧桑　D. 舐犊情深
6. A. 披荆斩棘　B. 衰兵必胜　C. 骇人听闻　D. 一蹶不振
7. A. 置若罔闻　B. 惩前毖后　C. 括不知耻　D. 不堪回首
8. A. 火中取粟　B. 大发雷霆　C. 踌躇满志　D. 不能自已

9. A. 别树一帜　B. 吹毛求疵　C. 垂涎三尺　D. 十恶不赦
10. A. 沉鱼落雁　B. 庸人自忧　C. 恻隐之心　D. 大动干戈
11. A. 地大物博　B. 高官厚禄　C. 鬼鬼祟祟　D. 亘古未有
12. A. 纷至沓来　B. 海市蜃楼　C. 呱呱坠地　D. 矫枉过正
13. A. 锦囊妙计　B. 灰心丧气　C. 揭竿而起　D. 杳无音讯
14. A. 遣词造句　B. 众口砾金　C. 拾金不昧　D. 瞬息万变
15. A. 死有余辜　B. 所向披靡　C. 沁人心脾　D. 茹毛饮血
16. A. 谈笑风声　B. 举步维艰　C. 顾影自怜　D. 不伦不类
17. A. 工于心计　B. 按步就班　C. 出类拔萃　D. 孑然一身
18. A. 瞠目结舌　B. 出奇致胜　C. 鸿鹄之志　D. 近在咫尺
19. A. 德才兼备　B. 秀外慧中　C. 面面相觑　D. 迫不急待
20. A. 直截了当　B. 再接再厉　C. 一丘之貉　D. 老生长谈
21. A. 缘木求鱼　B. 哀泓遍野　C. 呕心沥血　D. 不修边幅
22. A. 走投无路　B. 胆小如鼠　C. 变换莫测　D. 大逆不道
23. A. 不共带天　B. 不绝如缕　C. 粗制滥造　D. 矢志不渝
24. A. 弥天大谎　B. 美仑美奂　C. 祸起萧墙　D. 浑然一体
25. A. 鸠占鹊巢　B. 南柯一梦　C. 委曲求全　D. 留芳百世

（三）在下列各题的四句话中，请找出加点字错误的一项

1. A. 学开车，要冷静，要专心，不能张皇失措。
   B. 学术会议上，我们不爱听长篇发言，爱听真知灼见。
   C. 这张纸太厚太硬，戮不破。
   D. 谁都希望一劳永逸，可事实上很难做到。
2. A. 王会计捧出当年的账薄，又核对了一遍。
   B. 虽然花了不少工夫，吃了不少苦头，还是徒劳的。
   C. 姑娘在一旁只是抿着嘴笑，一句话也不说。
   D. 粥煮得很稠，可大家仍然吃不饱。
3. A. 话剧艺术家欢聚一堂，共庆中国话剧百岁诞辰。
   B. 你知道戊戌变法发生在哪一年吗？
   C. 各级政府都要准备好应对办法，要未雨绸缪啊。
   D. 农民工小江趁着春节休息回家修葺房子。
4. A. 儒学让人们在斑斓的外物与祥和的内心之间找到平衡。
   B. 多年不见，你事业有成，真是要刮目相看了。
   C. 文化只有在不断兼收并蓄中才能够得到长足的发展。
   D. 如果掌握儒学能够把握成功的一半，那么来学习研究它的人就会趋之若骛。
5. A. 你别有持无恐了，刚才所说分明是强词夺理。
   B. 叫天天不应，叫地地无门，真的走投无路了。
   C. 这件事只有我们三个人知道，务必秘而不宣。
   D. 永葆青春，是对老年朋友的祝福。
6. A. 两条措施同时推出，可以并行不背吗？
   B. 他今天黯然伤神，一定遇到什么挫折了。

C. 公务员“一日捐”，是自愿活动，多少不论，当然也不设上限。
D. 当年滑稽演员严顺开扮演的阿 Q，惟妙惟肖。
7. A. 公安人员到达现场时，一部分罪证已经被销毁了。
B. 中国人喜欢在节假日到处旅游。
C. 别看他指高气扬的样子，其实内心空虚得很。
D. 办案人员在侦查过程中，必须明察秋毫。
8. A. 雄兔脚扑朔，雌兔眼迷离。
B. 遇到这些小问题，要做细致的思想工作，用不着大声急呼。
C. 意见结果出来了，除了心律不齐，没有别的病。
D. 儿子气喘吁吁地赶到医院，发现母亲已经离开了。
9. A. 大街上人也多车也多，川流不息。
B. 无限的感慨中包含着我的拳拳之心和真诚态度。
C. 司令员与政委一起坐阵指挥。
D. 在受灾严重的几个村子，小麦、土豆、油菜基本绝收。
10. A. 改进工艺，采用新的操作程序，真是事半功倍了
B. 总结写得太长，必须删烦就简，压缩到 2000 字左右。
C. 完璧归赵的故事发生在哪个朝代啊？
D. 上海京剧院的尚长荣是德艺双馨的表演艺术家。
11. A. 得了瘙痒病，睡也睡不好，实在难受。
B. 没想到只拍了一部电影，他就声名雀起。
C. 我们上哪儿去参观金碧辉煌的建筑呢？
D. 市政府重申，禁止销售河豚和毛蚶。
12. A. 现想想清楚，不要迫不及待地去干预。
B. 2006 年上海适龄健康公民无偿献血近 80 吨。
C. 老两口兴致勃勃，又去北方旅游了。
D. 刚走下旅游车，迎面就是一幅对联。
13. A. 常吃、多吃油炸、烧烤食品，容易导致胃癌。
B. 今天参观了一所实验中学，印象最深的是井然有序。
C. 到书店去，买什么书，买谁的书，得有一双慧眼。
D. 你应该走出去，见世面，经风雨，不要做茧自缚。
14. A. 爷爷成亲的那年，先涝后旱，粮食歉收。
B. 季节一到，山顶上的冰、雪都熔化了。
C. 敌人诡计多端，千万不要中他们的全套。
D. 小林有一句习惯用语，就是“请多包涵”。
15. A. 既然如此，我们只好甘败下风了。
B. 医务人员的奖惩要与医德挂钩。
C. 专家认为，长江三角洲的浮尘天气与沙尘暴有区别。
D. 煤气热水器下面安装两个阀门，一个管水，一个管气。

五、繁难字形训练

根据下列各题所给出的汉语拼音填写正确的汉字（用正楷书写）

1. ____（yí）族
2. ____（jié）____（ào）不驯
3. ____（guàn）洗室
4. ____（guān）寡孤独
5. 性情乖____（chuǎn）
6. 切中肯____（qǐng）
7. ____（zhào）事
8. ____（qiǎn）____（quǎn）柔情
9. 沆____（xiè）一气
10. ____（pú）玉浑金
11. ____（qìng）竹难书
12. ____（qióng）____（qióng）孑立
13. 穷兵____（dú）武
14. 精神____（jué）铄
15. 深____（suì）
16. ____（tāo）____（tiè）
17. ____（tí）____（hú）灌顶
18. 无____（jī）之谈
19. 不留____（xià）隙
20. 垂____（xián）三尺
21. 珍馐肴____（zhuàn）
22. 风光____（yǐ）____（nǐ）
23. 越____（zǔ）代庖
24. ____（zī）铢必较
25. 户枢不____（dù）
26. ____（zhí）____（zhú）不前
27. ____（zhuó）发难数
28. 折____（jǐ）沉沙
29. 一____（jué）不振
30. 静____（mì）
31. 油____（nì）
32. ____（yè）窝
33. 牙____（yòu）质
34. ____（yùn）酿
35. 鳞次____（zhì）比
36. ____（zhēn）酌
37. 抓____（jiū）
38. ____（jiān）默不语
39. ____（ài）昧
40. ____（áo）战
41. 白____（diàn）风
42. ____（bài）官野史
43. ____（tān）塌
44. 鼻____（dòu）炎
45. 比肩继____（zhǒng）
46. 敝____（zhǒu）自珍
47. 编____（zuǎn）
48. 鞭____（chī）
49. 病入膏____（huāng）
50. 采____（xié）
51. 断壁残____（yuán）
52. 惨绝人____（huán）
53. ____（cè）隐之心
54. 姹紫____（yān）红
55. ____（chán）宫折桂
56. ____（chǎn）媚
57. 徜____（yáng）
58. ____（chēn）怒
59. 晨____（xī）
60. 重峦叠____（zhàng）
61. 抽____（chù）
62. ____（chóu）____（chú）满志
63. ____（chuò）泣
64. 揣____（duō）
65. ____（wò）旋
66. ____（cǔn）度
67. 大放____（jué）词
68. 大气磅____（bó）
69. 同仇敌____（kài）
70. ____（dié）____（dié）不休
71. 豆____（kòu）年华
72. 阿弥____（tuó）佛
73. 尔____（yú）我诈
74. ____（fēi）声中外

75. 分道扬____（biāo）
76. 毒____（xiāo）
77. 凤毛____（lín）角
78. 独辟____（xī）径
79. 独占____（áo）头
80. ____（gǎn）面杖
81. 纷至____（tà）来
82. 刚____（bì）自用
83. 隔____（hé）
84. 虎视____（dān）____（dān）
85. ____（jí）____（jí）可危
86. ____（jì）____（yú）
87. ____（jiá）然而止
88. ____（juàn）永
89. ____（kuì）乏
90. 良____（yǒu）不齐
91. 毛骨____（sǒng）然
92. ____（liè）____（qiè）
93. ____（lù）力同心
94. 面面相____（qù）
95. ____（pì）美
96. ____（piāo）窃
97. ____（qiè）意
98. ____（qiè）而不舍
99. ____（quán）骨
100. 如火如____（tú）
101. 三____（jiān）其口
102. ____（shēn）（shēn）学子
103. 生死____（yōu）关
104. ____（shì）犊情深
105. ____（shū）忽
106. ____（sù）兴夜寐
107. ____（suí）靖
108. 铁____（chǔ）成针
109. 猥____（xiè）
110. 物____（fù）民丰
111. ____（xǔ）____（xǔ）如生
112. 言简意____（gāi）
113. ____（yǎn）旗息鼓
114. ____（yàn）品
115. ____（yāng）____（yāng）大国
116. ____（yē）____（sū）
117. ____（yé）揄
118. 一____（cù）而就
119. 一丘之____（hé）
120. 义愤填____（yīng）

六、规范字形训练

（一）找出下列四组词中用字不规范的一组

1. A. 样式　B. 僕人　C. 福利　D. 沧桑
2. A. 角落　B. 骨头　C. 吕雉　D. 算术
3. A. 並且　B. 毕业　C. 掌握　D. 飞跃
4. A. 咀巴　B. 废物　C. 重复　D. 聪明
5. A. 拖沓　B. 碧野　C. 反应　D. 傑出
6. A. 光彩　B. 搭讪　C. 黴稿　D. 人才
7. A. 歺馆　B. 另外　C. 发布　D. 完善
8. A. 形体　B. 崮心　C. 写法　D. 方案
9. A. 咖啡　B. 改进　C. 仃车　D. 溺水
10. A. 视力　B. 眼泪　C. 山峰　D. 長沙
11. A. 付食　B. 路线　C. 韭菜　D. 宏图
12. A. 奇迹　B. 处理　C. 鸡旦　D. 熟悉
13. A. 营救　B. 玻玏　C. 绿色　D. 蜥蜴
14. A. 兰天　B. 陷阱　C. 欺凌　D. 凛冽

15. A. 徘徊　　B. 象棋　　C. 道路　　D. 经歷
16. A. 迟到　　B. 啰唆　　C. 百页窗　　D. 忍耐
17. A. 福祉　　B. 播种　　C. 担搁　　D. 弈棋
18. A. 充沛　　B. 笔划　　C. 收敛　　D. 伪劣
19. A. 飞跃　　B. 舔舐　　C. 锻造　　D. 花朵
20. A. 吴国　　B. 蜀国　　C. 魏国　　D. 东汉

（二）将下列招牌中的繁体字改成简体字

1. 美伊美容美髮（　　）
2. 裕隆鐘表行（　　）
3. 止劳亭茶莊（　　）
4. 美洁布藝（　　）
5. 集思書店（　　）

（三）将下列句子中的不规范字改成规范汉字

1. 这是今年冬天的第一场彐。（　　）
2. 他找给我一枚式角硬币。（　　）
3. 天气渐热，蚉虫也开始多起来了。（　　）
4. 他借给我一冊精美的图书。（　　）
5. 豆大的眼淚夺眶而出。（　　）

七、汉字书写训练

（一）根据下列各题所给出的汉语拼音填写正确的汉字（正楷书写，不要写连笔）

1. ____（tí）纲挈领
2. 可望不可____（jí）
3. ____（kè）不容缓
4. 长____（xū）短叹
5. 别出____（xīn）裁
6. 惊____（sǒng）
7. 蛛丝____（mǎ）迹
8. 计日____（chéng）功
9. 独____（jiǎo）戏
10. 一____（gǔ）作气
11. ____（yōu）柔寡断
12. 名闻遐____（ěr）
13. 肝脑____（tú）地
14. ____（cūo）跎岁月
15. 油____（nì）
16. ____（yè）窝
17. ____（gū）负
18. ____（ruò）大
19. ____（yùn）藏
20. ____（zhì）息
21. 居心____（pǒ）测
22. ____（zhēn）酌
23. ____（chì）热
24. ____（bǔ）育
25. 蛮____（hèng）
26. ____（jiǎo）纳
27. 既往不____（jiù）
28. 技艺精____（zhàn）
29. 生活奢____（chǐ）
30. ____（bǐng）息凝神

（二）找出下列段落中的五个别字，将正确的汉字写在答卷上（正楷书写，不要写连笔）

1.（　　）　2.（　　）　3.（　　）　4.（　　）　5.（　　）

汉字是中华文明中不可缺少的一部分，它不但承载了我们几千年的历史，而且也是从古到今人们进行勾通的重要手段。由汉字演生出来的书法艺术，更是中华文明的瑰宝。汉字的起源有种种传说。中国古书里都说文字是仓颉创造的，说仓颉看见一名天神，像貌奇特，面孔长得好像是一副绘有文字的画，仓颉便描模他的形象，创造了文字。还有一种传说，说仓颉观察了鸟兽印在泥土上的脚迹，启发了他发明文字的灵感。这种种传说都是靠不住的。文字是广大劳动人民根据实际生活的需要，经过长期的社会实践才慢慢地丰富和发展起来的。

6.（ ） 7.（ ） 8.（ ） 9.（ ） 10.（ ）

中国是一个文明古国，历经几千年的苍桑变化，形成了搏大精深、渊远流长的文化体系。在这个中华文明的体系中，传统服饰文化是极其重要的组成部分之一。它直接或间接地反应了中国社会的政治变革、经济发展和风俗变迁，它标志出中国社会在不同历史阶段的文化状态和精神面貌。如同其他文化艺术一样，中国传统服饰作为中国文化的重要载体，经过中华民族世世代代不断的日积月累，历经五千年的风云变换，终于形成了兼容并包、异彩纷呈而又独具东方韵味的服饰文化体系，并对世界许多国家，尤其对亚洲各国产生了深刻而持久的影响。

第三节 汉字字形相关表格

一、常见的容易写错笔画的汉字表

说明：本表所收汉字按汉语拼音音序排列。

汉字	等级	易错之处	犯错结果
奥	甲	在“米”的下方添加一短横，从而使方框的下方封口	错字“奥”
澳	甲	将第六画（横折）写成横折钩	错字“澳”
拜	甲	右边的偏旁少写一短横	错字“拜”
卑	甲	将第六画（斜撇）写成短竖和俯点	错字“卑”
北	甲	将右边偏旁写成相交的斜撇和竖折钩	错字“北”
备	甲	将第二画（横撇）写成相接的短横和斜撇	错字“备”
匕	甲	将相接的斜撇和竖折钩处理为相交关系	错字“匕”
比	甲	将右边偏旁写成相交的斜撇和竖折钩	错字“比”
敝	乙	将左边偏旁的长竖写成相连的两个短竖	错字“敝”
币	甲	将第一画（平撇）写成长横	错字“币”
秉	甲	将第六画（长竖）写成竖钩	错字“秉”
步	甲	在右下角添加一短点	错字“步”
缠	甲	少写右上角的短点	错字“缠”
吃	甲	在右边偏旁的中间添加一短横	错字“吃”
垂	甲	将最后一画（短横）写成长横	错字“垂”
刺	甲	在左边偏旁的中间添加一短横，从而使方框的下方封口	错字“刺”
代	甲	在右下角多写一斜撇	别字“伐”
刀	甲	将相接的横折钩和斜撇处理为相交关系	别字“力”
登	甲	将右上角的两个俯点写成横撇	错字“登”
底	甲	少写最下边的一短点	错字“底”
贰	甲	在右下角添加一斜撇	错字“贰”
发	甲	将第一画（撇折）写成竖折	错字“发”
肺	甲	将右边偏旁中的悬针竖写成短点和悬针竖	错字“肺”

续表 1

汉字	等级	易错之处	犯错结果
份	甲	将右上角相离的斜撇和竖捺处理相接的斜撇和短横	别字“伤”
丰	甲	将第一画（长横）写成平撇	错字“丰”
奉	甲	在下边的偏旁中添加一短横	错字“奉”
尬	甲	将第一画（短横）和第三画（竖折钩）写成横折弯钩	错字“尬”
尴	甲	将第一画（短横）和第三画（竖折钩）写成横折弯钩	错字“尴”
敢	甲	将第一画（横撇）写成横折	错字“敢”
故	甲	将第七画（短横）和第八画（斜撇）写成横撇	错字“故”
鬼	甲	将第六画（斜撇）写成短竖和斜撇	错字“鬼”
害	甲	将相交第六画（长横）和第七画（长竖）处理为相接关系	错字“害”
含	甲	在上面偏旁“今”的下方添加一短点	错字“含”
翰	甲	在右边偏旁的中间添加一短横	错字“翰”
哼	甲	在右下角偏旁“了”的中间添加一长横	错字“哼”
喉	甲	在右边的“侯”的中间添加一短竖	错字“喉”
候	甲	少写中间的一短竖	别字“侯”
互	甲	将第二画（撇折）写成竖折，将第三画（横撇）写成横折	错字“互”
化	甲	将右边偏旁中相交的斜撇和竖折钩处理为相接关系	错字“化”
肓	乙	在第三画（竖折）的收笔处添加一短点	别字“育”
慌	甲	在第九画（竖折）的收笔处添加一短点	错字“慌”
黄	甲	将相交的第六画（横折）和第八画（短竖）处理为相接关系	错字“黄”
吉	甲	将第一画（长横）写成短横，将第三画（短横）写成长横	错字“吉”
祭	甲	将第五画（横撇）写成两个俯点	错字“祭”
既	甲	将第七画（撇折）写成竖折	错字“既”
建	甲	在右下部偏旁“廴”的上方添加一短点	错字“建”
降	甲	将第七画（撇折）写成竖折	错字“降”
酒	甲	少写右边偏旁中间的一短横	别字“洒”
考	甲	在最后一画（竖折折钩）的左下部添加一短横	错字“考”
快	甲	将相接的第二画（短点）和第三画（长竖）处理为相交关系	错字“快”
离	甲	将第九画（撇折）写成相接的一撇和一横	错字“离”
黎	甲	在右上角偏旁上多写一斜撇	错字“黎”
练	甲	将第六画（横折钩）写成竖钩	错字“练”
临	甲	将第二画（长竖）写成一竖撇	错字“临”
凌	甲	将第七画（短点）写成捺	错字“凌”
留	甲	少写左上角的一短点	错字“留”
流	甲	少写右边偏旁下部的一短竖	错字“流”
隆	甲	少写右边偏旁中间的一短横	错字“隆”
麦	甲	将第三画（短竖）和第五画（斜撇）写成一斜撇	错字“麦”
卵	甲	在左边偏旁的中间添加一短点	别字“卵”
冒	甲	将第三、四画（均为短横）写得过长，以致与两边相接	错字“冒”
貌	甲	将第十一画（短横）写成两个不相连的短横	错字“貌”
贸	甲	少写左上角的一短点	错字“贸”
蒙	甲	少写该字中间的一短横	错字“蒙”
末	甲	将第一画（长横）写成短横，将第二画（短横）写成长横	别字“未”
南	甲	将第二画（竖）写成撇	错字“南”

续表 2

汉字	等级	易错之处	犯错结果
瑙	甲	少写右边偏旁中间的一斜撇	错字“瑙”
偶	甲	将第九画（长竖）和第十画（提）写成一撇折	错字“偶”
沛	甲	将第七画（悬针竖）写成一短点和一悬针竖	错字“沛”
佩	甲	少写右边偏旁中间的一短横	错字“佩”
片	甲	将第四画（横折）写成相接的一长横和一悬针竖	错字“片”
千	甲	将第一画（平撇）写成一短横	别字“干”
区	甲	将第四画（竖折）写成相接的一长竖和一长横	错字“区”
染	甲	在第四画（斜撇）上添加一短点	错字“染”
扰	甲	在右边偏旁的右下部添加一斜撇	别字“拢”
绕	甲	在右边偏旁的右上角添加一短点	错字“绕”
壬	甲	将第一画（平撇）写成一长横，将第四画（短横）写得偏长	别字“王”
刃	甲	将相离的第二画（斜撇）和第三画（短点）处理为相接关系	错字“刃”
融	甲	在左边偏旁（鬲）下部的中间添加一短横	错字“融”
士	甲	将第一画（长横）写成短横，将第二画（短横）写成长横	别字“土”
式	甲	在该字的右下部添加一斜撇	错字“式”
搜	甲	将右边偏旁（叟）上部相交的短竖和“臼”处理为相接关系	错字“搜”
泰	甲	将第七画（短点）和第八画（提）写成横撇	错字“泰”
添	甲	少写右边偏旁（忝）下部右边的一短点	错字“添”
统	甲	在右边偏旁（充）的下部添加一短竖	错字“统”
茶	甲	少写第六画（短横）	别字“荼”
微	甲	少写第七画（短横）	错字“微”
喂	甲	在右边偏旁（畏）的左下角添加一斜撇	错字“喂”
未	甲	将第一画（短横）写成长横，将第二画（长横）写成短横	别字“末”
武	甲	在该字的右下部添加一斜撇	错字“武”
厢	甲	在第一画（长横）的上部添加一短点	错字“廂”
象	甲	将第六画（斜撇）写成一短竖和一斜撇	错字“象”
械	甲	少写第十画（斜撇）	错字“械”
胸	甲	少写第十画（短竖）	错字“胸”
牙	甲	将第二画（撇折）写成竖折	错字“牙”
夭	甲	将第一画（平撇）写成一短横	别字“天”
舀	甲	将下部偏旁中间的两个短横写成一长横	错字“舀”
颐	甲	少写第三画（短竖），从而将左边偏旁写成“臣”	错字“颐”
弋	乙	在该字的右下部添加一斜撇	别字“戈”
悠	甲	少写第三画（短竖）	错字“悠”
予	甲	在该字的左下部添加一斜撇	别字“矛”
展	甲	在右下部偏旁的左下角添加一斜撇	错字“展”
真	甲	将第二画（竖）写成撇	错字“真”
蒸	甲	少写第九画（短横）	错字“蒸”
直	甲	将第二画（竖）写成撇	错字“直”
纸	甲	在右边偏旁的下部添加一短点	错字“纸”
制	甲	将第六画（左边偏旁中的长竖）写成一短竖和一悬针竖	错字“制”
周	甲	将第三画（短横）写成长横，将第五画（长横）写成短横	错字“周”
拽	甲	在右边偏旁的右上角添加一短点	错字“拽”

二、容易写错笔顺的汉字表

说明：本表所收汉字按汉语拼音音序排列。

汉字	笔画	笔　顺
凹	5	丨 ㇗ 𠃑 凹 凹
匕	2	㇀ 匕
必	5	㇒ 乚 心 必 必
敝	11	丶 丷 㣺 㡀 㡀 㡀 㡀 敝 敝 敝 敝
插	12	一 扌 扌 扌 扌 扦 扦 扦 插 插 插 插
长	4	㇒ 𠃋 长 长
车	4	一 𠂉 𠂊 车
臣	6	一 ㇐ 丅 𢎘 𦣞 臣
蚩	10	𠃊 凵 山 屮 屮 岦 岦 蚩 蚩 蚩
丑	4	㇆ 𠃌 刃 丑
出	5	𠃊 凵 屮 出 出
垂	8	一 二 千 手 垂 垂 垂 垂
丹	4	丿 𠃌 円 丹
登	12	㇇ 癶 癶 癶 癶 癶 登 登 登 登 登 登
鼎	12	丨 冂 冃 目 目 鼎 鼎 鼎 鼎 鼎 鼎 鼎
兜	11	㇒ 𠂆 白 白 白 白 白 兜 兜 兜 兜
噩	16	一 丅 丅 丅 丅 丅 丅 丅 噩 噩 噩 噩 噩 噩 噩 噩
方	4	丶 亠 亡 方
贯	8	𠃊 口 毌 毌 贯 贯 贯 贯
盥	16	㇒ 𠂆 𦥑 𦥑 𦥑 𦥑 𦥑 𦥑 𦥑 𦥑 𦥑 𦥑 𦥑 𦥑 𦥑 盥
火	4	丶 丷 少 火
及	3	丿 乃 及
脊	10	丶 冫 𡭔 𡭔 𠆢 𠆢 脊 脊 脊 脊
臼	6	㇒ 𠂆 𠂇 臼 臼 臼
快	7	丶 丷 忄 忄 忄 快 快
里	7	丨 冂 日 日 甲 里 里
龙	5	一 ナ 尢 龙 龙
卯	7	㇒ 𠂆 𠂇 卯 卯 卯 卯
母	5	𠃊 𠮛 母 母 母
乃	2	㇋ 乃
虐	9	丨 ⺊ 𠂉 广 虍 虍 虐 虐 虐
皮	5	㇇ 厂 广 皮 皮
戕	8	丨 丬 丬 丬 爿 戕 戕 戕
冉	5	丨 冂 冂 冉 冉
爽	11	一 ㇐ 爻 爻 爻 爻 爽 爽 爽 爽 爽
叟	9	㇒ 𠂆 𠂇 臼 臼 臼 臼 叟 叟
肃	8	㇇ ㇌ 彐 肀 肃 肃 肃 肃
凸	5	丨 ㇗ 𠃊 凸 凸
万	3	一 ㇆ 万
毋	4	𠃊 𠮛 毋 毋

续表

汉字	笔画	笔　顺
讯	5	丶 讠 讠 讯 讯
轧	5	一 𠂉 车 车 轧
夜	8	丶 亠 广 疒 疒 夜 夜 夜
印	5	丿 𠂆 𠂎 卬 印
盈	9	乛 乃 夃 夃 夃 盈 盈 盈 盈
玉	5	一 二 干 王 玉
再	6	一 厂 冂 丙 丙 再
兆	6	丿 丿 丬 兆 兆 兆
重	9	一 二 千 千 肓 盲 重 重 重
舟	6	丿 丿 𠂆 凡 舟 舟
壮	6	丶 冫 丬 丬 壮 壮

三、容易写错偏旁的汉字表

说明：本表所收汉字按汉语拼音音序排列。

汉字	读音	等级	易错之处	犯错结果
跋	bá	甲	将右边的“犮”写成“发”	错字“跋”
瓣	bàn	甲	将中间的“瓜”写成“爪”	错字“瓣”
暴	bào	甲	将底部的“氺”写成“水”	错字“暴”
鼻	bí	甲	将下面的“丌”写成“廾”	错字“鼻”
变	biàn	甲	将上面的“亦”写成“亦”	错字“变”
部	bù	甲	将右边的“阝”写成“卩”	错字“部”
菜	cài	甲	将下面的“采”写成“釆”	错字“菜”
茶	chá	甲	将底部的“朩”写成“木”	错字“茶”
搀	chān	甲	将右上方的“免”写成“兔”	错字“搀”
尘	chén	甲	将上面的“⺌”写成“小”	错字“尘”
齿	chǐ	甲	将下面的“凶”写成“凶”	错字“齿”
初	chū	甲	将左边的“衤”写成“礻”	错字“初”
船	chuán	甲	将左边的“舟”写成“舟”	错字“船”
葱	cōng	甲	将中间的“匆”写成“勿”	错字“葱”
汆	cuān	乙	将上面的“入”写成“人”	错字“汆”
村	cūn	甲	将左边的“木”写成“木”	错字“村”
滴	dī	甲	将右边的“啇”写成“商”	错字“滴”
鼎	dǐng	甲	将上面的“目”写成“日”	错字“鼎”
冬	dōng	甲	将上面的“夂”写成“夊”	错字“冬”
朵	duǒ	甲	将下面的“木”写成“朩”	错字“朵”
贰	èr	甲	将左下方的“二”写到“弋”的左上角	错字“贰”
番	fān	甲	将上面的“釆”写成“采”	错字“番”
敷	fū	甲	将左下方的“方”写成“万”	错字“敷”
告	gào	甲	将上面的“⺧”写成“牛”	错字“告”
恭	gōng	甲	将底部的“⺗”写成“氺”	错字“恭”
够	gòu	甲	将“句”与“多”的位置互换	错字“夠”

续表

汉字	读音	等级	易错之处	犯错结果
寡	guǎ	甲	将底部的"刀"写成"力"	错字"寡"
巷	hàng	甲	将底部的"巳"写成"㔾"	错字"巷"
好	hǎo	甲	将左边的"女"写成"女"	错字"好"
假	jiǎ	甲	将右上角的"コ"写成"几"	错字"假"
降	jiàng	甲	将右下方的"㐄"写成"牛"	错字"降"
炯	jiǒng	甲	将右边的"冋"写成"同"	错字"炯"
寇	kòu	甲	将顶部的"宀"写成"冖"	错字"寇"
馗	kuí	丙	将外围的"九"写成"尢"	错字"馗"
莽	mǎng	甲	将中间的"犬"写成"大"	错字"莽"
牟	móu	甲	将下面的"牛"写成"㐄"	错字"牟"
募	mù	甲	将底部的"力"写成"刀"	错字"募"
暖	nuǎn	甲	将右边的"爰"写成"爱"	错字"暖"
虐	nüè	甲	将里面底部的"E"写成"彐"	错字"虐"
泼	pō	甲	将右边的"发"写成"犮"	错字"泼"
漆	qī	甲	将右上方的"木"写成"木"	错字"漆"
敲	qiāo	甲	将右边的"支"写成"攴"	错字"敲"
切	qiè	甲	将左边的"七"写成"土"	错字"切"
轻	qīng	甲	将左边的"车"写成"车"	错字"轻"
杀	shā	甲	将下面的"朩"写成"木"	错字"杀"
赊	shē	甲	将右边的"佘"写成"余"	错字"赊"
声	shēng	甲	将上面的"士"写成"土"	错字"声"
甥	shēng	甲	将"生"与"男"的位置互换	错字"甥"
收	shōu	甲	将右边的"攵"写成"夂"	错字"收"
寺	sì	甲	将上面的"土"写成"士"	错字"寺"
躺	tǎng	甲	将左边的"身"写成"身"	错字"躺"
特	tè	甲	将左边的"牛"写成"牛"	错字"特"
豚	tún	甲	将右边的"豕"写成"豖"	错字"豚"
卸	xiè	甲	将右边的"卩"写成"阝"	错字"卸"
雪	xuě	甲	将上面的"⻗"写成"雨"	错字"雪"
沿	yán	甲	将右上方的"几"写成"儿"	错字"沿"
要	yào	甲	将上面的"覀"写成"西"	错字"要"
弈	yì	乙	将上面的"亦"写成"亦"	错字"弈"
育	yù	甲	将下面的"⺝"写成"月"	错字"育"

四、容易写错结构的汉字表

说明：本表所收汉字按汉语拼音音序排列。

汉字	读音	等级	易错之处	犯错结果
彪	biāo	甲	将半包围结构写成左右结构	错字"彪"
埠	bù	甲	将左右结构写成上下结构	错字"埠"
唇	chún	甲	将半包围结构写成上下结构	错字"唇"
荡	dàng	甲	将上下结构写成左右结构	错字"荡"

续表

汉字	读音	等级	易错之处	犯错结果
感	gǎn	甲	将上下结构写成半包围结构	错字“戚”
麾	huī	乙	将半包围结构写成上下结构	错字“麾”
荆	jīng	甲	将左右结构写成上下结构	错字“荊”
莲	lián	甲	将上下结构写成半包围结构	错字“莲”
满	mǎn	甲	将左右结构写成上下结构	错字“满”
縻	mí	甲	将半包围结构写成上下结构	错字“縻”
摩	mó	甲	将半包围结构写成上下结构	错字“摩”
磨	mó	甲	将半包围结构写成上下结构	错字“磨”
默	mò	甲	将左右结构写成上下结构	错字“默”
爬	pá	甲	将半包围结构写成左右结构	错字“爬”
刨	páo	甲	将左右结构写成半包围结构	错字“刨”
憩	qì	甲	将上下结构写成左右结构	错字“憩”
翘	qiào	甲	将半包围结构写成左右结构	错字“翘”
辱	rǔ	甲	将上下结构写成半包围结构	错字“辱”
褥	rù	甲	将本为半包围结构的右边偏旁写成上下结构	错字“褥”
缛	rù	丙	将本为半包围结构的右边偏旁写成上下结构	错字“缛”
盛	shèng	甲	将上下结构写成半包围结构	错字“盛”
邃	suì	丙	将半包围结构写成上下结构	错字“邃”
题	tí	甲	将半包围结构写成左右结构	错字“题”
臃	yōng	甲	将左右结构写成上下结构	错字“臃”
愿	yuàn	甲	将半包围结构写成上下结构	错字“愿”
蘸	zhàn	甲	将上下结构写成左右结构	错字“蘸”

五、简化字总表

说明：1.《简化字总表》于1986年10月由国家语言文字工作委员会重新发布，收录2274个简化字和14个简化偏旁，包括3个表和1个附录。第一表收录了350个不可用作简化偏旁的简化字，第二表收录了132个可作简化偏旁用的简化字和14个简化偏旁，第三表收录了1753个类推简化字，《附录》收录了39个习惯被看作简化字的规范汉字。2. 本书仅选录第一表、第二表和附录。3. 所收汉字按汉语拼音音序排列。

（一）第一表

A

碍〔礙〕　肮〔骯〕　袄〔襖〕

B

坝〔壩〕　板〔闆〕　办〔辦〕　帮〔幫〕　宝〔寶〕　报〔報〕
币〔幣〕　毙〔斃〕　标〔標〕　表〔錶〕　别〔彆〕　卜〔蔔〕
补〔補〕

C

才〔纔〕　蚕[1]〔蠶〕　灿〔燦〕　层〔層〕　搀〔攙〕　谗〔讒〕
馋〔饞〕　缠[2]〔纏〕　忏〔懺〕　偿〔償〕　厂〔廠〕　彻〔徹〕
尘〔塵〕　衬〔襯〕　称〔稱〕　惩〔懲〕　迟〔遲〕　冲〔衝〕

丑〔醜〕　出〔齣〕　础〔礎〕　处〔處〕　触〔觸〕　辞〔辭〕

聪〔聰〕　丛〔叢〕

D

担〔擔〕　胆〔膽〕　导〔導〕　灯〔燈〕　邓〔鄧〕　敌〔敵〕

籴〔糴〕　递〔遞〕　点〔點〕　淀〔澱〕　电〔電〕　冬〔鼕〕

斗〔鬥〕　独〔獨〕　吨〔噸〕　夺〔奪〕　堕〔墮〕

E

儿〔兒〕

F

矾〔礬〕　范〔範〕　飞〔飛〕　坟〔墳〕　奋〔奮〕　粪〔糞〕

凤〔鳳〕　肤〔膚〕　妇〔婦〕　复〔復、複〕

G

盖〔蓋〕　干〔乾[3]、幹〕　赶〔趕〕　个〔個〕　巩〔鞏〕　沟〔溝〕

构〔構〕　购〔購〕　谷〔穀〕　顾〔顧〕　刮〔颳〕　关〔關〕

观〔觀〕　柜〔櫃〕

H

汉〔漢〕　号〔號〕　合〔閤〕　轰〔轟〕　后〔後〕　胡〔鬍〕

壶〔壺〕　沪〔滬〕　护〔護〕　划〔劃〕　怀〔懷〕　坏[4]〔壞〕

欢〔歡〕　环〔環〕　还〔還〕　回〔迴〕　伙[5]〔夥〕　获〔獲、穫〕

J

击〔擊〕　鸡〔鷄〕　积〔積〕　极〔極〕　际〔際〕　继〔繼〕

家〔傢〕　价〔價〕　艰〔艱〕　歼〔殲〕　茧〔繭〕　拣〔揀〕

硷〔鹼〕　舰〔艦〕　姜〔薑〕　浆[6]〔漿〕　桨〔槳〕　奖〔獎〕

讲〔講〕　酱〔醬〕　胶〔膠〕　阶〔階〕　疖〔癤〕　洁〔潔〕

借[7]〔藉〕　仅〔僅〕　惊〔驚〕　竞〔競〕　旧〔舊〕　剧〔劇〕

据〔據〕　惧〔懼〕　卷〔捲〕

K

开〔開〕　克〔剋〕　垦〔墾〕　恳〔懇〕　夸〔誇〕　块〔塊〕

亏〔虧〕　困〔睏〕

L

腊〔臘〕　蜡〔蠟〕　兰〔蘭〕　拦〔攔〕　栏〔欄〕　烂〔爛〕

累〔纍〕　垒〔壘〕　类[8]〔類〕　里〔裏〕　礼〔禮〕　隶〔隸〕

帘〔簾〕　联〔聯〕　怜〔憐〕　炼〔煉〕　练〔練〕　粮〔糧〕

疗〔療〕　辽〔遼〕　了[9]〔瞭〕　猎〔獵〕　临[10]〔臨〕　邻〔鄰〕

岭[11]〔嶺〕　庐〔廬〕　芦〔蘆〕　炉〔爐〕　陆〔陸〕　驴〔驢〕

乱〔亂〕

M

么[12]〔麽〕　霉〔黴〕　蒙〔矇、濛、懞〕　梦〔夢〕　面〔麵〕

庙〔廟〕　灭〔滅〕　蔑〔衊〕　亩〔畝〕

N

恼〔惱〕 脑〔腦〕 拟〔擬〕 酿〔釀〕 疟〔瘧〕

P

盘〔盤〕 辟〔闢〕 苹〔蘋〕 凭〔憑〕 扑〔撲〕 仆[13]〔僕〕
朴〔樸〕

Q

启〔啓〕 签〔籤〕 千〔韆〕 牵〔牽〕 纤[14]〔縴、纖〕 窍〔竅〕
窃〔竊〕 寝〔寢〕 庆[15]〔慶〕 琼〔瓊〕 秋〔鞦〕 曲〔麯〕
权〔權〕 劝〔勸〕 确〔確〕

R

让〔讓〕 扰〔擾〕 热〔熱〕 认〔認〕

S

洒〔灑〕 伞〔傘〕 丧〔喪〕 扫〔掃〕 涩〔澀〕 晒〔曬〕
伤〔傷〕 舍〔捨〕 沈〔瀋〕 声〔聲〕 胜〔勝〕 湿〔濕〕
实〔實〕 适[16]〔適〕 势〔勢〕 兽〔獸〕 书〔書〕 术[17]〔術〕
树〔樹〕 帅〔帥〕 松〔鬆〕 苏〔蘇、囌〕 虽〔雖〕 随〔隨〕

T

台〔臺、檯、颱〕 态〔態〕 坛〔壇、罎〕 叹〔嘆〕 誊〔謄〕
体〔體〕 粜〔糶〕 铁〔鐵〕 听〔聽〕 厅[18]〔廳〕 头〔頭〕
图〔圖〕 涂〔塗〕 团〔團、糰〕 椭〔橢〕

W

洼〔窪〕 袜[19]〔襪〕 网〔網〕 卫〔衛〕 稳〔穩〕 务〔務〕
雾〔霧〕

X

牺〔犧〕 习〔習〕 系[20]〔係、繫〕 戏〔戲〕 虾〔蝦〕 吓[21]〔嚇〕
咸〔鹹〕 显〔顯〕 宪〔憲〕 县[22]〔縣〕 响〔響〕 向〔嚮〕
协〔協〕 胁〔脅〕 亵〔褻〕 衅〔釁〕 兴〔興〕 须〔鬚〕
悬〔懸〕 选〔選〕 旋〔鏇〕

Y

压[23]〔壓〕 盐〔鹽〕 阳〔陽〕 养〔養〕 痒〔癢〕 样〔樣〕
钥〔鑰〕 药〔藥〕 爷〔爺〕 叶[24]〔葉〕 医〔醫〕 亿〔億〕
忆〔憶〕 应〔應〕 痈〔癰〕 拥〔擁〕 佣〔傭〕 踊〔踴〕
忧〔憂〕 优〔優〕 邮〔郵〕 余[25]〔餘〕 御〔禦〕 吁[26]〔籲〕
郁〔鬱〕 誉〔譽〕 渊〔淵〕 园〔園〕 远〔遠〕 愿〔願〕
跃〔躍〕 运〔運〕 酝〔醖〕

Z

杂〔雜〕 赃〔臟〕 脏〔臟、髒〕 凿〔鑿〕 枣〔棗〕 灶〔竈〕
斋〔齋〕 毡〔氈〕 战〔戰〕 赵〔趙〕 折[27]〔摺〕 这〔這〕
征[28]〔徵〕 症〔癥〕 证〔證〕 只〔隻、衹、祇〕 致〔緻〕
制〔製〕 钟〔鐘、鍾〕 肿〔腫〕 种〔種〕 众〔衆〕 昼〔晝〕

朱〔硃〕 烛〔燭〕 筑〔築〕 庄[29]〔莊〕 桩〔樁〕 妆〔妝〕
装〔裝〕 壮〔壯〕 状〔狀〕 准〔準〕 浊〔濁〕 总〔總〕
钻〔鑽〕

注释：

1. 蚕：上从天，不从夭。
2. 缠：右从廛，不从厘。
3. 乾坤、乾隆的乾读 qián（前），不简化。
4. 不作坯。坯是砖坯的坯，读 pī（批），坏坯二字不可互混。
5. 作多解的夥不简化。
6. 浆、桨、奖、酱：右上角从夕，不从夕或爫。
7. 藉口、凭藉的藉简化作借，慰藉、狼藉等的藉仍用藉。
8. 类：下从大，不从犬。
9. 瞭：读 liǎo（了解）时，仍简作了，读 liào（瞭望）时作瞭，不简作了。
10. 临：左从一短竖一长竖，不从刂。
11. 岭：不作岺，免与岑混。
12. 读 me 轻声。读 yāo（夭）的么应作幺（么本字）。吆应作吆。麽读 mó（摩）时不简化，如幺麽小丑。
13. 前仆后继的仆读 pū（扑）。
14. 纤维的纤读 xiān（先）。
15. 庆：从大，不从犬。
16. 古人南宫适、洪适的适（古字罕用）读 kuò（括）。此适字本作适，为了避免混淆，可恢复本字适。
17. 中药苍术、白术的术读 zhú（竹）。
18. 厅：从厂，不从广。
19. 袜：从末，不从未。
20. 系带子的系读 jì（计）。
21. 恐吓的吓读 hè（赫）。
22. 县：七笔。上从且。
23. 压：六笔。土的右旁有一点。
24. 叶韵的叶读 xié（协）。
25. 在余和馀意义可能混淆时，仍用馀。如文言句“馀年无多”。
26. 喘吁吁，长吁短叹的吁读 xū（虚）。
27. 在折和摺意义可能混淆时，摺仍用摺。
28. 宫商角徵羽的徵读 zhǐ（止），不简化。
29. 庄：六笔。土的右旁无点。

（二）第二表

A

爱〔愛〕

B

罢〔罷〕 备〔備〕 贝〔貝〕 笔〔筆〕 毕〔畢〕 边〔邊〕

宾〔賓〕

C

参〔參〕 仓〔倉〕 产〔産〕 长[1]〔長〕 尝[2]〔嘗〕 车〔車〕

齿〔齒〕 虫〔蟲〕 刍〔芻〕 从〔從〕 窜〔竄〕

D

达〔達〕 带〔帶〕 单〔單〕 当〔當、噹〕 党〔黨〕

东〔東〕 动〔動〕 断〔斷〕 对〔對〕 队〔隊〕

E

尔〔爾〕

F

发〔發、髮〕 丰[3]〔豐〕 风〔風〕

G

冈〔岡〕 广〔廣〕 归〔歸〕 龟〔龜〕 国〔國〕 过〔過〕

H

华〔華〕 画〔畫〕 汇〔匯、彙〕 会〔會〕

J

几〔幾〕 夹〔夾〕 戋〔戔〕 监〔監〕 见〔見〕 荐〔薦〕

将[4]〔將〕 节〔節〕 尽〔盡、儘〕 进〔進〕 举〔舉〕

K

壳[5]〔殼〕

L

来〔來〕 乐〔樂〕 离〔離〕 历〔歷、曆〕 丽[6]〔麗〕

两〔兩〕 灵〔靈〕 刘〔劉〕 龙〔龍〕 娄〔婁〕 卢〔盧〕

虏〔虜〕 卤〔鹵、滷〕 录〔録〕 虑〔慮〕 仑〔侖〕 罗〔羅〕

M

马[7]〔馬〕 买〔買〕 卖[8]〔賣〕 麦〔麥〕 门〔門〕 黾[9]〔黽〕

N

难〔難〕 鸟[10]〔鳥〕 聂〔聶〕 宁[11]〔寧〕 农〔農〕

Q

齐〔齊〕 岂〔豈〕 气〔氣〕 迁〔遷〕 佥〔僉〕 乔〔喬〕

亲〔親〕 穷〔窮〕 区[12]〔區〕

S

啬〔嗇〕 杀〔殺〕 审〔審〕 圣〔聖〕 师〔師〕 时〔時〕

寿〔壽〕 属〔屬〕 双〔雙〕 肃[13]〔肅〕 岁〔歲〕 孙〔孫〕

T

条[14]〔條〕

W

万〔萬〕 为〔為〕 韦〔韋〕 乌[15]〔烏〕 无[16]〔無〕

X

献〔獻〕 乡〔鄉〕 写[17]〔寫〕 寻〔尋〕

Y

亚〔亞〕　严〔嚴〕　厌〔厭〕　尧[18]〔堯〕　业〔業〕　页〔頁〕
义[19]〔義〕　艺〔藝〕　阴〔陰〕　隐〔隱〕　犹〔猶〕　鱼〔魚〕
与〔與〕　云〔雲〕

Z

郑〔鄭〕　执〔執〕　质〔質〕　专〔專〕

简化偏旁

讠[20]〔言〕　饣[21]〔食〕　𠃓[22]〔昜〕　纟〔糹〕　〢〔臤〕　𫇧〔𤇾〕
𫝀〔臨〕　只〔戠〕　钅[23]〔金〕　𭕄〔𦥯〕　𠬤[24]〔睪〕　𢀖〔巠〕
亦〔䜌〕　呙〔咼〕

注释：

1. 长：四笔。笔顺是：丿 𠂉 𠄌 长 。
2. 尝：不是賞的简化字。賞的简化字是赏（见第三表）。
3. 四川省酆都县已改丰都县。姓酆的酆不简化作邦。
4. 将：右上角从夕，不从⺈或⺤。
5. 壳：几上没有一小横。
6. 丽：七笔。上边一横，不作两小横。
7. 马：三笔。笔顺是：㇆ 马 马。上部向左稍斜，左上角开口，末笔作左偏旁时改作平挑。
8. 卖：从十从买，上不从士或土。
9. 黾：从口从电。
10. 鸟：五笔。
11. 作门屏之间解的宁（古字罕用）读 zhù（柱）。为避免此宁字与寧的简化字混淆，原读 zhù 的宁作𡫂。
12. 区：不作区。
13. 肃：中间一竖下面的两边从八，下半中间不从米。
14. 条：上从夂，三笔，不从攵。
15. 乌：四笔。
16. 无：四笔。上从二，不可误作旡。
17. 写：上从冖，不从宀。
18. 尧：六笔。右上角无点，不可误作尧。
19. 义：从乂（读 yì）加点，不可误作叉（读 chā）。
20. 讠：二笔。不作讠。
21. 饣：三笔。中一横折作㇕，不作㇏或点。
22. 𠃓：三笔。
23. 钅：第二笔是一短横，中两横，竖折不出头。
24. 睾丸的睾读 gāo（高），不简化。

（三）附录

以下 39 个字是从《第一批异体字整理表》摘录出来的。这些字习惯被看作简化字，附此以便检查。括弧里的字是停止使用的异体字。

呆〔獃騃〕 布〔佈〕 痴〔癡〕 床〔牀〕 唇〔脣〕 雇〔僱〕 挂〔掛〕
哄〔閧鬨〕 迹〔跡蹟〕 秸〔稭〕 杰[1]〔傑〕 巨〔鉅〕 昆〔崑崐〕 捆〔綑〕
泪〔淚〕 厘〔釐〕 麻〔蔴〕 脉〔脈〕 猫〔貓〕 栖〔棲〕 弃〔棄〕
升〔阩昇〕 笋〔筍〕 它〔牠〕 席〔蓆〕 凶〔兇〕 绣〔繡〕 锈〔鏽〕
岩〔巖〕 异〔異〕 涌〔湧〕 岳〔嶽〕 韵〔韻〕 灾〔災〕 札〔剳劄〕
扎〔紮紥〕 占〔佔〕 周〔週〕 注〔註〕

下列地名用字，因为生僻难认，已经国务院批准更改，录后以备检查。

黑龙江：铁骊县改铁力县，瑷珲县改爱辉县；

青 海：亹源回族自治县改门源回族自治县；

新 疆：和阗专区改和田专区，和阗县改和田县，于阗县改于田县，婼羌县改若羌县；

江 西：雩都县改于都县，大庾县改大余县，虔南县改全南县，新淦县改新干县，新喻县改新余县，鄱阳县改波阳县，寻邬县改寻乌县；

广 西：鬱林县改玉林县；

四 川：酆都县改丰都县，石砫县改石柱县，越嶲县改越西县，呷洛县改甘洛县；

贵 州：婺川县改务川县，鳛水县改习水县；

陕 西：商雒专区改商洛专区，盩厔县改周至县，郿县改眉县，醴泉县改礼泉县，郃阳县改合阳县，鄠县改户县，雒南县改洛南县，邠县改彬县，鄜县改富县，葭县改佳县，沔县改勉县，栒邑县改旬邑县，洵阳县改旬阳县，汧阳县改千阳县。

此外，还有以下两种更改地名用字的情况：（1）由于汉字简化，例如辽宁省瀋阳市改为沈阳市；（2）由于异体字整理，例如河南省濬县改为浚县。

注释：

1. 杰：从木，不从术。

六、第一批异形词整理表

说明：1. 本表于2001年12月19日由教育部和国家语言文字工作委员会发布，于2002年3月31日试行，共选取了普通话书面语中经常使用、公众的取舍倾向比较明显的382组（含附录中的44组）异形词（含固定短语）；2. 本表所收的条目按首字的汉语拼音音序排列，同音的按笔画数由少到多排列；3. 附录中列出的非规范词形中，已淘汰的异体字和已简化的繁体字在左上角用“＊”号标明。

推荐词形	非推荐词形	读 音	推荐词形	非推荐词形	读 音
按捺	按纳	ànnà	毕恭毕敬	必恭必敬	bìgōng—bìjìng
按语	案语	ànyǔ	编者按	编者案	biānzhě'àn
百废俱兴	百废具兴	bǎifèi—jùxīng	扁豆	萹豆/稨豆/藊豆	biǎndòu
百叶窗	百页窗	bǎiyèchuāng	标志	标识	biāozhì
斑白	班白/颁白	bānbái	鬓角	鬓脚	bìnjiǎo
斑驳	班驳	bānbó	秉承	禀承	bǐngchéng
孢子	胞子	bāozǐ	补丁	补靪/补钉	bǔ · ding
保镖	保镳	bǎobiāo	参与	参预	cānyù
保姆	保母/褓姆	bǎomǔ	惨淡	惨澹	cǎndàn
辈分	辈份	bèifèn	差池	差迟	chāchí
本分	本份	běnfèn	掺和	搀和	chān · huo
笔画	笔划	bǐhuà	掺假	搀假	chānjiǎ

续表 1

推荐词形	非推荐词形	读　音	推荐词形	非推荐词形	读　音
掺杂	搀杂	chānzá	逗留	逗遛	dòuliú
铲除	刬除	chǎnchú	逗趣儿	斗趣儿	dòuqùr
徜徉	倘佯	chángyáng	独角戏	独脚戏	dújiǎoxì
车厢	车箱	chēxiāng	端午	端五	duānwǔ
彻底	澈底	chèdǐ	二黄	二簧	èrhuáng
沉思	沈思	chénsī	二心	贰心	èrxīn
称心	趁心	chènxīn	发酵	酦酵	fājiào
成分	成份	chéngfèn	发人深省	发人深醒	fārén—shēnxǐng
澄澈	澄彻	chéngchè	繁衍	蕃衍	fányǎn
侈靡	侈糜	chǐmí	吩咐	分付	fēnfù
筹划	筹画	chóuhuà	分量	份量	fènliàng
筹码	筹马	chóumǎ	分内	份内	fènnèi
踌躇	踌蹰	chóuchú	分外	份外	fènwài
出谋划策	出谋画策	chūmóu—huàcè	分子	份子	fènzǐ
喘吁吁	喘嘘嘘	chuǎnxūxū	愤愤	忿忿	fènfèn
瓷器	磁器	cíqì	丰富多彩	丰富多采	fēngfù—duōcǎi
赐予	赐与	cìyǔ	风瘫	疯瘫	fēngtān
粗鲁	粗卤	cūlǔ	疯癫	疯颠	fēngdiān
搭档	搭当/搭挡	dādàng	锋芒	锋铓	fēngmáng
搭讪	搭赸/答讪	dāshàn	服侍	伏侍/服事	fú · shi
答复	答覆	dáfù	服输	伏输	fúshū
戴孝	带孝	dàixiào	服罪	伏罪	fúzuì
担心	耽心	dānxīn	负隅顽抗	负嵎顽抗	fùyú—wánkàng
担忧	耽忧	dānyōu	附会	傅会	fùhuì
耽搁	担搁	dān · ge	复信	覆信	fùxìn
淡泊	澹泊	dànbó	覆辙	复辙	fùzhé
淡然	澹然	dànrán	干预	干与	gānyù
倒霉	倒楣	dǎoméi	告诫	告戒	gàojiè
低回	低徊	dīhuí	耿直	梗直/鲠直	gěngzhí
凋敝	雕敝/雕弊	diāobì	恭维	恭惟	gōngwei
凋零	雕零	diāolíng	勾画	勾划	gōuhuà
凋落	雕落	diāoluò	勾连	勾联	gōulián
凋谢	雕谢	diāoxiè	孤苦伶仃	孤苦零丁	gūkǔ—língdīng
跌宕	跌荡	diēdàng	辜负	孤负	gūfù
跌跤	跌交	diējiāo	古董	骨董	gǔdǒng
喋血	蹀血	diéxuè	股份	股分	gǔfèn
叮咛	丁宁	dīngníng	骨瘦如柴	骨瘦如豺	gǔshòu—rúchái
订单①	定单	dìngdān	关联	关连	guānlián
订户	定户	dìnghù	光彩	光采	guāngcǎi
订婚	定婚	dìnghūn	归根结底	归根结柢	guīgēn—jiédǐ
订货	定货	dìnghuò	规诫	规戒	guījiè
订阅	定阅	dìngyuè	鬼哭狼嚎	鬼哭狼嗥	guǐkū—lángháo
斗拱	科拱/科栱	dǒugǒng	过分	过份	guòfèn

续表 2

推荐词形	非推荐词形	读音	推荐词形	非推荐词形	读音
蛤蟆	虾蟆	há · ma	纠集	鸠集	jiūjí
含糊	含胡	hán · hu	就座	就坐	jiùzuò
含蓄	涵蓄	hánxù	角色	脚色	juésè
寒碜	寒伧	hán · chen	克期	刻期	kèqī
喝彩	喝采	hècǎi	克日	刻日	kèrì
喝倒彩	喝倒采	hèdàocǎi	刻画	刻划	kèhuà
轰动	哄动	hōngdòng	阔佬	阔老	kuòlǎo
弘扬	宏扬	hóngyáng	褴褛	蓝缕	lánlǚ
红彤彤	红通通	hóngtōngtōng	烂漫	烂缦/烂熳	lànmàn
宏论	弘论	hónglùn	狼藉	狼籍	lángjí
宏图	弘图/鸿图	hóngtú	榔头	狼头/鎯头	láng · tou
宏愿	弘愿	hóngyuàn	累赘	累坠	léi · zhui
宏旨	弘旨	hóngzhǐ	黧黑	黎黑	líhēi
洪福	鸿福	hóngfú	连贯	联贯	liánguàn
狐臭	胡臭	húchòu	连接	联接	liánjiē
蝴蝶	胡蝶	húdié	连绵	联绵	liánmián
糊涂	胡涂	hú · tu	连缀	联缀	liánzhuì
琥珀	虎魄	hǔpò	联结	连结	liánjié
花招	花着	huāzhāo	联袂	连袂	liánmèi
划拳	豁拳/搳拳	huáquán	联翩	连翩	liánpiān
恍惚	恍忽	huǎnghū	踉跄	踉蹡	liàngqiàng
辉映	晖映	huīyìng	嘹亮	嘹喨	liáoliàng
溃脓	殨脓	huìnóng	缭乱	撩乱	liáoluàn
浑水摸鱼	混水摸鱼	húnshuǐ—mōyú	伶仃	零丁	língdīng
伙伴	火伴	huǒbàn	囹圄	囹圉	língyǔ
机灵	机伶	jīling	溜达	蹓跶	liū · da
激愤	激忿	jīfèn	流连	留连	liúlián
计划	计画	jìhuà	喽啰	喽罗/偻儸	lóuluó
纪念	记念	jìniàn	鲁莽	卤莽	lǔmǎng
寄予	寄与	jìyǔ	录像	录象/录相	lùxiàng
夹克	茄克	jiākè	络腮胡子	落腮胡子	luòsāi—hú · zi
嘉宾	佳宾	jiābīn	落寞	落漠/落莫	luòmò
驾驭	驾御	jiàyù	麻痹	痳痹	mábì
架势	架式	jià · shi	麻风	痳风	máfēng
嫁妆	嫁装	jià · zhuang	麻疹	痳疹	mázhěn
简练	简炼	jiǎnliàn	马蜂	蚂蜂	mǎfēng
骄奢淫逸	骄奢淫佚	jiāoshē—yínyì	马虎	马糊	mǎ · hu
角门	脚门	jiǎomén	门槛	门坎	ménkǎn
狡猾	狡滑	jiǎohuá	靡费	糜费	mífèi
脚跟	脚根	jiǎogēn	绵连	绵联	miánlián
叫花子	叫化子	jiàohuā · zi	腼腆	靦覥	miǎntiǎn
精彩	精采	jīngcǎi	模仿	摹仿	mófǎng
纠合	鸠合	jiūhé	模糊	模胡	mó · hu

续表 3

推荐词形	非推荐词形	读　音	推荐词形	非推荐词形	读　音
模拟	摹拟	mónǐ	舢板	舢舨	shānbǎn
摹写	模写	móxiě	艄公	梢公	shāogōng
摩擦	磨擦	mócā	奢靡	奢糜	shēmí
摩拳擦掌	磨拳擦掌	móquán—cāzhǎng	申雪	伸雪	shēnxuě
磨难	魔难	mónàn	神采	神彩	shéncǎi
脉脉	眽眽	mòmò	湿漉漉	湿渌渌	shīlūlū
谋划	谋画	móuhuà	什锦	十锦	shíjǐn
那么	那末	nà · me	收服	收伏	shōufú
内讧	内哄	nèihòng	首座	首坐	shǒuzuò
凝练	凝炼	níngliàn	书简	书柬	shūjiǎn
牛仔裤	牛崽裤	niúzǎikù	双簧	双鐄	shuānghuáng
纽扣	钮扣	niǔkòu	思维	思惟	sīwéi
扒手	掱手	páshǒu	死心塌地	死心踏地	sǐxīn—tādì
盘根错节	蟠根错节	pángēn—cuòjié	踏实	塌实	tā · shi
盘踞	盘据/蟠踞/蟠据	pánjù	甜菜	菾菜	tiáncài
盘曲	蟠曲	pánqū	铤而走险	挺而走险	tǐng'érzǒuxiǎn
盘陀	盘陁	pántuó	透彻	透澈	tòuchè
磐石	盘石/蟠石	pánshí	图像	图象	túxiàng
蹒跚	盘跚	pánshān	推诿	推委	tuīwěi
彷徨	旁皇	pánghuáng	玩意儿	玩艺儿	wányìr
披星戴月	披星带月	pīxīng—dàiyuè	魍魉	蝄蜽	wǎngliǎng
疲沓	疲塌	pí · ta	诿过	委过	wěiguò
漂泊	飘泊	piāobó	乌七八糟	污七八糟	wūqībāzāo
漂流	飘流	piāoliú	无动于衷	无动于中	wúdòngyúzhōng
飘零	漂零	piāolíng	毋宁	无宁	wúnìng
飘摇	飘飖	piāoyáo	毋庸	无庸	wúyōng
凭空	平空	píngkōng	五彩缤纷	五采缤纷	wǔcǎi—bīnfēn
牵连	牵联	qiānlián	五劳七伤	五痨七伤	wǔláo—qīshāng
憔悴	蕉萃	qiáocuì	息肉	瘜肉	xīròu
清澈	清彻	qīngchè	稀罕	希罕	xī · han
情愫	情素	qíngsù	稀奇	希奇	xīqí
拳拳	惓惓	quánquán	稀少	希少	xīshǎo
劝诫	劝戒	quànjiè	稀世	希世	xīshì
热乎乎	热呼呼	rèhūhū	稀有	希有	xīyǒu
热乎	热呼	rè · hu	翕动	噏动	xīdòng
热衷	热中	rèzhōng	洗练	洗炼	xǐliàn
人才	人材	réncái	贤惠	贤慧	xiánhuì
日食	日蚀	rìshí	香醇	香纯	xiāngchún
入座	入坐	rùzuò	香菇	香菰	xiānggū
色彩	色采	sècǎi	相貌	像貌	xiàngmào
杀一儆百	杀一警百	shāyī—jǐngbǎi	潇洒	萧洒	xiāosǎ
鲨鱼	沙鱼	shāyú	小题大做	小题大作	xiǎotí—dàzuò
山楂	山查	shānzhā	卸载	卸儎	xièzài

续表 4

推荐词形	非推荐词形	读　音	推荐词形	非推荐词形	读　音
信口开河	信口开合	xìnkǒu—kāihé	正经八百	正经八摆	zhèngjīng—bābǎi
惺忪	惺松	xīngsōng	芝麻	脂麻	zhī · ma
秀外慧中	秀外惠中	xiùwài—huìzhōng	肢解	支解/枝解	zhījiě
序文	叙文	xùwén	直截了当	直捷了当 直接了当	zhíjié—liǎodàng
序言	叙言	xùyán			
训诫	训戒	xùnjiè	指手画脚	指手划脚	zhǐshǒu—huàjiǎo
压服	压伏	yāfú			
押韵	压韵	yāyùn	周济	赒济	zhōujì
鸦片	雅片	yāpiàn	转悠	转游	zhuàn · you
扬琴	洋琴	yángqín	装潢	装璜	zhuānghuáng
要么	要末	yào · me	孜孜	孳孳	zīzī
夜宵	夜消	yèxiāo	姿势	姿式	zīshì
一锤定音	一槌定音	yīchuí—dìngyīn	仔细	子细	zǐxì
一股脑儿	一古脑儿	yīgǔnǎor	自个儿	自各儿	zìgěr
衣襟	衣衿	yījīn	佐证	左证	zuǒzhèng
衣着	衣著	yīzhuó	附录：含有非规范字的异形词		
义无反顾	义无返顾	yìwúfǎngù	抵触	*牴触	dǐchù
淫雨	霪雨	yínyǔ	抵牾	*牴牾	dǐwǔ
盈余	赢余	yíngyú	喋血	*啑血	diéxuè
影像	影象	yǐngxiàng	仿佛	彷*佛/*髣*髴	fǎngfú
余晖	余辉	yúhuī	飞扬	飞*飏	fēiyáng
渔具	鱼具	yújù	氛围	*雰围	fēnwéi
渔网	鱼网	yúwǎng	构陷	*搆陷	gòuxiàn
与会	预会	yùhuì	浩渺	浩*淼	hàomiǎo
与闻	预闻	yùwén	红果儿	红*菓儿	hóngguǒr
驭手	御手	yùshǒu	胡同	*衚*衕	hútòng
预备	豫备	yùbèi	糊口	*餬口	húkǒu
原来	元来	yuánlái	蒺藜	蒺*梨	jílí
原煤	元煤	yuánméi	家伙	*傢伙	jiā · huo
原原本本	源源本本/元元本本	yuányuán—běnběn	家具	*傢具	jiājù
缘故	原故	yuángù	家什	*傢什	jiāshi
缘由	原由	yuányóu	侥幸	*儌*倖/徼*倖	jiǎoxìng
月食	月蚀	yuèshí	局促	*侷促/*跼促	júcù
月牙	月芽	yuèyá	撅嘴	*噘嘴	juēzuǐ
芸豆	云豆	yúndòu	克期	*剋期	kèqī
杂沓	杂遝	zátà	空蒙	空*濛	kōngméng
再接再厉	再接再砺	zàijiē—zàilì	昆仑	*崑*崙	kūnlún
崭新	斩新	zhǎnxīn	劳动	劳*慟	láodòng
辗转	展转	zhǎnzhuǎn	绿豆	*菉豆	lǜdòu
战栗	颤栗	zhànlì	马扎	马*劄	mǎzhá
账本	帐本	zhàngběn	蒙眬	*矇眬	ménglóng
折中	折衷	zhézhōng	蒙蒙	*濛*濛	méngméng
这么	这末	zhè · me	弥漫	*瀰漫	mímàn

续表 5

推荐词形	非推荐词形	读　音	推荐词形	非推荐词形	读　音
弥蒙	*濔*濛	míméng	趟水	*蹚水	tāngshuǐ
迷蒙	迷*濛	míméng	纨绔	纨*袴	wánkù
渺茫	*淼茫	miǎománg	丫杈	*桠杈	yāchà
飘扬	飘*飏	piāoyáng	丫枝	*桠枝	yāzhī
憔悴	*顦*顇	qiáocuì	殷勤	*慇*懃	yīnqín
轻扬	轻*飏	qīngyáng	札记	*劄记	zhájì
水果	水*菓	shuǐguǒ	枝丫	枝*桠	zhīyā
趟地	*蹚地	tāngdì	跖骨	*蹠骨	zhígǔ
蹚浑水	*趟浑水	tānghúnshuǐ			

注释：①“订”“定”二字中古时本不同音，演变为同音字后，才在“预先、约定”的义项上通用，形成了一批异形词。不过，近几十年来，这两个字在此共同义项上又发生了细微的分化：“订”多指事先经过双方商讨的，只是约定，并非确定不变的；“定”侧重在确定，不轻易变动。因此，有些异形词现已分化为近义词。本表所列的“订单—定单”等仍为全等异形词，应依据通用性原则予以规范。

七、常用的繁难汉字表

说明：本表所收汉字按汉语拼音音序排列。

汉字	读音	等级	例　词	汉字	读音	等级	例　词
霭	ǎi	乙	雾霭，暮霭	旮	gā	甲	旮旯
翱	áo	甲	翱翔	嘎	gā；gǎ	甲	嘎吱；嘎子
鏖	áo	乙	鏖战，赤壁鏖兵	尬	gà	甲	尴尬
鳌	áo	乙	鳌山，独占鳌头	尴	gān	甲	尴尬
聱	áo	丙	佶屈聱牙	擀	gǎn	乙	擀毡，擀面杖
蓖	bì	甲	蓖麻	赣	gàn	甲	赣州，赣剧
镳	biāo	乙	分道扬镳	睾	gāo	乙	附睾，睾丸
瘪	biě	甲	干瘪	篝	gōu	乙	篝火
璨	càn	乙	璀璨	箍	gū	甲	紧箍咒
谶	chèn	丙	谶言，谶语	鳏	guān	乙	鳏夫，鳏寡孤独
褫	chǐ	丙	褫夺，褫革	盥	guàn	乙	盥洗，盥漱
椽	chuán	甲	椽子，椽笔	晷	guǐ	丙	日晷，焚膏继晷
槌	chuí	甲	棒槌	鳜	guì	乙	鳜鱼
戳	chuō	甲	戳穿，邮戳	薅	hāo	丙	薅草，薅锄
篡	cuàn	甲	篡夺，篡位	壑	hè	甲	沟壑，欲壑难填
爨	cuàn	丙	分爨	蕻	hóng	乙	雪里蕻
牒	dié	乙	通牒，谱牒	齁	hōu	丙	齁声
蠹	dù	丙	蠹虫，户枢不蠹	扈	hù	甲	扈从，飞扬跋扈
麸	fū	甲	麦麸，烤麸	寰	huán	乙	寰宇，惨绝人寰
敷	fū	甲	敷衍，入不敷出	鬟	huán	丙	丫鬟
孵	fū	甲	孵化，孵育	稽	jī	甲	稽查，无稽之谈
凫	fú	甲	凫趋雀跃	齑	jī	甲	齑粉
馥	fù	甲	馥郁，香馥馥	畿	jī	丙	畿辅，京畿

续表

汉字	读音	等级	例 词	汉字	读音	等级	例 词
遽	jù	丙	急遽，遽然	癯	qú	丙	清癯
獗	jué	乙	猖獗	龋	qǔ	甲	龋齿
攫	jué	乙	攫取	觑	qù	乙	小觑，面面相觑
噱	jué	丙	令人发噱	麝	shè	甲	麝香
谲	jué	丙	谲诈，云谲波诡	虱	shī	甲	虱子，壁虱
蔻	kòu	乙	豆蔻年华	毹	shū	丙	氍（qú）毹
邋	lā	丙	邋遢	秫	shú	甲	秫米，秫秸
旯	lá	甲	旮旯	漱	shù	甲	漱口，洗漱
癞	lài	甲	癞蛤蟆，癞皮狗	髓	suǐ	甲	精髓，沦肌浃髓
斓	lán	乙	斑斓	燧	suì	丙	燧石，燧人氏
谰	lán	乙	无耻谰言	薹	tái	丙	菜薹，蒜薹
儡	lěi	甲	傀儡	饕	tāo	丙	饕餮（tiè）
罹	lí	乙	罹难	誊	téng	甲	誊写，誊录
蠡	lí	丙	管窥蠡测	嚏	tì	甲	喷嚏，阿嚏
雳	lì	甲	霹雳	曦	xī	乙	晨曦
撂	liào	甲	撂手，撂挑子	罅	xià	丙	罅隙，罅漏
鬣	liè	丙	鬣狗	瀣	xiè	乙	沆瀣一气
粼	lín	甲	波光粼粼	馨	xīn	甲	温馨，宁馨儿
麟	lín	乙	麒麟，凤毛麟角	醺	xūn	乙	醉醺醺
躏	lìn	甲	蹂躏	嫣	yān	乙	嫣然，姹紫嫣红
摞	luò	甲	一摞书	蜒	yán	甲	海蜒，蜿蜒
霾	mái	丙	阴霾，雾霾	鼹	yǎn	丙	鼹鼠
酶	méi	乙	蛋白酶，转氨酶	颐	yí	甲	期颐，颐养天年
懑	mèn	乙	愤懑	彝	yí	甲	彝族，彝剧
懵	měng	丙	懵懂	翌	yì	甲	翌日，翌年
囊	náng	甲	囊括，锦囊妙计	裔	yì	甲	后裔，华裔
齉	nàng	丙	齉鼻儿	懿	yì	丙	懿旨，嘉言懿行
霓	ní	甲	云霓，霓虹灯	翳	yì	丙	白翳，云翳
蔫	niān	甲	萎蔫，蔫头耷脑	臃	yōng	甲	臃肿
黏	nián	甲	黏液，黏稠	壅	yōng	丙	壅塞，壅土
孽	niè	甲	孽障，罪孽	舆	yú	甲	舆论，舆情
蘖	niè	丙	分蘖，蘖枝	鬻	yù	丙	卖官鬻爵
襻	pàn	丙	纽襻	蘸	zhàn	甲	蘸水，蘸火
颦	pín	丙	颦蹙，东施效颦	肇	zhào	乙	肇始，肇事
璞	pú	甲	璞玉，返璞归真	蛰	zhé	乙	惊蛰，蛰伏
蹼	pǔ	乙	脚蹼	斟	zhēn	甲	斟酌，斟酒
憩	qì	甲	休憩，憩息	骤	zhòu	甲	骤然，步骤
缱	qiǎn	丙	缱绻	籀	zhòu	丙	籀文
罄	qìng	乙	告罄，罄竹难书	赘	zhuì	甲	入赘，累赘

第四章　汉字字义测试指导与训练

汉字应用水平测试在字义方面的要求是：应试人在测试用字的范围内，能够准确掌握并运用汉字在现代汉语普通话中的常用意义、基本用法和一些特殊用法，在使用环境中准确辨别汉字意义的正误和同异，基本理解并掌握汉字的多义字、近义字和容易理解错误的字。

第一节　汉字字义测试指导

汉字本身无所谓意义，我们平时所谓的字义实际上是它所记录的汉语语素的意义。如果一个汉字同时记录几个不同的语素，那么它就会有几个意义，例如，当我们用“公”记录“公款”一词中的语素“公”时，其意义是：属于国家或集体的（与“私”相对）；当我们用“公”记录“公鸡”一词中的语素“公”时，其意义则是：（禽兽）雄性的（跟“母”相对）。

从意义的多少来看，汉字可以分为单义字和多义字。单义字只有一个意义，例如，“础”只表示垫在房屋柱子底下的石头；多义字则有多个意义（也叫作义项），例如，“楚”既表示痛苦，又表示清晰、整齐。部分多义字的字义有本义、引申义和比喻义之分，本义是汉字在造字时代所记录的语素的意义，引申义是人们在本义的基础上经过联想、类推等思维运动而衍生出来的意义，比喻义是在本义的基础上通过打比方而产生的新意义。例如，“字”的本义是女人生孩子，由于汉字的发展也像人类繁衍生息一样越造越多，因此它被引申为“文字”的“字”；“纲”的本义是提网的总绳，后来比喻“事物最主要的部分”，形成了比喻义。又如，“兵”的本义是手持兵器；首先引申为持东西，与此并行引申出兵器、武器这个名词义；其次引申为士卒、军队，即“草木皆兵”的“兵”；再次引申为战争，即“兵连祸结”的“兵”，又用作军事，即“纸上谈兵”的“兵”。

字义问题跟汉字的使用紧密相关，正确掌握字义有助于准确使用汉字。要正确掌握字义、准确使用汉字，除了平时勇于求证、勤查工具书、关注相关规范标准之外，还应当克服不良的用字习惯，避免以下七种使用错别字的情况。

一、避免因形旁误导而用错

形声字的形旁往往和字义有某种联系，有的具有近似关系，例如，馥、肌、黛、骸、辉；有的具有种属关系，例如，梅、鲤、蚊、豇、氧；有的具有直接联系，例如，渡、扛、抓、杖、饭；有的具有间接联系，例如，功、满、坟、酒、粒；有的具有象征性意义，例如，邻、家、国、巡、彩。这些联系一般可以提供字义的线索，我们可以利用形旁提供的线索类推形声字的意义范围，例如，一个不能准确说出魑、魅、魍、魉四个汉字字义的人，可以凭借形旁“鬼”推知它们的意义同“鬼怪”有关。不过，也有少量形声字的形旁不能准确提供字义的线索。出现这一情形的主要原因有五个方面。

第一，古人认识水平的限制。造字时代的人们的思想观念往往会在文字中留下烙印。如果古人的思想观念错误，他们造形声字时很可能选用不合理的形旁。例如，妨、妄、婪、奸、妒等字选用“女”做形旁，反映了古人重男轻女的性别歧视；蝙、蝠、虹等字选用“虫”做形旁，“鲸”字选用“鱼”做形旁，反映了古人对客观事物的错误认识。

第二，客观事物发生了变化。有些形声字的形旁反映的是造字时代的生产力水平，随着社会的发展，它们已经失去了表义的合理性。例如，杯、梳、枕、桥等字之所以选用“木”做形旁，是因为这类东西在古代都是木质的，不过今天已不限于木质；篇、签、符、策、笺等字之所以选用“竹”做形旁，是因为这类东西在古代都是竹质的，不过今天主要是纸质的。

第三，发生过同音假借现象。由于假借字只是利用音同或音近的关系来借用字形，因此其形旁与假借意义没有联系。例如，“特”的本义是公牛（《说文解字》：特，牛父也），后来被假借为“特殊”的“特”，与牛无关；“笨”的本义是竹子的内里，后来被假借为愚笨的“笨”，与“竹”无关；“验”的本义是一种马的名称，经常被假借为“灵验”的“验”，与“马”无关。

第四，引申义掩盖了本义。汉字使用得越频繁，其词义就越丰富，也越有可能产生引申义。引申义的使用频率如果大大超过本义，就可能逐渐掩盖本义，这样也会导致造字时选用的形旁与现代常用字义不吻合。例如，“骄”的本义是高大的马，引申为神气、猛烈，又由神气引申为骄傲自满，与形旁“马”失去了联系；“精”的本义是精白的米，引申为完美、专一、机灵等，与形旁“米”失去了联系。

第五，形旁发生了变化。形旁的变体也使我们在理解形旁的表义功能时发生困难。有些形声字在篆书里写法一样，但在隶书和楷书里就变为几种写法了，例如，“水”分化为水（淼）、氵（河）、氺（泰）等。有的偏旁（或笔画）在小篆里完全不同，但在隶书和楷书里却变成一样的了，如“马（馬）、鱼（魚）、鸟（鳥）、然”的底下四点在小篆里分别是马的四条腿、鱼的尾巴、鸟的两条腿、燃烧的火苗。

基于上述情形，我们利用形旁类推字义时，可能出现以下三种错误做法：一是因潜意识里使某一词语中前后汉字形旁保持一致而使用别字。例如，我们可能将“编辑”的“辑”写成“缉”，使之与“编”的形旁保持一致。二是因想当然地曲解字义而使用别字。例如，我们可能依据“寒暄”一词的“问候与应酬”之义而将“暄”写成“喧”，以为要问候就得用嘴巴。三是因客观事物现状的误导而使用别字。例如，我们可能依据“磅秤”的材质是铁而将“磅”写成“镑”。

要想避免出现上述错误做法，我们可以采取以下三种措施：一是了解形旁在古代汉字中的形体和意义，掌握一定的汉字形体演变和语义发展的规律；二是尽量熟记权威的现代汉语工具书中有关现代汉字的释义；三是有针对性地、集中地进行识记和训练。

二、避免因形近干扰而用错

形近字不仅会导致读错字音、写错字形，也会导致使用别字。例如，人们一不小心就会将安徽“亳州”写成“毫州”，将“戊戌变法”写成“戊戍变法”。我们可以通过以下办法避免因字形干扰而使用别字。

第一，成组记熟字形接近的独体字的字形。我们学习独体字的时候，要有意识地将字形接近的汉字放在一起比较，凸显其字形差异，熟记各字字形的特点。有时，还可以通过编顺口溜等办法辅助记忆。例如，区分“戍、戌、戊、戎”四个字时，可以用“点戍横戌空心戊，画个十叉就念戎”这句话予以区分；又如，区分“己、已、巳”三个字时，可以用“堵巳不堵己，半堵不堵就念已”这句话予以区分。

第二，成组记熟形旁相同、声旁不同的形声字的字音和字义。形旁相同、声旁不同的形声字，其字音虽然不同，但是字义多少还有点联系，例如，拨、拔二字都是与“手”有关的动作，炙、灸二字都是与“火”有关的动作。我们学习形声字的时候，要有意识地将形旁相同、声旁不同的字放在一起比较，凸显其字音及字义差异，结合相关词语熟记各字的字音与字义。有时，还可以通过类比联想等方式辅助记忆。例如，区分“拨、拔”两个字时，我们可以这样联想：“拔”和“拨”相差的那一个小短竖就是一丛草，“拔草”就是把草都拔完了，所以没有短竖；“拨开草丛”只是把草分开，并没有把草拔掉，所以有短竖。

第三，成组识别声旁相同、形旁不同的形声字的字义。声旁相同、形旁不同的形声字，其字音虽然相同或相近，但是字义通常没有什么联系，例如，莹、荧二字虽然都读“yíng”，但是前者与玉石的光泽有关，后者与火焰的光亮有关。我们学习形声字的时候，要有意识地将声旁相同、形旁不同的字放在一起比较，依据其形旁凸显其字义差异，结合相关词语熟记各字的字义。有时，还可以通过编顺口溜等办法辅助区分字义。例如，区分“清、请、睛、情、倩、晴、蜻、精”八个字时，可以用“有水方说清，有言去邀请；有目是眼睛，有心情意浓；丽人留倩影，日出天气晴；有虫是蜻蜓，有米人精神”这句话予以区分。又如，区分“辨、辩、辫、瓣”四个字时，可以用“分辨辨认看分明，点撇是眼瞧得清；辩解辩论要用嘴，言字在心才能行；一根小辫头上晃，绞丝缠绕辫不松；几瓣西瓜红艳艳，别忘瓜在花瓣中”这句话予以区分。

三、避免因音近干扰而用错

音近字指读音相同或相近的汉字。根据字形接近与否，音近字可以分为两种类型：一是具有相同声旁的音近字；二是字形完全不同的音近字，如烂、滥两个字。

音近字容易导致使用别字。例如，人们一不小心就会将“涣然冰释”写成“焕然冰释”，将“额手称庆”写成“额首称庆”。我们可以通过以下办法避免因音近干扰而使用别字。

第一，凭借字形领会字义。汉字是表意文字，其字形往往可以彰显字义或者提示字义，我们应当利用汉字的这一特点来掌握同音字的字义。例如，同音字“明”和“鸣”，“明”由“日”和“月”组成，“日”“月”同在，则“明”；“鸣”意为小鸟张着嘴巴在叫。又如，同音字“纱”和“沙”，“纱”的形旁是“纟”，表示用棉花、麻等纺成的较松软的细丝，可以捻成线或织成布，又可表示用纱织成的经纬线很稀的制品；“沙”的形旁是“氵”，表示与水有一定的关系。

第二，依据词语区别字义。一个汉字基本上对应汉语的一个音节，因而在多音节词占优势的现代汉语中，大部分汉字所记录的只是现代汉语的语素，并非现代汉语的词。而语素的意义又不及词的意义明确，因此，我们要借助具体的词语来区分同音字的字义。例如，同音字“锋”和“蜂”，“锋”可以出现在刀锋、剑锋、锋利、锋芒等词语中，多指工具、武器的锐利；“蜂”可以出现蜂蜜、蜜蜂、蜂箱等词语中，多与昆虫有关。又如，同音字“鱼”和“渔”，“鱼”可以出现在金鱼、鲤鱼、鲨鱼、带鱼、比目鱼、草鱼等词语中，多是指生活在水里的各种各样的鱼类；“渔”可以出现在渔夫、渔船、渔网、渔村、渔翁等词语中，多跟捕鱼有关。

第三，记熟易于错用同音字的词语。有时候，人们由于对某些词语的词义理解得不够准确，因而容易想当然地使用同音字。我们应当刻意记住这类词语的用字及词义。例如，“不毛之地”不是不长茅草的“不茅之地”，而是不长庄稼的土地，用来形容土地的荒凉与贫瘠；“挖墙脚”不是挖掉墙壁角落的“挖墙角”，而是一个惯用语，字面意义是挖掉墙壁的基石，实际意义是“拆台”。

四、避免因义近干扰而用错

近义字指意义相同或相近的字。由于汉字是用来记录汉语语素的，因此，近义字实际上表示的是意义相同或相近的语素。词是最小的语言运用单位，只有成词语素才可以直接进入句子，不成词语素则必须跟别的语素组合成词以后才能进入句子，由此看来，近义字的区分问题本质上就是近义词的区分问题。

近义词是意义相近的一组词。根据词音和词形相近与否，近义词可以分为两类：一是词音和词形不相近的近义词。例如，“牺牲”与“死亡”，前者是褒义词，指死得有意义，对社会有贡献；后者是中性词，不带感情色彩，仅仅说明人没了。二是词音或词形相近的近义词。例如，“因缘”与“姻缘”，前者为佛教用语，指产生结果的直接原因和辅助促成结果的条件或力量，也指一般的缘分；后者则专指男女之间的婚姻缘分。相对而言，第二类近义词更难区分，更容易导致使用别字。我们可以通过以下办法避免因义近干扰而使用别字。

第一，成组熟记近义词词义方面的细微差异。大部分近义词之间的细微差异主要体现于词义的某一方面的不同。有的体现为程度轻重不同，例如，“违反”与“违犯”，前者情节较轻，受事多为政策、纪律，后者情节较重，受事多为法律、法规。有的体现为范围大小不同，例如，“化妆”与“化装”，前者范围较小，只涉及头部、面部，后者范围较大，不但涉及头部、面部，还涉及身体其他部位。有的体现为色彩意义不同，例如，“谋取”与“牟取”，前者是中性词，指通过智力谋划而设法取得，后者是贬义词，指通过不正当的或非法的手段取得。

第二，成组熟记近义词词性方面的差异。有些近义词之间的细微差异主要体现为词性不同。词性不同，则词语的语法功能也不同。了解近义词各自的词性，有助于准确使用词语，有助于正确使用汉字。例如，“修养”与“休养”，前者是名词，主要表示理论、知识、艺术、思想等方面的一定水平，也可以表示养成的正确的待人处事的态度，经常充当主语或宾语；后者是动词，主要表示休息调养，也可以表示恢复并发展国家或人民的经济力量，经常充当谓语中心。又如，“厉害”与“利害”，前者是形容词，表示剧烈、严格的意思，可以充当谓语；后者是名词，表示利益和损害，不可以充当谓语。

第三，成组熟记近义词的惯常搭配对象。有些近义词之间的细微差异主要体现于搭配对象的不同。熟悉近义词各自的惯常搭配对象，同样有助于准确使用词语，有助于正确使用汉字。例如，“界限”与“界线”，虽然两者都是表示不同事物分界的名词，但是前者的适用对象一般是抽象事物，后者的适用对象一般是具体事物。又如，“传诵”与“传颂”，虽然两者都是表示辗转传播之意的动词，但是前者的受事主要是诗文作品，后者的受事主要是人或事迹。

五、避免因多义不分而用错

多义字指有多个意义的字。根据多个意义之间有无引申或比喻关系，多义字可以分为两类：一是记录一个多义语素的多义字，二是同时记录了多个语素的多义字。如果一个汉字所记录的一个语素具有相互联系（引申或比喻）的多个意义，那么该汉字就是一个多义字。例如，由于语素“hán”有“冷（与‘暑’相对）”“害怕、畏惧”和“穷困”三个具有引申关系的意义，因此，记录该语素的“寒”字便是一个具有三个相互联系的意义的多义字。如果一个汉字同时记录了多个语素，那么该汉字也是一个多义字。例如，由于语素“biǎn”有“上下距离比左右距离小的，厚度小于长度和宽度的”这一个意义，语素“piān”有“扁舟，小船”这一个意义，因此，同时记录这两个语素的“扁”字便是一个具有两个不具相互联系的意义的多义字。

需要注意的是，第二类多义字还有更为复杂的情形，即一个汉字同时记录几个读音相同的语素。例如，“效”字同时记录了三个读音为“xiào”的语素：一是表示“成果，功用”的“xiào”，二是表示“模仿”的“xiào”，三是表示“献出”的“xiào”。这种多义字表面上与第一类多义字相同，不过，本质上是不相同的，因为这种多义字所记录的多个语素的意义之间没有引申、比喻等联系。多个语素具有相同的读音，纯属巧合。

多义字虽然不会直接导致使用别字，但是会影响语言运用的准确性，尤其是那些同时记录多个读音不同的语素的多义字。我们可以通过以下办法避免出现多义不分的情况。

第一，树立“词本位”意识。大部分以汉语为母语的人具有“字本位”意识，即认为汉字是音形义结合体，是汉语的最小运用单位。如果我们坚持“字本位”意识，就难以区分上述两类多义字，难以理清纷繁复杂的多义字家族，相应地，也就容易导致因多义不分而用语不准。实际上，文字并不属于语言的范畴，它不过是记录语言的视觉符号系统而已。如果我们具有“词本位”意识，就可以明了上述两类多义字的本质：第一类多义字记录的是一个多义语素，第二类多义字记录的是多个同形语素。

第二，理清多义语素的多个意义之间的联系。词语产生之初一般是单义词，即只有一个本义，后来，有些词语在使用过程中逐渐产生出引申义或比喻义。例如，“深”的“从上到下或从外到里的距离大”“深奥”“深刻”三个意义之中，第一个意义是本义，后面两个意义是引申义，第一个意义和后两个意义之间具有引申关系；“花”的“种子植物的有性繁殖器官”“形状像花朵的东西”和“年轻漂亮的女子”三个意义之中，第一个意义是本义，第二个意义是引申义，第三个意义是比喻义，第一个意义和第二个意义之间具有引申关系，第一个意义和第三个意义之间具有比喻关系。

第三，把握同形语素（词）的意义之间的区别。不管是同音同形词还是异音同形词，其意义之间一般没有引申或比喻关系。例如，树干的“干（gàn）”有“事物的主体或主要部分”和“干部”两个具有引申关系的意义，干事情的“干（gàn）”有“做”“办事能力强”和“担任”三个具有引申关系的意义，干戈的“干（gān）”有“盾牌”一个意义，干支的“干（gān）”有“天干”一个意义，干涉的“干（gān）”有“冒犯”和“牵连”两个具有引申关系的意义，干燥的“干（gān）”则有“没有水分或水分很少”等七个具有引申关系的意义，不过，六者之间既没有引申关系，又没有比喻关系。

六、避免因意义特殊而用错

特殊意义字指具有一个或几个特殊意义的多义字。一个多义字的特殊意义是相对于该字的其他意义而言的，主要体现出两个特点：一是使用频率相对较低。例如，“用人无艺”和“贪贿无艺”的“艺”的意思是“准则，尺度”，其使用频率远远低于“技术，技能”“艺术”等意义；又如，“方胜”的“胜”的意思是“一种古代戴在头上的首饰”，其使用频率远远低于“赢，打败对方”“超过”“优美的”以及“担当得起，能够承受”等意义。二是与其他意义的差别较大。例如，“其计不售”和“以售其奸”的“售”的意思是“施展”，远远不同于“卖”；又如，“秀穗”和“苗而不秀”的“秀”的意思是“庄稼抽穗开花”，远远不同于“美丽”“特别优异”和“优异的人才”等其他意义。

从本质上来看，一个多义字的特殊意义与该字其他意义之间的关系和上文述及的多义字的类别有关，有的属于多义语素，例如，上文列举的“艺”“售”的特殊意义跟各自的其他意义都属于同一个语素；有的属于同形语素，例如，上文列举的“胜”“秀”的特殊意义跟各自的其他意义之间没有引申、比喻等关系，分属不同的语素。

特殊意义字虽然也不会直接导致使用别字，但同样也会影响语言运用的准确性，尤其是那些同时记录多个读音不同的语素的多义字。我们可以采用上文述及的避免出现多义不分情况的办法来避免用字错误。这也提醒我们，在熟悉多义字的多个意义、理清多个意义之间的关系的时候，要特别留意那些与常用意义差别较大、使用频率较低的意义。

七、避免因汉字不常用而用错

不常用汉字指使用频率较低的字。这类汉字有两个特点：一是意义相对较少。由于其使用频率较低，没有机会衍生出多个意义，因而大部分为单义字，只有极少数有两至三个意义。二是使用环境相对稳定。这类汉字所记录的一般是现代汉语的不成词语素，也就是说，它们一般不单独使用，只固定地出现在使用频率不太高的某一个或某几个特定的词语当中。当人们在语用当中运用到那些特定的词语的时候，这类汉字才有被使用的机会。

正是由于这类汉字不常用，才导致我们对其不太熟悉，即使见到了，也有可能不识字音，不解字义，至于因语用需要而主动地、准确地使用它们，那就更难了。我们可以通过以下办法避免因汉字不常用而用错，甚至不用。

第一，熟记那些使用频率虽然不太高但是很有特色的词语。由于这类汉字固定地出现在使用频率不太高的某一个或某几个特定的词语当中，因此，我们可以而且应当通过熟悉词语来熟悉汉字。这些词语的特色多体现为两个方面：一是所反映的事物或事件多为历史事物或事件。例如，“锱”和“铢”通常出现在“锱铢”一词之中，两者都是古代的重量单位，其中，“锱”为“一两的四分之一”，“铢”为“一两的二十四分之一”；又如，“沆”和“瀣”通常出现在成语“沆瀣一气”之中，该成语与唐朝科举考试考官崔沆取中考生崔瀣一事有关，后来人们借用这事比喻臭味相投的人结合在一起。二是多数有一定的文献出处。例如，“擢”通常出现在成语“擢发难数”之中，该成语出自《史记·范雎蔡泽列传》：“擢贾之发以续贾之罪，尚未足。”后来人们用这一历史典故比喻罪恶多得像头发那样数也数不清；又如，“筌”通常出现在成语“得鱼忘筌”之中，该成语出自《庄子·外物》：“筌者所以在鱼，得鱼而忘筌；蹄者所以在兔，得兔而忘蹄；言者所以在意，得意而忘言。”后来人们用它来比喻达到目的以后就忘了原来的凭借。

第二，将这类汉字集中起来进行强化记忆和训练。本书已经将部分不常用的汉字集中于《不常用字的意义及用法表》中，以方便大家集中地进行强化记忆。下节的“不常用汉字训练”部分也精心设计了部分不常用汉字的训练题，以方便大家集中地进行强化训练。我们还应当有意识地收集并熟记其他的不常用汉字的意义及用法。

第三，在语用当中有意识地多用含有这类汉字的词语。只有熟悉某一词语才能熟练地使用它，而间或使用某一已经熟悉的词语又可以进一步巩固它。因此，我们应当在日常语用当中有意识地使用那些含有不常用汉字的词语。

第二节　汉字字义训练

一、形旁不表义汉字训练

（一）请在下列各题的四个选项中，找出能正确解释加点字的一项

1. 耳聪目明（　　）
   A. 听觉灵敏　B. 听觉　C. 心思灵敏　D. 清楚
2. 错金（　　）
   A. 打磨玉石　B. 镶嵌　C. 两个物体相互摩擦　D. 坏、差
3. 无稽之谈（　　）
   A. 古代的一种礼节　B. 计较　C. 考查　D. 坏、差
4. 渺无人烟（　　）
   A. 渺小　B. 水面辽阔　C. 微小　D. 遥远或模糊不清的样子
5. 快人快语（　　）
   A. 直截了当　B. 速度高，用时短　C. 敏捷　D. 高兴，愉悦

（二）填写正确的汉字，把下列词语补充完整

1. 鞭（　）　A. 挞　B. 鞑
2. （　）然而止　A. 嘎　B. 戛
3. 哈（　）瓜　A. 密　B. 蜜
4. 海（　）　A. 棉　B. 绵
5. 黄（　）　A. 连　B. 莲
6. （　）炙人口　A. 烩　B. 脍
7. 看风（　）舵　A. 使　B. 驶
8. 螺钉（　）　A. 蛳　B. 丝
9. 脉（　）　A. 络　B. 胳
10. （　）心沥血　A. 沤　B. 呕
11. 食不（　）腹　A. 果　B. 裹
12. （　）泄　A. 渲　B. 宣
13. 怨天（　）人　A. 尤　B. 忧
14. 蛛丝（　）迹　A. 蚂　B. 马

15. 兵（ ）马乱 A. 荒 B. 慌
16. 形（ ）骨立 A. 消 B. 销
17. 如法（ ）制 A. 炮 B. 泡
18. 待价而（ ） A. 估 B. 沽
19. 心思（ ）密 A. 缜 B. 慎
20. （ ）碍 A. 防 B. 妨

二、形近字字义训练

（一）为下列各组形近字编写能够更好地区分它们的顺口溜

1. 推—堆—谁—难
2. 燥—躁—澡—噪
3. 渴—喝—竭—碣

（二）选择合适的汉字，把诗句的缺字补充完整

1. 停杯投箸不能食，____剑四顾心茫然。 A. 拔 B. 拨
2. ____王宅里寻常见，崔九堂前几度闻。 A. 歧 B. 岐
3. 长风破浪会有时，直挂云帆济____海。 A. 沧 B. 苍
4. 晴空一鹤排云上，便引诗情到碧____。 A. 宵 B. 霄
5. 无边落木______下，不尽长江滚滚来。 A. 萧萧 B. 潇潇

（三）选择合适的汉字，把成语等固定短语补充完整

1. 言不由（ ） A. 衷 B. 忠
2. 穷途（ ）倒 A. 撩 B. 潦
3. 金蝉（ ）壳 A. 脱 B. 蜕
4. （ ）荜增辉 A. 篷 B. 蓬
5. （ ）声匿迹 A. 销 B. 消
6. 金榜（ ）名 A. 提 B. 题
7. 中流（ ）柱 A. 砥 B. 抵
8. 提纲（ ）领 A. 契 B. 挈
9. 神（ ）奕奕 A. 采 B. 彩
10. 光（ ）照人 A. 采 B. 彩
11. 好高（ ）远 A. 骛 B. 鹜
12. 趋之若（ ） A. 骛 B. 鹜
13. 再接再（ ） A. 厉 B. 励
14. 风高物（ ） A. 躁 B. 燥
15. 暴（ ）不安 A. 躁 B. 燥

三、音近字字义训练

（一）选择合适的汉字，把成语等固定短语补充完整

1. 陈词（ ）调 A. 滥 B. 烂
2. 理（ ）词穷 A. 曲 B. 屈
3. 莫（ ）其妙 A. 名 B. 明

4.（　）盘托出	A. 合	B. 和
5. 各行其（　）	A. 是	B. 事
6. 仗义（　）言	A. 直	B. 执
7. 阴谋（　）计	A. 诡	B. 鬼
8.（　）屈一指	A. 手	B. 首
9. 遮天（　）日	A. 蔽	B. 避
10. 险象（　）生	A. 叠	B. 迭
11. 重峦（　）嶂	A. 叠	B. 迭
12. 歪风（　）气	A. 斜	B. 邪
13. 直（　）了当	A. 截	B. 接
14. 英雄（　）出	A. 倍	B. 辈
15. 墨守（　）规	A. 成	B. 陈
16. 弱不（　）风	A. 经	B. 禁
17. 礼（　）往来	A. 尚	B. 上
18. 一（　）莫展	A. 愁	B. 筹
19.（　）心而论	A. 平	B. 凭
20. 一（　）作气	A. 股	B. 鼓

（二）音近（同）字辨析

1. 下列词语中，有错别字的一组是（　　）

A. 质疑　不容置疑　符合　随声附合
B. 留恋　流连忘返　厉害　利害得失
C. 变换　变幻莫测　旁证　旁征博引
D. 株连　珠联璧合　大意　微言大义

2. 下列词语中，没有错别字的一组是（　　）

A. 勘察　前仆后继　提纲挈领　偃旗息鼓
B. 慰藉　优柔寡断　穷兵黩武　明火执仗
C. 脉博　同仇敌忾　利令智昏　沽名钓誉
D. 赧然　贻笑大方　提心吊胆　日没途穷

3. 下列词语中，错别字最多的一组是（　　）

A. 诩诩如生　移风易俗　记忆尤新　口干舌燥
B. 莫然置之　含辛茹苦　光阴荏苒　矫揉造作
C. 谈笑风声　儒子可教　两全齐美　萎靡不振
D. 炙手可热　戒骄戒躁　打躬作揖　颐指气使

4. 下列词语中，没有错别字的一组是（　　）

A. 苗圃　哺育　匍匐　呕心沥血
B. 佝偻　抠打　谙熟　靓妆
C. 暗然失色　万马齐喑　桎梏　皓月
D. 向隅而泣　喁喁私语　穷兵黩武　亵渎

5. 下列词语中，有一个错别字的一组是（　　）

A. 稗官野史　入不付出　步入正轨　明辨是非

B. 奋发图强	出类拔萃	言简意赅	扬长而去
C. 万事享通	候门如海	精神焕散	赡养父母
D. 不记其数	艰苦朴素	手屈一指	直截了当

6. 下列词语中，有两个错别字的一组是（　　）

A. 宽宏大量	尚待商确	风靡一时	心狠手辣
B. 无耻滥言	缄口不言	艰难困苦	如法泡制
C. 礼上往来	风雨如晦	默守成规	再接再励
D. 不胫而走	鬼鬼祟祟	列出提纲	计划缜密

7. 下列词语中，有错别字的一组是（　　）

A. 一劳永逸	自顾不暇	铤而走险	深为惋惜
B. 瑕瑜互见	打躬作揖	贻笑大方	编纂字典
C. 栩栩如生	优柔寡断	揠苗助长	向隅而泣
D. 金榜题名	举止安详	全家迁徙	徇私舞弊

8. 下列词语中，没有错别字的一组是（　　）

A. 伏法	寂寥	任性	对薄公堂
B. 忽略	题词	肄业	优哉悠哉
C. 联手	召唤	惆怅	屈意逢迎
D. 辨别	筹码	颠簸	秣马厉兵

9. 下列词语中，有两个错别字的一组是（　　）

A. 妥帖	弘扬	宣宾夺主	功亏一匮
B. 报歉	凋蔽	谈笑风声	貌合神离
C. 抵押	烦琐	无微不至	拾人牙慧
D. 暇想	贬抑	缘木求鱼	逃之夭夭

10. 下列词语中，没有错别字的一组是（　　）

A. 有持无恐	滥芋充数	入场券	人情事故
B. 死皮赖脸	萎靡不振	沉湎	草菅人命
C. 川流不息	声名雀起	追溯	洁白无瑕
D. 竭泽而鱼	美轮美奂	痉挛	一鼓作气

11. 下列词语中，有一个错别字的一组是（　　）

A. 毛骨耸然	融会贯通	积毁消骨	责无旁贷
B. 味同嚼蜡	精神矍铄	伶牙利齿	百战不怠
C. 虚无缥缈	没齿不忘	插科打浑	冒天下之大不韪
D. 不径而走	针贬时弊	惨绝人圜	有志者事竟成

12. 下列词语中，有两个错别字的一组是（　　）

A. 不辨黍麦	即使如此	阻击敌人	式样新颖
B. 相辅相成	披星戴月	咄咄逼人	行踪诡秘
C. 歪风邪气	淹没不闻	敲诈勒索	恶意诅咒
D. 敷衍塞责	名闻暇迩	挑拨事非	雨声淅沥

13. 下列词语中，有错别字的一组是（　　）

A. 扑朔迷离	天遂人愿	随声附和	束之高搁

B. 天翻地覆　出其不意　趋之若鹜　炙手可热
C. 中流砥柱　民生凋敝　戳穿阴谋　工程竣工
D. 此系赝品　始终不渝　稍纵即逝　互相推诿

14. 下列词语中，有两个错别字的一组是（　　）
A. 戌戍政变　断壁颓垣　饶勇善战　礼上往来
B. 酒中掺水　佳宾满座　克苦耐劳　事过境迁
C. 读书札记　入不敷出　英雄气慨　虎视眈眈
D. 如火如荼　前倨后恭　动辄得咎　运筹帷幄

15. 下列词语中，有一个错别字的一组是（　　）
A. 无耻滥言　流览一遍　漫山遍野　怙恶不悛
B. 括不知耻　气喘嘘嘘　化学反映　抛地有声
C. 记忆尤新　莫衷一是　缀句成文　专程谒见
D. 惴惴不安　敷衍塞责　招摇撞骗　苦心孤诣

16. 下列词语中，没有错别字的一组是（　　）
A. 篷荜生辉　歃血为盟　书声朗朗　批沙拣金
B. 义不容辞　富丽堂皇　人参鹿茸　缺之不恭
C. 儒子可教　坚如磐石　嗜酒成癖　纰漏百出
D. 出类拔萃　以逸待劳　清澈见底　玷污清白

17. 下列词语中，没有错别字的一组（　　）
A. 怡然自乐　侪辈　横征暴敛　匡国济民
B. 倚角之势　木呐　引伉高歌　逸兴湍飞
C. 相形见绌　提纲契领　施酒临江　卷秩浩繁
D. 春意恙然　椽子　蜩悦　人为刀俎，我为鱼肉

18. 下列词语中，没有错别字的一组（　　）
A. 一愁莫展　虎视耽耽　心灰意懒　杯盘狼籍
B. 食不果腹　鬼鬼祟祟　旁征博引　矫揉造作
C. 竞竞业业　风尘扑扑　恬不知耻　绿草如荫
D. 逾期作废　演绎归纳　手头宽裕　元气大伤

19. 下列词语中，有一个错别字的一组是（　　）
A. 悬梁刺股　飞扬跋扈　举世震惊　专程谒见
B. 步入正轨　张皇失措　不计其数　大多雷同
C. 异口同声　有所遵循　通货膨涨　投机倒把
D. 火中取栗　漠不关心　感情融洽　耳濡目染

20. 下列词语中，有两个错别字的一组是（　　）
A. 事过境迁　寥寥无几　巧装打扮　改弦易张
B. 一切就序　不可思义　并行不背　声音宏亮
C. 模范事迹　买椟还珠　言简意骇　玷玷自喜
D. 不容置椽　沆瀣一气　泫然泪下　珊珊来迟

四、义近字字义训练

（一）下列各题均有两句不完整的话，请从近义词中选择合适的一个填入括号内

1. A. 起用 B. 启用

（1）他（ ）了一批新人。

（2）新船闸（ ）了。

2. A. 权利 B. 权力

（1）我国的人民代表大会制度，是实现人民当家做主和保障公民政治（ ）的主要形式。

（2）全国人民代表大会是国家最高（ ）机关。

3. A. 食言 B. 失言

（1）本人不慎丢失了一串钥匙，请拾到者尽快归还，本人愿重谢，绝不（ ）。

（2）他昨天心情不好，一（ ），把姐姐的秘密告诉了姐夫。

4. A. 违反 B. 违犯

（1）医生把病人的私人资料透露出来是（ ）职业道德的。

（2）中学生要增强法律意识，不要（ ）党纪国法。

5. A. 委屈 B. 委曲

（1）他没有听我解释就冲我发脾气，我感到很（ ）。

（2）为保护抗日统一战线，冯玉祥将军只好（ ）求全，交出兵权，来到南京任职。

6. A. 心率 B. 心律

（1）健康成人的正常（ ）为60～100次/分。

（2）（ ）不齐指的是心跳或快或慢，超过了一般范围。

7. A. 决不 B. 绝不

（1）（ ）允许任何国家干涉我国内政。

（2）部队所到之处纪律严明，秋毫无犯，（ ）骚扰百姓。

8. A. 因缘 B. 姻缘

（1）这件事情的（ ），我慢慢告诉你。

（2）他们俩的（ ），万万不可耽搁。

9. A. 流传 B. 留传

（1）大禹治水的故事，一直（ ）到今天。

（2）祖辈（ ）下来的秘方。

10. A. 质疑 B. 置疑

（1）前两天，某明星网上发微博，（ ）雷锋的真实性。

（2）对此，屠格涅夫和高尔基等上百人都做过无可（ ）的描述。

（二）下列各题均有四句不完整的话，请从近义词中选择合适的一个填入括号内

1. A. 邻近 B. 临近

（1）尽管因为那里地势高，（ ）大海，时常被云层所笼罩，那倒是一个愉快的住所。

（2）有位富翁住在硝皮匠（ ）。他受不了硝皮工场的那种臭味，就催逼他的邻居搬走。

（3）危险日趋（ ），我们要严阵以待。

（4）考试（　　）了，我下星期要用功读书了。

2.　　A. 牟取　　　　B. 谋取

（1）但在过去几年，个别公职人员涉嫌滥用职权（　　）私利的情况接连出现。

（2）他正欺骗着市议会，正在从他的合同里（　　）大量的利润。

（3）他们在想什么，他们感觉到什么，最重要的是他们如何运用这些见解为公司（　　）利益。

（4）合伙是由两个或两个以上以共有人的身份经营企业（　　）利润的一种组合。

3.　　A. 品味　　　　B. 品位

（1）话虽不多，但值得我们细细（　　）。

（2）他（　　）诗歌的水平很高。

（3）听听他的言谈，便可知道他（　　）的高下。

（4）这种服装设计新颖，做工精良，价格虽然不高，但很有（　　）。

4.　　A. 声明　　　　B. 申明

（1）这项（　　）须加斟酌。

（2）他在下议院当众发表了一个（　　）。

（3）该犯人可以（　　）不能通过判决的理由。

（4）所有身外一切东西，全都令人可怕地反复（　　），自脱干系。

5.　　A. 圣地　　　　B. 胜地

（1）1939 年，纽约城堪称戏剧界的（　　）。

（2）前往西奈基督（　　）的路线通过内格夫。

（3）旅游（　　）是人们前去游乐的地方。

（4）那是一个以温泉出名的观光（　　）吗?

6.　　A. 树立　　　　B. 竖立

（1）他已逐渐在他的同伴之中（　　）起他的威信。

（2）占领这么多领土，代价就是（　　）众多的仇敌。

（3）从设计目的看，靠近地面的风切变是作用于自由（　　）发射台上的飞行器或者发射时的飞行器上的风切变。

（4）混凝土电线杆结构组装和（　　）安装。

7.　　A. 考察　　　　B. 考查

（1）几位科学家到青藏高原（　　）了冰川的现状。

（2）他们（　　）了南美洲的一些水利工程设施，收获不少。

（3）下周语文课要进行期中（　　），请大家做好准备。

（4）检查团对这几个企业的安全生产状况展开了严格全面的（　　）。

8.　　A. 化妆　　　　B. 化装

（1）使用你的（　　）品之前先用点润肤脂打底。

（2）她的精心（　　）掩饰了下面的岁月痕迹。

（3）他们（　　）成维多利亚时代的人。

（4）姑娘们已打扮好了准备参加（　　）舞会。

9.　　A. 汇合　　　　B. 会合

（1）它也是一具传达讯息的机器，把千百万不同个人的知识和行动（　　）在一起。

（2）三角洲由沉积物累积而成，这些沉积物形成于某些河流与静水体（　　）处的附近。

（3）他们在这里（　　），然后从后面楼梯间下来。

（4）幸运的是，先返回的三架水上飞机在（　　）点发现了“E—11”号潜艇。

10.　A. 以至　B. 以致

（1）熟练的技能是经十次、百次（　　）上千次的练习才能获得的。

（2）哥白尼的学说为越来越多的人所了解，并且得到越来越多的拥护者，（　　）罗马的教会在拟订历法改革方案时，都不能不利用哥白尼的数据。

（3）他只听一面之词，（　　）作出了错误的判断。

（4）代表既得利益集团的保守势力对他围追堵截，逼得他无路可走，（　　）这场号称“改革”的小小改良很快就夭折了。

五、多义字字义训练

（一）在下列各题的四个选项中，请选出加点字解释正确的一项

1. 白吃白喝　（　　）

A. 无偿地　B. 空的，没加其他东西的

C. 没有效果地　D. 光亮，明亮

2. 薄海同欢　（　　）

A. 不肥沃　B. 迫近

C. 轻微，少　D. 厚度小，与“厚”相对

3. 鳞次栉比　（　　）

A. 比较，较量　B. 仿照，比照　C. 紧靠，挨着　D. 比画

4. 洒扫庭除　（　　）

A. 去掉　B. 进行除法运算　C. 不包括在内　D. 台阶

5. 自不待言　（　　）

A. 需要　B. 等候　C. 想要，打算　D. 对待

6. 格物致知　（　　）

A. 品质，品味　B. 推究　C. 阻碍，限制　D. 打

7. 明火执仗　（　　）

A. 拿着　B. 依靠，凭借　C. 兵器　D. 战争，战斗

8. 蒙混过关　（　　）

A. 糊涂，神志不清　B. 骗人，欺骗

C. 乱猜　D. 遮盖，掩盖

9. 编造　（　　）

A. 作假，瞎编　B. 做，制作　C. 培养　D. 成就

10. 委之于地　（　　）

A. 推卸　B. 抛弃

C. 把事情派给别人　D. 精神不振

（二）在下列各题的四组词语中，请找出加点字意义不同的一项

1. A. 浓郁—葱郁　B. 艾草—香艾　C. 上岸—海岸　D. 违拗—拗口（　　）

2. A. 跋文—题跋　B. 车把—刀把　C. 把屎—把尿　D. 把门—把守（　　）

3. A. 白区—白匪　B. 表白—告白　C. 交白卷—写白字　D. 独白—对白（　　）
4. A. 青帮—洪帮　B. 死板—呆板　C. 板报—板书　D. 钢板—檀板（　　）
5. A. 暴躁—自暴自弃　B. 暴徒—暴行　C. 堡垒—碉堡　D. 刨子—刨床（　　）
6. A. 透辟—精辟　B. 复辟—大辟　C. 扁担—扁豆　D. 便条—便装（　　）
7. A. 称心—相称　B. 简称—职称　C. 冲喜—冲账　D. 冲床—冲模（　　）
8. A. 辞藻—修辞　B. 楚辞—辞赋　C. 创口—创伤　D. 根除—阶除（　　）
9. A. 来历—挂历　B. 历年—历届　C. 蒙难—蒙受　D. 蒙昧—启蒙（　　）
10. A. 杂志—县志　B. 注射—注销　C. 细致—精致　D. 致函—致电（　　）

六、特殊意义字训练

（一）在下列各题的四个选项中，请选出加点字解释正确的一项

1. 他山之石，可以为错　（　　）
A. 打磨玉石的粗磨石　B. 打磨玉石
C. 杂乱，相互交叉　D. 两个物体相互摩擦

2. 自不待言　（　　）
A. 等候　B. 需要　C. 对待　D. 招待

3. 所向无敌　（　　）
A. 敌对的　B. 实力相当的　C. 对抗，抵挡　D. 敌人

4. 方胜　（　　）
A. 赢，打败对方　B. 超过
C. 担当得起　D. 一种古代戴在头上的首饰

5. 不名一文　（　　）
A. 占有，拥有　B. 说出　C. 声望　D. 人或事物的称呼

6. 巧言令色　（　　）
A. 心思灵敏　B. 虚假　C. 恰好，正好　D. 手艺高强

7. 容或有之　（　　）
A. 相貌　B. 脸上的神态或气色
C. 副词，也许，或许　D. 宽恕，原谅

8. 丸散膏丹　（　　）
A. 松开,没有约束　B. 零碎的　C. 不集中的　D. 药末

9. 泰西各国　（　　）
A. 副词，极，最　B. 指泰国　C. 安定，康宁　D. 美好

10. 围涂造田　（　　）
A. 在物体表面抹　B. 浅海滩　C. 泥　D. 乱写乱画

11. 流风余绪　（　　）
A. 丝头，线头　B. 心情，思想　C. 残余　D. 前人留下来的事业

12. 以儆效尤　（　　）
A. 副词，更加　B. 优异的，突出的
C. 责怪，归罪　D. 过错，罪过

13. 败毒　（　　）

A. 解除，消除　B. 在战争或竞争中失利
C. 衰落，腐烂　D. 损坏

14. 自暴自弃　（　）
A. 显露出来　B. 糟蹋，损害　C. 过于急躁　D. 凶恶，残酷

15. 朋比为奸　（　）
A. 比画　B. 紧挨着　C. 勾结，依附　D. 仿照，比照

16. 差可告慰　（　）
A. 不相同,不相合　B. 错误　C. 公务或职务　D. 副词，较，稍微

17. 计日程功　（　）
A. 衡量，估计　B. 行进的距离　C. 进行的次序　D. 规矩，法则

18. 党同伐异　（　）
A. 政党　B. 偏袒
C. 亲族　D. 由私人利害关系结成的集团

19. 入不敷出　（　）
A. 搽上，涂上　B. 铺开，摆开　C. 足够　D. 敷衍

20. 疾风劲草　（　）
A. 病　B. 痛苦　C. 厌恶，憎恨　D. 迅速，猛烈

21. 硕大无朋　（　）
A. 比　B. 彼此熟识的人
C. 结党　D. 彼此有交情的人

22. 磨剪子，抢菜刀　（　）
A. 用力夺别人的东西　B. 刮掉或擦掉物体的表层
C. 争先　D. 赶紧，突击

23. 穷开心　（　）
A. 尽头　B. 彻底
C. 副词，勉强去做，非要去做　D. 极端

24. 饶头　（　）
A. 多，丰富　B. 宽恕，宽容　C. 姓氏　D. 另外加上

25. 一仍其旧　（　）
A. 依照，按照　B. 副词，还是　C. 副词，依然　D. 频繁

26. 擅权　（　）
A. 自作主张　B. 独揽　C. 善于　D. 长于

27. 大惊失色　（　）
A. 丢掉，与“得”相对　B. 没有握住
C. 改变　D. 违背

28. 矢口否认　（　）
A. 使用　B. 箭　C. 屎　D. 发誓

29. 无所适从　（　）
A. 去　B. 符合，合宜　C. 恰好　D. 舒服

30. 数（shǔ）说　（　）

A. 查点数目　　B. 责备，列举过错
C. 比较起来最突出　　D. 副词，屡次

31. 恕道　（　）
A. 原谅　　B. 不计较
C. 以自己的想法推想别人的想法　　D. 恳请对方不要计较

32. 率性而为　（　）
A. 带领　B. 坦白　C. 不慎重，不仔细　D. 随着，顺着

33. 毫厘不爽　（　）
A. 违背，差错　B. 舒服　C. 晴朗，明亮　D. 直率，开朗

34. 宿儒　（　）
A. 夜晚睡觉　B. 年老的　C. 以前有的　D. 向来有的

35. 抬杠　（　）
A. 往上举，提起　　B. 几人一起用手或肩膀搬运东西
C. 故意争辩　　D. 量词

36. 淘神　（　）
A. 在水里去掉杂质　　B. 舀出污水、泥沙、粪便等
C. 顽皮　　D. 耗费

37. 正襟危坐　（　）
A. 端正，正直　　B. 不安全，与“安”相对
C. 损害　　D. 高

38. 相形见绌　（　）
A. 样子　B. 比较，比照　C. 实体，外观　D. 表现，表露

（二）在下列各题的四组词语中，请找出加点字意义不同的一项

1. A. 着手—着人办理　B. 附着—着陆　C. 着墨—着色　D. 穿着—着装　（　）
2. A. 执掌—执教　B. 执友—执笔　C. 执行—执勤　D. 回执—执照　（　）
3. A. 真实—真假　B. 真理—真知　C. 真书—返璞归真　D. 写真—传真　（　）
4. A. 造诣—深造　B. 制造—造船　C. 伪造—编造　D. 造就—登峰造极　（　）
5. A. 越发—杀人越货　B. 穿越—飞越　C. 越位—越级　D. 激越—清越　（　）
6. A. 休息—休养　B. 休妻—休戚　C. 休止—休业　D. 休想—休要　（　）
7. A. 诚信—信任　B. 信笔—信手　C. 红信—音信　D. 信物—信号　（　）
8. A. 丞相—首相　B. 吃相—坐相　C. 星相—月相　D. 相貌—吉人天相　（　）
9. A. 文面—文过饰非　B. 文章—文学　C. 文明—文化　D. 文弱—文火　（　）
10. A. 委派—委任　B. 原委—编委　C. 委曲—委婉　D. 党委—团委　（　）
11. A. 手艺—技艺　B. 演艺—曲艺　C. 武艺—用人无艺　D. 艺人—艺林　（　）
12. A. 打仗—胜仗　B. 依仗—仰仗　C. 仗剑—仗戟　D. 倚仗—明火执仗　（　）
13. A. 熟知—他乡遇故知　B. 知道—知晓　C. 告知—通知　D. 知府—知县　（　）
14. A. 志向—志气　B. 志哀—志愿　C. 日志—方志　D. 碑志—墓志　（　）
15. A. 病情—病态　B. 病假—病休　C. 诟病—祛病　D. 病句—弊病　（　）
16. A. 刻薄—轻薄　B. 薄弱—单薄　C. 菲薄——鄙薄　D. 薄膜—薄暮　（　）
17. A. 长物—长于　B. 长跑—长寿　C. 全长—周长　D. 特长—专长　（　）

18. A. 齿龈—齿印　B. 齿及—齿音　C. 齿轮—锯齿　D. 序齿—庚齿　（　）
19. A. 垂柳—垂帘　B. 垂泪—垂涎　C. 垂危—垂问　D. 垂念—垂询　（　）
20. A. 该当—理当　B. 当面—当众　C. 当家—当政　D. 锐不可当—敢作敢当（　）
21. A. 没世—埋没　B. 沉没—淹没　C. 没膝—没顶　D. 没收—抄没　（　）
22. A. 墨水—油墨　B. 墨吏—墨刑　C. 墨迹—墨宝　D. 墨绿—墨玉　（　）
23. A. 出纳—纳入　B. 纳税—交纳　C. 纳凉—纳粮　D. 采纳—容纳　（　）
24. A. 逆光—逆行　B. 逆耳—逆子　C. 逆境—逆来顺受　D. 逆料—逆旅　（　）
25. A. 偏将—偏劳　B. 偏袒—偏见　C. 偏僻—偏方　D. 偏高—偏锋　（　）
26. A. 车票—门票　B. 票友—票根　C. 钞票—零票　D. 绑票—撕票　（　）
27. A. 物品—礼品　B. 精品—次品　C. 品箫—品质　D. 品味—品评　（　）
28. A. 聘任—聘用　B. 聘礼—聘金　C. 聘问—聘使　D. 出聘—竞聘　（　）
29. A. 让茶—让利　B. 让座—让位　C. 转让—出让　D. 让路—让行　（　）
30. A. 容量—容纳　B. 容或—容许　C. 容貌—容颜　D. 市容—阵容　（　）
31. A. 如意—如愿　B. 如常—如初　C. 如厕—如期　D. 比如—例如　（　）
32. A. 扫地—扫雪　B. 扫雷—扫盲　C. 扫视—扫射　D. 扫数—扫墓　（　）
33. A. 成色—褪色　B. 景色—月色　C. 绝色—姿色　D. 色欲—色情　（　）
34. A. 摄影—摄制　B. 摄生—摄行　C. 摄取—摄食　D. 摄政—摄理　（　）
35. A. 调味—调价　B. 调解—调停　C. 调唆—调笑　D. 调侃—调戏　（　）
36. A. 童年—童装　B. 童男—童女　C. 书童—家童　D. 童山—童星　（　）
37. A. 完税—完稿　B. 完全—完美　C. 完成—完毕　D. 完结—完蛋　（　）
38. A. 外貌—外景　B. 外号—外客　C. 外语—外企　D. 外戚—外甥　（　）

七、不常用汉字训练

（一）根据注音填写正确的汉字

1. 针____（biān）
2. ____（biàn）言
3. 白____（bú）
4. 裙____（chāi）
5. ____（chèn）言
6. ____（chǐ）夺
7. 校____（chóu）
8. ____（dǔn）货
9. ____（gòu）和
10. ____（guàn）洗
11. ____（hāo）草
12. ____（háo）油
13. 弹____（hé）
14. ____（huàn）养
15. 扶____（jī）
16. ____（jī）辅
17. 社____（jì）
18. 妆____（lián）
19. 雪里____（hóng）
20. ____（máo）贼
21. 饿____（piǎo）
22. ____（jiàn）越
23. ____（kān）乱
24. ____（qǐng）麻
25. ____（shā）尾
26. ____（lào）色
27. ____（tāo）教
28. ____（pìn）鸡
29. 海参____（wǎi）
30. 抵____（wǔ）
31. ____（xià）隙
32. 优____（wò）

33. 宫____（wéi）
34. ____（wǔ）逆
35. ____（zèng）亮
36. ____（zhào）始
37. ____（zǐ）议
38. ____（zūn）俎
39. 酬____（zuò）
40. 甲____（zhòu）
41. 赤壁____（áo）兵
42. 纵横____（bǎi）阖
43. 投____（bì）豺虎
44. ____（càn）然一笑
45. 命途多____（chuǎn）
46. ____（dān）精竭虑
47. 肩摩____（gǔ）击
48. ____（hù）恶不悛
49. 时乖运____（jiǎn）
50. 云____（jué）波诡
51. ____（lù）力同心
52. ____（mò）马厉兵
53. 令人发____（jué）
54. 得鱼忘____（quán）
55. 方____（ruì）圆凿
56. ____（shān）然泪下
57. 年高德____（shào）
58. 牛____（sōu）马勃
59. 不值一____（shěn）
60. 畏____（xǐ）不前
61. ____（xiāo）腹从公
62. 诸事____（xū）备
63. ____（xù）勉有加
64. ____（xuàn）然泪下
65. 嘉言____（yì）行
66. 浅尝____（zhé）止
67. ____（zhuó）发难数
68. ____（zī）铢必较
69. 负____（jí）从军
70. 崇论____（hóng）议
71. 视如敝____（xǐ）
72. 疾首____（cù）额

（二）填写正确的汉字，把成语等固定短语补充完整

1. 独占（　）头
2. （　）官野史
3. 分道扬（　）
4. 为虎作（　）
5. 相形见（　）
6. 鞠躬尽（　）
7. 穷兵（　）武
8. （　）古未有
9. 欲（　）难填
10. 美轮美（　）
11. 不容置（　）
12. 插科打（　）
13. 佶屈（　）牙
14. 轻歌（　）舞
15. 图穷匕（　）
16. （　）养天年
17. 化险为（　）
18. 姹紫（　）红
19. 以身（　）职
20. （　）兴夜寐

第三节　汉字字义相关表格

一、易错形旁不表义汉字字义表

说明：1. 本字表所收汉字按汉语拼音音序排列；2. 每个字的多个常用义项之间用分号隔开；3. 不同常用义项的例词用分号隔开，同一常用义项的不同例词用逗号隔开；4. 第一个分号之前的例词对应第一个现代常用义项，第二个分号之前、第一个分号之后的例词对应第二个现代常用义项，其余依此类推。

汉字	等级	读音	形旁	古义	现代常用意义	形旁不提示字义的原因	例词
捌	甲	bā	扌	同“扒”，破裂，分开	数词，“八”的大写	假借	捌仟
帮	甲	bāng	巾	鞋的边缘部分	替别人出力或出主意；物体两侧或四周的部分；群体，团伙	引申	帮助，帮补；鞋帮，白菜帮；黑帮，拉帮结伙
褒	甲	bāo	衣	衣襟宽大	赞扬，夸奖，与“贬”相对	引申	褒扬，褒贬不一
测	甲	cè	氵	度量水的深浅	用仪器确定空间、时间、温度、速度等数值；推想	引申	测绘，测验，勘测；居心叵测
惩	甲	chéng	心	警戒	戒止，警戒；处罚	引申	惩戒，惩前毖后；奖惩，惩一儆百
宠	甲	chǒng	宀	家养的无毒蛇	偏爱，过分喜爱	引申	宠幸，受宠若惊
窜	甲	cuàn	穴	窜（竄）：隐匿，逃奔	乱跑，逃跑；改动	竄（会意）简化为窜（形声），改变了造字法	流窜，抱头鼠窜；窜改
耽	甲	dān	耳	耳朵大而下垂	延误，延迟；沉溺，入迷	假借	耽搁，耽误；耽于幻想
独	甲	dú	犭	一犬一笼	单个；独自（副词）；与众不同；年老无子的人	引申	独生子；独断专行；独具匠心；鳏寡孤独
妒	甲	dù	女	妒忌别人	对才能地位等胜过自己的人心怀忌恨	重男轻女的性别歧视	妒忌，嫉贤妒能
辅	甲	fǔ	车	车旁横木	辅助	引申	畿辅，辅车相依
赋	甲	fù	贝	国防税；征收	交给；田地税；征收；古文体；创作；人的天性	贝壳不再充当货币；假借	赋予；田赋；赋税；辞赋；赋诗一首；禀赋
膏	甲	gāo	肉	融化的动物油脂	浓稠的糊状物；油，脂肪；肥沃	引申	膏药，牙膏；病入膏肓，民脂民膏；膏腴
贡	甲	gòng	贝	进献给朝廷的各地特色工艺品	古代把东西献给朝廷；献给朝廷的东西；封建时代选拔人才并推荐给朝廷	贝壳不再充当货币；引申	贡品，贡献；进贡；贡院，贡生
惯	甲	guàn	忄	经常出现同样的行为要求	习以为常，由于经常接触而熟悉；纵容，溺爱	引申	惯例，惯犯；娇生惯养
耗	甲	hào	耒	一种稻子	减损；坏的音讯或消息	假借	耗材，损耗；噩耗
忽	甲	hū	忄	不重视	不注意，不经心；迅速出现（副词）；某些计量单位的是万分之一（量词）	假借	忽略，玩忽职守；忽然，忽高忽低；忽米
畸	甲	jī	田	零片的天地	不规则的，不正常的；偏；零数	引申	畸形；畸轻畸重；畸零

续表1

汉字	等级	读音	形旁	古　义	现代常用意义	形旁不提示字义的原因	例　词
籍	甲	jí	⺮	祖居地登记册	书；籍贯；个人对国家或组织的隶属关系；登记	书的材质不再是竹子	典籍；祖籍；国籍；籍没（mò）
镜	甲	jìng	钅	用来映照形象的器具	镜子；光学器具	镜子的质地不再是铜	明镜高悬；凸透镜
疚	甲	jiù	疒	久病	由于自己的过失而产生痛苦、不安的情绪	引申	愧疚，歉疚
腊	甲	là/xī	肉	腊（xi）：陈肉，干肉；腊（臘là）：年终祭祀	年终祭祀；冬天腌制并熏干的鱼肉	“臘”简化为“腊”	腊月，腊八粥；腊肉，腊肠
练	甲	liàn	糸（mì）	再三提纯丝帛半成品	训练；经验多；经过煮制加工的丝织物	引申	练兵；熟练；江平如练
裂	甲	liè	衣	裁剪后的丝绸残余	整体破成部分；叶子或花冠边缘较大较深的缺口	引申	龟裂，身败名裂；裂片
慢	甲	màn	忄	感觉时间延后、延伸	速度低，用时长；延缓；轻忽，无理	引申	缓慢；且慢，慢条斯理；傲慢，怠慢
骗	甲	piàn	马	跃而上马	说假话或用诡计使人上当；侧身抬起一条腿	假借	骗局，坑蒙拐骗；骗马，骗腿儿
强	甲	qiáng	虫	一种虫的名字	力量大；精神方面达到的程度高；迫使；使强大或健壮	假借	富强；坚强；强迫；富国强兵
钦	甲	qīn	欠	打呵欠的样子	佩服，敬重；皇帝亲自做	引申	钦佩，钦慕；钦差，钦赐
轻	甲	qīng	车	空车或装载少量物品的车	重量或比重小；装备简单；数量少；用力小；舒适；不重要；不严肃；不慎重；不重视	引申	轻重缓急；轻车简从；年轻；轻手轻脚；轻闲；责任不轻；轻佻；轻诺寡信；轻蔑
趣	甲	qù	走	急，赶快	兴味；有兴味的；志向和兴味	假借	趣味，兴趣；趣事，趣闻；志趣，异趣
胜	甲	shèng	肉	胜：犬膏臭也（《说文解字》）；胜（勝）：经得起	赢，打败对方；超过，比对方优越；优美的；能够承受	“勝”被简化为“胜”	胜利，战胜；略胜一筹；胜地，胜迹；不胜枚举
抒	甲	shū	扌	推送，投送	表达，发表	引申	抒情
淑	甲	shū	氵	水清澈	善良美好	引申	淑女，贤淑
韬	甲	tāo	韦	刀剑的皮套	装弓或剑的套子；兵法，用兵的谋略；隐藏	引申	有韬无弓；韬略；韬光养晦

续表2

汉字	等级	读音	形旁	古　义	现代常用意义	形旁不提示字义的原因	例　词
贴	甲	tiē	贝	典当	黏附；紧挨；补助；补助费	贝壳不再为货币；引申	贴金，剪贴；贴身，贴近；贴补；津贴
听	甲	tīng	口	听：笑的样子；听（聽）：用耳朵感受声音	用耳朵接收声音；接收，服从；任凭，随便；治理，判断	“聽”被简化为“听”	听讲，听觉；听话；听便，听凭；听证，听审
脱	甲	tuō	肉	肉去皮骨	掉落；取下，去掉；离开，甩掉；漏掉文字	引申	脱发，金蝉脱壳；脱脂，脱衣；脱离，摆脱；脱字，脱误
唯	甲	wéi	口	高声应答	只，单单（副词）；仅，只是（副词）	假借	唯独，唯物主义；唯恐，唯利是图
贤	甲	xián	贝	善于理财的人	有道德或有才能的；有道德或有才能的人；敬辞，用于同辈或晚辈	贝壳不再充当货币；引申	贤德，贤能；圣贤，前贤；贤弟，贤婿
现	甲	xiàn	玉	打开玉璞见光彩	当前，此刻；当时，临时（副词）；当时就有的；露在外面使人可以看见；现钱	隶变时“王”与“玉（偏旁）”变得一样；引申	现代；现身说法；现金；若隐若现；兑现
悬	甲	xuán	心	吊挂	吊挂；抬起来；没着落；挂念；凭空设想；差别大；公开征求别人帮助	“县”被假借为行政区域名后，另加“心”表本义	悬梁刺股；悬肘；悬案，悬而未决；悬望；悬想；悬殊；悬赏
演	甲	yǎn	氵	水长流	依某种程式练习或计算；发展变化；当众发表见解；表演技艺	引申	演练，演算；演变，演化；演讲，演说；演出，演奏
淫	甲	yín	氵	浸渍，浸在液体中泡透	过多，过甚；放纵，迷惑；在性行为方面混乱放荡	引申	淫雨，淫威；荒淫，骄奢淫逸；淫秽，卖淫
愈	甲	yù	心	病好了	病好了；越，更加（副词）	假借	病愈，痊愈；愈益，每况愈下
哲	甲	zhé	口	同“喆”，在双方具备实力中找到平衡	有智慧的；有智慧的人	引申	哲人，哲理；贤哲，明哲保身
职	甲	zhí	耳	军阵参演人员各司其事	责任，应承担的工作；工作岗位；掌管	引申	职责，以身殉职；职位，降职；职掌
衷	甲	zhōng	衣	贴身的内衣	内心	引申	隐衷，莫衷一是

二、易错形近字字义比照表

说明：1. 本表按各词词头汉语拼音音序排列，词头相同的，则按第二个字的汉语拼音音序排列；2. 每个字的多个意义之间用分号隔开；3. 不同义项的例词用分号隔开，同一义项的不同例词用逗号隔开；4. 第一个分号之前的例词对应第一个义项，第二个分号之前、第一个分号之后的例词对应第二个义项，其余依此类推。

词语	汉字	等级	读音	字　义	例　词
暧昧	暧	乙	ài	日光昏暗不明	暧昧
	暖	甲	nuǎn	不冷不热；使变得不冷	温暖，嘘寒问暖；暖脚
鼻梁	梁	甲	liáng	桥；架在墙或柱子上起承重作用的构件；物体或身体上隆起呈长条形的部分	桥梁；栋梁，悬梁刺股；鼻梁，山梁
	粱	甲	liáng	谷物优良品种的统称；精美的饭食	高粱，黄粱美梦；膏粱，粱肉
编纂	纂	乙	zuǎn	编辑，编撰	编纂，纂辑
	篡	甲	cuàn	用不正当的手段夺取	篡改，篡位
变速挡	挡	甲	dǎng	阻拦，抵挡；遮蔽；机动车用来改变牵引力的装置	阻挡，挡驾；遮挡，挡风；空挡，挡位
	档	甲	dàng	用于存放案卷的架子或橱柜；分类保存的文件材料等；商品或产品的等级；	归档；档案；档次
病入膏肓	肓	乙	huāng	心与隔膜之间为肓	病入膏肓
	盲	甲	máng	瞎，看不见东西；比喻对某些事物不能分辨或分辨不清；盲目地	盲人，问道于盲；法盲，色盲；盲从，盲动
拨冗	拨	甲	bō	用手脚或棍棒等横向用力，使东西移动或分开；调配；	拨冗，拨云见日；拨款，划拨；
	拔	甲	bá	抽出，拉出；超出，高出；挑选；往高提；吸出；攻克，夺取	拔草，拔剑；海拔，拔地而起；提拔，选拔；拔高；拔毒；拔营
亳州	亳	丙	Bó	亳州，安徽省地名	亳州
	毫	甲	háo	动物身上细而尖的毛；毛笔；副词，表示极少；某些计量单位的千分之一	毫毛，明察秋毫；狼毫，羊毫；毫不利己，毫无二致；毫克，毫米
不落窠臼	窠	丙	kē	鸟巢；泛指动物栖息的处所	鸟窠；不落窠臼
	巢	甲	cháo	鸟或蜂、蚁等的窝；比喻坏人盘踞的地方；姓氏	巢穴，鹊巢鸠占；老巢，倾巢出动；
不能自已	已	甲	yǐ	副词，表示完成或过去；停止；副词，不久，后来	已经，木已成舟；不能自已，迫不得已；已而
	己	甲	jǐ	人称代词，与“彼”相对；天干的第六位	克己复礼，严于律己；己丑
	巳	甲	sì	地支的第六位	己巳
草菅人命	菅	甲	jiān	多年生草本植物	草菅人命
	管	甲	guǎn	细长中空的圆筒；笛、号等吹奏乐器；管理；统辖；照料；承担；过问；保证，负责供给；姓氏	管中窥豹；管乐；看管；管辖；管教；管事；管闲事；管吃

续表1

词语	汉字	等级	读音	字义	例词
沉淀	淀	甲	diàn	液体中没有溶解的物质沉到底层；较浅的湖泊，多用于地名	淀粉，沉淀；白洋淀
	绽	甲	zhàn	裂开	绽放，破绽百出
沉湎	湎	丙	miǎn	沉迷，贪恋	沉湎酒色
	缅	甲	miǎn	遥远，久远；指缅甸	缅怀，缅想
秤砣	砣	乙	tuó	秤锤；用砂轮打磨玉器	秤砣；碾砣
	坨	乙	tuó	煮熟的面食黏在一块；坨子，成块的东西	面坨，元宵坨
驰援	驰	甲	chí	车马等快跑，使车马等快跑；传播；向往	驰骋，风驰电掣；驰名，驰誉；心驰神往，心荡神驰
	弛	甲	chí	放松，松懈	弛缓，松弛
刺耳	刺	甲	cì	尖锐的东西扎入或穿透；暗杀；讥讽；刺激，使难受；侦查；像针一样尖锐的东西；物体表面或人的皮肤上小而尖的凸起物	刺杀，悬梁刺股；刺客，行刺；讽刺，讥刺；刺耳，刺眼；刺探；刺刀，鱼刺；粉刺，毛刺
	剌	/	là	乖戾，乖张	乖剌（违背常情）
粗犷	犷	甲	guǎng	粗野	犷悍，粗犷
	旷	甲	kuàng	空阔，宽敞；心胸开阔；荒废，耽误；姓氏	旷野，旷日持久；旷达，心旷神怡；旷费，旷课
磋商	磋	甲	cuō	商量讨论	磋商，切磋
	蹉	乙	cuō	蹉跎，时间白白地过去	蹉跎，蹉跌
打蜡	蜡	甲	là	某些动植物或矿物所产生的油质；蜡烛	蜡笔，味同嚼蜡；蜡台，蜡烛
	腊	甲	là	古代在农历十二月合祭众神的祭祀，后来指农历十二月；冬天腌制后再风干或熏干的鱼、肉	腊八粥，寒冬腊月；腊肉，腊肠
大亨	亨	甲	hēng	通达，顺利；量词，电感单位，“亨利”的简称	亨通，大亨；亨利
	享	甲	xiǎng	得到满足	享受，坐享其成
大篷车	篷	甲	péng	遮风挡雨或遮挡太阳的设备；船帆	帐篷，敞篷车；风篷，船篷
	蓬	甲	péng	飞蓬，一种草本植物；松散，杂乱	莲蓬，朝气蓬勃；蓬头垢面
敌寇	寇	甲	kòu	入侵者，盗匪；入侵，侵略；姓氏	草寇，倭寇；寇边
	冠	甲	guān	帽子；像帽子的东西	皇冠，冠冕堂皇；鸡冠，树冠
			guàn	把帽子戴到头上；居首位的；	冠礼，沐猴而冠；冠军
嫡亲	嫡	甲	dí	指宗法制度下家庭的正支；家族中血统最近的；正宗的，正统的	嫡子；嫡亲；嫡传
	谪	丙	zhé	封建时代指官吏降职或流放；迷信指神仙因受处罚而降到人间；谴责，责备	贬谪；谪仙；谴谪，众口交谪
点缀	缀	甲	zhuì	用针线缝合使连接起来；组合；装饰	补缀；连缀；点缀
	辍	甲	chuò	停止，中途停止	辍笔，勤学不辍
发轫	轫	丙	rèn	支撑车轮使之不能转动的木头	发轫
	韧	甲	rèn	柔软而结实	韧带，韧劲，坚韧不拔

续表2

词语	汉字	等级	读音	字 义	例 词
辐射	辐	甲	fú	车轮上连接车毂和车轮外缘的一根根细棍	辐辏，辐射
	幅	甲	fú	布匹等纺织物的宽度；泛指宽度；量词，用于布匹、图画等	幅面，双幅；幅度，涨幅；一幅画
戈壁	戈	甲	gē	一种古代兵器（横刃，装有长柄），现在泛指兵器；姓氏	干戈，枕戈待旦，金戈铁马
	弋	乙	yì	一种带有绳子的箭；用带有绳子的箭射鸟；地名，指江西弋阳县	游弋；弋获，弋凫与雁；弋阳腔
沽名钓誉	沽	甲	gū	买；卖；地名，天津的别称	沽酒，沽名钓誉；待价而沽
	估	甲	gū	揣测，大致推算	估计，评估
			gù	估衣，即售卖的旧衣服	估衣
骨骼	骼	甲	gé	骨骼，即人和动物体内或体表的坚硬组织	骨骼
	髂	丙	qià	髂骨，即腰下腹部两侧的骨头	髂骨
关关雎鸠	雎	丙	jū	雎鸠，古代指一种水鸟	雎鸠
	睢	丙	suī	恣睢，任意胡作非为	暴戾恣睢
鬼鬼祟祟	祟	甲	suì	原指鬼怪或鬼怪害人，现指暗中捣鬼或不正当的行为	作祟。鬼鬼祟祟
	崇	甲	chóng	高；尊重；姓氏	崇山峻岭；崇洋媚外
海蜇	蜇	甲	zhē	蜂、蝎子等用毒刺刺；某些物质的刺激	蜜蜂蜇人；盐水蜇得伤口生疼
			zhé	海蜇，即一种腔肠动物	海蜇
	蛰	乙	zhé	动物冬眠；像动物冬眠一样隐藏起来	惊蛰；蛰伏
颔联	颔	乙	hàn	点头	颔联，颔首
	颌	乙	hé	构成口腔的骨头和肌肉组织	上颌，下颌
虎视眈眈	眈	乙	dān	眈眈，即眼睛注视的样子	虎视眈眈
	耽	甲	dān	延误，延迟；沉溺，入迷	耽搁，耽误；耽于幻想
涣然冰释	涣	甲	huàn	消散	涣然冰释，人心涣散
	焕	甲	huàn	光明，光亮	焕发，焕然一新
跻身	跻	丙	jī	登，上升	跻身
	挤	甲	jǐ	紧紧挨在一起；用力使从孔隙中出来；排斥，排挤	拥挤；挤牙膏；排挤
即使	即	甲	jí	接近，接触；到，开始从事；当时，目前；就着眼下情形；就是；副词，就，便；连词，即使	若即若离；即位；即刻；即景生情；非此即彼；一触即发；即便
	既	甲	jì	连词，既然；副词，已经；连词，与“又”连用，表两种情况并存	既然；既往不咎；
洁白无瑕	瑕	甲	xiá	玉表面的赤色斑点，比喻缺点，与“瑜”相对	白璧无瑕，瑕疵，瑕不掩瑜
	暇	甲	xiá	空闲的时候	闲暇，应接不暇
竞技	竞	甲	jìng	比赛，争逐；强劲	竞选；南风不竞
	竟	甲	jìng	完毕；整个；副词，终于；副词，出乎意料	未竟；竟日；竟至；竟然

续表 3

词语	汉字	等级	读音	字义	例词
痉挛	挛	甲	luán	蜷曲不能伸直	挛缩，痉挛
痉挛	孪	甲	luán	一胎双生	孪生
九霄云外	霄	甲	xiāo	云，天空	响彻云霄，气冲霄汉
九霄云外	宵	甲	xiāo	夜	良宵，通宵达旦
竣工	竣	甲	jùn	完毕，完结	竣工，告竣
竣工	峻	甲	jùn	高大陡峭；严厉	峻拔，崇山峻岭；严峻，冷峻
开门揖盗	揖	甲	yī	过去指男性之间的行礼方式	揖让，打躬作揖
开门揖盗	楫	丙	jí	船桨	舟楫
胯下之辱	胯	甲	kuà	腰的两侧至大腿之间的部位	胯裆，胯骨
胯下之辱	跨	甲	kuà	迈大步；两腿分在物体两边，使物体处于胯下；超越一定的界限；附在旁边的；悬空横架	跨栏；跨上马背；跨越；跨院；跨度
滥竽充数	竽	乙	yú	一种古代乐器，形状像笙，竹制	滥竽充数
滥竽充数	芋	甲	yù	芋艿，即芋头；泛指薯类植物	芋头；洋芋，魔芋
狼藉	藉	甲	jí	繁多，杂乱	杯盘狼藉，声名狼藉
狼藉	藉	甲	jiè	垫，衬；安慰，抚慰；含蓄	枕藉；慰藉；蕴藉
狼藉	籍	甲	jí	书；籍贯；个人对国家或组织的隶属关系；登记	典籍，书籍；原籍，祖籍；国籍，党籍；籍没（mò）
唠叨	叨	甲	dāo	叨叨，叨唠，没完没了地说；叨念	絮叨；念叨
唠叨	叨	甲	tāo	受到	叨扰，叨教
唠叨	叼	甲	diāo	用嘴夹住物体的一部分	叼烟
羸弱	羸	丙	léi	瘦，弱；疲劳	羸弱；羸顿
羸弱	赢	甲	yíng	胜利；获利，获取	输赢，双赢；赢利，赢得
流言蜚语	蜚	乙	fēi	意义同“飞”，同于某些合成词	蜚声中外，流言蜚语
流言蜚语	斐	乙	fěi	有文采的样子	成绩斐然
媒妁	妁	丙	shuò	媒妁，即媒人	媒妁之言
媒妁	灼	甲	zhuó	烧，烫；明亮	焦灼，真知灼见；目光灼灼
糜烂	糜	甲	mí	粥，像粥的食品；烂；姓氏	肉糜，乳糜；糜烂
糜烂	糜	甲	méi	糜子，一种像黍子的谷物，耐旱耐碱，籽实没有黏性	糜子
糜烂	靡	甲	mí	浪费	靡费，奢靡
糜烂	靡	甲	mǐ	顺风倒下；精美的，华丽的；副词，没有	萎靡不振，所向披靡；靡丽；靡日不思
蜜月	蜜	甲	mì	蜂蜜；像蜂蜜的；甜美	酿蜜；糖蜜；甜蜜，蜜月
蜜月	密	甲	mì	近距离，空隙小；亲近，感情好；细致；不公开的	严密，紧锣密鼓；亲密，密切；精密，缜密；秘密，密谋
蔑视	蔑	甲	miè	小，轻微；没有；造谣中伤	蔑视；蔑以复加；诬蔑，污蔑
蔑视	篾	乙	miè	竹子劈成的薄片	篾匠，席篾
瞑目	瞑	甲	míng	闭眼；眼花	死不瞑目；耳聋目瞑
瞑目	暝	/	míng	日落，天黑；黄昏	天已暝
蓬头垢面	垢	甲	gòu	脏东西；污秽，肮脏；耻辱	藏污纳垢；蓬头垢面；忍辱含垢
蓬头垢面	诟	丙	gòu	辱骂	诟病，诟骂

续表 4

词语	汉字	等级	读音	字　义	例　词
起讫	讫	乙	qì	完毕，结束；截止	收讫，言讫；起讫
	迄	甲	qì	到；副词，始终	迄今为止；迄未实施
气概	概	甲	gài	大略；副词，一律；气度，神情	概括；概莫能外；气概
	慨	甲	kǎi	感慨，叹息；大方，豪爽；愤激	慨叹；慨然；愤慨
迁徙	徙	甲	xǐ	迁移	迁徙，曲突徙薪
	徒	甲	tú	步行；空的；副词，只；副词，白白地；跟师傅学习的人；信仰宗教的人；指某一类人	徒步；徒有虚名；家徒四壁；徒然；徒弟；信徒；暴徒
罄竹难书	罄	乙	qìng	尽，没有剩余	告罄，罄竹难书
	磐	甲	pán	大石头	坚如磐石
趋之若鹜	鹜	丙	wù	鸭子	趋之若鹜，落霞与孤鹜齐飞
	骛	丙	wù	奔驰；追求，醉心于	驰骛；心无旁骛，趋之若骛
融洽	洽	甲	qià	和睦，协调；联系，商量；广泛	融洽，和洽；接洽；博识洽闻
	恰	甲	qià	副词，正好，刚刚；合适，适当	恰巧，恰好；恰当，恰如其分
如火如荼	荼	乙	tú	古代指一种苦菜；古代指茅草上的白花	荼毒；如火如荼
	茶	甲	chá	一种常绿灌木，嫩叶加工后就是茶叶；用茶叶冲泡而成的饮料；某些饮料；像浓茶一样的颜色；指山茶；指油茶树	茶叶；品茶；果茶；茶镜；茶花；茶油
沙家浜	浜	/	bāng	（方）小河，多用于地名	沙家浜，洋泾浜
	滨	甲	bīn	靠近水边的地方；临近水边	海滨，湖滨；滨江大道
杀戮	戮	乙	lù	杀	杀戮，屠戮
	戳	甲	chuō	用手指或长条形物体的顶端触或捅；图章	戳穿，戳脊梁骨；日戳，邮戳
山清水秀	清	甲	qīng	纯净，不混浊；寂静；廉洁，公正；明白；单纯，单一的；整顿，处理；查点，点验；彻底，尽；朝代名	清洁；清静；清官；清楚；清唱；清理；清点；清算；清朝
	青	甲	qīng	绿色，蓝色；黑色；青草，未成熟的庄家；比喻年轻；青年；地名	青草，青天；青丝，青睐；踏青；青年，青春；知青；青海
潸然泪下	潸	丙	shān	形容流泪的样子	潸然泪下，泪水潸潸
	潜	甲	qián	隐没在水里；隐藏；秘密地	潜艇；潜伏；潜逃，潜移默化
赡养	赡	甲	shàn	供给财物，特指子女对父母在物质和生活上提供帮助；丰富，充足	赡养；丰赡，宏赡
	瞻	甲	zhān	向上看，向前看	瞻仰，马首是瞻，瞻前顾后
神州大地	州	甲	zhōu	古代行政区划名称，有些仍保留在地名中；我国行政区划单位，用于少数民族地区，在自治区和自治县之间	神州，九州大地，杭州；自治州
	洲	甲	zhōu	大陆及其附近岛屿的总称；河流中的陆地	亚洲，五洲四海；绿洲，沙洲

续表 5

词语	汉字	等级	读音	字 义	例 词
水龙头	龙	甲	lóng	古代传说中的神异动物；封建时代帝王的象征，也指帝王的东西；形状像龙或装饰着龙的图案；古生物学上指远古时期某些爬行动物；姓氏	望子成龙；龙颜大悦，龙袍；龙舟，龙灯；恐龙
	笼	甲	lóng	笼子；古代用于囚禁犯人的刑具；笼屉	灯笼，鸟笼；囚笼，牢笼；蒸笼
水性杨花	杨	甲	yáng	一种落叶乔木；姓氏	杨柳，白杨，百步穿杨
	扬	甲	yáng	高举，升起；向上撒；传播；相貌好；地名，江苏扬州市；姓氏	飘扬；扬土；扬言；其貌不扬；扬剧
肆无忌惮	惮	乙	dàn	怕	惮烦，肆无忌惮
	殚	丙	dān	尽，竭尽	殚心，殚力，殚精竭虑
袒胸露背	袒	甲	tǎn	褪去或敞开上衣，露出身体的一部分；偏向，庇护	袒露，袒胸露背；袒护，偏袒左右
	坦	甲	tǎn	宽敞；直率，没有隐瞒；内心平静	坦途，坦荡；坦白，坦率；舒坦
挑剔	剔	甲	tī	把肉从骨头上刮下来；把缝隙里的东西挑（tiǎo）出来；把不好的东西挑出去	剔骨头；剔牙；剔除，挑剔
	惕	甲	tì	小心谨慎	警惕，朝乾夕惕
万马齐喑	喑	丙	yīn	失音，嗓子哑；沉默，不说话	喑哑；万马齐喑
	暗	甲	àn	光线微弱或不亮；隐藏起来，不外露；糊涂，不明白；副词，私下地	黑暗；暗杀；偏听则暗；明察暗访
修葺	葺	丙	qì	用茅草遮盖房顶，现指修理房屋	修葺
	茸	甲	róng	小草或毛发纤细柔软的样子；鹿茸	茸毛，毛茸茸；鹿茸，参茸片
无暇顾及	暇	甲	xiá	空闲的时候	闲暇，目不暇给
	遐	甲	xiá	远；长久	遐思，遐迩闻名；遐龄
戊戌变法	戌	甲	xū	地支的第十一位	戌时，戊戌变法
	戍	甲	shù	防守，守卫	戍边，卫戍
	戎	甲	róng	武器，兵器；军队，军事；古代称我国西方的民族；姓氏	兵戎相见；戎马生涯，投笔从戎；西戎
炫耀	炫	甲	xuàn	光彩夺目，光亮耀眼；夸耀	炫目；炫耀，炫示
	眩	甲	xuàn	眼花；迷惑，沉湎	头晕目眩；眩于美色之中
血栓	栓	甲	shuān	器物上可以开关的装置；塞子，泛指像塞子的东西	枪栓，消防栓；螺栓，血栓
	拴	甲	shuān	用绳子等系（jì）上；比喻事务缠身而不能自由行动	把船拴上；被家务拴住了
烟囱	囱	甲	cōng	烟囱，炉灶等排烟的管道	烟囱
	囟	丙	xìn	囟门，婴儿头顶前部的中央头骨未合缝的地方	囟门
言简意赅	赅	乙	gāi	兼备，完备	言简意赅
	骇	甲	hài	惊吓，震惊	骇人听闻，惊世骇俗
赝品	赝	乙	yàn	伪造的	赝品，赝币，赝本
	膺	乙	yīng	胸膛；担当，承当；打击，讨伐	义愤填膺；荣膺，膺选；膺惩

续表 6

词语	汉字	等级	读音	字　义	例　词
一抔土	抔	丙	póu	用手捧	一抔黄土
	杯	甲	bēi	一种盛液体的器具，一般容积不大，多为圆柱形；杯状的奖品	杯弓蛇影，残杯冷炙；奖杯，捧杯
一炷香	炷	乙	zhù	油灯的灯芯；量词，用于点燃的香	灯炷（书面语）；一炷香
	柱	甲	zhù	支撑建筑物的直立的构建；像柱子的东西	支柱，偷梁换柱；脊柱，火柱
弈棋	弈	乙	yì	围棋，下棋	对弈
	奕	甲	yì	奕奕，即眼光有神、精神焕发的样子；姓氏	神采奕奕，神光奕奕
肄业	肄	甲	yì	学习	肄业，肄习
	肆	甲	sì	不顾一切地任意去做；店铺；数词，“四”的大写	肆掠，骄横恣肆；酒肆，市肆；肆佰
饮鸩止渴	鸩	丙	zhèn	古代传说中一种有毒的鸟，用其羽毛泡酒，人喝了会中毒身亡；毒酒	鸩毒；饮鸩止渴
	鸠	甲	jiū	鸠鸽科部分鸟类的统称	斑鸠。鹊巢鸠占，鸠形鹄面
荧屏	荧	甲	yíng	形容光亮微弱；迷乱，疑惑	荧光屏；荧惑
	莹	甲	yíng	像玉一样的美石；光洁透明	晶莹，澄莹
庸人自扰	扰	甲	rǎo	搅乱；纷乱，混乱；客套话，因别人的款待而表示客气	骚扰，庸人自扰；纷扰，困扰；打扰，叨扰
	忧	甲	yōu	发愁，苦闷；使人发愁的事；担心	忧愁；高枕无忧；杞人忧天
犹如	犹	甲	yóu	好像，如同；副词，还，仍然	虽死犹生；记忆犹新
	尤	甲	yóu	副词，更加；优异的，突出的；过错，罪过；责怪，归罪；姓氏	尤其；无耻之尤；以儆效尤；怨天尤人
有恃无恐	恃	甲	shì	依仗，依赖	恃才傲物，恃强凌弱
	峙	甲	zhì	直立，耸立	对峙，鼎峙
语焉不详	详	甲	xiáng	细密，完备；说明，细谈；清楚	详细；内详；内容不详
	祥	甲	xiáng	吉利	祥和，祥瑞，慈祥
誊写	誊	甲	téng	抄写	誊录，誊印
	誉	甲	yù	名声；称赞	声誉；赞誉
越俎代庖	庖	丙	páo	厨房；厨师	庖厨；名庖，越俎代庖
	疱	乙	pào	皮肤上长的小水泡	水疱，疱疹
札记	札	甲	zhá	古代写字用的小木片；信件，笔记	信札，札记
	扎	甲	zhá	挣扎，尽力支撑或摆脱	挣扎
			zhā	刺，刺入；军队安营住下；钻；量词，用于大杯的啤酒、果汁等饮料	扎针，扎眼；驻扎，安营扎寨；扎进河里；扎啤，一扎橙汁
			zā	捆，系（jì）	包扎，捆扎
招募	募	甲	mù	广泛征集	征募，募捐
	幕	甲	mù	覆盖在上面的大幅布料；张挂的大幅布料；量词，戏剧的段落；内部的或见不得人的事情；古代将帅领兵作战时办公的地方	帐幕；银幕；独幕剧；黑幕；幕府，幕僚
真谛	谛	乙	dì	仔细听或看；佛教指真实而正确的道理，泛指道理	谛听，谛观；妙谛，真谛
	缔	甲	dì	结合，订立；建立	缔约；缔造

续表 7

词语	汉字	等级	读音	字义	例词
震撼	撼	甲	hàn	摇动	撼动，蚍蜉撼大树
	憾	甲	hàn	感到失望，不满足	遗憾，引以为憾
纸浆	浆	甲	jiāng	较浓稠的汁液；用带胶质的液体浸泡、涂洗衣物或织物，使干后硬挺；饮料	豆浆，泥浆；浆洗；琼浆玉液，箪食壶浆
	桨	甲	jiǎng	一种划船用具	船桨，螺旋桨
炙手可热	炙	甲	zhì	烤；烤熟的肉食	炙手可热；脍炙人口，残杯冷炙
	灸	甲	jiǔ	中医的一种治疗方法	针灸
众口铄金	铄	丙	shuò	熔化；削弱，损耗	众口铄金；销铄
	砾	甲	lì	碎石块，小石块	砾石，沙砾
诸侯	侯	甲	hóu	封建五等爵位的第二等；泛指达官贵人；地名，山西侯马市；姓氏	侯爵，诸侯；侯门似海，万户侯；侯马市
			hòu	地名，福建闽侯县	闽侯县
	候	甲	hòu	等待；问好；时节；随时变化的情状；姓氏	候场；问候；气候；火候
珠联璧合	璧	甲	bì	一种古代玉器，（扁圆形，中间有孔）；泛指玉器	白璧微瑕；珠联璧合，中西合璧
	壁	甲	bì	墙；像墙一样陡峭的山石；古代军营的围墙或防御工事；某些中空物体外层像墙的部分；二十八宿之一	家徒四壁；绝壁；壁垒；肠壁
装帧	帧	乙	zhēn	量词，用于字画或照片，相当于“幅”	装帧，一帧老照片
	祯	丙	zhēn	吉祥	祯祥
恣意妄为	恣	乙	zì	放纵，没有顾及	恣意妄为，骄横恣肆
	姿	甲	zī	容貌；体态	天姿国色；雄姿英发
坐以待毙	毙	甲	bì	死；枪毙；仆倒，失败	毙命；枪毙；作法自毙
	毖	甲	bì	谨慎小心	惩前毖后

三、易错音近字字义比照表

说明：1. 本字表所收汉字按汉语拼音音序排列；2. 每个字的多个意义之间用分号隔开；3. 不同义项的例词用分号隔开，同一义项的不同例词用逗号隔开；4. 第一个分号之前的例词对应第一个义项，第二个分号之前、第一个分号之后的例词对应第二个义项，其余依此类推。

词语	汉字	等级	读音	字义	例词
抱怨	抱	甲	bào	用手臂围住；心里存有；初次得到，领养；量词，用于表示两臂能够合围的量；孵化	拥抱，抱头鼠窜；抱歉，抱憾；抱养；一抱稻草；抱窝，抱小鸡
	报	甲	bào	告诉，通知；报纸；某些传达信息的东西；电报；回答；用具体行动答谢；对损害自己的人进行回击；报应	汇报；报社；喜报；报务员；报以掌声；报酬；报复；心事现报

续表 1

词语	汉字	等级	读音	字　义	例　词
别出心裁	心	甲	xīn	人或高等动物身体里主管血液循环的器官；指大脑或思想、感情等中央，主要部分；二十八宿之一	心脏；心灰意冷；重心
	新	甲	xīn	刚出现的，比原来更好的；没用过的；改变旧的，使成为新的；新的人或事物；结婚的，结婚不久的；副词，刚	新发现；新书；焕然一新；推陈出新；新郎；新近
不毛之地	毛	甲	máo	动植物表皮上所生的丝状物；地面上长的谷物等；东西上的霉；粗糙，未加工的；不纯净的；小，细碎；指货币贬值；量词，辅币“角”的别称；粗率，急躁；恐慌；姓氏	羊毛；不毛之地；豆制品长毛了；毛坯；毛利；毛孩子；钱越来越毛了；一块八毛钱；毛手毛脚；心里发毛
	茅	甲	máo	一种草本植物；姓氏	茅棚，茅塞顿开
出其不意	其	甲	qí	他，他们；他的，他们的；那个，那样；虚指，无实在意义；副词，表示反问、揣测或命令的语气；词缀	任其发展；两全其美；不厌其烦；忘其所以；其奈我何；极其
	奇	甲	qí	少见的，特殊的；出乎意料的，难以预测的；惊异	奇迹，奇耻大辱；奇袭，出奇制胜；惊奇，神奇
	齐	甲	qí	整齐；同样，一致；副词，同时；完备；达到同样的高度；姓氏	齐整；齐心协力；并驾齐驱；齐备；齐头并进
穿戴	戴	甲	dài	把东西放在头、颈、胸、臂等处；拥护并尊敬；姓氏	张冠李戴，披星戴月；拥戴，爱戴
	带	甲	dài	带子或像带子的长条形东西；轮胎；区域；随身携带；顺便做某事；引领；含有；连着；显出，露出；带动	海带；车带；地带；携带；顺带；带领；带刺；附带；面带微笑；拉家带口
川流不息	川	甲	chuān	河，水道；平坦的田野；地名，四川	川流不息；一马平川；川剧
	穿	甲	chuān	把衣物等套在身上；指衣服、鞋袜等；通过凿、刺等手段在物体上形成孔洞；通过；把物体串联起来；用于某些动词后，表示完全暴露	穿戴；吃穿；水滴石穿；横穿马路；贯穿；望穿秋水
大名鼎鼎	鼎	甲	dǐng	一种古代炊具，三足两耳，用于煮或盛东西；比喻王位、帝业等；大，重；副词，正当，正在	钟鸣鼎食；问鼎；鼎力相助，大名鼎鼎；鼎盛时期
	顶	甲	dǐng	人体或物体最上面的部分；用头支撑；从下面拱起；用头或脚撞击；支撑，抵住；迎着；顶撞；代替；量词，用于有顶子的东西；副词，表示程度最高	屋顶；顶天立地；顶出；顶牛；顶住；顶风；顶嘴；顶替；一顶帽子；顶好

续表 2

词语	汉字	等级	读音	字 义	例 词
额手称庆	手	甲	shǒu	人体上肢前端能拿东西的部分；拿着；小巧，方便拿的；亲自做的；本领，技能；从事某种工作的人；量词，用于本领或技能	手臂，措手不及；人手一册；手绢；手记；不择手段；神枪手；留一手
	首	甲	shǒu	头；最高的，第一的；最先的，开头的；领导人；出面告发；量词，用于诗歌	昂首阔步；首相；首创；首领；自首；一首诗
甘拜下风	拜	甲	bài	一种表示敬意的礼节；行礼，表示祝贺；尊敬，敬奉；通过一定礼节结成某种关系；与人交往时的客气话	回拜；拜寿；崇拜；拜师；拜读，拜托
	败	甲	bài	在战争或竞争中失利；使对方或对手失败；损坏；做事不成功；衰落；解除	败将；大败敌军；身败名裂；功败垂成；残花败柳；败毒
肝肠寸断	断	甲	duàn	长形东西分割成若干截；隔绝；拦截；判定；副词，表示绝对肯定	切断，肝肠寸断；断奶，断炊；断球；诊断；断无此理
	段	甲	duàn	量词，用于事物的部分、距离等；围棋等体育项目中选手的等级；工矿企业中的一级行政单位；姓氏	段落，阶段；九段高手；工段
各行其是	是	甲	shì	对，正确；表示答应、同意；以为正确；这，这个	实事求是；是，我同意；各行其是，是古非今；由是可见
	事	甲	shì	事情；工作，职业；意外的灾祸或损失；做，干	若无其事；谋事；事故；从事
蓝颜色	蓝	甲	lán	像晴空一样的颜色；姓氏	芥蓝，青出于蓝，筚路蓝缕
	兰	甲	lán	兰花；指某些观赏花木；姓氏	幽兰，兰草；玉兰，君子兰
瞭望	瞭	甲	liào	登高望远	瞭哨，瞭望
	了	甲	liǎo	完结；副词，全然；明白，懂得	敷衍了事；了无进展；了如指掌
明信片	明	甲	míng	亮；清楚，懂得；空开，不隐藏；有眼力；视力，视觉；显示，表示；副词，表示显然如此；朝代名；姓氏	弃暗投明；深明大义；明信片；眼明手快；失明；开宗明义；明知故犯；明朝
	名	甲	míng	人或事物的称呼；声望；作为依据的称号；有名的；说出；占有；名次	久负盛名；沽名钓誉；名义；名胜；不可名状；不名一文；名次
佩戴	佩	甲	pèi	带在或挂在身上；古代系在衣服上的装饰品；感到可敬可爱	佩戴，佩刀；玉佩；佩服，钦佩
	配	甲	pèi	两性结合，使两性结合；按标准或比例调和或拼凑；把缺少的补足；有计划地分派；衬托；符合，够得上；充军	配偶，配种；搭配；配套；分配；配角，配音；相配，匹配；发配
平添	平	甲	píng	不倾斜，没有高低凹凸；使平；不相上下；公正；安定；镇压；普通的；汉语四声之一；姓氏	平面；平整；平等；平均；心平气和；平息；平常；平声
	凭	甲	píng	身体靠着；依靠；证据	凭栏远眺；凭借；空口无凭

续表 3

词语	汉字	等级	读音	字　义	例　词
迫不及待	及	甲	jí	达到；追上，赶上；比得上，赶得上；推及，顾及；连词	及格；及时，望尘莫及；迫不及待；顾及，由此及彼
	急	甲	jí	迅速而猛烈；紧迫的；紧急严重的事情；易怒；激动不安；使着急；对别人的困难迅速给予帮助	急弯；急中生智；当务之急；急躁；着急；真急人；急人所难
气喘吁吁	吁	甲	xū	叹气；吁吁，象声词，形容出气的声音；叹词，表示惊奇	长吁短叹，气喘吁吁；吁，何出此言！
			yū	象声词，吆喝牲口的声音	
			yù	呼喊	呼吁，吁求
	嘘	甲	xū	慢慢吐气；叹气；叹词，表示制止	吹嘘，嘘寒问暖；仰天而嘘；嘘（又音 shī），小声点儿
青睐	青	甲	qīng	见上表“山清水秀”词条	
	亲	甲	qīn	父母；自己生育；有血缘或婚姻关系的；婚姻；指新娘；关系好；自己做；与人关系好；用嘴接触，表示喜爱	双亲；亲生；亲戚；娶亲；亲密；亲自，事必躬亲；亲华；亲吻
			qìng	亲家，两家儿女婚配的亲戚关系	亲家
人情世故	世	甲	shì	一辈子；有血统关系的人形成的辈分；一代又一代；时代；人间，社会	永世不忘；第八世；世交；今世；世道，人情世故
	事	甲	shì	见本表“各行其是”词条	
删繁就简	繁	甲	fán	繁多，复杂；繁殖	繁文缛节，繁华；繁衍
	烦	甲	fán	心情不畅快；厌烦；使厌烦；烦劳；多而杂乱	心烦意乱；腻烦；烦人；烦请；要言不烦
世外桃源	源	甲	yuán	水流起始的地方；根由	饮水思源；追本溯源
	园	甲	yuán	种植花木蔬果的地方；供人游览娱乐的地方	花园，菜园；公园，庄园
事必躬亲	躬	甲	gōng	身体；弯下去；亲自，自身	鞠躬；躬身下拜；事必躬亲
	恭	甲	gōng	严肃而有礼貌	洗耳恭听，却之不恭
谈笑风生	生	甲	shēng	出生，生育；生长；活着；性命；活路，生计；一辈子；活的，有生命力的；产生，发出来；使燃烧；没有成熟、煮熟、进一步加工	生儿育女；生根发芽；贪生怕死；生命；谋生；生平；生龙活虎；生病；生火；生瓜，夹生饭，生石灰
	声	甲	shēng	物体振动发出的音响；陈述，宣布；名誉；字调；声母；量词，发生次数	风声鹤唳；声明；声望；声调；双声叠韵；一声不响
挖墙脚	脚	甲	jiǎo	人或动物腿的下部与地面等直接接触的部分；物体的最下部；剩余的残渣或废料；跟体力搬运有关的	蹑手蹑脚；墙角；下脚料；脚夫
	角	甲	jiǎo	某些动物头部或鼻前长出的坚硬的凸起物；像角的东西；一种古代军队的乐器；物体两个边缘相交的地方；几何平面图形；量词，人民币辅币单位	崭露头角；菱角；号角；墙角；锐角；10 角为 1 元
			jué	演员；较量，竞争；古代五音之一	主角，配角；口角，角力

续表4

词语	汉字	等级	读音	字义	例词
相辅相成	成	甲	chéng	做事情获得预先期望的结果；帮助别人达到目的；变为；现成的	功成名就；成人之美；弄假成真；成语
	承	甲	chéng	托着，支撑着；接受，担当；谦词；继续，接续；接受命令	承载；承担；承蒙；继承，承上启下；秉承
欣喜若狂	欣	甲	xīn	高兴，喜悦	欣喜若狂，欢欣鼓舞
	心	甲	xīn	见本表“别出心裁”	
悬而未决	悬	甲	xuán	见上表“悬”	
	玄	甲	xuán	黑色的；深奥，奥妙；不可靠	玄青；故弄玄虚；玄之又玄
徇私	徇	乙	xùn	依从；当众宣示	徇情，徇私枉法
	循	甲	xún	遵守，依照	因循守旧，循规蹈矩
一筹莫展	筹	甲	chóu	想办法，设法借；计谋，办法；过去一种计数用具	筹划，筹措；一筹莫展，运筹帷幄；筹码，觥筹交错
	愁	甲	chóu	担忧，苦闷；忧伤的心绪	忧愁；离愁别绪
一鼓作气	鼓	甲	gǔ	一种打击乐器；形状、声音或作用像鼓的东西；用敲击等方式使发出声音；用风箱等扇；振奋；凸起	偃旗息鼓，一鼓作气；石鼓；鼓掌；鼓风机；欢欣鼓舞；鼓腮帮子
	股	甲	gǔ	大腿；低于科的机关组织单位；股份	悬梁刺股；人事股；控股
一如既往	既	甲	jì	见上表“即使”词条	
	继	甲	jì	接续，连续；副词，紧接着	前赴后继，焚膏继晷；继而
一诺千金	金	甲	jīn	一种金属元素；金属的统称；钱；古代金属制成的打击乐器；比喻珍贵；像金子一样的颜色	金币，披沙拣金；五金；资金；鸣金收兵；金科玉律；金黄
	斤	甲	jīn	量词，市制重量单位；古代伐木工具	斤斤计较；运斤成风
异想天开	异	甲	yì	不同的；特别的；惊奇；别的；分开	异议；优异；怪异；异地；离异
	意	甲	yì	意思；想法；料想	词不达意；情投意合；出人意料
因地制宜	制	甲	zhì	造成；规定；限定；准则	制造；制定；管制；体制
	治	甲	zhì	管理；太平；惩办；医疗；消灭；研究；办理	治理；长治久安；惩治；不治之症；治虫；治学；治丧
源远流长	源	甲	yuán	见本表“世外桃源”词条	
	渊	甲	yuān	深水；深，精深	临渊羡鱼；渊博
崭露头角	崭	甲	zhǎn	高出，突出；副词，特别，非常	崭然，崭露头角；崭新
	展	甲	zhǎn	放开，张开；显露，发挥；推迟，延迟；陈列出来；姓氏	展翅，花枝招展；施展，一筹莫展；展缓；展览，会展
趾高气扬	趾	甲	zhǐ	脚指头；脚	脚趾，趾甲；趾高气扬
	指	甲	zhǐ	手指头；点明；依靠；直立；斥责	指纹，首屈一指；指正，指南；指靠，指望；令人发指；指责
自暴自弃	暴	甲	bào	显露出来；突然而猛烈；凶恶，残酷；凶狠残酷的人；过于急躁；糟蹋，损害；副词，突然而意外；姓氏	暴露；暴雨；暴徒，暴虎冯河；除暴安良；暴躁；自暴自弃；暴死
	抱	甲	bào	见本表“抱怨”词条	

续表 5

词语	汉字	等级	读音	字　义	例　词
坐镇	镇	甲	zhèn	压，压制；安定；把守，防守；我国行政区划单位；使食物变凉	镇压，镇痛；镇定，镇静；坐镇，镇守；古镇，市镇；冰镇
	阵	甲	zhèn	作战队伍的行列、组合或兵力布置；战场；量词，一段时间	阵容，严阵以待；阵地，披挂上阵；一阵风，阵阵掌声
坐月子	坐	甲	zuò	见本表“座无虚席”词条	
	做	甲	zuò	制造，制作；从事，进行；写，创作；担任，充当；装扮；举行；结成	做饭；做生意；做报告；做官；做鬼脸；做寿；做夫妻
座无虚席	座	甲	zuò	位子；垫在器物底下的东西；星座；量词，用于山或建筑等大而固定的物体	高朋满座；底座；天秤座；一座山
	坐	甲	zuò	臀部放在凳子等物体上；搭乘；背对着某一方向；比喻统治、掌管；过去指定罪；介词，因为	坐以待毙；坐车；坐北朝南；坐镇，坐江山；连坐；停车坐爱枫林晚

四、易错近义字字义比照表

说明：1. 本表所收汉字按汉语拼音音序排列；2. 每组近义字中，只有第一个字参与排序。

汉字	等级	读音	词语	词　义	辨　析	例　句
查	甲	chá	考查	用一定的标准来检验、衡量（行为活动）	目的在于评定和审核	我们要认真考查学员的学业成绩。
察	甲	chá	考察	实地观察调查；细致深入地观察	目的在于取得材料，研究事物	他们下乡考察水利工程。动物学家考察了这种鱼的繁殖过程。
齿	甲	chǐ	不齿	不愿提及，表示鄙视	后边不再接其他成分	你这种做法为人所不齿。
耻	甲	chǐ	不耻	不以……为耻	后边通常接“下问”	我们要做到不耻下问。
窜	甲	cuàn	窜改	改动（成语、文件、古书等）	中性词，一般的改动；受事一般是文字作品	成语是约定俗成的，不能随意窜改。
篡	甲	cuàn	篡改	用作伪的手段改动或曲解（经典、理论、政策等）	贬义词，以不正当手段改动；受事可以是文字作品，也可以是思想、理论等	南京大屠杀是铁的史实，历史是任何人也篡改不了的。
定	甲	dìng	定金	指当事人约定由一方向对方给付的、作为债权担保的一定数额的货币	具有法律上的担保性质。给付定金方不履约，无权要求返还定金；接受定金方不履约，要双倍返还定金	债务人履行债务后，定金应当抵作价款或者收回。
订	甲	dìng	订金	为表明购买意向而提前付出的款项	不具备定金所具有的担保性质。给付定金方不履约，可以要求返还定金；接受定金方不履约，不必双倍返还定金	订金在法律上是不明确的，也是不规范的，在审判实践中一般被视为预付款。

续表 1

汉字	等级	读音	词语	词 义	辨 析	例 句
反	甲	fǎn	违反	不符合（法则、流程等）	受事多为政策、纪律；情节较轻	大家千万不要违反操作规程。
犯	甲	fàn	违犯	违背和触犯（国法等）	受事多为法律、法规；情节较重	违犯宪法的事情绝对不能做。
含	甲	hán	包含	里边含有	多用于抽象事物	这句话包含几层意思。
涵	甲	hán	包涵	客套话，请人原谅	多用于礼貌用语	唱得不好，大家多多包涵！
汇	甲	huì	汇合	（水流）聚集	侧重于水流或抽象事物（意志、力量等）汇聚在一起	长江和嘉陵江在重庆汇合。大家的力量汇合在一起，就没有克服不了的困难。
会	甲	huì	会合	聚集到一起	侧重于人相会聚拢	几个人约定了会合地点。
忌	甲	jì	忌日	忌辰，先辈去世的日子，禁忌宴会、饮酒及各种娱乐活动	个别性	3 月 12 日是孙中山先生的忌日。
祭	甲	jì	祭日	祭祀或祭奠的日子，源于华夏先民对日神的崇拜	全民性	人们习惯把清明节称作祭日。
接	甲	jiē	直接	指不经过中间环节的	强调的是不经过中间环节，与“间接”相对	他通常直接阅读外文书籍。
截	甲	jié	直截	指言行干脆、爽快	强调的是不绕弯子，常构成“直截了当”	他直截了当地亮明了观点。
绝	甲	jué	绝不	任何情况下都不	偏重于对客观事物否定的程度	过去干部下乡都自带干粮，绝不给老乡增加负担。
决	甲	jué	决不	坚决不	偏重于主观的否定态度	如果再次面对他，我决不退缩。
厉	甲	lì	厉害	剧烈的，严格的，难以应付或忍受	形容词	头痛得非常厉害。
利	甲	lì	利害	利益和损害	名词	他们之间有密切的利害关系。
利	甲	lì	权利	公民或法人依法行使的权力和享受的利益	法律概念；主体不特定；内容广泛；可以放弃	我国公民享有男女平等的权利。
力	甲	lì	权力	政治上的强制力量；职责内的支配力量	政治概念；主体特定；内容有限；不能放弃	有了一定职务就有相应的某种权力。
邻	甲	lín	邻近	位置接近；附近	静态概念；一般指空间上的距离短	邻近的一家姓段的搬走了。
临	甲	lín	临近	（时间、地区）靠近，接近	动态概念；既可以指时间，也可以指空间	他住在临近月湖的疗养院里。暑假临近了。

续表 2

汉字	等级	读音	词语	词　义	辨　析	例　句
流	甲	liú	流传	（事迹、作品等）传下来或传播开	既可指纵向传承，又可指横向传播；自然传播；受事多为精神层面的东西	英雄事迹到处流传。孔子的思想流传千古。
留	甲	liú	留传	遗留下来传给后代	一般指纵向传承；主观刻意；受事多为具体事物	这套书是祖上留传下来的。
率	甲	lǜ	心率	心脏每分钟跳动的次数	取决于单位时间内心跳的次数	在成年人中，女性的心率一般比男性稍快。
律	甲	lǜ	心律	心脏有规律、自动跳动的节律	取决于心跳与心跳之间的间隔是否有规则	如果采取适当措施加以预防，可以减少心律失常的发病率。
谋	甲	móu	谋取	用智力谋划设法取得	偏正结构；受事可以是名利及其他事物，可以是私人、他人或集体；中性词	公安机关为人民群众谋取实实在在的利益。
牟	甲	móu	牟取	用不正当的或非法的手段取得	并列结构；受事一般是名利和私人；贬义词	领导干部不可为子女牟取利益。
启	甲	qǐ	启用	开始使用（机关印信）	开始使用；受事多为物，如机关印章或新的设施、设备等	您将学习性能技术，并了解如何启用和使用它们。
起	甲	qǐ	起用	重新运用已退职或免职的官员	提拔运用或重新运用；受事多为人	他们应当改弦更张，起用一批新干部。
屈	甲	qū	委屈	受到不应该有的指责或待遇，心里难过；让人受到委屈	强调心情，是对心理状态的表达	你在我家受了很多委屈。对不起，委屈你了。
曲	甲	qū	委曲	（曲调、道路、河流等）曲折；事情的底细和原委	强调曲折，是对客观事实的描述	这首歌委曲婉转。我不知有这样的委曲。
融	甲	róng	融化	（冰、雪等）变成水	仅指冰雪，超过零度	山顶的积雪融化了。
熔	甲	róng	熔化	固体加热到一定的程度变成液体	此过程需要加热	矿石在熔炉里熔化成铁水。
溶	甲	róng	溶化	（固体在液体中）溶解	此过程不需加热	糖在水中溶化为糖水。
身	甲	shēn	出身	指个人早期的经历或由家庭经济情况所决定的身份	与某一特定背景相联系；名词	我的出身是农民。
生	甲	shēng	出生	胎儿从母体中分娩出来	无特定背景；动词	我出生于长沙市。

续表 3

汉字	等级	读音	词语	词 义	辨 析	例 句
申	甲	shēn	申明	郑重说明	重在说服对方；动词	这个责任不应该由我负，我要向法院申明。
声	甲	shēng	声明	公开表示态度或说明真相；一种应用文	重在让公众知道；动词兼名词	我声明，我事先完全不知道这件事。他的这份声明写得很好。
胜	甲	shèng	胜地	有名的风景优美的地方	强调景色的优美和浓厚的人文背景	南岳衡山是避暑胜地。
圣	甲	shèng	圣地	宗教徒称与教主生平事迹有重大关系的地方；具有重大历史意义和作用的地方	强调精神上的膜拜	伊斯兰教徒称麦加为圣地。延安是中国人民革命的圣地。
失	甲	shī	失言	无意中说出不该说的话	说漏嘴	我怀疑他不是一时的失言，而是故意泄露这个消息。
食	甲	shí	食言	不履行诺言，失信	说话不算话	那个人没什么信用，经常食言。
示	甲	shì	启示	启发指示，使其有所领悟	作用于人的内心世界，其形态是隐性的；“启”表开导义；动词兼名词	这本书启示我们应该怎样度过自己的一生。
事	甲	shì	启事	为公开声明某事而登在报刊上或贴在墙壁上的应用文	公开传播信息，其形态是显性的；“启”表陈述义；名词	招聘启事已经刊登出来了。
树	甲	shù	树立	建立（多用于抽象的好的事物）	受事多为抽象事物；受事多为褒义词	我们要树立远大的理想。
竖	甲	shù	竖立	在地上使物体直立起来	受事多为具体事物；受事多为中性词	一根电线杆孤零零地竖立在田野里。
诵	甲	sòng	传诵	辗转传播诵读	受事是诗文作品	岳飞的《满江红》是千古传诵的名作。
颂	甲	sòng	传颂	辗转传播称道	受事是人或事迹	她的模范事迹在青年中被广泛地传颂。
味	甲	wèi	品味	品尝、玩味、鉴赏	动词	他仔细品味了这幅画。
位	甲	wèi	品位	官吏的品级；矿石中有用元素或其化合物含量的百分率；物品质量；人的修养高	名词	大家一听便知道他极有品位。
限	甲	xiàn	界限	不同事物的分界；尽头处，限度	适用的对象一般是抽象事物	经济活动中的是与非、合理与不合理、合法与不合法的界限不分明。
线	甲	xiàn	界线	两个地区分界的线；某些事物的边缘；不同事物的分界	适用的对象一般是具体事物	截至目前，全国共勘定县级界线三万多公里。

续表 4

汉字	等级	读音	词语	词义	辨析	例句
修	甲	xiū	修养	理论、知识、艺术、思想等方面的一定水平；养成的正确的待人处事的态度	名词	他是一个很有理论修养的艺术家。这个人很有修养。
休	甲	xiū	休养	休息调养；恢复并发展国家或人民的经济力量	动词	他到北戴河休养了一年。我国要休养民力。
须	甲	xū	必须	一定要，表示事理上或情理上的必要	强调“一定得要”；后接动词或动词短语	你明天必须来一趟。
需	甲	xū	必需	一定要有的，不可少的	强调“一定得有”；后接名词或名词短语	这是我们必需的生活用品。
押	甲	yā	扣押	经过法律程序批准的拘留、扣留	法律用语；受事既可以是物，也可以是人	刘照将覃和平扣押作为人质。
压	甲	yā	扣压	搁置	非法律用语；受事只能是物	美国总统对国会议案扣压不批。
依	甲	yī	依靠	指望（别的人或事物来达到一定的目的）；可以依靠的人或东西	偏正于在思想或其他抽象事物方面的依赖；动词兼名词	儿女们不能老是依靠父母。妈妈在场，小聪心里有了依靠。
倚	甲	yǐ	倚靠	依靠；身体靠在物体上	偏正于在具体物体上的支撑；动词	民警王宇一边让老人倚靠，一边打电话帮忙联系老人的儿子。
义	甲	yì	本义	词语的初始的意义	文字学术语，与引申义相对应	“特”字的本义是公牛。
意	甲	yì	本意	最初的想法或意图	实际运用中，强调本意未被理解	我的本意是让学生学到更多的知识。
因	甲	yīn	因缘	佛教指产生结果的直接原因和辅助促成结果的条件或力量；缘分	人或事物之间的一切机缘	人们不知道诗人余光中与东南大学有过一段因缘。
姻	甲	yīn	姻缘	婚姻的缘分	仅指男女间的机缘	他们俩从小青梅竹马，成就了一番好姻缘。
赢	甲	yíng	赢利	企业单位扣除成本获得的利润；获得利润	动词兼名词；收益增加，未必有利润	企业对如何赢利缺乏清醒的认识。他们的赢利模式具有隐蔽性。
营	甲	yíng	营利	谋求利润	动词；以赚钱为目的，未必赚到钱	我们不要参加营利性培训活动。
盈	甲	yíng	盈利	收支相减之后的利润	名词；扣除成本，还赚了钱	短期内看不到新能源汽车盈利的希望。
映	甲	yìng	反映	把客观事物的实质表现出来；把客观情况或别人的意见告诉上级或有关部门	主动性；及物动词	这篇小说反映了中国农村的新变化。他向纪委反映了这一违规现象。
应	甲	yìng	反应	有机体受到体内或体外的刺激而引起的相应活动；事情所引起的意见、态度或行动；化学、物理变化	被动性；不及物动词	地震前，有的动物有异常反应。他的发言在会议上引起了强烈反应。发生热核反应时会释放出巨大的能量。

续表5

汉字	等级	读音	词语	词义	辨析	例句
优	甲	yōu	优雅	举止言谈有风度	用于形容人	她是一个优雅的女人。
幽	甲	yōu	幽雅	幽静而雅致	用于形容环境	这家茶楼很幽雅。
真	甲	zhēn	童真	儿童天真幼稚的本性	强调天真	他还保留着一份童真。
贞	甲	zhēn	童贞	贞洁，贞操，常指处女的身体特征	强调贞洁	她自己到现在都好好地保持着他的童贞。
振	甲	zhèn	振动	物体通过一个中心位置，不断作往复运动	指体积较小的物体，能持续一段时间的，机械式的连续的往复振动	振动是宇宙普遍存在的一种现象。
震	甲	zhèn	震动	颤动，使颤动；（重大的事情、消息等）使人心不平静	指体积较为庞大的物体发生的短时间的偶尔一次或几次间断式的震动	火车震动了一下，开走了。这件事震动全国。
止	甲	zhǐ	截止	（到一定期限）停止	终点概念；不及物动词	这项工作到今年6月底截止。
至	甲	zhì	截至	截止到（某个时候）	中点概念；及物动词，宾语为时间名词	这项工作截至今年六月底。
质	甲	zhì	质疑	提出疑问	目的在于探求真相，寻求解答	安倍经济学再遭质疑。
置	甲	zhì	置疑	怀疑（用于否定）	常和“不容”“无可”连用	报告的内容与群众反映的情况一致，不容置疑。
至	甲	zhì	以至	连接词或短语，表示范围、程度、数量、时间等方面的延伸，一般表示从小到大，从小到多，从浅到深；连接分句，用在后一分句开头，表示由于上述情况的程度很深而产生的结果	既可连接词或短语，又可连接分句；连接分句时，所表示的结果，可以是好的，也可以是坏的，意在以下文强调上述情况的程度之深	要学会游泳，必须一次、两次以至十次百次地反复练习。他专心致志地工作，以至忘记了下班时间。
致	甲	zhì	以致	连接分句，用在后一分句开头，表示由于上述原因而造成的结果（多指不好的或说话人不希望的）	只能连接分句；连接分句时，所表示的结果多是不好的或说话人不希望的，意在说明下文是上文所导致的后果	他事先没有充分调查研究，以致做出了错误的结论。
中	甲	zhōng	中止	（做事）中途停止	中间停止，还可继续	这项工程刚完成一半就中止了。
终	甲	zhōng	终止	结束，停止	最后停止，不再继续	裁判一声哨响终止了比赛。
妆	甲	zhuāng	化妆	用脂粉等使容貌美丽	只涉及头部、面部；不及物动词	她每天清晨上班前都要化妆。
装	甲	zhuāng	化装	演员为了适合所扮角色形象而修饰容貌；假扮	不但涉及头部、面部，还涉及身体；常说成“化装成”	她们化装后上台演出。列宁化装成割草工人，隐蔽在拉兹里夫湖畔。

五、易错多义字字义表

说明：1. 同形异音语素，在“读音”一列分行分别标注其读音；同形同音语素，在“意义”一列分行排列，并标注阿拉伯数字序号；多义语素的多个意义排在“意义”一列的同一行，并标注带圈的阿拉伯数字序号，多个意义之间用分号隔开。2. 多义语素的多个意义，在“例词”一列分别列举例词，并标注带圈的阿拉伯数字序号与其对应。3. 本表所收汉字按汉语拼音音序排列。4. 对于有多个读音的汉字，只有第一个音参与排序。

汉字	等级	读音	意　义	例　词
艾	甲	ài	1. 多年生草本植物，叶子有香气，可入药	艾草，香艾
			2. 停止	方兴未艾
		yì	①惩治；②悔恨	①惩艾；②自怨自艾
岸	甲	àn	1. 江河湖海等边沿的陆地	上岸，海岸
			2. ①高大；②高傲	①伟岸；②傲岸
拗	甲	ào	违背，不顺	违拗，拗口
		niù	固执，不随和	执拗，拗不过，脾气拗
跋	甲	bá	1. 在山上行走	跋涉，跋山涉水
			2. 写在书籍、文章等后面的评介、考释之类的短文	跋文；题跋
把	甲	bǎ	1. ①握住，抓住；②自行车等上面可以用手握住的部分；③用手从后面托住小孩的腿，便于大小便；④控制，独揽；⑤守卫，看守；⑥靠近，紧挨着；⑦用东西约束住使不裂开	①把舵，手把手地教；②车把；③把屎，把尿；④把持；⑤把门，把守；⑥把角，胡同把口儿；⑦用胶布把住裂缝
			2. 介词，表示处置或致使	把酒喝完了，把他累病了
			3. 数词，用在某些数词或量词后，表示约数	个把月，万把块钱
		bà	①器物上便于用手拿的部分；②花、叶或果实与枝条或茎相连的部分	①刀把，扫把把儿；②花把儿，苹果把儿
白	甲	bái	1. ①像雪一样的颜色，与“黑”相对；②光亮，明亮；③清楚；④空的，没加其他东西的；⑤副词，没有效果地；⑥副词，无偿地；⑦象征反动；⑧指丧事，与“红”相对	①白纸，惨白；②白天；③明白，真相大白；④白米饭，交白卷；⑤白费力气；⑥白吃白喝；⑦白区，白匪；⑧红白喜事
			2. 字形或字音不正确	念白字，写白字
			3. ①说明，陈述；②某些戏剧形式中的道白	①表白，告白；②独白，对白
伯	甲	bǎi	大伯子，丈夫的哥哥	叔伯，大伯子
		bó	1. ①父亲的哥哥，尊称与父亲同辈分的年纪稍大的男子；②在弟兄排行的次序里代表老大	①伯父，张伯伯；②伯仲叔季
			2. 封建五等爵位的第三等	伯爵

续表1

汉字	等级	读音	意　义	例　词
板	甲	bǎn	1. ①比较硬的片状物体；②特指黑板；③演奏的节拍或打节拍的乐器；④不灵活，缺少变化；⑤表情严肃；⑥像板子一样硬	①钢板，板材；②板报，板书；③慢板，檀板；④死板，呆板；⑤板着脸；⑥土壤结板
			2. 泛指工商企业等单位的负责人	老板
帮	甲	bāng	1. 援助，替别人出力或出主意	帮助，帮忙
			2. 物体两侧或四周的部分	鞋帮，白菜帮
			3. ①群体，团伙；②指过去民间的秘密组织；③量词，用于成群的人	①帮会，马帮；②青帮，洪帮；③一帮人
炮	甲	bāo	①一种烹饪方法，即将肉片等放到锅里用旺火急炒；②把物品烘焙干燥	①炮牛肉，炮羊肉；②炮花生米
		páo	一种中药制作方法，即把生草药放在铁锅里炒黄或炒焦	炮制，炮炼
		pào	①一种发射炮弹的重型武器；②爆竹；③用炸药爆破土石	①大炮，高射炮；②鞭炮，炮仗；③打眼放炮
剥	甲	bāo	去掉外面的皮或壳	剥花生，剥皮
		bō	义同“剥（bāo）”，专用于合成词或成语	剥削，生吞活剥
薄	甲	báo	①厚度小，与“厚”相对；②不肥沃；③感情比较冷淡，与“厚”相对；④味道不浓，与“厚”相对	①薄片，薄饼；②变薄地为肥田；③师傅待他不薄；④酒味很薄
		bó	1. ①轻微，少；②不厚道，不庄重；③看不起，轻视	①单薄，薄利多销；②轻薄，刻薄；③菲薄，厚古薄今
			2. 迫近	日薄西山，薄海同欢
		bò	薄荷，一种草本植物，茎和叶有清凉香味，可入药	薄荷
堡	甲	bǎo	坚固的防御建筑物，泛指设防的小城或村寨	堡垒，城堡，碉堡
		bǔ	有围墙的村镇，泛指村庄，多用作地名	堡子，瓦窑堡
		pù	用作地名，多与古代驿站有关，常带有表示距离的单位，也有写作“铺”的	五里堡，三十里堡
暴	甲	bào	1. ①突然而且猛烈；②凶狠，残酷；③急躁	①暴雨，暴饮暴食；②暴徒，暴行；③暴躁，脾气暴
			2. 鼓出来，显露出来	暴露，脖子上暴起青筋
			3. 糟蹋，损害	自暴自弃
刨	甲	bào	①推刮木料、金属等使其平滑的工具；②用刨子等刮平木料、金属等	①刨子，刨床；②刨平木板，把零件刨一刨
		páo	①挖；②除去，减去	①刨坑，刨花生；②刨除，十五天刨去十天剩五天

续表 2

汉字	等级	读音	意　义	例　词
背	甲	bēi	①人用脊背驮东西；②承受，担负	①背小孩，背东西；②背债，背上罪名
		bèi	1. ①人或某些动物躯干后面与胸、腹相对的部位；②物体的反面或后面	①后背；②背面，刀背
			2. ①背对着；②违反，不遵守；③不顺利；④离开；⑤避开，瞒着；⑥凭记忆诵读；⑦听觉不灵敏；⑧偏僻；⑨朝着相反的方向	①背光，背风；②背信弃义，违背；③手气太背，走背运；④背井离乡；⑤背着大家干私事；⑥背课文，背台词；⑦耳朵背；⑧背静，背街小巷；⑨背过身去
北	甲	běi	1. 四方之一，与“南”相对	北边，北斗星
			2. 溃败	败北，连战连北，追奔逐北
被	甲	bèi	1. 被子	被罩，棉被
			2. ①遮盖；②遭遇	①被覆；②被难（nàn），被创
			3. 介词，表被动	门被风吹开了，被压迫
奔	甲	bēn	①快跑，急走；②赶紧去做；③逃窜	①奔跑，飞奔；②奔命，奔丧；③奔逃，奔窜
		bèn	①直接向目的地走；②接近某个年龄阶段；③为达到某种目的而奔走；④介词，相当于“向”“朝”	①投奔，直奔车站；②她是奔四十的人了；③他去奔贷款了；④他的车奔这边来了
本	甲	běn	1. ①草木的根或茎，泛指事物的根源，与“末”相对；②本来，原来；③自己或自己方面的；④现今的；⑤主要的，中心的；⑥介词，依照；⑦用于做生意或生利息的钱	①木本植物，本末倒置；②本意，原本；③本人，本公司；④本次航班，本周；⑤本科生，公司本部；⑥本着；⑦本钱，本金
			2. ①底本，版本；②量词，用于书籍	①剧本，抄本；②一本书
绷	甲	bēng	①拉紧；②衣服等张紧；③物体猛然弹起；④比较稀疏地缝上或用针别上；⑤用棕绳等编成的床屉；⑥一种刺绣用具，用来绷紧绸布等	①钢绳绷直了；②健美裤紧紧地绷在腿上；③簧片绷出老远；④臂章绷在袖子上；⑤床绷有点儿松；⑥竹绷，绷子
		běng	①面部板着；②勉力支撑	①绷着脸；②绷劲
		bèng	裂开	绷瓷，豆荚绷开了
比	甲	bǐ	1. ①比较，较量；②能够相比；③比画；④比方，比喻；⑤仿照，比照；⑥数学上指比较同类数量的倍数关系；⑦竞赛双方得分的对比；⑧介词，表示比较的对象	①比速度，比干劲；②情比日月，坚比金石；③连说带比；④把时间比作流水；⑤将心比心；⑥一比二；⑦甲队以二比一胜乙队；⑧他比我高
			2. ①紧靠，挨着；②依附，勾结；③近来	①比肩而立，鳞次栉比；②朋比为奸；③比来
辟	甲	bì	1. 君主，国君	复辟
			2. 排除，避免	辟邪（也写作“避邪”）
		pì	①开创；②透彻；③驳斥，排除；④法，法律	①开辟，辟出一块绿洲；②透辟，精辟；③辟谣；④大辟
扁	甲	biǎn	上下距离比左右距离小的，厚度小于长度和宽度的	扁担，扁豆，扁桃体
		piān	扁舟，小船	扁舟

续表3

汉字	等级	读音	意义	例词
便	甲	biàn	1. ①适宜；②适宜的时候，顺便的机会；③方便，做起来不困难；④简单的，非正式的；⑤排泄屎、尿等；⑥屎、尿	①不便表态，不便公开；②便中，便车；③便利，简便；④便条，便装；⑤小便，便血；⑥粪便，排便
			2. ①副词，表示已经发生或结束；②副词，表示前后两件事情紧接着；③副词，表示即将发生；④副词，表示在前面的条件下，自然出现后面的结果；⑤副词，表示强调	①天还没亮他便起床了；②说完便笑；③我打个电话便来；④他只要不表态便是同意了；⑤他一天便挣了几千元钱
		pián	①便便，形容肥胖的样子；②价钱低，不应得的好处	①大腹便便；②便宜，占小便宜
别	甲	bié	1. ①分开，分离；②另外的	①离别，久别重逢；②别人，别有用心
			2. ①区分，区别；②差异，不同之处；③按照不同特点区分出来的类	①辨别，分门别类；②差别，天壤之别；③性别，级别
			3. ①用针把一个物品附着或固定在另一个物体上；②插住，用东西卡住	①胸前别着一朵红花；②腰里别着枪，把门别上
			4. ①副词，表示禁止或劝阻；②副词，表示推测	①别说话；②约定的时间过了，别是他不来了吧
		biè	别扭：①古怪，不好相处，不顺心；②不通顺；③有矛盾，不协调	①这人挺别扭的，心里真别扭；②这篇文章读起来有点别扭；③他俩老闹别扭
屏	甲	bǐng	①暂时闭气；②排除，放弃	①屏气，屏息；②屏弃，屏除
		píng	①室内挡风或遮挡视线的用具，单扇或多扇，可以折叠；②成组的条幅，一般为四幅；③遮挡	①屏风，玉屏；②屏条，四扇屏儿；③屏蔽，屏障
博	甲	bó	1. ①多，丰富；②通晓，知道得多；③广泛，普遍	①渊博，博而不精；②博古通今；③博学，博览
			2. ①取得；②泛指赌博	①博得，聊博一笑；②博彩，博局
驳	甲	bó	1. 说明理由，否定别人的意见	驳斥，反驳
			2. 泛指颜色或内容等混杂不纯	驳杂，斑驳
			3. ①用船转运旅客或货物；②一种没有动力装置的船	①驳运，起驳；②驳船，拖驳
布	甲	bù	1. 用棉、麻或人造纤维等织成的可以做衣服等的材料	布匹，棉布
			2. ①宣告，当众陈述；②分散到各处，广泛传播；③陈设，设置	①布告，开诚布公；②散布，阴云密布；③布局，布置
参	甲	cān	1. ①加入；②对照其他材料加以考察	①参战，参军；②参阅，参照
			2. ①进见，谒见；②过去指弹劾	①参见，参拜；②参某人一本
			3. 探究并领会（道理、意义等）	参禅，参破，参透
		cēn	①参差（cī）：长短、大小、高低等不一致；②参错：参差交错	参差不齐；②参错
		shēn	①人参、党参之类的统称，多指人参；②二十八宿之一	①参须，参茸，海参；②参商

续表4

汉字	等级	读音	意　义	例　词
草	甲	cǎo	1. ①除树木、谷物、蔬菜以外的高等植物中草本植物的统称；②用作原料、饲料等的植物的茎和叶；③过去指山野、民间或微贱；④雌性的	①花草，草坪；②稻草，草鞋；③草寇，草民；④草猪，草驴
			2. ①不细致，不认真；②汉字的一种字体，拼音字母的手写体；③尚未确定或公布的；④起草；⑤创始	①潦草，字写得草；②草书，大草；③草案，草稿；④草拟；⑤草创
厕	甲	cè	1. 供人大小便的地方	厕所，公厕
			2. 参与，夹杂在里面	厕身，厕足，杂厕
策	甲	cè	1. ①古代写字用的竹片或木片；②计谋，办法；③计划，谋划	①简册；②策略，出谋划策；③策划，策动
			2. 古代指马鞭子，也指用鞭子赶，驱使	鞭策，策马前进
搀	甲	chān	1. 轻轻地扶着或架着	搀扶，搀着老人过马路
			2. 把一种东西混合到另一种东西里面去	搀兑，搀杂，搀和（huo）
尝	甲	cháng	1. ①试着吃一点儿，辨别滋味；②试，试探；③比喻经历或感受	①品尝，尝鼎一脔；②尝试，浅尝辄止；③备尝艰辛
			2. 副词，曾经	何尝，未尝
场	甲	cháng	①用于晒粮或脱粒的平坦空地；②量词，用于事情的经过	①场院，打谷场；②一场暴雨，一场激战
		chǎng	①有专门用途的比较开阔的地方或建筑；②演出活动的舞台或比赛的场地；③事情发生的地点；④某种活动的范围；⑤表演或比赛的全过程；⑥量词，用于戏剧或影视作品中较小的段落；⑦量词，用于文体活动；⑧具有一定规模的生产单位；⑨物质存在的一种基本形态，具有能量、动量和质量	①会场，广场；②上场，退场；③现场，当场；④官场，逢场作戏；⑤开场，终场；⑥一场激情戏；⑦一场球赛，一场电影；⑧农场，牧场；⑨磁场，电场
抄	甲	chāo	1. ①照着原文或底稿写；②照着别人的作业、作品等写下来当成自己的	①抄课文，抄笔记；②抄袭
			2. ①搜查并没收；②从侧面或较近的小路过去；③两手在胸前相互地插在袖筒里；④抓，拿	①抄家，查抄；②包抄，抄近道；③抄着手；④抄起一根棍子
陈	甲	chén	1. ①排列，拜访；②叙说	①陈列，陈设；②陈述，慷慨陈词
			2. 旧的，时间久的	陈酒，推陈出新
称	甲	chèn	①符合；②合适	①称心，相称；②匀称，对称
		chēng	1. 测量重量	称西瓜
			2. ①叫，叫作；②名称；③说；④赞扬	①自称；②简称，职称；③称便，连声称好；④称许，称赞

续表5

汉字	等级	读音	意 义	例 词
冲	甲	chōng	1. ①交通要道；②向特定的方向或目标快速猛闯，突破障碍；③猛烈撞击；④迷信以办喜事等方式驱邪，化凶为吉	①要冲，首当其冲；②冲刺，冲出重围；③冲突，冲撞；④冲喜
			2. ①用开水等浇；②水流等撞击；③以某种方式抵消或平衡账目	①冲茶，冲鸡蛋；②冲洗，河水冲垮堤岸；③冲账
		chòng	1. ①介词，向着，对着；②介词，凭，根据	①冲别人发火；②就冲她这态度，也不会有人与她合作
			2. ①劲头足，力量大；②气味浓烈刺鼻	①冲劲儿，年轻人说话就是冲；②酒味儿很冲
			3. 冲压	冲床，冲模（mú）
抽	甲	chōu	1. ①把夹在中间的东西取出；②从总体中取出一部分；③某些植物开始长出；④吸	①抽身，抽刀断水；②抽查，抽样；③抽芽，抽穗；④抽烟，抽水
			2. ①收缩；②打	①抽筋，这种布一洗就抽；②抽陀螺，抽鞭子
丑	甲	chǒu	1. ①相貌难堪，与“美”相对；②令人生厌的，可耻的	①丑陋，丑八怪；②丑态，出丑
			2. 一种戏曲角色行当，多饰演滑稽或反面人物	丑角，文丑
			3. 地支的第二位	丑时
臭	甲	chòu	①气味难闻，与“香”相对；②丑恶的，令人生厌的；③极其糟糕，极不高明；④弹药失效；⑤副词，狠狠地	①臭味，臭气熏天；②臭架子，臭名远扬；③臭棋；④臭子；⑤臭骂
		xiù	气味	无色无臭，乳臭未干
出	甲	chū	1. ①从里面到外面，与“进、入”相对；②显现；③来到；④往外拿；⑤专指往外拿钱财；⑥超过；⑦离开，脱离；⑧出产，产出；⑨发生；⑩发泄，发散	①出去，出国；②出名，水落石出；③出席，出场；④出力，出主意；⑤出纳，入不敷出；⑥出界，出人头地；⑦出发，出局；⑧出煤，出人才；⑨出事故，出问题；⑩出汗，出气
			2. 量词，传奇、杂剧中的一个大段落或一折，戏曲中的一个独立剧目	三出戏
			3. ①用在动词后，表示动作从里向外、显露或完成等；②用在形容词后，表示超过	①拿出方案，看出问题；②多出三张票，长出三厘米
除	甲	chú	1. ①去掉；②进行除法运算；③介词，不计算在内，不包括在内	①除尘，根除；②除数，除号；③除外，除此而外
			2. 台阶	阶除，洒扫庭除
创	甲	chuāng	①身体受外伤的地方；②打击，使受伤害	①创口，创伤；②重创敌军
		chuàng	①创造，开创；②创造性的；③特指经过经营活动等而获取	①首创，创纪录；②创举，创意；③创收，创汇
辞	甲	cí	1. ①文辞，言辞；②古典文学的一种体裁	①辞藻，修辞；②楚辞，辞赋
			2. ①躲避，推脱；②主动要求解除职务等；③解雇；④告别	①辞让，不辞辛苦；②辞官，辞职；③辞退；④辞行，告辞

续表 6

汉字	等级	读音	意　义	例　词
撮	甲	cuō	①用簸箕把东西收集起来；②量词，用于以手或工具铲取的少量东西或极少数坏人；③聚合，聚拢；④摘取，选取	①撮了一簸箕土；②一撮胡椒面，一小撮歹徒；③撮合；④撮要
		zuǒ	量词，用于成丛的少量毛发	一撮胡子，几撮黄头发
错	甲	cuò	1. ①不正确；②过失；③坏，差；④杂乱，相互交叉；⑤避开，使不碰上或不冲突；⑥两个物体相互摩擦	①错字，说错了；②出错，没错；③唱得不错；④错杂，交错；⑤错车，把时间错开；⑥把牙错得很响
			2. 镶嵌	错金
			3. ①打磨玉石的粗磨石；②打磨玉石	①他山之石，可以为错；②攻错
打	甲	dá	量词，12 个为一打	一打铅笔，两打毛巾
		dǎ	1. ①用手拍或撞击；②被击而破碎；③攻击，攻打；④获取；⑤对事物进行处理或处置；⑥改变事物存在的状态；⑦进行文体活动或表演；⑧进行书写或与书写有关的活动；⑨去掉某种东西来获取预期效果；⑩通过一定的装置使进入；⑪表示说或与嘴有关的活动；⑫谋划，计算；⑬处理人际关系方面的问题；⑭不自主地出现某些生理方面的现象	①打桩，打鼓；②碗打了，鸡飞蛋打；③打架，打敌人；④打鱼，打水；⑤打井，打家具；⑥打伞，打横幅；⑦打牌，打球；⑧打报告，打草稿；⑨打胎，棉花打尖；⑩打气，打针；⑪打比方，打岔；⑫打小算盘，打鬼主意；⑬打官司，打交道；⑭打冷战，打喷嚏
			2. 介词，相当于“自、从”	打今儿起每天晚上学习一个小时
带	甲	dài	1. ①带子或像带子的长条物；②轮胎；③地带，区域	①皮带，海带；②补带，车带；③温带，长江一带
			2. ①随身拿着，携带；②顺便做某事；③地带，区域；④含有；⑤引导；⑥连着，附着；⑦显出，露出；⑧带动	①带行李，带干粮；②上街带包茶叶来；③温带，长江一带；④话中带刺；⑤带队，带路；⑥附带，放牛带割草；⑦面带笑容；⑧以点带面
代	甲	dài	1. ①代替；②代理	①代课，代办；②代省长，代主席
			2. ①历史的分期；②朝代；③世袭的辈分；④地质年代单位，低于“宙”，高于“纪”，相当于地层系统分类单位“界”	①古代，现代；②汉代，改朝换代；③下一代，世代相传；④太古代，中生代
待	甲	dài	1. ①对待；②招待	①待人诚恳，以礼相待；②待客，款待
			2. ①等候；②需要；③想要，打算	①等待，守株待兔；②自不待言；③待理不理，待要上前招呼又怕认错了人
当	甲	dāng	1. ①相称；②应当；③介词，对着，向着；④介词，正在	①相当，门当户对；②该当，理当如此；③当面，当众；④当时，当地
			2. ①担任，充当；②承担，承受；③掌管，主持；④阻挡，抵挡	①当兵，当领导；②当之无愧，敢作敢当；③当家，当众；④锐不可当，螳臂当车
			3. 象声词，形容撞击金属器物的声音	“当”的一声
			4. 顶端	瓦当
		dàng	1. ①适宜，合适；②抵得上；③作为；④以为，认为；⑤事情发生的时间	①得当，妥当；②一个人当两个人用；③安步当车；④当真；⑤当天，当晚
			2. ①用实物作抵押向当铺借钱；②押在当铺里的实物	①典当；②赎当

续表 7

汉字	等级	读音	意 义	例 词
倒	甲	dǎo	1. ①由直立变成横卧；②垮台，失败；③进行反对政府或首脑人物的活动，使之垮台；④人的某些器官功能降低	①摔倒，撞到；②倒闭，倒台；③倒阁；④倒胃口，嗓子倒了
			2. ①转移，更换；②腾挪；③低价买进，高价卖出，从中获利；④从事倒买倒卖活动的人	①倒车，倒手；②地方太小，倒不开身；③倒服装，倒股票；④倒爷，官倒
		dào	1. ①上下或前后颠倒；②相反的，反面的；③使向相反方向移动；④反转或倾斜容器，使里面的东西出来	①倒挂，倒影；②喝倒彩，倒打一耙；③倒车，倒退；④倒水，倒垃圾
			2. ①副词，表示跟意料的相反；②副词，表示事情并不是那样；③副词，表示让步；④副词，表示催促或追问	①一点药也没吃，病倒好了；②你想得倒美；③他这次考得倒不错，可是平时成绩并不稳定；④你倒赶紧去呀，还等什么呢
道	甲	dào	1. ①路，两地之间的通道；②水流通行的途径；③途径，方向，道理；④行为的准则或规范；⑤技艺；⑥学术或宗教的思想体系；⑦道教	①道路，航道；②河道，下水道；③头头是道，志同道合；④道德，道义；⑤茶道，医道；⑥传道，尊师重道；⑦道教徒，道观
			2. ①说；②用言语表示；③以为，认为	①道白，一语道破；②道歉，道喜；③我道是谁呢，原来是你
点	甲	diǎn	1. ①液体的小滴；②细小的痕迹；③汉字的基本笔画；④事物的一方面或部分；⑤用笔加上点；⑥向下稍微移动后复位；⑦指定	①雨点；②斑点，血点；③三点水；④优点，重点；⑤画龙点睛；⑥点头；⑦点菜
			2. ①量词，计时单位，一昼夜的二十四分之一；②规定或约定的时间	①中午十二点；②到点了，飞机晚点
			3. 糕饼一类的小食品	茶点，糕点，点心
方	甲	fāng	1. ①直角四边形或六个面都是直角四边形的六面体；②数学上把一个数的自乘叫方；③量词，平方或立方的简称；④量词，用于方形的东西	①方砖，长方；②平方，立方；③一方木材，挖土数百方；④一方手帕，一方藏书印
			2. ①方向；②方面；③地方	①东方，四面八方；②甲方，双方；③远方，方言
			3. ①方法；②药方	①方略，教子有方；②处方，偏方
			4. 副词①正在，正当；②刚，才	①方兴未艾，来日方长；②如梦方醒，年方二十
干	甲	gān	1. ①没有水分或水分很少，与“湿”相对；②不用水的；③加工制成的不含水分或水分很少的食品；④空虚，枯竭；⑤副词，只具表面形式的；⑥副词，徒然，白白地；⑦指拜认的亲属关系	①干燥，干柴；②干洗；③饼干，葡萄干；④外强中干，水熬干了；⑤干哭，干笑；⑥干着急，干瞪眼；⑦干爹，干妈
			2. 盾牌	大动干戈
			3. 天干	干支
			4. ①冒犯，扰乱；②牵连，涉及	①干犯，干扰；②干连，干涉
		gàn	1. ①事物的主体或主要部分；②指干部	①树干，骨干；②干群关系
			2. ①做；②办事能力强；③担任，从事	①干活，埋头苦干；②干练，能干；③他干了一段销售工作

续表 8

汉字	等级	读音	意　义	例　词
格	甲	gé	1. ①分隔而成的方形空栏或框子；②一定的规格样式或标准；③品质，品味；④阻碍，限制	①米字格，四格书架；②合格，别具一格；③人格，风格；④格于成例
			2. 一种语法范畴	名词所有格
			3. 推究	格物致知
			4. 打	格斗，格杀勿论
公	甲	gōng	1. ①属于国家或集体的，与“私”相对；②共同的，公认的；③属于国际间的；④使公开；⑤公平，公正；⑥公事，公务	①公款，归公；②公式，公约；③公海，公斤；④公布，公之于众；⑤大公无私，秉公办理；⑥办公，因公牺牲
			2. ①封建五等爵位的第一等；②敬辞，对上了年纪男子的尊称；③丈夫的父亲；④雄性的，与“母”相对	①公爵，王公大臣；②诸公，张公；③公公，公婆；④公羊，公鸡
故	甲	gù	1. ①意外的或不幸的事情；②原因；③有意，故意；④所以，因此	①变故，事故；②无故缺席，无缘无故；③明知故犯，故作镇静；④大雪封路，故未能成行
			2. ①原来的，从前的；②老朋友，老交情；③指人死亡	①故乡，故址；②亲故，沾亲带故；③病故，亡故
固	甲	gù	1. ①结实，牢固；②使坚固；③坚硬；④坚决地，坚定地	①稳固，坚固；②固本强体；③固体，凝固；④固守，固执己见
			2. ①本来，原来；②固然	①固有，固当如此；②坐车固可，坐船亦无不可
后	甲	hòu	1. ①空间上处于背面的，与“前”相对；②未来的，较晚的；③次序靠近末尾的；④指子孙后代	①后院，后门；②后天，后辈；③后排，后十名；④无后
			2. 君主的妻子	皇后，后妃
花	甲	huā	1. ①种子植物的有性繁殖器官；②可供观赏的植物；③形状像花朵的东西；④一种烟火；⑤用花或花纹图案装饰的；⑥色彩或种类混杂的；⑦看东西模糊不清；⑧迷惑人的，不诚实或不真诚的；⑨比喻年轻漂亮的女子；⑩指妓女或与妓女有关的；⑪痘；⑫作战中受的外伤；⑬指某些小的颗粒、块、滴等；⑭指棉花	①花苞，开花；②花园，种花；③雪花，浪花；④花炮，礼花；⑤花圈，花篮；⑥花猫，花花绿绿；⑦老眼昏花；⑧花招，花言巧语；⑨班花，交际花；⑩花魁，寻花问柳；⑪天花，出过花儿；⑫挂花；⑬泪花，葱花；⑭轧花，花纱布
			2. 耗费，耗用	花钱，花费
历	甲	lì	1. ①经过；②过去的；③遍，一个一个地	①来历，个人简历；②历年，历届；③历访名师
			2. ①历法，推算日期或节气的方法；②记录日期或节气的书、表等	①农历，阴历；②日历，挂历
蒙	甲	mēng	1. ①骗人，欺骗；②乱猜	①蒙人，蒙骗；②瞎蒙，蒙对了
			2. 糊涂，神志不清	头发蒙，蒙头转向
		méng	①遮盖，掩盖；②遭受，受到；③愚昧无知	①蒙混过关，蒙头盖脑；②蒙难，蒙受；③蒙昧，启蒙
		měng	①指蒙古族；②指蒙古国	①蒙文，蒙医；②中蒙边界

续表9

汉字	等级	读音	意义	例词
面	甲	miàn	1. ①脸；②向着，朝向；③物体的表面；④当面；⑤几何学上指有长和宽没有厚的图形；⑥部位或方面；⑦词缀，用于方位词后；⑧量词，用于扁平的物体或见面的次数	①面孔，面红耳赤；②背山面水；③地面，海面；④面谈，面见；⑤平面，面积；⑥全面，片面；⑦东面，下面；⑧一面镜子，见过一面
			①粮食磨成的粉，特指小麦粉；②粉末；③面条	①白面，荞麦面；②药面儿，胡椒面儿；③挂面，凉面
委	甲	wēi	委蛇（yí），应付，周旋	虚与委蛇
		wěi	1. ①把事情派给别人；②抛弃	①委托，委以重任；②委弃，委之于地
			2. 曲折	委曲，委婉
			3. ①委员或委员会的简称；②水的下游，末尾	①常委，编委；②原委，穷源究委
			4. 精神不振	委顿
			5. 副词，确实，的确	委实
效	甲	xiào	1. 成果，功用	效果，见效
			2. 模仿	仿效，效法
			3. 献出	效劳，效忠
须	甲	xū	1. 应当，一定要	必须，须要
			2. 等待	须晴日
			3. ①长在下巴上的胡子，泛指胡须；②动植物的须子	①蓄须，须发；②触须，花须
许	甲	xǔ	1. ①应允，认可；②称赞；③答应给人东西或给人做事；④女子由家长做主与人订婚；⑤可能，或者	①允许，准许；②赞许，推许；③许愿，以身许国；④许配，姑娘许了人；⑤也许，或许
			2. ①表示程度；②表示概数，左右，上下	①许多，许久；②观众百许人
			3. 地方，处所	何许人
尤	甲	yóu	1. ①优异的，突出的；②更加	①无耻之尤，尤物；②尤其，尤甚
			2. ①过错，罪过；②责怪，归罪	①效尤；②怨天尤人
郁	甲	yù	1. 香气很浓	浓郁，馥郁
			2. ①草木茂盛；②积聚在心，不能发泄	①葱郁；②忧郁，抑郁
愿	甲	yuàn	1. 谨慎，老实	谨愿，诚愿
			2. ①希望；②乐意，同意；③对神佛许下的报答；④祝，祝颂	①愿望，志愿；②愿意，情愿；③许愿，还愿；④祝愿
运	甲	yùn	1. ①移动；②输送，搬送；③用，使用	①运行，运转；②运输，客运；③运笔，运思
			2. 指缘分、遭遇或发展趋势	好运，命运
造	甲	zào	1. ①做，制作；②作假，瞎编	①创造，造纸；②伪造，编造
			2. ①到，前往；②培养；③成就	①造访，登峰造极；②造就，可造之才；③造诣，深造
仗	甲	zhàng	1. 战争，战斗	打仗，胜仗
			2. ①兵器；②拿着；③依靠，凭借	①仪仗，明火执仗；②仗剑；③仰仗，仗势欺人

续表 10

汉字	等级	读音	意　义	例　词
折	甲	zhē	①翻，翻转；②倒来倒去	①折跟头；②折腾
		zhé	1. ①断，弄断；②损失，死亡；③弯曲，回转；④佩服；⑤按商品的标价减少；⑥按比价计算，抵换；⑦量词，用于元代杂剧的场次	①折断，骨折；②损兵折将，夭折；③曲折，转折；④折服，心折；⑤打折，折扣；⑥折合，折算；⑦一个剧本共四折
			2. ①叠；②用纸叠成的册子	①折叠，折扇；②存折，奏折
		shé	①断；②亏损	①棍子折了，腿摔折了；②折本，折秤
志	甲	zhì	1. 理想，抱负	志向，志同道合
			2. ①记住，记载；②记号；③文字记录	①志喜，永志不忘；②标志；③杂志，县志
致	甲	zhì	1. ①给予，表示；②集中精力或意志；③达到，实现；④招引，引起；⑤连接词，用于下句句首，表示结果	①致函，致电；②致力，专心致志；③学以致用，脱贫致富；④致病，致死；⑤致使，以致
			2. 情趣	兴致，错落有致
			3. 精细，精密	细致，精致
注	甲	zhù	1. ①灌入，倒入；②集中于某一方面；③赌博下的本钱	①注射，灌注；②注视，全神贯注；③赌注，孤注一掷
			2. ①用文字解释字句；②解释字句的文字；③登记，记载	①批注，注解；②附注，脚注；③注册，注销
祝	甲	zhù	1. ①表示美好的愿望；②向鬼神祈祷求福	①祝愿，祝贺；②祝祷，祝告
			2. 削，断绝	祝发为僧

六、易错特殊意义字字义表

说明：1. 本表所收汉字按汉语拼音音序排列；2. 不同常用义项之间用分号隔开。3. “例词”针对的是“特殊意义”。

汉字	等级	读音	常用意义	特殊意义	例　词
艾	甲	ài	一种草本植物，叶子有香气，可入药或用于灸疗	停止	方兴未艾
败	甲	bài	在战争或竞争中失利，与“胜”相对	解除，消除	败毒，败火
暴	甲	bào	突然而猛烈；凶恶，残酷	糟蹋，损害	自暴自弃
鼻	甲	bí	人和其他高等动物的嗅觉器官	开创的	鼻祖
比	甲	bǐ	对具有相同特征的事物辨别异同，区分高下	勾结，依附	朋比为奸
病	甲	bìng	生理上或心理上出现的不正常状态	责备，不满	诟病
薄	甲	bó	厚度小，与“厚”相对；小，微	靠近，迫近	薄暮，日薄西山
簿	甲	bù	记事用的本子	状子	对簿公堂
差	甲	chā	数学上指一个数减去另一个数后所得的余数；不相同，不相合	副词，较，稍微	差强人意，差可告慰
昌	甲	chāng	兴盛，兴旺	正当（dàng），美好	昌言
长	甲	cháng	两点之间的距离大，与“短”相对	多余，剩余	身无长物
程	甲	chéng	事情发展的经过，进行的次序；行进的距离	衡量，估计	计日程功
齿	甲	chǐ	牙齿；像牙齿一样排列的东西	说到，提起	齿及，何足挂齿

续表1

汉字	等级	读音	常用意义	特殊意义	例词
除	甲	chú	去掉；进行除法运算	台阶	阶除，洒扫庭除
垂	甲	chuí	物体的一头朝下；头低下	副词，将近，将要	垂危，功败垂成
错	甲	cuò	不正确；过失；杂乱，相互交叉	打磨玉石的粗磨石	他山之石，可以为错
贷	甲	dài	借出或借入；贷款	推卸责任	责无旁贷
				饶恕，宽免	严惩不贷
待	甲	dài	等候；对待；招待	需要	自不待言
当	甲	dāng	担任；相称	阻挡，抵挡	螳臂当车，锐不可当
党	甲	dǎng	政党，在我国特指中国共产党	偏袒	党同伐异
登	甲	dēng	由低处行进到高处；刊载，记载	谷物成熟	五谷丰登
敌	甲	dí	敌人；敌对的；实力相当的	对抗，抵挡	寡不敌众，所向无敌
鼎	甲	dǐng	一种古代炊具，三足两耳，用于煮或盛东西；大，重	副词，正当，正在	鼎盛时期
贰	甲	èr	数词；“二”的大写	变节，背叛	贰臣，忠贞不贰
奋	甲	fèn	鸟类张开并振动翅膀；振作	举起，挥动	奋臂高呼，奋笔疾书
敷	甲	fū	搽上，涂上	足够	入不敷出
格	甲	gé	分隔而成的方形空栏或框子；一定的规格样式或标准；品质，品味	阻碍，限制	格于成例
				推究	格物致知
或	甲	huò	连词，表示选择；副词，或许，也许	副词，稍微	不可或缺
疾	甲	jí	病；痛苦	迅速，猛烈	疾风，眼疾手快
将	甲	jiāng	介词，拿，用，把；副词，将要	副词，且，又	将信将疑
				保养	将养，将息
厉	甲	lì	严肃，猛烈；严格	磨，磨快	秣马厉兵
旅	甲	lǚ	离家在外地；离家在外的人	副词，共同	旅进旅退
贸	甲	mào	交易，买卖	草率，鲁莽	贸然
名	甲	míng	人或事物的称呼；声望；有名的	占有，拥有	不名一文
没	甲	mò	沉入水中；强制地收归公有	终，尽，直到完了	没世，没齿不忘
墨	甲	mò	写字绘画的用品，黑色；泛指写字绘画用的某种颜料；黑色	贪污	墨吏，贪墨
牡	甲	mǔ	用于“牡丹”“牡蛎”等联绵词	雄性的，与“牝”相对	牡马，牡牛
拿	甲	ná	抓取，搬；介词，用；介词，把	装出，故意做出	拿腔拿调，拿腔作势
纳	甲	nà	收进，放入；接受；一种缝纫方法	享受	纳凉
男	甲	nán	男性，与“女”相对；儿子	封建五等爵位的第五等	男爵
逆	甲	nì	向相反的方向，与“顺”相对；不顺利	预先	逆料
				迎接	逆旅
宁	甲	níng	安静，稳定；使安静稳定	探望父母	宁亲，归宁
朋	甲	péng	彼此熟识、有交情的人	比	硕大无朋
辟	甲	pì	开创；透彻	法，法律	大辟
偏	甲	piān	斜，歪，不正；不公正；冷僻，生僻	辅助，协助	偏将，偏师
票	甲	piào	凭证；纸币	指非职业性的戏曲表演	玩儿票，票友
品	甲	pǐn	东西，物件；等级；种类	吹奏	品箫

续表2

汉字	等级	读音	常用意义	特殊意义	例　词
聘	甲	pìn	请人担任某项工作；定亲	女子出嫁	出聘，聘闺女
洽	甲	qià	和睦，协调；联系，商量	广泛，广博	博识洽闻
乾	甲	qián	八卦之一，代表天	借指与男性有关的	乾造，乾宅
倩	甲	qiàn	美丽	请人替自己做	倩人执笔
抢	甲	qiǎng	用力夺别人的东西；争先；赶紧，突击	刮掉或擦掉物体的表层	磨剪子抢菜刀
巧	甲	qiǎo	心思灵敏，手艺高强；恰好，正好	虚假	巧言令色，花言巧语
悄	甲	qiǎo	念成“qiāo”，没有声音，声音很小	忧愁	悄然落泪
侵	甲	qīn	强行进入，进犯	接近	侵早，侵晨
穷	甲	qióng	贫困，没有钱；尽头	副词，勉强去做，非要去做	穷开心，穷讲究
诠	乙	quán	说明，解释	事理，真理	真诠
让	甲	ràng	不和别人争；躲开	请，招待	让茶，把客人让进屋
饶	甲	ráo	多，丰富；宽恕，宽容	另外加上	饶头
仍	甲	réng	副词，还是，依然	依照，按照	一仍其旧，一仍旧贯
容	甲	róng	相貌；脸上的神态或气色；包含	副词，也许，或许	容或有之
如	甲	rú	像；符合，按照；连词，表示假设	到，去	如厕
濡	丙	rú	沾湿，沾染	停留，迟滞	濡滞
散	甲	sǎn	松开，没有约束；零碎的，不集中的	药末	驱虫散，丸散膏丹
扫	甲	sǎo	用笤帚等除去垃圾或灰尘；消灭，消除	全，尽	扫数归还
色	甲	sè	颜色；脸色，神情；女性的美貌	物品的质量	成色，足色
擅	甲	shàn	自作主张；善于，长于	独揽	擅权
摄	甲	shè	拍照，拍电影；吸取；代理	保养	摄生，珍摄
胜	甲	shèng	赢，打败对方；超过；优美的；担当得起，能够承受	一种古代戴在头上的首饰	方胜
失	甲	shī	丢掉，与“得”相对；没有握住；违背	改变	失真，大惊失色
矢	甲	shǐ	箭	发誓	矢志不渝，矢口否认
				屎	遗矢
适	甲	shì	符合，合宜；恰好；舒服	去	无所适从
售	甲	shòu	卖	施展	其计不售，以售其奸
赎	甲	shú	用财物把抵押出去的东西换回来	弥补，抵消	赎罪
数	甲	shǔ	查点数目	责备，列举过错	数落，数说
恕	甲	shù	原谅，不计较；恳请对方不要计较	以自己的想法推想别人的想法	恕道，忠恕
率	甲	shuài	带领；坦白；不慎重，不仔细	随着，顺着	率性而为，率由旧章
爽	甲	shuǎng	舒服；晴朗，明亮；直率，开朗	违背，差错	屡试不爽，毫厘不爽
速	甲	sù	很快，迅疾；快慢的程度	邀请	不速之客
宿	甲	sù	夜晚睡觉；以前有的，向来有的	年老的	宿将，宿儒
蹋	甲	tà	踩	踢，踹	蹋门而入
抬	甲	tái	往上举，提起，仰起；几人一起用手或肩膀搬运东西	故意争辩	抬杠
泰	甲	tài	安定，康宁；美好；指泰国	副词，极，最	泰西各国

续表3

汉字	等级	读音	常用意义	特殊意义	例 词
汤	甲	tāng	热水，开水；煮食物所得的汁液	中药的汤剂	汤药，柴胡汤
塘	甲	táng	水池	堤岸	海塘，塘堰
				浴池	澡塘
淘	甲	táo	把颗粒状的东西放在水里搅动，以去掉杂质；舀出污水、泥沙、粪便等	耗费	淘神
梯	甲	tī	供人上下用的设备或用具；像梯子的事物或东西	梯己（个人积蓄的财物）；贴心	梯己钱；梯己话
替	甲	tì	代；介词，给，为着	衰落；衰败	兴替，衰替
调	甲	tiáo	配合，使均匀适当；劝说，使和解	挑拨，搬弄是非	挑唆，调嘴学舌
童	甲	tóng	小孩子	秃，没有树木的	童山
涂	甲	tú	在物体表面抹刷；抹掉；乱写乱画	泥	涂炭
				浅海滩	海涂，围涂造田
外	甲	wài	外边的；外国的；不再分内的	不正规的，非正式的	外快，外号
完	甲	wán	做成；耗尽；齐全，完整	交纳	完税
危	甲	wēi	不安全，与“安”相对；损害	端正，正直	正襟危坐
委	甲	wěi	把事情派给别人；委员或委员会的简称	水的下游，末尾	原委，穷源究委
蔚	甲	wèi	兴盛，盛大（如蔚然成风、蔚为大观）	弥漫	云蒸霞蔚
文	甲	wén	作品，著作；非军事的，与“武”相对	掩饰	文过饰非
沃	甲	wò	土地肥厚	浇灌，灌溉	沃田，如汤沃雪
相	甲	xiàng	外貌，模样；坐立等动作的姿态	辅助	吉人天相
项	甲	xiàng	脖子后部，泛指脖子；条目	经费	款项，进项
屑	甲	xiè	碎末；细碎	认为值得	不屑一顾
信	甲	xìn	书信；信息；诚实	任凭，随意	信笔涂鸦，信手拈来
				信石，即砒霜	红信，白信
形	甲	xíng	样子；实体，外观	比较，比照	相形之下，相形见绌
休	甲	xiū	歇息；停止；副词，别	欢乐，吉祥	休戚与共
秀	甲	xiù	美丽；特别优异；优异的人才	庄家抽穗开花	秀穗，苗而不秀
叙	甲	xù	说，谈；记述	评定	叙奖，叙功
绪	甲	xù	丝头，线头；心情，思想	残余	流风余绪
炎	甲	yán	天气非常热；炎症	比喻权势	趋炎附势
艺	甲	yì	技术，技能；艺术	准则，尺度	用人无艺，贪贿无艺
尤	甲	yóu	副词，更加	责怪，归罪	怨天尤人
				过错，罪过	以儆效尤
越	甲	yuè	翻过，跨过；超过，超出	抢夺	杀人越货
造	甲	zào	做，制作；成就	到，前往	登峰造极
仗	甲	zhàng	战争，战斗；依靠，凭借	兵器	仪仗，明火执仗
涨	甲	zhàng	因吸收水分而使体积增大	充血	头昏脑涨，脸涨红了
真	甲	zhēn	与客观事物相符，与“假、伪”相对	本性	返璞归真
知	甲	zhī	了解，明了；知识	朋友	知己，他乡遇故知
执	甲	zhí	拿着；单据，凭证	志同道合	执友
志	甲	zhì	理想，抱负	记住，记载	志哀，永志不忘
踵	乙	zhǒng	脚后跟	到，亲自来到	踵门相送

续表 4

汉字	等级	读音	常用意义	特殊意义	例　词
祝	甲	zhù	表示美好的愿望	削断	祝发为僧
着	甲	zhuó	穿；接触到；集中于某一方面	排遣	着人办理
坐	甲	zuò	臀部放在凳子等物体上；搭乘	介词，因为	停车坐爱枫林晚

七、不常用字的意义及用法表

说明：1. 同形同音语素，在“意义”一列分行排列，并标注阿拉伯数字序号；多义语素的多个意义排在“意义”一列的同一行，并标注带圈的阿拉伯数字序号，多个意义之间用分号隔开。2. 多义语素的多个意义，在“例词”一列分别列举例词，并标注带圈的阿拉伯数字序号与其对应。3. 本表所收汉字按汉语拼音音序排列。

汉字	等级	读音	意　义	例　词
鳌	乙	áo	古代传说中海里的一种大龟或大鳖	鳌山，独占鳌头
鏖	乙	áo	艰苦激烈地战斗	鏖战，赤壁鏖兵
骜	丙	ào	骏马，不驯顺	桀骜不驯
捭	丙	bǎi	分开	捭阖，纵横捭阖
稗	乙	bài	①一种草本植物，叶子像稻叶，是稻田的害草；②比喻微小或琐碎	①稗子；②稗官野史
妣	丙	bǐ	称已去世的母亲	考妣，如丧考妣
畀	丙	bì	给予	畀以重任，投畀豺虎
筚	丙	bì	用荆条、竹子、树枝等编织成的篱笆、门等遮拦物	筚路蓝缕
愎	乙	bì	固执，乖戾	刚愎自用
裨	乙	bì	益处	大有裨益，无裨于事
砭	丙	biān	①古代用石针刺激人体皮肉治病，现比喻尖锐地批评；②古代治病用的石针	①针砭，痛砭时弊；②砭针，砭石
弁	丙	biàn	①过去指职级低的武官或兵士；②在前头的	①武弁，马弁；②弁言
镳	乙	biāo	马嚼子两头露出马嘴的部分，借指乘骑	分道扬镳
炳	甲	bǐng	明亮，显著	炳蔚，炳耀，彪炳史册
擘	丙	bò	大拇指	巨擘
醭	丙	bú	酱油、醋等表面生出的白色霉	白醭
粲	丙	càn	鲜明，美好	粲然一笑
伧	丙	cāng	粗野	伧俗
恻	乙	cè	悲伤	恻然，凄恻，恻隐之心，缠绵悱恻
姹	乙	chà	美丽	姹紫嫣红
钗	乙	chāi	过去妇女别在发髻上的一种首饰	金钗，玉钗，裙钗
侪	丙	chái	同辈，同一类人	侪辈，同侪，吾侪
伥	丙	chāng	传说中被老虎咬死的人变成的鬼，成为老虎的帮凶	伥鬼，为虎作伥
坼	丙	chè	裂开	坼裂，天寒地坼
抻	甲	chēn	拉，扯	抻面，抻着脖子往里看
碜	丙	chěn	1. 食物中杂有沙子	牙碜（比喻言语粗野不堪入耳）
			2. 丑，难看	寒碜

续表1

汉字	等级	读音	意　义	例　词
谶	丙	chèn	迷信者指将来会应验的预言或预兆	谶言，谶语，谶纬，图谶
笞	乙	chī	用鞭、杖、竹板等抽打	笞刑，鞭笞
褫	丙	chǐ	剥夺	褫夺，褫职，褫革
彳	丙	chì	彳亍（chù），形容缓步而行或走走停停	彳亍
啻	丙	chì	副词，但，只，仅	不啻，何啻
雠	丙	chóu	1. 同“仇”，对手，势不两立的一方 2. 校对，校勘	仇雠 校雠
绌	乙	chù	短缺，不足	支绌，相形见绌，左支右绌，心余力绌
舛	丙	chuǎn	①相违背；②差错；③不顺利	①舛驰；②舛误，舛讹；③命途多舛
蹙	丙	cù	①皱（眉头），收缩；②紧迫	①蹙眉，疾首蹙额；②穷蹙
淬	丙	cuì	将金属工件加热到一定温度，然后浸入到冷却剂急速冷却使变硬	淬火
瘁	丙	cuì	过于劳累	劳瘁，鞠躬尽瘁，心力交瘁
厝	丙	cuò	①放置；②把棺材暂时停放或浅埋，待日后正式入葬	①厝火积薪；②浮厝，安厝
殚	丙	dān	尽，竭尽	殚心，殚力，殚精竭虑
箪	丙	dān	古代盛饭用的圆形竹器	箪食（sì）壶浆
啖	丙	dàn	①吃，给别人吃；②用利益引诱或收买	①啖饭，以枣啖之；②啖以重利
戥	丙	děng	用戥子称东西	戥子，戥一戥
籴	丙	dí	买进粮食，与“粜”相对	籴稻米，平籴
砥	乙	dǐ	细的磨刀石	砥砺，砥石，中流砥柱（三门峡砥柱山）
黩	丙	dú	轻率，轻举妄动	黩武，穷兵黩武
蠹	丙	dù	①蛀虫；②虫蛀	①木蠹，书蠹，禄蠹；②户枢不蠹
趸	丙	dǔn	①副词，整批地；②整批买进（准备出卖）	①趸批，趸船，打趸；②趸货，现趸现卖
孚	乙	fú	使人信服	深孚众望（很使群众信服）
拊	丙	fǔ	拍	拊手，拊掌，拊膺
阜	乙	fù	多，丰富	物阜民丰
缟	丙	gǎo	古代一种白绢	缟素，缟衣
亘	甲	gèn	时间或空间上绵延不断	横亘，盘亘，连亘，绵亘，亘古未有
觥	丙	gōng	一种古代酒器，方形或椭圆形腹，有盖，用兽角或青铜等制成	觥觥（刚直），觥筹交错
篝	乙	gōu	竹笼	篝火
诟	丙	gòu	辱骂	为世诟病，当众诟骂
媾	丙	gòu	①结为姻亲关系；②交好；③交配	①婚媾；②媾和；③交媾
毂	丙	gǔ	车轮的中心部分，有圆孔，供安装车轴	轮毂，肩摩毂击（也作“摩肩击毂”）
盥	乙	guàn	洗手，洗脸	盥漱，盥洗
晷	丙	guǐ	①日影，比喻光阴；②我国古代观测日影确定时刻的仪器	①焚膏继晷；②日晷
衮	丙	gǔn	古代帝王等的礼服	衮服，衮冕，衮衮（继续不断，众多），衮衮诸公（居高位而无所作为的官僚）
薅	丙	hāo	拔草	薅草，薅锄

续表2

汉字	等级	读音	意　义	例　词
蚝	丙	háo	一种软体动物，即牡蛎	蚝油（用牡蛎肉制成的供调味用的浓汁）
嗥	丙	háo	豺狼等大声叫	嗥叫
劾	乙	hé	揭发罪状	弹劾
阖	丙	hé	①全，合；②关闭	①阖第，阖府，阖家幸福；②纵横捭阖
壑	甲	hè	山谷、深沟或大坑	沟壑，丘壑，欲壑难填，以邻为壑
闳	丙	hóng	高大，广博	闳中肆外，崇论闳议
蕻	乙	hóng	雪里蕻，一种草本植物，茎和叶是普通蔬菜	雪里蕻
斛	丙	hú	一种古代量器，方形，口小底大，容量为十斗，后改为五斗	石斛，斛子
怙	丙	hù	依仗，依靠	怙恃，失怙（死了父亲），怙恶不悛（坚持作恶，不肯悔改，悛音“quān”）
扈	甲	hù	随从	扈从，飞扬跋扈（骄横放肆）
奂	丙	huàn	鲜明的样子，繁盛的样子	美轮美奂（形容雕刻或建筑艺术之精美）
豢	丙	huàn	饲养	豢养
喙	丙	huì	①鸟兽的嘴；②借指人的嘴	①长喙；②置喙（插嘴），不容置喙
诨	丙	hùn	戏谑（xuè），开玩笑	诨号，诨名，插科打诨
乩	丙	jī	迷信的人求神问卦的一种方法	扶乩
屐	丙	jī	①木头鞋，木底鞋；②泛指鞋	①木屐；②屐履
齑	丙	jī	①调味的姜、蒜或韭菜碎末；②细，碎	齑粉
畿	丙	jī	古代称国都及其附近的地方	京畿，畿辅
笈	丙	jí	书箱，借指书籍	秘笈，负笈从军
佶	丙	jí	佶屈聱牙，形容文句艰涩生硬，不顺口	佶屈聱牙
偈	丙	jì	梵语“偈陀”的简称，表示“颂”之意，指佛经中的唱词	偈语
觊	乙	jì	觊觎，即企望，希望得到	觊觎
稷	丙	jì	①古代指一种谷类粮食作物；②古代奉祀为五谷之神	①黍稷；②社稷
笺	乙	jiān	①注释；②供题词、写信用的纸张	①笺注；②便笺，锦笺
蹇	丙	jiǎn	①跛，瘸；②艰难，不顺利	①足蹇；②蹇涩，乖蹇，时乖运蹇
僭	丙	jiàn	超越本分	僭号（冒用帝王的尊号）；僭越
谲	丙	jué	诡诈，欺诳	谲诈，怪谲，诡谲，云谲波诡（形容事物或文笔变幻莫测）
噱	丙	jué	大笑	令人发噱
戡	丙	kān	以武力平定	戡乱
溘	丙	kè	副词，突然，忽然	溘然，溘然长逝
倥	丙	kōng	倥侗（tóng），形容愚昧无知	倥侗
		kǒng	倥偬（zǒng），形容事务繁忙紧迫	倥偬，戎马倥偬
奁	丙	lián	女子梳妆用的镜匣或盛放化妆品的器皿	镜奁，妆奁
殓	丙	liàn	把死人安放进棺材	装殓，收殓，入殓，殡殓
捩	丙	liè	扭转	转捩点
瓴	丙	líng	盛水的瓶子	高屋建瓴（居高临下的形势；建，倾倒）

续表3

汉字	等级	读音	意义	例词
戮	乙	lù	杀	杀戮，屠戮，诛戮
闾	丙	lǘ	①里巷，邻里；②里巷的门	①闾巷，乡闾；②倚闾而望
膂	丙	lǚ	脊骨	膂力（体力）
荦	丙	luò	明显	卓荦（超绝），荦荦大端（明显的要点）
霾	丙	mái	大气中因悬浮着烟、尘等而形成的混浊现象	阴霾，雾霾
曼	甲	màn	①柔美，细腻；②长远	①曼妙，轻歌曼舞，②曼声，曼延
蟊	丙	máo	蟊贼，比喻危害国家和人民的人	蟊贼
懋	丙	mào	盛大	懋典，懋绩
耄	丙	mào	八九十岁的年纪，泛指老年	耄耋之年（耋 dié，七八十岁的年纪）
懵	丙	měng	糊涂，不明白	懵懂，懵然无知
弭	丙	mí	消除，平息	消弭，弭除，弭患，弭乱，弭谤，弭兵
秣	丙	mò	①牲口的饲料；②喂牲口	①粮秣，刍秣；②秣马厉兵
南	甲	nā	南无（mó），佛教用语，表示对佛的尊敬或皈依佛教	南无
否	甲	pǐ	①坏，恶；②贬斥	①否极泰来；②臧否人物
殍	丙	piǎo	饿殍，即饿死的人	饿殍，饿殍遍野
牝	丙	pìn	雌性的鸟兽，与“牡”相对	牝牛，牝鸡
冯	甲	píng	冯河，徒步渡河	暴虎冯河（比喻有勇无谋，冒险蛮干）
抢	甲	qiāng	撞	呼天抢地
将	甲	qiāng	请，愿	将进酒
苘	丙	qǐng	苘麻，一种草本植物，俗称青麻	苘麻
茕	丙	qióng	①孤单，孤独；②忧愁	茕茕；茕茕孑立，形影相吊
筌	丙	quán	一种捕鱼的竹器	得鱼忘筌
若	甲	rě	①般（bō）若，即智慧；②兰若，即寺庙	①般若；②兰若
枘	丙	ruì	榫子	凿枘，方枘圆凿（形容格格不入）
思	甲	sāi	于思，形容胡须多	于思
煞	甲	shā	结束，收尾	煞笔，煞尾
歃	丙	shà	用嘴吸	歃血，歃血为盟
色	甲	shǎi	意义同“颜色”	色子，落（lào）色
潸	丙	shān	形容流泪的样子	潸然泪下，泪水潸潸
劭	丙	shào	①美好，高尚；②劝勉	①年高德劭；②先帝劭农
拾	甲	shè	轻步登上	拾级而上
莘	乙	shēn	莘莘，形容众多的样子	莘莘学子
哂	丙	shěn	微笑	哂笑，哂纳，不值一哂
溲	丙	sōu	排泄大小便，特指排泄小便	牛溲马勃（比喻虽微贱但有用的东西）
谡	丙	sù	谡谡，形容挺拔的样子	谡谡苍松
拓	甲	tà	在刻、铸有文字或图像的碑刻或器物上，蒙一层薄纸，先拍打使凹凸显现，再上墨使黑白分明的文字或图像印出来	拓本，拓片，拓印，碑拓
薹	丙	tái	①薹草，一种草本植物，叶子可做蓑衣或斗笠；②蒜、韭菜或油菜等长出的细长的花茎，嫩的可作为蔬菜	①薹草；②菜薹，蒜薹，抽薹

续表4

汉字	等级	读音	意　义	例　词
趟	甲	tāng	①在浅水里走；②翻地除草并给苗培土	①趟水过河；②趟地
叨	甲	tāo	受到	叨扰，叨教，叨光
饕	丙	tāo	贪婪，贪食	饕餮（tiè），老饕（贪食者）
醍	丙	tí	醍醐，古代指从牛奶中提炼出来的精华，佛教比喻最高的佛法	醍醐灌顶，如饮醍醐
殄	丙	tiǎn	消灭，灭绝	暴殄天物（任意糟蹋东西）
铤	乙	tǐng	快步走的样子	铤而走险（因无路可走而采取冒险行动）
同	甲	tòng	胡同，即小的街道	胡同，死胡同
煺	丙	tuì	宰杀后的家畜、家禽用开水烫后去毛	褪毛
瓦	甲	wà	铺瓦，盖瓦	瓦瓦（wàwǎ），瓦刀
崴	乙	wǎi	①山路不平的样子；②崴子，即山水弯曲之处；③脚扭伤	②崴子，海参崴；③崴脚
闱	丙	wéi	①宫殿的侧门；②科举考试的场所	①宫闱；②入闱，闱墨，春闱，秋闱
韪	丙	wěi	是，对	不韪，冒天下之大不韪
渥	丙	wò	①沾湿；②厚重，优厚	①颜如渥丹；②优渥，渥遇
龌	乙	wò	龌龊：①肮脏；②品质恶劣；③气量狭小	①他身上的衣服龌龊不堪；②卑鄙龌龊的小人；③心胸龌龊
忤	丙	wǔ	触犯，违逆	忤逆，违忤，不以为忤
牾	丙	wǔ	违背	牾意，抵牾（矛盾）
葸	丙	xǐ	恐惧，害怕	畏葸，畏葸不前
屣	丙	xǐ	鞋子	敝屣，视如敝屣，弃之如敝屣
罅	丙	xià	缝隙	罅隙，罅漏，石罅
跣	丙	xiǎn	光着脚	跣足
燹	丙	xiǎn	野火	兵燹（因战争而造成的焚烧破坏等灾害）
见	甲	xiàn	露在外面，使看得见	图穷匕见（比喻事情发展到最后真相和本意露出来了）
飨	丙	xiǎng	用酒肉饭菜款待人，泛指请人享受	飨客，以飨读者
枵	丙	xiāo	空虚	枵腹从公，枵肠辘辘
瀣	乙	xiè	沆瀣（沆，形容大水），即夜间的水汽	沆瀣，沆瀣一气（比喻臭味相投的人结合在一起）
胥	丙	xū	①小官吏；②副词，齐，全	①胥吏；②诸事胥备
勖	丙	xù	勉励	勖勉，勖勉有加
泫	丙	xuàn	水滴下垂	泫然，泫然泪下
券	甲	xuàn	拱券，即门窗、桥梁等建筑物上的弧形部分	拱券
踅	丙	xué	①来回走；②中途折返	①踅来踅去；②刚出家门又踅了回来
睚	丙	yá	眼角	睚眦（发怒时瞪眼睛，借指极小的仇恨），睚眦之怒，睚眦必报
迓	丙	yà	迎接	迎迓
爻	丙	yáo	构成八卦的基本符号，“—”为阳爻，“--”为阴爻	阳爻，阴爻，爻辞
懿	丙	yì	德行美好	懿德，嘉言懿行

续表5

汉字	等级	读音	意 义	例 词
艾	甲	yì	悔恨	自怨自艾
鬻	丙	yù	卖	卖儿鬻女，卖官鬻爵
锃	丙	zèng	经过摩擦而闪光耀眼	锃亮，锃光瓦亮
肇	乙	zhào	①引发，发生；②开始	①肇事，肇祸；②肇始
辄	丙	zhé	副词，就，总是	动辄，动辄得咎，浅尝辄止
籀	丙	zhòu	籀文，即大篆	篆籀，籀文
胄	丙	zhòu	①古代指帝王或贵族的子孙；②古代打仗时戴的头盔	①华胄，贵胄；②甲胄
转	甲	zhuǎi	转文，说话时不用口语而用文绉绉的字眼	转文
擢	丙	zhuó	①拔，拔出；②提拔，选拔	①擢发难数；②擢拔，擢用
锱	丙	zī	量词，古代重量单位，一两的四分之一，指极微小的量	锱铢（铢，一两的二十四分之一），锱铢必较
龇	乙	zī	露，露出	龇牙咧嘴
訾	丙	zǐ	指责，诋毁	訾议，相訾
俎	丙	zǔ	①古代祭祀时盛放祭品的器具；②古代切肉用的砧板	①越俎代庖；②人为刀俎，我为鱼肉
樽	丙	zūn	一种古代酒具	樽俎，金樽，移樽就教，折冲樽俎
酢	丙	zuò	客人向主人回敬酒	酬酢（宾主相互敬酒，泛指应酬）

附　录

汉字应用水平测试模拟题（一）

第一部分

（30 题）

在下列各题中找出注音错误的一项

1. A. 砾（shuò）　B. 跚（shān）　C. 撬（qiào）　D. 咛（níng）　（　　）

2. A. 闰（rùn）　B. 沁（xīn）　C. 羌（qiāng）　D. 瑙（nǎo）　（　　）

3. A. 楠（nán）　B. 汕（shàn）　C. 衅（pàn）　D. 锵（qiāng）　（　　）

4. A. 臧（zāng）　B. 汾（fēn）　C. 阮（ruǎn）　D. 韦（wéi）　（　　）

5. A. 苓（líng）　B. 懦（nuò）　C. 券（quàn）　D. 馁（tuǒ）　（　　）

6. A. 仨（sā）　B. 泣（qì）　C. 陌（mò）　D. 冀（yì）　（　　）

7. A. 灼（sháo）　B. 瞑（míng）　C. 坪（píng）　D. 滤（lǜ）　（　　）

8. A. 罹（weí）　B. 膺（yīng）　C. 刍（chú）　D. 怄（òu）　（　　）

9. A. 嵇（jī）　B. 砀（dàng）　C. 郴（bīn）　D. 鄞（yín）　（　　）

10. A. 褚（chǔ）　B. 戕（gē）　C. 綦（qí）　D. 兖（yǎn）　（　　）

11. A. 遴（lín）　B. 犒（gào）　C. 痨（láo）　D. 隔（gé）　（　　）

12. A. 匮（kuì）　B. 劾（hé）　C. 屹（qì）　D. 驷（sì）　（　　）

13. A. 厩（gài）　B. 叟（sǒu）　C. 训（xùn）　D. 渍（zì）　（　　）

14. A. 盥（guàn）　B. 谌（zhàn）　C. 眸（móu）　D. 睦（mù）　（　　）

（第 15 题四个选项中的加点字都用作地名）

15. A. 番（fān）禺　B. 婺（wù）源　C. 耒（lěi）阳　D. 东莞（guǎn）（　　）

在下列各题中找出读音不同的一项

16. A. 矗—簇　B. 茅—矛　C. 络—摞　D. 炯—窘　（　　）

17. A. 廿—念　B. 觅—蜜　C. 玫—眉　D. 怯—却　（　　）

18. A. 欠—倩　B. 卫—魏　C. 婪—燃　D. 缅—冕　（　　）

19. A. 驱—蛆　B. 盆—棚　C. 蹑—孽　D. 皿—闽　（　　）

20. A. 持—慈　B. 俊—郡　C. 垒—磊　D. 圃—普　（　　）

21. A. 拙—捉　B. 齐—歧　C. 沉—橙　D. 闻—雯　（　　）

22. A. 贡—赣　B. 纵—粽　C. 苇—娓　D. 梭—蓑　（　　）

23. A. 悉—熙　B. 姐—姊　C. 侮—捂　D. 浅—谴　（　　）

24. A. 忡—充　B. 盂—愚　C. 廉—鲢　D. 咫—尺　（　　）

25. A. 鹰—莺　B. 涤—筜　C. 赳—揪　D. 足—卒　(　)
26. A. 隶—荔　B. 揭—结　C. 挪—娜　D. 笃—督　(　)
27. A. 兆—诏　B. 辙—澈　C. 纽—扭　D. 吭—坑　(　)
28. A. 诲—秽　B. 阁—嗝　C. 抚—甫　D. 辖—罅　(　)
29. A. 斓—褴　B. 莅—砾　C. 囹—绫　D. 鬃—踵　(　)
30. A. 杵—怵　B. 袂—魅　C. 獠—聊　D. 恪—克　(　)

第二部分

(30 题)

在下列各题中找出用字错误的一项

31. A. 纷呈　B. 重迭　C. 顿首　D. 得逞　(　)
32. A. 精萃　B. 浮尘　C. 哆嗦　D. 蹬腿　(　)
33. A. 俯允　B. 哽咽　C. 讹诈　D. 松驰　(　)
34. A. 梗概　B. 发愣　C. 峰糕　D. 赋闲　(　)
35. A. 粘土　B. 造型　C. 候诊　D. 关饷　(　)
36. A. 连襟　B. 分额　C. 引申　D. 落款　(　)
37. A. 亲睐　B. 齿龈　C. 葱翠　D. 辟邪　(　)
38. A. 道岔　B. 尿素　C. 憧憬　D. 幅射　(　)
39. A. 气慨　B. 侈谈　C. 祠堂　D. 仓储　(　)
40. A. 凑数　B. 粗旷　C. 残疾　D. 踩水　(　)
41. A. 枯燥　B. 就擒　C. 解雇　D. 报怨　(　)
42. A. 脸庞　B. 拘谨　C. 编篡　D. 沦陷　(　)
43. A. 恻隐　B. 蝉娟　C. 黄芪　D. 跌宕　(　)
44. A. 吊胃口　B. 杀手锏　C. 大杂烩　D. 摧命鬼　(　)
45. A. 哀声叹气　B. 孤苦伶仃　C. 管中窥豹　D. 光前裕后　(　)
46. A. 海市蜃楼　B. 含英咀华　C. 如丸走阪　D. 寡廉鲜耻　(　)
47. A. 狗尾续貂　B. 焚书坑儒　C. 英雄倍出　D. 独辟蹊径　(　)
48. A. 得陇望蜀　B. 缠绵悱恻　C. 言辞恳切　D. 调以轻心　(　)
49. A. 步入正规　B. 步履维艰　C. 残渣余孽　D. 杯水车薪　(　)
50. A. 安之若素　B. 作茧自缚　C. 肘腋之患　D. 决对服从　(　)
51. A. 置若惘闻　B. 脉络分明　C. 蝇营狗苟　D. 因噎废食　(　)
52. A. 引吭高歌　B. 锐意进取　C. 批沙拣金　D. 神魂颠倒　(　)
53. A. 热胀冷缩　B. 茹毛饮血　C. 奇货可居　D. 手不失卷　(　)
54. A. 攀龙附凤　B. 门可罗雀　C. 流芳百世　D. 不辨黍麦　(　)
55. A. 屡试不爽　B. 妄费心机　C. 鳞次栉比　D. 捷足先登　(　)
56. A. 金蝉蜕壳　B. 贻笑大方　C. 奉为圭臬　D. 锋芒毕露　(　)
57. A. 精兵简政　B. 奴颜媚骨　C. 式样新颖　D. 披坚执锐　(　)
58. A. 桑榆暮景　B. 姗姗来迟　C. 原气大伤　D. 拭目以待　(　)
59. A. 沿木求鱼　B. 损兵折将　C. 首鼠两端　D. 万般无奈　(　)
60. A. 同室操戈　B. 萎靡不振　C. 醍醐灌顶　D. 惟妙惟肖　(　)

第三部分

（30 题）

在下列各题的选项中找出能够正确填入词语括号中的一项

61. 盘（　　）

A. 亘　　B. 桓　　C. 寰　　D. 圜

62. 推（　　）

A. 委　　B. 萎　　C. 诿　　D. 痿

63. （　　）兵

A. 钝　　B. 顿　　C. 囤　　D. 屯

64. （　　）零

A. 嚏　　B. 悌　　C. 涕　　D. 绨

65. 顺（　　）

A. 隧　　B. 燧　　C. 遂　　D. 邃

66. （　　）愿

A. 夙　　B. 诉　　C. 谡　　D. 愫

67. 矍（　　）

A. 烁　　B. 铄　　C. 砾　　D. 栎

68. （　　）货

A. 缫　　B. 搔　　C. 骚　　D. 臊

69. （　　）劲

A. 逑　　B. 遒　　C. 酋　　D. 虬

70. 雪（　　）

A. 跷　　B. 锹　　C. 橇　　D. 撬

在下列各题的选项中找出能够正确填入句子括号中的一项

71. 今年得了联赛冠军，我们决不骄傲，要再接再（　　），争取三连冠。

A. 励　　B. 厉　　C. 历　　D. 砺

72. 像（　　）火一样，在黑暗中发一点光。

A. 萤　　B. 荧　　C. 莹　　D. 茔

73. 千万不能用“水性（　　）花”这类词语去批评人。

A. 飏　　B. 阳　　C. 杨　　D. 扬

74. 对于飞车抢劫的罪犯，法律一定会严惩不（　　）的。

A. 贷　　B. 待　　C. 怠　　D. 殆

75. 60 高龄的柳先生（　　）发脑梗，经过 3 天急救才缓过神来。

A. 谇　　B. 悴　　C. 瘁　　D. 猝

76. 不要盲目跟风，还是实事求是，因地（　　）宜吧。

A. 治　　B. 制　　C. 致　　D. 至

77. 兄妹几人感情很好，这让 80 岁的老母亲十分（　　）慰。

A. 心　　B. 昕　　C. 欣　　D. 忻

78. 杨老师对太极拳运动已经达到了融会（　　）通的程度。
A. 掼　　B. 惯　　C. 灌　　D. 贯

79. 宽（　　）大量的主教练很受队员们的爱戴和尊重。
A. 洪　　B. 弘　　C. 闳　　D. 宏

80. 季节一到，山顶上的冰、雪都（　　）化了。
A. 镕　　B. 熔　　C. 溶　　D. 融

在下列各题的选项中找出能够正确填入句子括号中的一项

81. 你休要（　　）老卖老，你的发财（　　）富经早就过时了。
A. 倚　至　　B. 倚　致　　C. 依　至　　D. 依　致

82. 今年椰子产量翻了一（　　），订单（　　）雪片一样飞来。
A. 番　像　　B. 番　象　　C. 翻　像　　D. 翻　象

83. 从（　　）屏上可以发现，这两位主持人配合默契，关系融（　　）。
A. 萤　恰　　B. 萤　洽　　C. 荧　恰　　D. 荧　洽

84. 我（　　）从导师的要求，按时完成论文写作，无（　　）兼顾打工。
A. 遵　暇　　B. 遵　遐　　C. 尊　暇　　D. 尊　遐

85. 教数学的蒋老师讲课，脉（　　）分明，没有一句（　　）话。
A. 络　费　　B. 络　废　　C. 胳　费　　D. 胳　废

86. （　　）露头角的青年教师仍须戒（　　）戒躁。
A. 展　娇　　B. 展　骄　　C. 崭　娇　　D. 崭　骄

87. 我们会一如（　　）往地支持贵公司，这是两全（　　）美的事。
A. 继　其　　B. 继　齐　　C. 既　其　　D. 既　齐

88. 一会儿减肥，一会儿（　　）吃，岂不（　　）笑大方。
A. 滥　遗　　B. 滥　贻　　C. 烂　遗　　D. 烂　贻

89. 老中医别出（　　）裁的药方，把病入膏（　　）的老黄抢救过来了。
A. 新　肓　　B. 新　盲　　C. 心　肓　　D. 心　盲

90. 又读书又做（　　）记，相辅相（　　）。
A. 扎　承　　B. 扎　成　　C. 札　承　　D. 札　成

第四部分

（30 题）

根据注音填写正确的汉字

91. ____（guì）子手　　92. 憨态可____（jū）

93. ____（xiāng）嵌　　94. 家____（juàn）

95. 陷____（jǐng）　　96. 丰____（yú）

97. ____（zuò）月子　　98. 生死____（yōu）关

99. 如火如____（tú）　　100. ____（qiè）而不舍

101. 大杂____（huì）　　102. 一____（jué）不振

103. 强____（nǔ）之末　　104. ____（nè）言敏行

105. 普____（ěr）茶　　106. 万____（lài）俱寂

107. 改革开放以来，我国农村发生了天翻地____（fù）的变化。
108. 新中国成立前，劳动人民过着衣不蔽体、食不____（guǒ）腹的生活。
109. 我们要学习别人成功的经验，也要以别人的失败作为前车之____（jiàn）。
110. 我今天来是为了冯村的事来烦请翘老____（dǐng）力相助的。

填写正确的汉字，把成语等固定结构补充完整

111. 黄____美梦
112. ____而走险
113. 姹紫____红
114. 大放____词
115. 豆____年华
116. 插科打____
117. 暴____天物
118. 东施效____
119. 闲云野____
120. 披____斩棘

汉字应用水平测试模拟题（二）

第一部分

（30题）

在下列各题中找出注音错误的一项

1. A. 谑（nuè） B. 缪（miào） C. 坎（kǎn） D. 烩（huì） （ ）
2. A. 萌（méng） B. 讣（fù） C. 缀（chuò） D. 篾（miè） （ ）
3. A. 耄（mào） B. 屡（lǚ） C. 勘（kān） D. 惴（chuǎi） （ ）
4. A. 魅（mèi） B. 摞（luò） C. 魂（hún） D. 珏（jué） （ ）
5. A. 闷（mēn） B. 率（lù） C. 憩（xī） D. 柯（kē） （ ）
6. A. 朦（méng） B. 谒（yè） C. 楷（kǎi） D. 碌（lù） （ ）
7. A. 咄（chū） B. 酶（méi） C. 伉（kàng） D. 弧（hú） （ ）
8. A. 茅（máo） B. 掘（jué） C. 寐（wèi） D. 皓（hào） （ ）
9. A. 皈（fān） B. 眈（dān） C. 鹳（guàn） D. 裔（yì） （ ）
10. A. 泣（qì） B. 芮（nèi） C. 弦（xián） D. 晗（hán） （ ）
11. A. 凿（záo） B. 擅（shàn） C. 堕（zhuì） D. 趴（pā） （ ）
12. A. 瞬（shùn） B. 荼（yú） C. 屑（xiè） D. 混（hùn） （ ）
13. A. 讳（huì） B. 菅（jiān） C. 似（shì） D. 憧（tóng） （ ）
14. A. 爵（jué） B. 窥（kuī） C. 耽（chéng） D. 狩（shòu） （ ）

（以下四个选项均用作地名）

15. A. 蚌（bèng）埠 B. 会（huì）稽 C. 沔（miǎn）水 D. 马嵬（wéi）坡 （ ）

在下列各题中找出读音不同的一项

16. A. 搁—割 B. 赡—瞻 C. 尧—肴 D. 挽—碗 （ ）
17. A. 墅—树 B. 萨—飒 C. 纤—签 D. 雀—鹊 （ ）
18. A. 觅—秘 B. 茸—耳 C. 渗—慎 D. 诩—许 （ ）
19. A. 腆—碘 B. 蜕—退 C. 喜—洗 D. 祟—岁 （ ）

20. A. 置—志　B. 捉—拙　C. 焉—烟　D. 谥—溢　（　）

21. A. 梓—紫　B. 沮—举　C. 迥—炯　D. 恪—各　（　）

22. A. 豉—鼓　B. 币—毕　C. 坳—奥　D. 怅—唱　（　）

23. A. 侗—洞　B. 归—皈　C. 羸—赢　D. 肓—荒　（　）

24. A. 畸—崎　B. 歼—尖　C. 烙—涝　C. 刊—勘　（　）

25. A. 默—墨　B. 酌—浊　C. 概—楷　C. 既—记　（　）

26. A. 碾—辗　B. 沽—箍　C. 晃—恍　D. 讳—秽　（　）

27. A. 菁—鲸　B. 舵—惰　C. 淖—悼　D. 菩—脯　（　）

28. A. 穹—琼　B. 讷—捺　C. 皈—圭　D. 浸—烬　（　）

29. A. 翱—遨　B. 劈—丕　C. 挈—锲　D. 渠—储　（　）

30. A. 戊—毋　B. 裘—酋　C. 掰—扳　D. 罚—阀　（　）

第二部分

（30 题）

在下列各题中找出用字错误的一项

31. A. 瞭望　B. 幅射　C. 妨碍　D. 松弛　（　）

32. A. 气概　B. 迁徙　C. 渲泄　D. 波澜　（　）

33. A. 痉挛　B. 寒暄　C. 九霄　D. 醮水　（　）

34. A. 追溯　B. 纂改　C. 拇指　D. 渎职　（　）

35. A. 光碟　B. 休憩　C. 瘙痒　D. 亲睐　（　）

36. A. 澄澈　B. 沉湎　C. 誊写　D. 离骚　（　）

37. A. 账薄　B. 瑕疵　C. 源流　D. 牙慧　（　）

38. A. 市侩　B. 赌搏　C. 突兀　D. 坍塌　（　）

39. A. 羸弱　B. 焕散　C. 伉俪　D. 帐篷　（　）

40. A. 欧歌　B. 蜂拥　C. 倦怠　D. 针灸　（　）

41. A. 肖像　B. 座落　C. 竣工　D. 菁华　（　）

42. A. 赝品　B. 编纂　C. 外籍　D. 耽搁　（　）

43. A. 塞责　B. 喉咙　C. 规化　D. 斟酌　（　）

44. A. 光彩　B. 熨斗　C. 更叠　D. 暴卒　（　）

45. A. 绚烂　B. 博弈　C. 杀戳　D. 应届　（　）

46. A. 喷嚏　B. 暴燥　C. 恫吓　D. 揣摩　（　）

47. A. 粗犷　B. 拂晓　C. 逻缉　D. 阔绰　（　）

48. A. 踌蹰　B. 蛊惑　C. 讹诈　D. 狩猎　（　）

49. A. 颀长　B. 沏茶　C. 气妥　D. 岿然　（　）

50. A. 洞窟　B. 檄文　C. 咋舌　D. 打拆　（　）

51. A. 破斧沉舟　B. 招摇过市　C. 照本宣科　D. 仗义疏财　（　）

52. A. 坐以待毙　B. 不禁而走　C. 震耳欲聋　D. 助纣为虐　（　）

53. A. 孜孜不倦　B. 自惭形秽　C. 再接再励　D. 养精蓄锐　（　）

54. A. 唯利是图　B. 无可厚非　C. 洗耳恭听　D. 鼓惑人心　（　）

55. A. 味同嚼蜡　B. 好高鹜远　C. 韦编三绝　D. 退避三舍　（　）

56. A. 一愁莫展	B. 世态炎凉	C. 泰然自若	D. 望文生义	（ ）
57. A. 声东击西	B. 题纲挈领	C. 谈笑风生	D. 无懈可击	（ ）
58. A. 眉清目秀	B. 瑕不掩瑜	C. 既往不究	D. 歇斯底里	（ ）
59. A. 潸然泪下	B. 循序渐进	C. 一枕黄粱	D. 真知卓见	（ ）
60. A. 有恃无恐	B. 大声急呼	C. 仗义执言	D. 跃跃欲试	（ ）

第三部分

（30 题）

在下列各题的选项中找出能够正确填入词语括号中的一项

61. 流（ ）
A. 谢 B. 泄 C. 泻 D. 懈

62. （ ）解
A. 变 B. 辨 C. 辮 D. 辩

63. （ ）促
A. 催 B. 崔 C. 摧 D. 慛

64. 思（ ）
A. 唯 B. 维 C. 惟 D. 帷

65. （ ）假
A. 渡 B. 镀 C. 杜 D. 度

66. （ ）养
A. 寒 B. 涵 C. 含 D. 晗

67. 本（ ）
A. 份 B. 奋 C. 分 D. 氛

68. 缥（ ）
A. 淼 B. 渺 C. 邈 D. 缈

69. 安（ ）
A. 详 B. 祥 C. 佯 D. 庠

70. （ ）辞
A. 制 B. 至 C. 致 D. 置

在下列各题的选项中找出能够正确填入句子括号中的一项

71. 办事无私突出一个（ ）字。
A. 攻 B. 供 C. 公 D. 工

72. 实验剧团有三位青年演员挑大（ ）。
A. 粱 B. 梁 C. 樑 D. 椋

73. 厂长的表态很明确，毫不含（ ）。
A. 胡 B. 湖 C. 煳 D. 糊

74. 你呀，不要（ ）想天开了。
A. 异 B. 意 C. 义 D. 易

75. 他们披星（ ）月，在沙漠里寻找失踪者。

A. 带　　B. 代　　C. 戴　　D. 待

76. 你休要（　）老卖老。

A. 依　　B. 倚　　C. 以　　D. 已

77. 今年椰子产量翻了一（　　）。

A. 番　　B. 藩　　C. 翻　　D. 蕃

78. 这两位主持人配合默契，关系融（　　）。

A. 冶　　B. 恰　　C. 袷　　D. 洽

79. 我要按时完成论文写作，所以无（　　）兼顾打工了。

A. 暇　　B. 遐　　C. 瑕　　D. 蝦

80. （　　）露头角的青年教师仍须戒骄戒躁。

A. 斩　　B. 展　　C. 崭　　D. 绽

在下列各题的选项中找出能够正确填入句子括号中的一项

81. 这个（　　）雅的女人直（　　）了当地亮明了自己的观点。

A. 幽　截　　B. 幽　接　　C. 优　截　　D. 优　接

82. “特”字的本（　　）是公牛，这是不容（　　）疑的。

A. 义　质　　B. 义　置　　C. 意　质　　D. 意　置

83. 截（　　）目前，全国共勘定县级界（　　）三万多公里。

A. 至　限　　B. 至　线　　C. 止　限　　D. 止　线

84. （　　）棋是休闲活动，你怎么会（　　）羞成怒呢？

A. 奕　脑　　B. 弈　脑　　C. 弈　恼　　D. 奕　脑

85. 你不要（　　）白无故地去批评他，他从来没有说过“学而优则（　　）”。

A. 平　仕　　B. 凭　士　　C. 凭　仕　　D. 平　士

86. 这次考（　　）的重点是人民群众生活必（　）品的生产情况。

A. 查　需　　B. 察　需　　C. 查　须　　D. 察　须

87. 他爸爸的（　　）日（　　）近了。

A. 祭　临　　B. 祭　邻　　C. 忌　临　　D. 忌　邻

88. 你如果要学会游泳，就必（　　）一次、两次以（　　）十次、百次地反复练习。

A. 需　致　　B. 需　至　　C. 须　致　　D. 须　至

89. 今年首要任务是（　　）署秋种和（　　）服入冬来的用煤困难。

A. 布　刻　　B. 部　刻　　C. 布　克　　D. 部　克

90. 学生时代的生活是很（　　）苦的，但学习不能（　　）着。

A. 坚　闲　　B. 艰　闲　　C. 坚　娴　　D. 艰　嫌

第四部分

（30 题）

根据注音填写正确的汉字

91. ____（mò）守成规　　92. 百____（yè）窗

93. ____（tuǒ）圆形　　94. ____（chán）绕

95. ____（hàn）卫　　96. 干____（hé）

97. ____（chéng）接
98. 陷____（jǐng）
99. 棒____（chuí）
100. ____（gǎn）面杖
101. ____（ào）口
102. ____（lòu）一手
103. ____（yào）匙
104. ____（bīn）临
105. 浩____（hàn）
106. ____（bān）布
107. 嘴____（chún）
108. ____（gǔ）动
109. 挖墙____（jiǎo）
110. 大杂____（huì）

填写正确的汉字，把成语等固定结构补充完整

111. 折____沉沙
112. 卓____不群
113. 一____不振
114. 生死____关
115. 强____之末
116. 飞扬跋____
117. ____不知耻
118. ____流不息
119. 针____时弊
120. 蓬____生辉

汉字应用水平测试模拟题（三）

第一部分

（30 题）

在下列各题中找出注音错误的一项

1. A. 羁（jī） B. 壑（hè） C. 苓（líng） D. 弊（bì）（ ）
2. A. 睢（suī） B. 跹（xiān） C. 赦（shè） D. 骞（qiān）（ ）
3. A. 拈（zhān） B. 帧（zhēn） C. 垣（yuán） D. 佻（tiāo）（ ）
4. A. 挞（tà） B. 诩（xǔ） C. 黝（yǒu） D. 慨（gài）（ ）
5. A. 藩（fān） B. 蟠（pán） C. 瘗（yì） D. 圄（wǔ）（ ）
6. A. 耋（dié） B. 柘（shí） C. 椁（guǒ） D. 琨（kūn）（ ）
7. A. 翕（xī） B. 榧（fěi） C. 楔（qì） D. 粟（sù）（ ）
8. A. 抔（póu） B. 窠（guǒ） C. 袈（jiā） D. 荏（rěn）（ ）
9. A. 弦（xuán） B. 栉（zhì） C. 殄（tiǎn） D. 耘（yún）（ ）
10. A. 胄（zhòu） B. 孚（fú） C. 沪（hù） D. 弋（gē）（ ）
11. A. 泊（bó） B. 笞（tái） C. 骋（chěng） D. 艾（ài）（ ）
12. A. 蓓（bèi） B. 剥（bō） C. 愎（fù） D. 忏（chàn）（ ）
13. A. 塑（sù） B. 涸（hé） C. 梏（gào） D. 斥（chì）（ ）
14. A. 洛（luò） B. 怂（sǒng） C. 遏（è） D. 酵（xiào）（ ）
15. A. 糊（hú） B. 炖（dùn） C. 挠（ráo） D. 挽（wǎn）（ ）

在下列各题中找出读音不同的一项

16. A. 诸—株 B. 罩—兆 C. 峡—颊 D. 莘—呻（ ）
17. A. 哂—膝 B. 颐—怡 C. 簇—猝 D. 恫—胴（ ）

18. A. 磋—搓　B. 署—鼠　C. 娑—梭　D. 绮—倚　（　）

19. A. 甸—淀　B. 浆—疆　C. 周—邹　D. 掠—略　（　）

20. A. 龛—堪　B. 踉—浪　C. 躬—觥　D. 貂—碉　（　）

21. A. 徕—睐　B. 沽—箍　C. 幌—恍　D. 讳—秽　（　）

22. A. 铿—笺　B. 绽—湛　C. 焉—腌　D. 暨—祭　（　）

23. A. 籁—赉　B. 赡—瞻　C. 仕—侍　D. 阕—鹊　（　）

24. A. 冗—忱　B. 缈—淼　C. 澈—彻　D. 尹—瘾　（　）

25. A. 徽—霏　B. 蜕—退　C. 擅—善　D. 朔—烁　（　）

26. A. 竭—捷　B. 斑—般　C. 蘸—湛　D. 柒—崇　（　）

27. A. 弋—屹　B. 邪—斜　C. 睦—沐　D. 纬—祎　（　）

28. A. 瞠—棠　B. 刎—稳　C. 呕—藕　D. 伥—倡　（　）

29. A. 妒—蠹　B. 魁—夔　C. 羸—赢　D. 浒—唬　（　）

30. A. 妾—怯　B. 粟—塑　C. 格—酪　C. 闸—札　（　）

第二部分

（30 题）

在下列各题中，找出用字错误的一项

31. A. 掂记　B. 栖息　C. 镶嵌　D. 执拗　（　）

32. A. 甜蜜　B. 洗濯　C. 合拢　D. 能奈　（　）

33. A. 嘹亮　B. 温驯　C. 倦怠　D. 镌永　（　）

34. A. 调剂　B. 辐射　C. 恻隐　D. 宣泄　（　）

35. A. 坐落　B. 家俱　C. 霎时　D. 荒谬　（　）

36. A. 畿辅　B. 颓唐　C. 告磬　D. 禁锢　（　）

37. A. 寂寥　B. 贻误　C. 鄙夷　D. 琐粹　（　）

38. A. 和蔼　B. 蜷曲　C. 剽悍　D. 徇职　（　）

39. A. 黯然　B. 造诣　C. 骄健　D. 睥睨　（　）

40. A. 羁拌　B. 芳馨　C. 恪守　D. 逞能　（　）

41. A. 隐讳　B. 酝酿　C. 犀厉　D. 宽恕　（　）

42. A. 贮蓄　B. 梦寐　C. 皓大　D. 藩篱　（　）

43. A. 蓦然　B. 秉告　C. 淤泥　D. 荫蔽　（　）

44. A. 和煦　B. 坍塌　C. 嗔怨　D. 俯瞰　（　）

45. A. 摒气　B. 胚胎　C. 祈祷　D. 真谛　（　）

46. A. 订书机　B. 挡箭牌　C. 震摄力　D. 发祥地　（　）

47. A. 怒不可遏　B. 格物至知　C. 按兵不动　D. 鸦雀无声　（　）

48. A. 粗制滥造　B. 锐不可当　C. 沧海桑田　D. 惊慌失错　（　）

49. A. 骇人听闻　B. 曲径通幽　C. 愤发图强　D. 平步青云　（　）

50. A. 冥思苦想　B. 迫不及待　C. 姗姗来迟　D. 气充斗牛　（　）

51. A. 通宵达旦　B. 物竞天泽　C. 鸠占鹊巢　D. 善罢甘休　（　）

52. A. 相题并论　B. 疲惫不堪　C. 脱颖而出　D. 低眉顺眼　（　）

53. A. 痛心疾手　B. 陈词滥调　C. 刚正不阿　D. 浩瀚无垠　（　）

54. A. 人情事故　B. 沸沸扬扬　C. 精巧绝伦　D. 草长莺飞　（　　）
55. A. 不可名状　B. 大义凛然　C. 出尔反尔　D. 盛气临人　（　　）
56. A. 波光嶙嶙　B. 怙恶不悛　C. 长治久安　D. 包罗万象　（　　）
57. A. 一代天骄　B. 转瞬既逝　C. 大彻大悟　D. 斩钉截铁　（　　）
58. A. 郑重其事　B. 如火如荼　C. 开天劈地　D. 司空见惯　（　　）
59. A. 昂首挺立　B. 融汇贯通　C. 顶礼膜拜　D. 开源节流　（　　）
60. A. 棉里藏针　B. 妇孺皆知　C. 开诚布公　D. 轻歌曼舞　（　　）

第三部分

（30 题）

在下列各题的选项中找出能够正确填入词语括号中的一项

61. （　　）苦
A. 坚　B. 艰　C. 竖　D. 煎
62. （　　）疑
A. 嫌　B. 闲　C. 贤　D. 歉
63. 闲（　　）
A. 暇　B. 遐　C. 瑕　D. 霞
64. （　　）来之，则安之
A. 既　B. 即　C. 继　D. 急
65. （　　）行
A. 屡　B. 屐　C. 履　D. 覆
66. （　　）刑
A. 伏　B. 服　C. 赴　D. 复
67. （　　）运
A. 厄　B. 噩　C. 遏　D. 恶
68. 告（　　）
A. 罄　B. 磬　C. 磐　D. 倾
69. （　　）贵
A. 骄　B. 姣　C. 娇　D. 蛟
70. 穿（　　）
A. 带　B. 代　C. 戴　D. 袋

在下列各题的选项中找出能够正确填入句子括号中的一项

71. 安得广厦千万间，大（　）天下寒士俱欢颜。
A. 裨　B. 闭　C. 辟　D. 庇
72. 你别有（　）无恐了，刚才所说分明是强词夺理。
A. 恃　B. 持　C. 事　D. 伺
73. 总结写得太长，必须删（　）就简，压缩到 2000 字左右。
A. 繁　B. 烦　C. 樊　D. 梵
74. 农民工小江趁着春节休息回家修（　）房子。

A. 憩　B. 葺　C. 茸　D. 契

75. 学术会议上，我们不爱听长篇发言，爱听真知（ ）见。

A. 卓　B. 拙　C. 灼　D. 琢

76. 这张纸太厚太硬，（ ）不破。

A. 戳　B. 戮　C. 拆　D. 撸

77. 司令员与政委一起坐（ ）指挥。

A. 镇　B. 阵　C. 政　D. 朕

78. 你应该走出去，见世面，经风雨，不要（ ）茧自缚。

A. 坐　B. 作　C. 做　D. 座

79. 爷爷成亲的那年，先涝后旱，粮食（ ）收。

A. 欠　B. 歉　C. 嵌　D. 芡

80. 季节一到，山顶上的冰、雪都（ ）化了。

A. 融　B. 熔　C. 溶　D. 镕

在下列各题的选项中找出能够正确填入句子括号中的一项

81. 这个人衣着寒（ ），可脸上却充满（ ）光。

A. 碜 荣　B. 碜 容　C. 瘆 荣　D. 瘆 容

82. 他俩去青岛度（ ）月，买了许多海（ ）回来。

A. 密 蛰　B. 蜜 蛰　C. 密 蜇　D. 蜜 蜇

83. 下棋是（ ）闲活动，你怎么会（ ）羞成怒呢?

A. 休 脑　B. 体 脑　C. 休 恼　D. 体 脑

84. 实验剧团有三位青年演员挑大（ ），以大（ ）车形式去农村巡演。

A. 梁 篷　B. 梁 蓬　C. 粱 篷　D. 粱 蓬

85. 厂长的表态很明确，毫不含（ ），你何必（ ）字眼。

A. 糊 抠　B. 胡 抠　C. 胡 扣　D. 糊 扣

86. 老人有三个（ ）亲侄子，可是都（ ）无音信。

A. 嫡 渺　B. 嫡 杳　C. 谪 杳　D. 谪 渺

87. 你不要（ ）白无故地去批评他，他从来没有说过“学而优则（ ）”。

A. 平 仕　B. 凭 士　C. 凭 仕　D. 平 士

88. “神（ ）六号”上天，标志着中国载人航天事业又上了一个新台（ ）。

A. 州 阶　B. 舟 阶　C. 舟 界　D. 州 界

89. 这次考（ ）的重点是人民群众生活必（ ）品的生产情况。

A. 查 需　B. 察 需　C. 查 须　D. 察 须

90. 我们（ ）车赶到“百里杜鹃”，（ ）置一下明天开会的事。

A. 驱 布　B. 躯 部　C. 岖 布　D. 驱 部

第四部分

（30 题）

根据注音填写正确的汉字

91. ____（zhào）事者　　92. ____（qiè）而不舍

93. ____（yí）指气使
94. 罢____（chù）
95. 大有____（bì）益
96. ____（gū）负
97. ____（áo）战
98. ____（cuàn）夺王位
99. 社____（jì）
100. ____（qiǎn）责
101. ____（tí）纲挈领
102. 可望不可____（jí）
103. ____（kè）不容缓
104. 长____（xū）短叹
105. 别出____（xīn）裁
106. 惊____（sǒng）
107. 蛛丝____（mǎ）迹
108. 计日____（chéng）功
109. 隐____（huì）
110. 雕____（bǎn）印刷
111. 独____（jiǎo）戏
112. 一____（gǔ）作气
113. ____（yōu）柔寡断
114. 名闻遐____（ěr）
115. 肝脑____（tú）地
116. 韬光养____（huì）
117. 大放____（jué）词
118. ____（cūo）跎岁月
119. 抓____（jiū）
120. 静____（mì）

汉字应用水平测试模拟题（四）

第一部分

（30 题）

在下列各题中找出注音错误的一项

1. A. 剔（tī） B. 谑（nüè） C. 湍（tuān） D. 恪（kè） （ ）
2. A. 谒（yè） B. 舐（shì） C. 莠（xiù） D. 谄（chǎn） （ ）
3. A. 绚（xuàn） B. 靛（dìng） C. 湃（pài） D. 濒（bīn） （ ）
4. A. 玷（diàn） B. 酿（niàng） C. 憧（chōng） D. 豇（kāng） （ ）
5. A. 蚝（máo） B. 涸（hé） C. 畸（jī） D. 掮客（qián） （ ）
6. A. 迸（bìng） B. 怙（hù） C. 铿（kēng） D. 懑（mèn） （ ）
7. A. 袂（mèi） B. 愎（bì） C. 龋（yǔ） D. 砧（zhēn） （ ）
8. A. 咫（zhǐ） B. 梏（gù） C. 肓（huāng） D. 镌（juàn） （ ）
9. A. 嗽（sòu） B. 笺（qiān） C. 淙（cóng） D. 莅（lì） （ ）
10. A. 闺（guī） B. 砾（lì） C. 笞（chī） D. 遏（è） （ ）
11. A. 讳（huì） B. 岚（lán） C. 迈（mài） D. 械（jiè） （ ）
12. A. 尤（yóu） B. 毓（yù） C. 贼（zéi） D. 讣（bù） （ ）
13. A. 渎（dú） B. 钗（chāi） C. 潺（chán） D. 簌（sù） （ ）
14. A. 惬（qiè） B. 靥（yàn） C. 庶（shù） D. 毋（wú） （ ）

（第 15 题四个选项中的加点字都用作地名）

15. A. 莒（jǔ）县 B. 泌（mì）阳 C. 蚌（bèng）埠 D. 黄陂（pí） （ ）

在下列各题中找出读音不同的一项

16. A. 诞—惮 B. 蝙—偏 C. 堤—滴 D. 爹—跌 （ ）

17. A. 刁—貂　B. 嗔—缜　C. 佃—惦　D. 缔—棣　（　）
18. A. 导—祷　B. 狙—阻　C. 代—黛　D. 崔—催　（　）
19. A. 猝—簇　B. 匆—囱　C. 伺—赐　D. 癖—僻　（　）
20. A. 啜—辍　B. 淳—鹑　C. 惴—踹　D. 棰—槌　（　）
21. A. 聒—恬　B. 窗—疮　C. 喘—舛　D. 触—矗　（　）
22. A. 厨—橱　B. 皈—贩　C. 筹—畴　D. 冲—忡　（　）
23. A. 逞—骋　B. 掣—拆　C. 吵—炒　D. 黠—诘　（　）
24. A. 巢—晁　B. 敝—鳖　C. 忏—颤　D. 慑—蹑　（　）
25. A. 殍—孵　B. 茶—茬　C. 策—恻　D. 槽—漕　（　）
26. A. 捕—哺　B. 秉—禀　C. 貉—赂　D. 彪—飙　（　）
27. A. 蓖—陛　B. 纰—毗　C. 蹦—泵　D. 颁—扳　（　）
28. A. 昔—析　B. 腺—霰　C. 嚣—枭　D. 婢—碑　（　）
29. A. 椽—缘　B. 颐—贻　C. 侍—恃　D. 睿—枘　（　）
30. A. 逡—峻　B. 钦—衾　C. 抿—悯　D. 卓—茁　（　）

第二部分

（30 题）

在下列各题中找出用字错误的一项

31. A. 粗犷　B. 瞭望　C. 追溯　D. 驰缓　（　）
32. A. 度假　B. 重叠　C. 逃蹿　D. 妨碍　（　）
33. A. 蘸水　B. 酒盅　C. 部署　D. 春辉　（　）
34. A. 编缉　B. 麦秆　C. 更迭　D. 厮杀　（　）
35. A. 帖切　B. 煤炭　C. 毗邻　D. 籍贯　（　）
36. A. 坐阵　B. 平添　C. 陷阱　D. 仓促　（　）
37. A. 寒暄　B. 高亢　C. 肖像　D. 娘俩　（　）
38. A. 坐落　B. 噩耗　C. 烦燥　D. 伫立　（　）
39. A. 报酬　B. 遨游　C. 海蛰　D. 燥热　（　）
40. A. 拯救　B. 杀戮　C. 凑合　D. 骨骼　（　）
41. A. 九州　B. 家具　C. 渲泄　D. 辟谣　（　）
42. A. 糟蹋　B. 蕃茄　C. 莞尔　D. 纨绔　（　）
43. A. 笑靥　B. 疫苗　C. 视阈　D. 绉纹　（　）
44. A. 沙家浜　B. 明信片　C. 哈蜜瓜　D. 入场券　（　）
45. A. 鬼鬼祟祟　B. 美轮美奂　C. 声名鹊起　D. 轻歌慢舞　（　）
46. A. 再接再厉　B. 呕心沥血　C. 篷荜生辉　D. 墨守成规　（　）
47. A. 不能自已　B. 盘根错结　C. 世外桃源　D. 竭泽而渔　（　）
48. A. 长年累月　B. 按部就班　C. 兴高采烈　D. 兵慌马乱　（　）
49. A. 不径而走　B. 共商国是　C. 安分守己　D. 飞扬跋扈　（　）
50. A. 不刊之论　B. 粲然一笑　C. 厝火积薪　D. 长嘘短叹　（　）
51. A. 凤冠霞帔　B. 出奇致胜　C. 噤若寒蝉　D. 绝无仅有　（　）
52. A. 克己奉公　B. 礼尚往来　C. 雷厉风行　D. 甘败下风　（　）

53. A. 藕断丝连　B. 流连忘返　C. 固步自封　D. 贸然从事　(　　)
54. A. 烩炙人口　B. 明哲保身　C. 如法炮制　D. 披沙拣金　(　　)
55. A. 拾人牙慧　B. 棉里藏针　C. 异曲同工　D. 图穷匕见　(　　)
56. A. 蜕化变质　B. 万古长青　C. 一泻千里　D. 头昏脑胀　(　　)
57. A. 真知卓见　B. 火中取栗　C. 返璞归真　D. 大伤元气　(　　)
58. A. 锐不可当　B. 羽扇纶巾　C. 蛛丝蚂迹　D. 一成不变　(　　)
59. A. 因材施教　B. 不茅之地　C. 永葆青春　D. 引咎自责　(　　)
60. A. 额首称庆　B. 心心相印　C. 耳根清净　D. 座无虚席　(　　)

第三部分

（30 题）

在下列各题的选项中找出能够正确填入词语括号中的一项

61. （　　）冗
A. 拔　B. 拨　C. 跋　D. 泼

62. （　　）私
A. 殉　B. 询　C. 徇　D. 循

63. 编（　　）
A. 算　B. 攥　C. 篡　D. 纂

64. 秤（　　）
A. 铊　B. 陀　C. 砣　D. 坨

65. （　　）睐
A. 倾　B. 轻　C. 青　D. 亲

66. 发（　　）
A. 轫　B. 韧　C. 纫　D. 仞

67. （　　）射
A. 幅　B. 辐　C. 副　D. 蝠

68. （　　）戴
A. 辔　B. 珮　C. 佩　D. 配

69. 痉（　　）
A. 孪　B. 挛　C. 栾　D. 娈

70. （　　）烂
A. 弭　B. 麋　C. 糜　D. 靡

在下列各题的选项中找出能够正确填入句子括号中的一项

71. 短期内看不到新能源汽车（　　）利的希望。
A. 赢　B. 盈　C. 营　D. 迎

72. 糖在水中（　　）化为糖水。
A. 溶　B. 熔　C. 镕　D. 融

73. 这件事（　　）动全国。
A. 镇　B. 赈　C. 震　D. 振

74. 他事先没有调查研究，以（　　）做出了错误的结论。
A. 致　B. 至　C. 郅　D. 轾
75. 美国总统对国会议案扣（　　）不批。
A. 砑　B. 轧　C. 押　D. 压
76. 经济活动中是与非、合理与不合理、合法与不合法的界（　　）不分明。
A. 线　B. 限　C. 陷　D. 岘
77. 他的模范事迹在青年中被激情地传（　　）。
A. 讼　B. 诵　C. 颂　D. 送
78. 南岳衡山是避暑（　　）地。
A. 晟　B. 盛　C. 圣　D. 胜
79. 他一上任就（　　）用了一大批年轻有为的中层干部。
A. 綮　B. 企　C. 启　D. 起
80. 孔子的思想（　　）传千古。
A. 浏　B. 溜　C. 留　D. 流

在下列各题的选项中找出能够正确填入句子括号中的一项

81. 日本右翼势力随意（　　）改二战侵略历史的做法为人所不（　　）。
A. 篡　耻　B. 篡　齿　C. 窜　耻　D. 窜　齿
82. 报告的内容与群众反（　　）的情况不一致，不容（　　）疑。
A. 映　质　B. 映　置　C. 应　质　D. 应　置
83. 自从被查出心（　　）失常以后，他就一直住在（　　）近西湖的疗养院。
A. 率　邻　B. 率　临　C. 律　邻　D. 律　临
84. 那个人没什么信用，经常（　　）言，还喜欢挖墙（　　）。
A. 食　角　B. 食　脚　C. 失　角　D. 失　脚
85. 这个责任不该由你负责，你必（　　）尽快向法院（　　）明。
A. 须　申　B. 须　声　C. 需　申　D. 需　声
86. 如果大家的力量（　　）合在一起，就可以一（　　）作气完成任务。
A. 会　鼓　B. 会　股　C. 汇　鼓　D. 汇　股
87. 市长化（　　）成普通老百姓，下乡考（　　）防洪工程的进展。
A. 妆　查　B. 妆　察　C. 装　查　D. 装　察
88. 我（　　）不做违（　　）国家法律的事情。
A. 决　犯　B. 决　反　C. 绝　犯　D. 绝　反
89. 领导干部不可利用手中的权（　　）为自己的子女（　　）取利益。
A. 力　牟　B. 力　谋　C. 利　牟　D. 利　谋
90. 我的本（　　）是帮助他（　　）立远大的理想。
A. 义　树　B. 义　竖　C. 意　树　D. 意　竖

第四部分

（30 题）

根据注音填写正确的汉字

91. ____（dí）米
92. 户枢不____（dù）
93. ____（gōu）火
94. 焚膏继____（guǐ）
95. 转____（liè）点
96. ____（kè）然长逝
97. 雾____（mái）
98. 暴虎____（píng）河
99. ____（shà）血为盟
100. 蒜____（tái）
101. ____（shè）级而上
102. 暴____（tiǎn）天物
103. 卖官____（yù）爵
104. 拱____（xuàn）
105. 迎____（yà）
106. 汪洋____（zì）睢
107. 连年兵____（xiǎn），房屋田产都已毁尽。
108. 他刚出家门又____（xué）了回来。
109. 张飞____（lǚ）力过人。
110. 张三不愧为医界巨____（bò）。

填写正确的汉字，把成语等固定结构补充完整

111. 物____民丰
112. ____筹交错
113. 飞扬跋____
114. 高屋建____
115. ____而走险
116. 沆____一气
117. 饮____止渴
118. 直抒胸____
119. 强____之末
120. 奴颜____膝

2014 年汉字应用水平测试全真试题

第一部分

（30 题）

在下列各题中找出注音错误的一项

1. A. 竽（yú） B. 囵（lùn） C. 邑（yì） D. 辗（zhǎn） （ ）
2. A. 庇（bì） B. 填（tián） C. 酵（xiào） D. 膝（xī） （ ）
3. A. 帆（fān） B. 栈（jiàn） C. 轱（gū） D. 飓（jù） （ ）
4. A. 掣（chè） B. 瞠（chēng） C. 骋（chěng） D. 穟（suì） （ ）
5. A. 秸（jí） B. 匕（bǐ） C. 毋（wú） D. 甫（fǔ） （ ）
6. A. 癖（pī） B. 熹（xī） C. 滂（pāng） D. 苋（xiàn） （ ）
7. A. 蛟（jiāo） B. 谏（jiàn） C. 摞（lěi） D. 咀（jǔ） （ ）
8. A. 涎（xián） B. 肃（sù） C. 刹（chà） D. 哺（pǔ） （ ）
9. A. 佼（jiǎo） B. 蟆（mó） C. 舷（xián） D. 隅（yú） （ ）
10. A. 砾（yuè） B. 劣（liè） C. 漱（shù） D. 煦（xù） （ ）

11. A. 舆（yú） B. 械（xiè） C. 垠（yín） D. 挟（jiā） （ ）

12. A. 敷（fū） B. 扉（fēi） C. 蔼（ǎi） D. 踱（dù） （ ）

13. A. 胴（dòng） B. 蜷（quán） C. 麾（huī） D. 吮（yǔn） （ ）

14. A. 慨（kǎi） B. 沁（xīn） C. 悖（bèi） D. 浣（huàn） （ ）

（第 15 题四个选项中的加点字都用作地名）

15. A. 砀（dàng）山 B. 儋（zhān）州 C. 临汾（fén） D. 涪（fú）陵 （ ）

在下列各题中找出读音不同的一项

16. A. 嫉—汲 B. 掇—缀 C. 蹒—磐 D. 辽—疗 （ ）

17. A. 廿—念 B. 亘—横 C. 戊—物 D. 叼—雕 （ ）

18. A. 畀—痹 B. 爻—驳 C. 圭—硅 D. 非—绯 （ ）

19. A. 帛—勃 B. 侈—尺 C. 舀—咬 D. 俺—庵 （ ）

20. A. 僻—譬 B. 偏—翩 C. 规—窥 D. 帕—怕 （ ）

21. A. 讪—煽 B. 卅—飒 C. 仕—恃 D. 冉—染 （ ）

22. A. 袂—妹 B. 佚—市 C. 搽—茬 D. 刎—稳 （ ）

23. A. 立—莅 B. 靠—犒 C. 杵—楚 D. 伛—枢 （ ）

24. A. 铭—酩 B. 弑—轼 C. 痊—诠 D. 娇—矫 （ ）

25. A. 盐—谚 B. 撂—瞭 C. 昵—腻 D. 峭—撬 （ ）

26. A. 御—誉 B. 沏—戚 C. 迂—逾 D. 谪—辙 （ ）

27. A. 韧—纫 B. 胚—坯 C. 虔—乾 D. 诣—驿 （ ）

28. A. 琦—崎 B. 嗣—饲 C. 涣—焕 D. 剽—镖 （ ）

29. A. 赎—续 B. 羁—讥 C. 塑—素 D. 矜—筋 （ ）

30. A. 讧—工 B. 靛—淀 C. 纨—丸 D. 呼—乎 （ ）

第二部分

（30 题）

在下列各题中找出用字错误的一项

31. A. 隽永 B. 黯然 C. 撑腰 D. 蹉商 （ ）

32. A. 荼毒 B. 倏忽 C. 蕃篱 D. 雪橇 （ ）

33. A. 贫瘠 B. 轻蔑 C. 熏陶 D. 浩翰 （ ）

34. A. 福份 B. 炫耀 C. 评估 D. 蹂躏 （ ）

35. A. 街房 B. 门房 C. 染坊 D. 作坊 （ ）

36. A. 遏腕 B. 旗帜 C. 星座 D. 喧闹 （ ）

37. A. 蜂涌 B. 急促 C. 溺爱 D. 屏蔽 （ ）

38. A. 气概 B. 灌输 C. 频到 D. 蛰伏 （ ）

39. A. 领带 B. 替代 C. 连代 D. 热带 （ ）

40. A. 做梦 B. 做东 C. 作案 D. 作媒 （ ）

41. A. 竣工 B. 伸张 C. 枢钮 D. 安详 （ ）

42. A. 原籍 B. 绵絮 C. 诀别 D. 般配 （ ）

43. A. 剧毒 B. 赃款 C. 等候 D. 通辑 （ ）

44. A. 芭蕉扇 B. 单簧管 C. 哈吧狗 D. 视网膜 ( )
45. A. 顶礼膜拜 B. 玩忽职守 C. 得不偿失 D. 委屈求全 ( )
46. A. 以逸待劳 B. 原形毕露 C. 良晨美景 D. 故弄玄虚 ( )
47. A. 高屋建瓴 B. 盍然长逝 C. 噤若寒蝉 D. 鲁鱼亥豕 ( )
48. A. 形势严峻 B. 视野开阔 C. 言辞恳切 D. 凭心而论 ( )
49. A. 谈笑风声 B. 两全其美 C. 事必躬亲 D. 急不可耐 ( )
50. A. 为虎作伥 B. 心力交瘁 C. 不容置喙 D. 独占熬头 ( )
51. A. 莫逆之交 B. 黄梁美梦 C. 芒刺在背 D. 一如既往 ( )
52. A. 色厉内荏 B. 提纲挈领 C. 迫在眉睫 D. 随声附合 ( )
53. A. 吹毛求疵 B. 扬长而去 C. 不绝如楼 D. 销声匿迹 ( )
54. A. 乌烟障气 B. 甘之如饴 C. 肆无忌惮 D. 面面相觑 ( )
55. A. 恍如隔世 B. 民不寥生 C. 孤注一掷 D. 真知灼见 ( )
56. A. 安然无恙 B. 前廊后厦 C. 食不果腹 D. 鸦鹊无声 ( )
57. A. 明火执杖 B. 视死如归 C. 天涯海角 D. 逢场作戏 ( )
58. A. 融会贯通 B. 和盘托出 C. 无尚光荣 D. 急功近利 ( )
59. A. 兵荒马乱 B. 情有独衷 C. 气势汹汹 D. 优柔寡断 ( )
60. A. 名门旺族 B. 灯火阑珊 C. 清规戒律 D. 震耳欲聋 ( )

第三部分

（30 题）

在下列各题的选项中找出能够正确填入词语括号中的一项

61. 彪（ ）
A. 撼 B. 悍 C. 憾 D. 捍
62. 真（ ）
A. 缔 B. 帝 C. 谛 D. 蒂
63. （ ）病
A. 勾 B. 垢 C. 构 D. 诟
64. （ ）沟
A. 宏 B. 洪 C. 鸿 D. 弘
65. 挑（ ）
A. 检 B. 捡 C. 拣 D. 减
66. （ ）宠
A. 娇 B. 搅 C. 骄 D. 姣
67. （ ）量
A. 惦 B. 掂 C. 踮 D. 店
68. 严（ ）
A. 竣 B. 骏 C. 峻 D. 浚
69. （ ）气
A. 呕 B. 怄 C. 沤 D. 讴
70. 罢（ ）

A. 拙　　B. 绌　　C. 黜　　D. 咄

在下列各题的选项中找出能够正确填入句子括号中的一项

71. 中国诸子百家，学说（　　）远流长，著作丰富。
A. 渊　　B. 源　　C. 原　　D. 缘
72. 公安部对犯罪活动的打击力度日益加大，以（　　）效尤。
A. 儆　　B. 靖　　C. 警　　D. 竞
73. 近几个月，房价（　　）幅已超出人们的预期。
A. 胀　　B. 账　　C. 涨　　D. 帐
74. 这些土匪打着（　　）扶正义的旗号做尽了坏事。
A. 匡　　B. 框　　C. 诓　　D. 哐
75. 逆境催人思索，磨难（　　）炼意志。
A. 槌　　B. 捶　　C. 棰　　D. 锤
76. 这几味药混合后熬成的合剂可以（　　）痰止咳。
A. 躯　　B. 祛　　C. 去　　D. 趋
77. 小说使用（　　）约的手法描写了男女主人公的感情纠葛。
A. 宛　　B. 惋　　C. 婉　　D. 碗
78. 在社区里，老年人喜欢闲话家常，年轻人（　　）意各种时尚运动。
A. 著　　B. 嘱　　C. 瞩　　D. 属
79. 这位年轻的乡村教师把自己的满腔热情都（　　）注在教学当中。
A. 罐　　B. 惯　　C. 灌　　D. 贯
80. 他心地坦率，勇于直言，敢于做党的（　　）友。
A. 筝　　B. 铮　　C. 狰　　D. 诤

在下列各题的选项中找出能够正确填入句子括号中的一项

81. 借着星光，他（　　）认出这是一辆带（　　）的解放牌大卡车
A. 辨　棚　　B. 辨　篷　　C. 辩　棚　　D. 辩　篷
82. 他是一名（　　）道工，常年在市郊的一个车务（　　）执勤。
A. 扳　断　　B. 扳　段　　C. 搬　断　　D. 搬　段
83. 每到黄昏，袅袅（　　）绕的炊烟就（　　）荡在村子的上空。
A. 荥　漂　　B. 荥　飘　　C. 萦　漂　　D. 萦　飘
84. 在信息社会里，各种信息纷至（　　）来，令人应接不（　　）。
A. 沓　瑕　　B. 沓　暇　　C. 踏　瑕　　D. 踏　暇
85. 心（　　）痛常常会因为喜庆之时的情绪激（　　）而诱发。
A. 绞　奋　　B. 绞　愤　　C. 铰　奋　　D. 铰　愤
86. 他总是（　　）怨课本中的插图过于（　　）板。
A. 报　刻　　B. 报　克　　C. 抱　刻　　D. 抱　克
87. 他一生光明（　　）落，胸怀（　　）荡，在部队中很有威信。
A. 垒　袒　　B. 垒　坦　　C. 磊　袒　　D. 磊　坦
88. 他用羡（　　）的目光目送获奖者开走了那辆（　　）新的跑车。

A. 慕　崭　　B. 慕　暂　　C. 暮　崭　　D. 暮　暂

89. 小老虎受到了（　　）养员的（　　）斥，正在闹情绪。

A. 驯　呵　　B. 驯　喝　　C. 训　呵　　D. 训　喝

90. 中央要求各地财政部门要及时（　　）补粮食补（　　）款。

A. 拔　贴　　B. 拔　帖　　C. 拨　贴　　D. 拨　帖

第四部分

（30 题）

根据注音填写正确的汉字

91. 霹____（lì）

92. 高粱____（gǎn）

93. ____（qiǎn）送出境

94. 紫甘____（lán）

95. ____（gǎn）榄油

96. ____（yí）族少女

97. ____（chéng）务员

98. ____（fū）化器

99. 霓____（hóng）灯

100. 一瓶____（fǔ）乳

101. 水____（lóng）头

102. ____（gěng）咽

103. 过____（mǐn）体质

104. 脸色____（là）黄

105. 精神____（jué）铄

106. 体态____（yōng）肿

107. ____（fèi）炎是一种常见病。

108. 专家说这件瓷器是____（yàn）品。

109. 蜜蜂尾巴上的毒刺可以____（zhē）人。

110. 这个小孩说话做事____（yǎn）然是个大人。

填写正确的汉字，把成语等固定结构补充完整

111. 有条不____

112. 出神入____

113. 敝____自珍

114. 置若____闻

115. 分道扬____

116. 桀____不顺

117. 前____后恭

118. ____如累卵

119. 惩前____后

120. 欲____难填

答题结束，在得到主考允许之前，请不要离开考场。

训练题及测试题参考答案

第二章汉字字音训练题参考答案

一、声旁不表音的形声字字音训练

1. D。A. 缉（jī），辑（jí），葺（qì），揖（yī）；B. 逡（qūn），梭（suō），唆（suō），悛（quān）；C. 砧（zhēn），玷（diàn），粘（zhān），沾（zhān）；D 组加点字均读“dǐ”。

2. B。A. 俏（qiào），捎（shāo），诮（qiào），峭（qiào），悄（qiǎo）；B. 寥（liáo），谬（miù），戮（lù），蓼（liǎo），缪（móu）；C. 黯（àn），窨（yìn），暗（àn），喑（yīn），谙（ān）；D. 诽（fěi），绯（fēi），徘（pái），菲（fēi），菲（fěi）。

3. C。A 组加点字全部读“cuì”；B. 沮（jǔ），诅（zǔ），龃（jǔ），咀（jǔ），租（zū）；C. 抠（kōu），讴（ōu），怄（òu），呕（ǒu），驱（qū）；D. 茎（jīng），径（jìng），痉（jìng），经（jīng），泾（jīng）。

4. A。狙击（zǔ→jū）

5. B。A. 佝（gōu），枸（gǒu），拘（jū），驹（jū），苟（gǒu）；B. 端（duān），揣（chuǎi），湍（tuān），喘（chuǎn），惴（zhuì）；C. 估（gū），枯（kū），诂（gǔ），怙（hù），沽（gū）；D. 嗔（chēn），慎（shèn），瞋（chēn），缜（zhěn），镇（zhèn）。

6. C。伛偻（gōu→yǔ）。

7. B。A. 缀（zhuì），辍（chuò），啜（chuò），掇（duō）；B. 绷（běng），蹦（bèng），鹏（péng），绷（bēng）；C. 作（zuō），怍（zuò），柞（zuò），昨（zuó）；D. 蹉（cuō），磋（cuō），嗟（jiē），差（cī）。

8. A。A 组加点字全部读“dèng”；B. 碎（suì），卒（cù），猝（cù），悴（cuì）；C. 竿（gān），杆（gān），干（gān），秆（gǎn）；D. 媪（ǎo），晕（yùn），氲（yūn），愠（yùn）。

9. D。A. 渎（dú），读（dòu），椟（dú），犊（dú）；B. 请（qǐng），倩（qiàn），精（jīng），睛（jīng）；C. 银（yín），痕（hén），垠（yín），根（gēn）；D. 缘（yuán），篆（zhuàn），喙（huì），蠡（lí）。

10. 下列各题中注音错误的一项。

（1）A. 砾（lè→lì） （2）A. 蚝（máo→háo） （3）B. 胼（bìng→pián）
（4）C. 傩（tān→nuó） （5）D. 谑（nüè→xuè） （6）A. 畸（qí→jī）
（7）A. 觊（qǐ→jì） （8）B. 菁（qīng→jīng） （9）C. 赁（rèn→lìn）
（10）D. 讦（jiān→jié） （11）A. 嗥（gāo→háo） （12）A. 葸（sī→xǐ）
（13）B. 蕈（qín→xùn） （14）C. 虻（máng→méng） （15）D. 莅（wèi→lì）
（16）A. 岿（guī→kuī） （17）A. 跬（guǐ→kuǐ） （18）B. 酗（xiōng→xù）
（19）C. 枵（háo→xiāo） （20）D. 趿（jí→tā） （21）A. 黠（xié→xiá）
（22）A. 踽（yǔ→jǔ） （23）B. 擢（zhái→zhuó） （24）C. 舸（kě→gě）
（25）D. 髂（kè→qià）

二、形近字字音训练

1. 给下列各组形近字注音。

偈（jì） 籁（lài） 稷（jì） 舔（tiǎn） 揠（yà）

谒（yè）	簌（sù）	谡（sù）	舐（shì）	堰（yàn）
醮（jiào）	褫（chǐ）	筱（xiǎo）	苓（líng）	豢（huàn）
蘸（zhàn）	搋（chuāi）	莜（yóu）	芩（qín）	拳（quán）
缴（jiǎo）	诀（jué）	皴（cūn）	蛊（gǔ）	殄（tiǎn）
檄（xí）	袂（mèi）	皲（jūn）	盅（zhōng）	珍（zhēn）

2. A。A 组加点字都读“kuì”；B. 揪（jiū），愀（qiǎo），楸（qiū），锹（qiāo）；C. 蠕（rú），濡（rú），懦（nuò），孺（rú）；D. 暄（xuān），喧（xuān），煊（xuān），渲（xuàn）。

3. B。A. 纤（xiān），歼（jiān），迁（qiān），阡（qiān）；B. 拙（zhuō），茁（zhuó），绌（chù），咄（duō）；C. 哄（hōng），烘（hōng），供（gōng），拱（gǒng）；D. 菁（jīng），靓（jìng），精（jīng），晴（qíng）。

4. D。A. 拮（jié），秸（jiē），诘（jié），颉（jié）；B. 籍（jí），籍（jí），藉（jiè），藉（jí）；C. 踢（tà），榻（tà），遢（tā），塌（tā）；D 组加点字都读“xiāo”；

5. C。桎梏（kù→gù）。 6. A。佶屈聱牙（jié→jí）。 7. C。祛病（qù→qū）。

8. A。前仆后继（pù→pū） 9. D。竞聘（pìng→pìn）

三、多音字字音训练

（一）给下列各组词语的加点字注音

1. 堡（①bǎo；②bǔ；③pù） 2. 累（①léi；②lěi；③lèi） 3. 炮（①bāo；②páo；③pào）
4. 拗（①ào；②niù） 5. 馏（①liú；②liù） 6. 偻（①lóu；②lǚ）
7. 露（①lòu；②lù） 8. 臂（①bì；②bei） 9. 绿（①lù；②lǜ）
10. 便（①biàn；②pián） 11. 捋（①lǚ；②luō） 12. 骠（①biāo；②piào）
13. 禅（①chán；②shàn） 14. 氓（①máng；②méng） 15. 场（①chǎng；②cháng）
16. 蒙（①mēng；②méng；③měng） 17. 朴（①pō；②pò；③pǔ） 18. 单（①dān；②chán；③shàn）
19. 车（①chē；②jū） 20. 澄（①chéng；②dèng） 21. 匙（①chí；②shi）
22. 靡（①mí；②mǐ） 23. 拧（①níng；②nǐng） 24. 疟（①nüè；②yào）
25. 迫（①pǎi；②pò） 26. 胖（①pán；②pàng） 27. 撮（①cuō；②zuǒ）
28. 当（①dāng；②dàng） 29. 囤（①dùn；②tún） 30. 坊（①fāng；②fáng）
31. 荨（①qián；②xún） 32. 芥（①gài；②jiè） 33. 杆（①gān；②gǎn）
34. 煞（①shā；②shà） 35. 颈（①gěng；②jǐng） 36. 杉（①shā；②shān）
37. 估（①gū；②gù） 38. 识（①shí；②zhì） 39. 哈（①hā；②hǎ）
40. 熟（①shóu；②shú） 41. 属（①shǔ；②zhǔ） 42. 遂（①suí；②suì）
43. 帖（①tiē；②tiě；③tiè） 44. 行（①háng；②hàng；③héng） 45. 嚼（①jiáo；②jiào；③jué）
46. 血（①xiě；②xuè） 47. 艾（①ài；②yì） 48. 轴（①zhóu；②zhòu）
49. 劲（①jìn；②jìng） 50. 涨（①zhǎng；②zhàng） 51. 晕（①yūn；②yùn）

（二）在下列各题中找出加点字注音错误的一项

1. A. 缉（jí→qī） 2. A. 稽（jī→qǐ） 3. B. 亲（qìn→qìng） 4. C. 据（jù→jū）
5. D. 鞘（qiào→shāo） 6. A. 沤（òu→ōu） 7. D. 拾（shí→shè） 8. B. 同（dòng→tòng）
9. C. 症（zhèng→zhēng） 10. D. 胖（pàng→pán）

（三）在下列各题中，找出句子中加点字注音正确的一项

1—5. AABCD 6—10. AABCD 11—15. AABCD
16—20. AABCD 21—25. AABCD 26—30. AABCD

四、生僻姓氏用字字音训练

（一）在下列各题中找出姓氏用字注音错误的一项

1. A. 濮（pǔ→pú） 2. A. 褚（zhě→chǔ） 3. B. 嵇（jì→jī）

4. C. 筱（yōu→xiǎo） 5. D. 邳（pǐ→pī） 6. D. 那（nà→nā）

（二）给下列姓氏用字注音

1. bǎi 2. bǔ 3. chóng 4. qiú 5. qū

6. guō 7. shàn 8. xiǎn 9. xiāng 10. jǐ

11. xié 12. xiè 13. línghú 14. miào 15. mò qí

16. móu 17. yīng 18. yùchí 19. yù 20. níng

21. ōu 22. piáo 23. zhā 24. pú 25. zī

五、生僻地名用字字音训练

（一）在下列各题中找出地名用字注音错误的一项

1. A. 碚（péi→bèi） 2. A. 茌（shì→chí） 3. B. 邛（gōng→qióng）

4. C. 临朐（jū→qú） 5. D. 嵊（chéng→shèng） 6. A. 歙（xī→shè）

7. A. 邗（gàn→hán） 8. B. 珲（huī→hún） 9. C. 虢（hǔ→xiāo）

10. D. 岫（yòu→xiù） 11. A. 丽（lì→lí） 12. A. 猗（qí→yī）

13. B. 鄞（qín→yín） 14. C. 枞（cóng→zōng） 15. D. 堡（bǎo→bǔ）

（二）给下列地名中的加点字注音

1. zhà 2. yù 3. mù 4. móu 5. yù

6. tà 7. luò 8. líng 9. yán 10. kuài

11. jūn 12. xùn 13. yíng 14. xíng 15. hòu

16. hóu 17. jǐ 18. guǎn 19. tāi 20. bèng

21. bì 22. qián 23. qín 24. rén 25. shàn

26. shì 27. dài 28. ē 29. làng 30. lěi

六、冷僻字字音训练

找出下列各题中加点字注音错误的一项

1. A. 鸱（dī→chī） 2. A. 蒯（péng→kuǎi） 3. B. 醪（liáo→láo）

4. C. 瓿（bèi→bù） 5. D. 詈（lí→lì） 6. A. 踟（zhī→chí）

7. A. 憷（chǔ→chù） 8. B. 衄（niǔ→nǜ） 9. C. 苤（pǐ→piě）

10. D. 棣（lì→dì） 11. A. 劁（jiāo→qiāo） 12. A. 愆（yǎn→qiān）

13. B. 靼（dàn→dá） 14. C. 怫（fèi→fú） 15. D. 鬈（juǎn→quán）

16. A. 绀（gān→gàn） 17. A. 芟（yì→shān） 18. B. 辊（kūn→gǔn）

19. C. 闩（shān→shuān） 20. D. 螫（zhē→shì） 21. A. 趿（jí→tā）

22. A. 暹（tà→xiān） 23. B. 戽（dǒu→hù） 24. C. 埙（yún→xūn）

25. D. 饧（yáng→xíng） 26. A. 戛（gá→jiá） 27. A. 窨（àn→yìn）

28. B. 毹（yú→shū） 29. C. 狺（xìn→yín） 30. D. 胝（dǐ→zhī）

31. A. 颉（xié→jié） 32. A. 鬏（qiū→jiū） 33. B. 颏（hé→ké）

34. C. 啻（dì→chì） 35. D. 舛（jié→chuǎn） 36. A. 砭（biǎn→biān）

37. A. 妣（pǐ→bǐ） 38. B. 裨（pí→bì） 39. C. 钗（chā→chāi）

40. D. 抻（shēn→chēn） 41. A. 歃（chà→shà） 42. A. 戥（xīng→děng）

43. B. 拊（fù→fǔ） 44. C. 饕（háo→tāo） 45. D. 晷（jiù→guǐ）

46. A. 笺（qiān→jiān） 47. A. 僭（qián→jiàn） 48. B. 闾（lǚ→lǘ）

49. C. 迓（yá→yà） 50. D. 见（jiàn→xiàn） 51. A. 殍（fú→piǎo）
52. A. 思（sī→sāi） 53. B. 色（sè→shǎi） 54. C. 拓（tuò→tà）
55. D. 趟（tàng→tāng） 56. A. 葸（sāi→xǐ） 57. A. 南（nán→nā）
58. B. 勖（mào→xù） 59. C. 券（quàn→xuàn） 60. D. 锃（chěng→zèng）

七、异读词字音训练

给各词语中的加点字注音

1. ǎi 2. ài 3. ān 4. bèng 5. bó 6. pù
7. pù 8. bèi 9. bǐ 10. bì 11. bì 12. bì
13. bīn 14. bó 15. pō 16. bó 17. bǒ 18. bǔ
19. bù 20. zàng 21. chā 22. cóng 23. chǎn 24. zhàn
25. chāng 26. chǐ 27. chì 28. xiù 29. xù 30. chù
31. xù 32. chù 33. chù 34. chuāng 35. chuò 36. cī
37. sì 38. cì 39. dǎi 40. cuán 41. dàng 42. dī
43. dī 44. dí 45. dìng 46. duo 47. duó 48. fàn
49. fú 50. fǔ 51. fù 52. gá 53. gèn 54. gòng
55. gù 56. guō 57. guàn 58. hàng 59. hè 60. hèng
61. hòng 62. huái 63. huàn 64. huì 65. jī 66. jī
67. jí 68. tā 69. jí 70. jǐ 71. jiǎn 72. chāo

第三章汉字字形训练题参考答案

一、笔画训练

1—5. DBDBB 6—10. BAACB 11—15. CAAAB 16—20. ABBCB

二、笔顺训练

1. 6；横折；′ 𠂆 𠂇 𦥑 𦥑 臼
2. 8；竖；丨 𠃊 ‡ 扌 ‡ 非 非 非
3. 8；竖；一 二 千 手 手 乖 垂 垂
4. 10；点；丶 丷 丷 丷 丷 火 夹 脊 脊 脊
5. 11；竖提；′ ſ ſ 白 白 白 白 白 白 兜 兜
6. 5；竖折；L 口 口 母 母
7. 4；撇；L 口 毋 毋
8. 5；撇；丨 ‡ ‡ 北 北
9. 3；横；一 与 与
10. 11；横折钩；丶 丷 𫩏 肖 肖 肖 肖 肖 敝 敝 敝

三、偏旁训练

（一）指出下列各题中唯一正确的选项

1—5. CBDAA 6—10. DBCAA

（二）找出下列四组词中用字有错误的一组

1—5. BACAC 6—10. AAADA

四、整字训练

（一）找出下列四组词中用字有错误的一组

1—5. ABDCD	6—10. AABAD	11—15. CBADD	16—20. BBACC
21—25. BDDCB	26—30. BCBDD	31—35. BDCDB	36—40. ADADA
41—45. CAABA	46—50. BDCBD	51—55. CDBBD	

（二）找出下列成语中用字有错误的一组

1—5. BBCDA	6—10. BCADB	11—15. CADBC	16—20. ABBDD
21—25. BCABD			

（三）在下列各题的四句话中，请找出加点字错误的一项

1—5. CABDA	6—10. ACBCB	11—15. BDDBA

五、繁难字形训练

根据下列各题所给出的汉语拼音填写正确的汉字（用正楷书写）

1. 彝	2. 桀骜	3. 盥	4. 鳏	5. 舛
6. 綮	7. 肇	8. 缱绻	9. 濯	10. 璞
11. 罄	12. 茕茕	13. 黠	14. 矍	15. 邃
16. 饕餮	17. 醍醐	18. 稽	19. 罅	20. 涎
21. 馔	22. 旖旎	23. 俎	24. 锱	25. 蠹
26. 踯躅	27. 擢	28. 戟	29. 蹶	30. 谧
31. 腻	32. 腋	33. 釉	34. 酝	35. 栉
36. 斟	37. 阉	38. 缄	39. 暧	40. 鏖
41. 瘢	42. 稗	43. 坍	44. 窦	45. 踵
46. 帚	47. 纂	48. 笞	49. 肓	50. 撷
51. 垣	52. 寰	53. 恻	54. 嫣	55. 蟾
56. 谄	57. 徉	58. 嗔	59. 曦	60. 嶂
61. 搐	62. 踌躇	63. 啜	64. 掇	65. 斡
66. 忖	67. 厥	68. 礴	69. 忾	70. 喋喋
71. 蔻	72. 陀	73. 虞	74. 蜚	75. 镳
76. 枭	77. 麟	78. 蹊	79. 鳌	80. 擀
81. 沓	82. 愎	83. 阂	84. 眈眈	85. 岌岌
86. 觊觎	87. 戛	88. 隽	89. 赝	90. 莠
91. 悚	92. 趔趄	93. 勠	94. 觑	95. 媲
96. 剽	97. 惬	98. 锲	99. 颧	100. 荼
101. 缄	102. 莘莘	103. 攸	104. 舐	105. 倏
106. 夙	107. 绥	108. 杵	109. 亵	110. 阜
111. 栩栩	112. 赅	113. 偃	114. 赝	115. 泱泱
116. 耶稣	117. 揶	118. 蹴	119. 貉	120. 膺

六、规范字形练习

（一）找出下列四组词中用字不规范的一组

1—5. BCAAD	6—10. CABCD	11—15. ACBAD	16—20. CCBDA

（二）将下列招牌中的繁体字改成简体字

1. 发	2. 钟	3. 庄	4. 艺	5. 书

（三）将下列句子中的不规范字改成规范汉字

1. 雪	2. 貳	3. 蚊	4. 册	5. 泪

七、汉字书写训练

（一）根据下列各题所给出的汉语拼音填写正确的汉字（正楷书写，不要写连笔）

1. 提	2. 即	3. 刻	4. 吁	5. 心
6. 悚	7. 马	8. 程	9. 角	10. 鼓
11. 优	12. 迩	13. 涂	14. 蹉	15. 腻
16. 腋	17. 辜	18. 偌	19. 蕴	20. 窒
21. 叵	22. 斟	23. 炽	24. 哺	25. 横
26. 缴	27. 昝	28. 湛	29. 侈	30. 屏

（二）找出下列段落中的五个别字，将正确的汉字写在答卷上（正楷书写，不要写连笔）

1. 沟	2. 衍	3. 相	4. 幅	5. 摩
6. 沧	7. 博	8. 源	9. 映	10. 幻

第四章汉字字义训练题参考答案

一、形旁不表义汉字训练

（一）请在下列各题的四个选项中，找出能正确解释加点字的一项

1—5. ABCDA

（二）填写正确的汉字，把下列词语补充完整

1—5. ABABA　6—10. BABAB　11—15. ABABA　16—20. BABAB

二、形近字字义训练

（一）为下列各组形近字编写能够更好地区分它们的顺口溜

1. 有手才能推，有土是土堆，有言想问谁，“又”来一个——难啊！

2. 烤火变干燥，跺脚好急躁，温水好洗澡，多嘴便聒噪。

3. 口渴要喝水，喝水要用嘴，碣石乃巨石，竭力仍站立。

（二）选择合适的汉字，把诗句的缺字补充完整

1—5. ABABA

（三）选择合适的汉字，把成语等固定短语补充完整

1—5. ABABA　6—10. BABAB　11—15. ABABA

三、音近字字义训练

（一）选择合适的汉字，把成语等固定短语补充完整

答案：ABABA　BABAB　ABABA　BABAB

（二）音近（同）字辨析

1. A。解析：A 项中的“随声附合”应为“随声附和”。

2. B。解析：A 项“揠旗息鼓”应为“偃旗息鼓”；C 项“脉博”应为“脉搏”。D 项“日没途穷”应为“日暮途穷”。

3. C。解析：A 项中的“诩诩如生”应写作“栩栩如生”，“记忆尤新”应写作“记忆犹新”；B 项中的“莫然置之”应写作“漠然置之”；C 项中的“谈笑风声”应写作“谈笑风生”，“儒子可教”应写作“孺子可教”，“两全齐美”应写作“两全其美”；D 项全对。

4. D。解析：A 项中的“讴心沥血”应为“呕心沥血”；B 项中的“抠打”应为“殴打”；C 项中的“暗然失色”应为“黯然失色”。

5. A。A 组“入不付出”应为“入不敷出”；B 组全对；C 组“万事享通”应为“万事亨通”，“候门如

海”应为“侯门如海”，“精神焕散”应为“精神涣散”；D 组“不记其数”应为“不计其数”，“手屈一指”应为“首屈一指”。

6. B。A 组“尚待商确”应为“尚待商榷”；B 组“无耻滥言”应为“无耻谰言”，“如法泡制”应为“如法炮制”；C 组“礼上往来”应为“礼尚往来”，“默守成规”应为“墨守成规”，“再接再励”应为“再接再厉”；D 组全对。

7. C。C 组“忧柔寡断”应为“优柔寡断”；其余各组全对。

8. D。A 组“对薄公堂”应为“对簿公堂”；B 组“优哉悠哉”应为“优哉游哉”；C 组“屈意逢迎”应为“曲意逢迎”。

9. A。A 组“宣宾夺主”应为“喧宾夺主”，“功亏一匮”应为“功亏一篑”；B 组“报歉”应为“抱歉”，“凋蔽”应为“凋敝”，“谈笑风声”应为“谈笑风生”；C 组全对；D 组“暇想”应为“遐想”。

10. B。A 组“有持无恐”应为“有恃无恐”，“滥芋充数”应为“滥竽充数”，“人情事故”应为“人情世故”；C 组“声名雀起”应为“声名鹊起”；D 组“竭泽而鱼”应为“涸泽而渔”，“痉孪”应为“痉挛”。

11. C。A 组“毛骨耸然”应为“毛骨悚然”，“积毁消骨”应为“积毁销骨”；B 组“精神钁铄”应为“精神矍铄”，“伶牙利齿”应为“伶牙俐齿”，“百战不怠”应为“百战不殆”；C 组“插科打浑”应为“插科打诨”；D 组“不径而走”应为“不胫而走”，“针贬时弊”应为“针砭时弊”，“惨绝人圜”应为“惨绝人寰”，“有志者事竞成”应为“有志者事竟成”。

12. D。A 组“不辨黍麦”应为“不辨菽麦”，“阻击敌人”应为“狙击敌人”，“式样新颕”应为“式样新颖”；B 组全对；C 组“淹没不闻”应为“湮没不闻”；D 组“名闻暇迩”应为“名闻遐迩”，“挑拨事非”应为“挑拨是非”。

13. A。A 组“天随人愿”应为“天遂人愿”，“束之高搁”应为“束之高阁”。

14. B。A 组“戌戌政变”应为“戊戌政变”，“饶勇善战”应为“骁勇善战”，“礼上往来”应为“礼尚往来”；B 组“佳宾满座”应为“嘉宾满座”，“克苦耐劳”应为“刻苦耐劳”；C 组“英雄气慨”应为“英雄气概”；D 组全对。

15. C。A 组“无耻滥言”应为“无耻谰言”，“流览一遍”应为“浏览一遍”；B 组“括不知耻”应为“恬不知耻”，“气喘嘘嘘”应为“气喘吁吁”，“化学反映”应为“化学反应”，“抛地有声”应为“掷地有声”；C 组“记忆尤新”应为“记忆犹新”；D 组全对。

16. D。A 组“篷荜生辉”应为“蓬荜生辉”，“书声朗朗”应为“书声琅琅”，“批沙拣金”应为“披沙拣金”；B 组“缺之不恭”应为“却之不恭”；C 组“儒子可教”应为“孺子可教”。

17. A。B 组“倚角之势”应为“犄角之势”，“木呐”应为“木讷”，“引伉高歌”应为“引吭高歌”，“逸兴湍飞”应为“逸兴遄飞”；C 组“提纲契领”应为“提纲挈领”，“施酒临江”应为“酾酒临江”，“卷秩浩繁”应为“卷帙浩繁”；D 组“春意恙然”应为“春意盎然”，“蜩傥”应为“倜傥”，“人为刀诅，我为鱼肉”应为“人为刀俎，我为鱼肉”。

18. B。A 组“一愁莫展”应为“一筹莫展”，“虎视耽耽”应为“虎视眈眈”，“杯盘狼籍”应为“杯盘狼藉”；C 组“竞竞业业”应为“兢兢业业”，“风尘扑扑”应为“风尘仆仆”，“绿草如荫”应为“绿草如茵”；D 组“渝期作废”应为“逾期作废”。

19. C。C 组“通货膨涨”应为“通货膨胀”；其余各组全对。

20. D。A 组“巧装打扮”应为“乔装打扮”；B 组“一切就序”应为“一切就绪”，“不可思义”应为“不可思议”，“并行不背”应为“并行不悖”，“声音宏亮”应为“声音洪亮”；C 组“买牍还珠”应为“买椟还珠”，“言简意骇”应为“言简意赅”，“玷玷自喜”应为“沾沾自喜”；D 组“不容置椽”应为“不容置喙”，“珊珊来迟”应为“姗姗来迟”。

四、义近字字义训练

（一）下列各题均有两句不完整的话，请从近义词中选择合适的一个填入括号内

1. A B　2. A B　3. A B　4. A B　5. A B
6. A B　7. A B　8. A B　9. A B　10. A B

（二）下列各题均有四句不完整的话，请从近义词中选择合适的一个填入括号内

1. A A B B　2. A A B B　3. A A B B　4. A A B B　5. A A B B
6. A A B B　7. A A B B　8. A A B B　9. A A B B　10. A A B B

五、多义字字义训练

（一）在下列各题的四个选项中，请选出加点字解释正确的一项

1—5. ABCDA　6—10. BCDAB

（二）在下列各题的四组词语中，请找出加点字意义不同的一项

1. A。A组“浓郁”的“郁”为“香气很浓”，“葱郁”的“郁”为“草木茂盛”；B组的“艾”均为“一种有香气可入药的草本植物”；C组的“岸”均为“江河湖海等边沿的陆地”；D组的“拗”均为“违背，不顺”。

2. B。A组的“跋”均为“写在书籍或文章等后面的评介、考释之类的短文”；B组“车把”的“把”读“bǎ”，为“自行车等上面可以用手握住的部分”，“刀把”的“把”读“bà”，为“器物上便于用手拿的部分”；C组的“把”均为“用手从后面托住小孩的腿，便于大小便”；D组的“把”均为“守卫，看守”。

3. C。A组为“象征反动”；B组为“说明，陈述”；C组“交白卷”的“白”为“空的，没加其他东西的”，“写白字”的“白”为“字形或字音不正确”；D组为“某些戏剧形式中的道白”。

4. D。A组的“帮”为“过去民间的秘密组织”；B组的“板”为“不灵活，缺少变化”；C组的“板”为“特指黑板”；D组“钢板”的“板”为“比较硬的片状物体”，“檀板”的“板”为“打节拍的乐器”。

5. A。A组“暴躁”的“暴”为“过于急躁”，“自暴自弃”的“暴”为“糟蹋，损害”；B组的“暴”为“凶恶，残酷”；C组的“堡”为“坚固的防御性建筑物，泛指设防的小城或村寨”；D组的“刨”为“推刮木料、金属等使其平滑的工具”。

6. B。A组的“辟”均读“pì”，均为“透彻”；B组“复辟”的“辟”读“bì”，为“君主，国君”，“大辟”的“辟”读“pì”，为“法，法律”；C组的“扁”均为“上下距离比左右距离小的，厚度小于长度或宽度的”；D组的“便”均为“简单的，非正式的”。

7. C。A组的“称”读“chèn”，为“符合”；B组的“称”读“chēng”，为“名称”；C组“冲喜”的“冲”读“chōng”，为“迷信以办喜事等方式驱邪，化凶为吉”，“冲账”的“冲”读“chōng”，为“以某种方式抵消或平衡账目”；D组的“冲”读“chòng”，均为“冲压”。

8. D。A组的“辞”为“文辞，言辞”；B组的“辞”为“一种文学体裁”；C组的“创”为“身体受外伤的地方”；D组“根除”的“除”为“去掉”，“阶除”的“除”为“台阶”。

9. A。A组“来历”的“历”为“经过”，“挂历”的“历”为“记录日期和节气的书、表等”；B组的“历”均为“过去的”；C组的“蒙”均为“遭受，受到”；D组的“蒙”均为“愚昧无知”。

10. B。A组的“志”均为“文字记录”；B组“注射”的“注”为“灌入，倒入”，“注销”的“注”为“登记，记载”；C组的“致”均为“精细”；D组的“致”为“给予，表示”。

六、特殊意义字训练

（一）在下列各题的四个选项中，请选出加点字解释正确的一项

1—5. ABCDA　6—10. BCDAB　11—15. CDABC　16—20. DABCD
21—25. ABCDA　26—30. BCDAB　31—35. CDABC　36—38. DAB

（二）在下列各题的四组词语中，请找出加点字意义不同的一项

1. A。A组“着手”的“着”为“集中于某一方面”，“着人办理”的“着”为“派遣”，B组为“接触到”；C组为“涂，使附上”；D组为“穿”。

2. B。A 组为“掌管，担任”；B 组“执友”的“执”为“志同道合”，“执笔”的“执”为“拿着”；C 组为“实行，实施”；D 组为“单据，凭证”。

3. C。A 组为“与客观事物相符，与‘假、伪’相对”；B 组为“正确”；C 组“真书”的“真”为“楷书的别称”，“返璞归真”的“真”为“本性”；D 组为“人或事物的形象”。

4. D。A 组为“成就”，B 组为“做，制作”，C 组为“作假，瞎编”D 组“造就”的“造”为“培养”，“登峰造极”的“造”为“到，前往”。

5. A。A 组“越发”的“越”为“副词，表示程度加深”，“杀人越货”的“越”为“抢夺”；B 组为“穿过，跨过”；C 组为“超过，超出”；D 组为“高昂，昂扬”。

6. B。A 组为“歇息”；B 组“休妻”的“休”为“过去丈夫离弃妻子，将她退回娘家”，“休戚”的“休”为“欢乐，吉祥”；C 组为“停止”；D 组为“副词，别，不要”。

7. C。A 组为“诚实”；B 组为“任凭，随意”；C 组“红信”的“信”为“信石，即砒霜”，“音信”的“信”为“信息”；D 组为“凭据”。

8. D。A 组为“官名”；B 组为“坐立等动作的姿态”；C 组为“物体的外观”；D 组“相貌”的“相”为“外貌”，“吉人天相”的“相”为“辅助”。

9. A。A 组“文面”的“文”为“皮肤上刺画花纹或文字”，“文过饰非”的“文”为“掩饰”；B 组为“作品，著作”；C 组为“社会进化到较高阶段表现出来的状态”；D 组为“柔和”。

10. B。A 组为“把事情派给别人”；B 组“原委”的“委”为“水的下游，末尾”，“编委”的“委”为“委员会或委员的简称”；C 组为“曲折”；D 组为“精神不振”。

11. C。A 组为“技术，技能”；B 组为“艺术”；C 组“武艺”的“艺”为“技术，技能”，“用人无艺”的“艺”为“准则，尺度”；D 组为“艺术”。

12. D。A 组为“战争，战斗”；B 组为“依靠，凭借”；C 组为“拿着”；D 组“倚仗”的“仗”为“依靠，凭借”，“明火执仗”的“仗”为“兵器”。

13. A。A 组“熟知”的“知”为“了解，明了”，“他乡遇故知”的“知”为“朋友”；B 组为“了解，明了”；C 组为“告诉，使了解”；D 组为“古代指主管”。

14. B。A 组为“理想，抱负”；B 组“志哀”的“志”为“记住，记载”，“志愿”的“志”为“理想，抱负”；C 组和 D 组均为“文字记录”。

15. C。A 组为“生理上或心理上出现的不正常状态”；B 组为“生病”；C 组“诟病”的“病”为“责备，不满”，“祛病”的“病”为“生理上或心理上出现的不正常状态”；D 组为“缺点，错误”。

16. D。A 组为“苛刻，轻浮”；B 组为“不强健，不壮实”；C 组为“轻视，慢待”；D 组“薄膜”的“薄”为“厚度小”，“薄暮”的“薄”为“靠近，迫近”。

17. A。A 组“长物”的“长”为“多余，剩余”，“长于”的“长”为“对某些事物做得特别好”；B 组为“两点之间的距离大，与‘短’相对”；C 组为“两点之间的距离”；D 组为“优点”。

18. B。A 组为“牙齿，人和高等动物咀嚼食物的器官”；B 组“齿及”的“齿”为“说到，提起”，“齿音”的“齿”为“牙齿”；C 组为“像牙齿一样排列的东西”；D 组为“年龄”。

19. C。A 组为“物体的一头朝下”；B 组为“向下滴或流”；C 组“垂危”的“垂”为“副词，将近，将要”，“垂问”的“垂”为“敬辞，用于长辈、上级对自己的某些行动”；D 组为“敬辞，用于长辈、上级对自己的某些行动”。

20. D。A 组为“应当”；B 组为“介词，对着，向着”；C 组为“掌管，主持”；D 组“锐不可当”的“当”为“阻挡，抵挡”，“敢作敢当”的“当”为“承担，承受”。

21. A。A 组“没世”的“没”为“终，尽，直到完了”，“埋没”的“没”为“消失，隐藏”；B 组为“沉入水中”；C 组为“高过，漫过”；D 组为“强制地收归公有”。

22. B。A 组为“泛指写字绘画等用的某种颜料”；B 组“墨吏”的“墨”为“贪污”，“墨刑”的“墨”为“一种古代刑罚，在犯人脸上刺字并涂黑”；C 组为“写的字或画的画”；D 组为“黑色”。

23. C。A 组为“收进，放入”；B 组为“交付”；C 组“纳凉”的“纳”为“享受”，“纳粮”的“纳”

为“交付”；D 组为“接受”。

24. D。A 组为“向相反的方向，与‘顺’相对”；B 组为“不顺从”；C 组为“不顺利”；D 组“逆料”的“逆”为“预先”，“逆旅”的“逆”为“迎接”。

25. A。A 组“偏将”的“偏”为“辅助，协助”，“偏劳”的“偏”为“客套话，用于请人帮忙或感谢别人代自己做事”；B 组为“不公正，注重一方面”；C 组为“冷僻，生僻”；D 组为“斜，歪，不正，与‘正’相对”。

26. B。A 组为“凭证”；B 组“票友”的“票”为“非职业性的戏曲表演”，“票根”的“票”为“凭证”；C 组为“纸币”；D 组为“被歹徒绑架的人质”。

27. C。A 组为“东西”；B 组为“等级”；C 组“品箫”的“品”为“吹奏”，“品质”的“品”为“本质，实质”；D 组为“辨别，评判”。

28. D。A 组为“请人担任某项工作”；B 组为“定亲”；C 组为“古代指代表政府访问友邦”；D 组“出聘”的“聘”为“女子出嫁”，“竞聘”的“聘”为“请人担任某项工作”。

29. A。A 组“让茶”的“让”为“请，招待”，“让利”的“让”为“把方便和好处给别人”；B 组为“把方便和好处给别人”；C 组为“把财物转给别人，并收取一定的代价”；D 组为“躲开，避开”。

30. B。A 组为“包含”；B 组“容或”的“容”为“副词，也许，或许”，“容许”的“容”为“让，允许”；C 组为“相貌”；D 组为“比喻事物的景象或状态”。

31. C。A 组为“符合，按照”；B 组为“像”；C 组“如厕”的“如”为“到，去”，“如期”的“如”为“按照”；D 组为“表示举例”。

32. D。A 组为“用笤帚等除去垃圾、灰尘等”；B 组为“消灭，消除”；C 组为“很快地来回移动”；D 组“扫数”的“扫”为“全，尽”，“扫墓”的“扫”为“用笤帚等除去垃圾、灰尘等”。

33. A。A 组“成色”的“色”为“物品的质量”，“褪色”的“色”为“颜色”；B 组为“情景，景象”；C 组为“女性的美貌”；D 组为“情欲”。

34. B。A 组为“拍照，拍电影”；B 组“摄生”的“摄”为“保养”，“摄行”的“摄”为“代理”；C 组为“吸取”；D 组为“代理”。

35. C。A 组为“配合，使均匀适当”；B 组为“劝说，使和解”；C 组“调唆”的“调”为“挑拨，搬弄是非”，“调笑”的“调”为“挑逗，戏弄”；D 组为“挑逗，戏弄”。

36. D。A 组为“小孩子”；B 组为“未结婚的”；C 组为“过去指未成年的仆人”；D 组“童山”的“童”为“秃，没有树木的”，“童星”的“童”为“小孩子”。

37. A。A 组“完税”的“完”为“交纳”，“完稿”的“完”为“做成”；B 组为“齐全，完整”；C 组为“做成”；D 组为“结束”。

38. B。A 组为“外边的，与‘内、里’相对”；B 组“外号”的“外”为“不正规的，非正式的”，“外客”的“外”为“不亲近的”；C 组为“外国的”；D 组为“母亲、姐妹或女儿方面的亲戚”。

七、不常用汉字训练

（一）根据注音填写正确的汉字

1. 砭	2. 弁	3. 醭	4. 钗	5. 谶	6. 褫	7. 雠	8. 趸
9. 媾	10. 盥	11. 薅	12. 蚝	13. 劾	14. 豢	15. 乩	16. 畿
17. 稷	18. 奁	19. 蕻	20. 蠡	21. 殍	22. 僭	23. 戡	24. 苘
25. 煞	26. 落	27. 叨	28. 牝	29. 崴	30. 牾	31. 罅	32. 渥
33. 闱	34. 忤	35. 锃	36. 肇	37. 訾	38. 樽	39. 酢	40. 胄
41. 鏖	42. 捭	43. 畀	44. 粲	45. 舛	46. 殚	47. 毂	48. 怙
49. 蹇	50. 谲	51. 戮	52. 秣	53. 噱	54. 筌	55. 枘	56. 潸
57. 劭	58. 溲	59. 哂	60. 蒽	61. 枵	62. 胥	63. 勖	64. 泫
65. 懿	66. 辄	67. 擢	68. 锱	69. 笈	70. 闳	71. 屣	72. 餍

（二）填写正确的汉字，把成语等固定短语补充完整

1. 鳌　2. 稗　3. 镳　4. 伥　5. 绌　6. 瘁　7. 黩　8. 亘
9. 螯　10. 奂　11. 喙　12. 诨　13. 謦　14. 曼　15. 见　16. 颐
17. 夷　18. 嫣　19. 殉　20. 夙

汉字应用水平测试模拟题（一）参考答案

第一部分

在下列各题中找出注音错误的一项

1. A. 砾（lì）　2. B. 沁（qìn）　3. C. 衅（xìn）　4. B. 汾（fén）
5. D. 馁（něi）　6. D. 冀（jì）　7. A. 灼（zhuó）　8. A. 罹（lí）
9. C. 郴（chēn）　10. B. 戕（qiāng）　11. B. 犒（kào）　12. C. 屹（yì）
13. A. 厩（jiù）　14. B. 谌（chén）　15. A. 番（pān）

在下列各题中找出读音不同的一项

16. A. 矗（chù）—簇（cù）　17. D. 怯（qiè）—却（què）
18. C. 婪（lán）—燃（rán）　19. B. 盆（pén）—棚（péng）
20. A. 持（chí）—慈（cí）　21. C. 沉（chén）—橙（chéng）
22. A. 贡（gòng）—赣（gàn）　23. B. 姐（jiě）—姊（zǐ）
24. D. 咫（zhǐ）—尺（chǐ）　25. B. 涤（dí）—笤（tiáo）
26. D. 笃（dǔ）—督（dū）　27. B. 辙（zhé）—澈（chè）
28. D. 辖（xiá）—罅（xià）　29. D. 鬃（zōng）—踵（zhǒng）
30. A. 杵（chǔ）—怵（chù）

第二部分

在下列各题中找出用字错误的一项

31. B. 迭→叠　32. A. 萃→粹　33. D. 驰→弛　34. C. 峰→蜂
35. A. 粘→黏　36. B. 分→份　37. A. 亲→青　38. D. 幅→辐
39. A. 慨→概　40. B. 旷→犷　41. D. 报→抱　42. C. 篡→纂
43. B. 蝉→婵　44. D. 摧→催　45. A. 哀→唉　46. C. 阪→坂
47. C. 倍→辈　48. D. 调→掉　49. A. 规→轨　50. D. 决→绝
51. A. 惘→罔　52. C. 批→披　53. D. 失→释　54. D. 黍→菽
55. B. 妄→枉　56. A. 蜕→脱　57. C. 颖→颖　58. C. 原→元
59. A. 沿→缘　60. B. 糜→靡

第三部分

在下列各题的选项中找出能够正确填入词语括号中的一项

61—65. B C D C C　66—70. A B C B C

在下列各题的选项中找出能够正确填入句子括号中的一项

71—75. B A C A D　76—80. B C D D D

在下列各题的选项中找出能够正确填入句子括号中的一项

81—85. B A D A B　86—90. D C B C D

第四部分

根据注音填写正确的汉字

91. 剑　92. 掬　93. 镶　94. 眷　95. 阱　96. 腴
97. 坐　98. 攸　99. 荼　100. 锲　101. 烩　102. 蹶
103. 弩　104. 讷　105. 洱　106. 籁　107. 覆　108. 果
109. 鉴　110. 鼎

填写正确的汉字，把成语等固定结构补充完整

111. 粱 112. 铤 113. 嫣 114. 厥 115. 蔻 116. 诨

117. 殄 118. 颦 119. 鹤 120. 荆

汉字应用水平测试模拟题（二）参考答案

第一部分

在下列各题中找出注音错误的一项

1. A. 谑（xuè） 2. C. 缀（zhuì） 3. D. 惴（zhuì） 4. B. 撂（liào）

5. C. 憩（qì） 6. B. 遏（è） 7. A. 咄（duō） 8. C. 寐（mèi）

9. A. 皈（guī） 10. B. 芮（ruì） 11. C. 堕（duò） 12. B. 荼（tú）

13. D. 憧（chōng） 14. C. 耽（dān） 15. B. 会（kuài）

在下列各题中找出读音不同的一项

16. B. 赡（shàn）—瞻（zhān） 17. C. 纤（xiān/qiàn）—签（qiān）

18. B. 茸（róng）—耳（ěr） 19. A. 腆（tiǎn）—碘（diǎn）

20. D. 谥（shì）—溢（yì） 21. D. 恪（kè）—各（gè）

22. A. 豉（chǐ）—鼓（gǔ） 23. C. 羸（léi）—赢（yíng）

24. A. 畸（jī）—崎（qí） 25. C. 概（gài）—楷（kǎi/jiē）

26. A. 碾（niǎn）—辗（zhǎn） 27. C. 淖（nào）—悼（dào）

28. B. 讷（nè）—捺（nà） 29. D. 渠（qú）—储（chǔ）

30. C. 掰（bāi）—扳（bān）

第二部分

在下列各题中找出用字错误的一项

31. B. 幅→辐 32. C. 渲→宣 33. A. 孪→挛 34. B. 纂→篡

35. D. 亲→青 36. C. 誊→眷 37. A. 薄→簿 38. B. 搏→博

39. B. 焕→涣 40. A. 欧→讴 41. B. 座→坐 42. A. 膺→赝

43. C. 化→划 44. C. 叠→迭 45. C. 戳→戮 46. B. 燥→躁

47. C. 缉→辑 48. A. 蹰→躇 49. C. 妥→馁 50. D. 拆→岔/折

51. A. 斧→釜 52. B. 禁→胫 53. C. 励→厉 54. D. 鼓→蛊

55. B. 骛→鹜 56. A. 愁→筹 57. B. 题→提 58. C. 究→咎

59. D. 卓→灼 60. B. 急→疾

第三部分

在下列各题的选项中找出能够正确填入词语括号中的一项

61—65. CDABD 66—70. BCDAC

在下列各题的选项中找出能够正确填入句子括号中的一项

71—75. CBDAC 76—80. BADAC

在下列各题的选项中找出能够正确填入句子括号中的一项

81—85. CBBCA 86—90. BCDDB

第四部分

根据注音填写正确的汉字

91. 墨 92. 叶 93. 椭 94. 缠 95. 捍 96. 涸

97. 承 98. 阱 99. 槌 100. 擀 101. 拗 102. 露

103. 钥 104. 濒 105. 瀚 106. 颁 107. 唇 108. 鼓

109. 脚 110. 烩

填写正确的汉字，把成语等固定结构补充完整

111. 戟 112. 尔 113. 蹶 114. 攸 115. 弩 116. 扈
117. 恬 118. 川 119. 砭 120. 苇

汉字应用水平测试模拟题（三）参考答案

第一部分

在下列各题中找出注音错误的一项

1. C. 芩（qín） 2. C. 赧（nǎn） 3. A. 拈（niān） 4. D. 慨（kǎi）
5. D. 圄（yǔ） 6. B. 柘（zhè） 7. C. 楔（xiē） 8. B. 窠（kē）
9. A. 弦（xián） 10. D. 弋（yì） 11. B. 笞（chī） 12. C. 愎（bì）
13. C. 梏（gù） 14. D. 酵（jiào） 15. C. 挠（náo）

在下列各题中找出读音不同的一项

16. C. 峡（xiá）—颊（jiá） 17. A. 哂（shěn）—膝（xī）
18. D. 绮（qǐ）—倚（yǐ） 19. C. 周（zhōu）—邹（zōu）
20. B. 踉（liàng）—浪（làng） 21. A. 徕（lái）—睐（lài）
22. A. 铿（kēng）—笺（jiān） 23. B. 赡（shàn）—瞻（zhān）
24. A. 冗（rǒng）—忱（chén） 25. A. 徽（huī）—霏（fēi）
26. D. 粜（tiào）—崇（chóng） 27. D. 纬（wěi）—祎（yī）
28. A. 瞠（chēng）—棠（táng） 29. C. 羸（léi）—嬴（yíng）
30. C. 格（gé）—酪（lào）

第二部分

在下列各题中找出用字错误的一项

31. A. 掂→惦 32. D. 奈→耐 33. D. 镌→隽 34. C. 侧→恻
35. B. 俱→具 36. C. 磬→罄 37. D. 粹→碎 38. D. 徇→殉
39. C. 骄→矫 40. A. 拌→绊 41. C. 厉→利 42. C. 皓→浩
43. B. 秉→禀 44. C. 恕→怒 45. A. 摒→屏 46. C. 摄→慑
47. B. 至→致 48. D. 错→措 49. C. 愤→奋 50. D. 充→冲
51. B. 泽→择 52. A. 题→提 53. A. 手→首 54. A. 事→世
55. D. 临→凌 56. A. 嶙→粼 57. B. 既→即 58. C. 劈→辟
59. B. 汇→会 60. A. 棉→绵

第三部分

在下列各题的选项中找出能够正确填入词语括号中的一项

61—65. BAAAC 66—70. BAACC

在下列各题的选项中找出能够正确填入句子括号中的一项

71—75. DAABC 76—80. AABBA

在下列各题的选项中找出能够正确填入句子括号中的一项

81—85. ADCCA 86—90. BABBA

第四部分

根据注音填写正确的汉字

91. 肇 92. 锲 93. 颐 94. 黜 95. 裨 96. 辜
97. 鏖 98. 篡 99. 稷 100. 谴 101. 提 102. 即
103. 刻 104. 吁 105. 心 106. 悚 107. 马 108. 程
109. 晦 110. 版 111. 角 112. 鼓 113. 优 114. 迩

115. 涂　116. 晦　117. 厥　118. 蹉　119. 阄　120. 谧

汉字应用水平测试模拟题（四）参考答案

第一部分

在下列各题中找出注音错误的一项

1. B. 谑（xuè）　2. C. 莠（yǒu）　3. B. 靛（diàn）　4. D. 豇（jiāng）
5. A. 蚝（háo）　6. A. 迸（bèng）　7. C. 龋（qǔ）　8. D. 镌（juān）
9. B. 笺（jiān）　10. A. 阄（jiū）　11. D. 械（xiè）　12. D. 讣（fù）
13. D. 漱（shù）　14. B. 靥（yè）　15. B. 泌（bì）

在下列各题中找出读音不同的一项

16. B. 蝙（biān）—偏（piān）　17. B. 嗔（chēn）—缜（zhěn）
18. B. 狙（jū）—阻（zǔ）　19. D. 癖（pǐ）—僻（pì）
20. C. 惴（zhuì）—踹（chuài）　21. A. 聒（guō）—恬（tián）
22. B. 皈（guī）—贩（fàn）　23. D. 黠（xiá）—诘（jié）
24. D. 慑（shè）—蹑（niè）　25. A. 殍（piǎo）—孵（fū）
26. C. 貉（hé）—赂（lù）　27. B. 纰（pī）—毗（pí）
28. D. 婢（bì）—碑（bēi）　29. A. 椽（chuán）—缘（yuán）
30. A. 逡（qūn）—峻（jùn）

第二部分

在下列各题中找出用字错误的一项

31. D. 驰→弛　32. C. 蹿→窜　33. D. 辉→晖　34. A. 缉→辑
35. A. 帖→贴　36. A. 阵→镇　37. A. 喧→暄　38. C. 燥→躁
39. C. 蛰→蜇　40. D. 髂→骼　41. C. 渲→宣　42. B. 蕃→番
43. D. 绉→皱　44. C. 蜜→密　45. D. 慢→曼　46. C. 篷→蓬
47. B. 结→节　48. D. 慌→荒　49. A. 径→胫　50. D. 嘘→吁
51. B. 致→制　52. D. 败→拜　53. C. 固→故　54. A. 烩→脍
55. B. 棉→绵　56. D. 胀→涨　57. A. 卓→灼　58. C. 蚂→马
59. B. 茅→毛　60. A. 首→手

第三部分

在下列各题的选项中找出能够正确填入词语括号中的一项

61—65. BCDCC　66—70. ABCBC

在下列各题的选项中找出能够正确填入句子括号中的一项

71—75. BACAD　76—80. BCDDD

在下列各题的选项中找出能够正确填入句子括号中的一项

81—85. BBDBA　86—90. CDAAC

第四部分

根据注音填写正确的汉字

91. 氽　92. 蠹　93. 篝　94. 晷　95. 捩　96. 溘
97. 霾　98. 冯　99. 畝　100. 螯　101. 拾　102. 殄
103. 鬻　104. 券　105. 迓　106. 恣　107. 爨　108. 踅
109. 膂　110. 擘

填写正确的汉字，把成语等固定结构补充完整

111. 阜　112. 觥　113. 扈　114. 瓴　115. 铤

116. 溘 117. 鸩 118. 臆 119. 弩 120. 婢

2014 年汉字应用水平测试全真试题参考答案

第一部分

在下列各题中找出注音错误的一项

1. B. 囵（lún） 2. C. 酵（jiào） 3. B. 栈（zhàn） 4. D. 秽（huì）
5. A. 秸（jiē） 6. A. 癖（pǐ） 7. C. 摞（luò） 8. D. 哺（bǔ）
9. B. 蟆（má） 10. A. 砾（lì） 11. D. 挟（xié） 12. D. 踱（duó）
13. D. 吮（shǔn） 14. B. 沁（qìn） 15. B. 儋（dān）

在下列各题中找出读音不同的一项

16. B. 掇（duō）—缀（zhuì） 17. B. 亘（gèn）—横（héng）
18. B. 爻（yáo）—驳（bó） 19. D. 俺（ǎn）—庵（ān）
20. C. 规（guī）—窥（kuī） 21. A. 讪（shàn）—煽（shān）
22. B. 佚（yì）—市（shì） 23. D. 伛（yǔ）—枢（shū）
24. D. 娇（jiāo）—矫（jiáo/jiǎo） 25. A. 盐（yán）—谚（yàn）
26. C. 迂（yū）—逾（yú） 27. B. 胚（pēi）—坯（pī）
28. D. 剽（piāo）—镖（biāo） 29. A. 赎（shú）—续（xù）
30. A. 讧（hòng）—工（gōng）

第二部分

在下列各题中找出用字错误的一项

31. D. 蹉→磋 32. C. 蓄→藩 33. D. 翰→瀚 34. A. 份→分
35. A. 房→坊 36. A. 遏→扼 37. A. 涌→拥 38. C. 到→道
39. C. 代→带 40. D. 作→做 41. C. 钮→纽 42. B. 绵→棉
43. D. 辑→缉 44. C. 吧→巴 45. D. 屈→曲 46. C. 晨→辰
47. B. 盍→溘 48. D. 凭→平 49. A. 声→生 50. D. 熬→鳌
51. B. 梁→粱 52. D. 合→和 53. C. 楼→缕 54. A. 障→瘴
55. B. 寥→聊 56. D. 鹊→雀 57. A. 杖→仗 58. C. 尚→上
59. B. 衷→钟 60. A. 旺→望

第三部分

在下列各题的选项中找出能够正确填入词语括号中的一项

61—65. BCDCC 66—70. ABCBC

在下列各题的选项中找出能够正确填入句子括号中的一项

71—75. BACAD 76—80. BCDDD

在下列各题的选项中找出能够正确填入句子括号中的一项

81—85. BBDBA 86—90. CDAAC

第四部分

根据注音填写正确的汉字

91. 雳 92. 秆 93. 遣 94. 蓝 95. 橄 96. 彝 97. 乘 98. 孵
99. 虹 100. 腐 101. 龙 102. 哽 103. 敏 104. 蜡 105. 矍 106. 臃
107. 肺 108. 赝 109. 蜇 110. 俨

填写正确的汉字，把成语等固定结构补充完整

111. 紊 112. 化 113. 帚 114. 罔 115. 镳 116. 骜 117. 倨 118. 危
119. 毖 120. 壑

参考文献

[1] 北京大学中文系现代汉语教研室．现代汉语［M］．北京：商务印书馆，2004.

[2] 胡裕树．现代汉语［M］．上海：上海教育出版社，1995.

[3] 黄伯荣，廖序东．现代汉语（增订五版，上册）［M］．北京：高等教育出版社，2011.

[4] 李如龙．地名中的古音［J］．语文研究，1985（1）．

[5] 刘光明．形声字教学与研究［J］．池州师专学报，2001，15（2）：109－112.

[6] 上海市语言文字水平测试中心．汉字应用水平测试指导用书［M］．上海：上海锦绣文章出版社，2014.

[7] 孙曼均．汉字应用水平测试字典［M］．广州：广东教育出版社，2007.

[8] 唐余俊．汉字应用水平测试（HZC）应试指导［M］．广州：暨南大学出版社，2009.

[9] 佟乐泉．汉字应用水平测试培训手册［M］．广东：广东教育出版社，2008.

[10] 王小彬．现代形声字形旁表义分析［J］．喀什师范学院学报，2003（2）：68－71.

[11] 邢公畹．现代汉语教程［M］．天津：南开大学出版社，2004.

[12] 闫顺英．释“兵”［J］．现代语文（语言研究），2008（8）：145.

[13] 杨润陆，周一民．现代汉语［M］．北京：北京师范大学出版社，2002.

[14] 袁义达，杜若甫．中华姓氏大辞典［M］．北京：教育科学出版社，1996.

[15] 李大遂．简明实用汉字学［M］．北京：北京大学出版社，2013.

